CW01653842

Imprimé en France par CPI
en mars 2015

Dépôt légal : avril 2015
N° d'impression : 127618

Références sciences

Équations différentielles ordinaires et équations aux dérivées partielles

Cours et exercices corrigés

Ahmed Lesfari

ellipses

Collection Références sciences

dirigée par Paul de Laboulaye
paul.delaboulaye@editions-ellipses.fr

Retrouvez tous les livres de la collection et des extraits sur www.editions-ellipses.fr

ISBN 9782340-003675
©Ellipses Édition Marketing S.A., 2015
32, rue Bargue 75740 Paris cedex 15

DANGER LE PHOTOCOPILLAGE TUE LE LIVRE

Le Code de la propriété intellectuelle n'autorisant, aux termes de l'article L. 122-5.2° et 3°a), d'une part, que les « copies ou reproductions strictement réservées à l'usage privé du copiste et non destinées à une utilisation collective », et d'autre part, que les analyses et les courtes citations dans un but d'exemple et d'illustration, « toute représentation ou reproduction intégrale ou partielle faite sans le consentement de l'auteur ou de ses ayants droit ou ayants cause est illicite » (art. L. 122-4).
Cette représentation ou reproduction, par quelque procédé que ce soit constituerait une contrefaçon sanctionnée par les articles L. 335-2 et suivants du Code de la propriété intellectuelle.

www.editions-ellipses.fr

Avant-propos

Ce livre s'adresse aux étudiants des niveaux L1, L2 et L3, qu'ils soient à l'université ou en classes préparatoires des écoles d'ingénieurs. Il peut également être utile aux étudiants de master de mathématiques (M1, M2) pour certaines parties. Il intéressera aussi les candidats préparant le CAPES ou l'agrégation et les élèves des grandes écoles scientifiques et techniques.

Le chapitre 1 est consacré essentiellement aux théorèmes d'existence et d'unicités des solutions des équations différentielles ordinaires ainsi qu'aux équations résolubles explicitement. Nous donnerons aussi quelques informations sur le problème de continuité et de différentiabilité de ces solutions. On aborde au chapitre 2 plusieurs questions relatives à l'étude des systèmes différentiels linéaires. Dans le chapitre 3, on étudie les champs de vecteurs, les groupes à un paramètre de difféomorphismes ou flots définis par une équation différentielle. Le chapitre 4 est consacré à l'étude explicite des équations aux dérivées partielles du 1er *ordre et du* 2ème *ordre. Une partie importante sera consacrée aux équations de la physique mathématique. Au chapitre 5, l'étude des équations différentielles, qu'elles soient ordinaires ou aux dérivées partielles, sera faite via l'analyse de Fourier et la transformée de Laplace. On abordera aussi l'étude de la stabilité des solutions des équations différentielles. La fin du chapitre sera consacrée à la résolution de quelques équations non linéaires. Le chapitre 6 concerne la méthode de la diffusion inverse. On y étudie l'équation stationnaire de Schrödinger, l'équation intégrale de Gelfand-Levitan ainsi que l'équation de Korteweg-de Vries qui est la source de plusieurs résultats actuels. On trouvera rassemblées aux annexes A, B et C quelques notions sur la formulation variationnelle des équations aux dérivées partielles, quelques généralités sur les opérateurs pseudo-différentiels ainsi que sur les surfaces de Riemann compactes, fonctions et intégrales elliptiques. De nombreux exemples et exercices avec solutions se trouvent disséminés dans le texte. Le mode de l'exposé adopté vise à rester aussi direct et simple que possible. Je remercie l'éditeur Ellipses d'avoir donné tous ses soins à l'édition du présent livre.*

A. Lesfari
E-mail : lesfariahmed@yahoo.fr

Table des matières

1 Équations différentielles ordinaires **7**
1.1 Généralités 7
1.2 Existence et unicité des solutions 13
1.3 Continuité et différentiabilité des solutions 22
1.4 Équations résolubles 26

2 Systèmes différentiels linéaires **59**
2.1 Généralités 59
2.2 Systèmes différentiels linéaires à coefficients constants 71
2.2.1 Résolution du système homogène 75
2.2.2 Résolution du système non-homogène 83

3 Flot défini par une équation différentielle **87**
3.1 Champ de vecteurs et flots 87
3.2 Commutativité des champs de vecteurs 92

4 Équations aux dérivées partielles **97**
4.1 Équations aux dérivées partielles du 1er ordre 97
4.2 Équations aux dérivées partielles du 2ème ordre 110
4.3 Équations de la physique mathématique 127

5 Problèmes divers **137**
5.1 Étude via l'analyse de Fourier et la transformée de Laplace . . 137
5.1.1 Rappel théorique 137
5.1.2 Résolution de quelques équations différentielles ordinaires 144
5.1.3 Résolution de quelques équations aux dérivées partielles 155
5.1.4 Stabilité 170
5.2 Quelques équations non linéaires 177
5.2.1 Le pendule simple 177
5.2.2 Le corps solide d'Euler 180
5.2.3 Solutions méromorphes d'équations différentielles 184

6 Méthode de la diffusion inverse **193**
6.1 Introduction 193
6.2 Équation stationnaire de Schrödinger 196
6.3 Équation intégrale de Gelfand-Levitan 206
6.4 Équation de Korteweg-de Vries (KdV) 209

A Formulation variationnelle des EDP **225**
A.1 Espaces de Sobolev 225
A.2 Problèmes de Dirichlet et de Neumann 230

B Opérateurs pseudo-différentiels **241**
B.1 Préliminaires 242
B.2 Structures symplectiques 249
B.3 KdV, Heisenberg et Virasoro 253
B.4 Hiérarchie KP et fonctions $\tau(t)$ 257

C Surfaces de Riemann, fonctions et intégrales elliptiques **269**
C.1 Surfaces de Riemann 269
C.2 Fonctions et intégrales elliptiques 273

Bibliographie **281**

Index **283**

Chapitre 1

Équations différentielles ordinaires

1.1 Généralités

Soient Ω un ouvert de $\mathbb{R} \times \mathbb{R}^n$ et

$$f : \Omega \longrightarrow \mathbb{R}^n, \quad (t, y) \longmapsto f(t, y),$$

une application. Une équation différentielle (vectorielle) du premier ordre, est une équation de la forme

$$\frac{dy}{dt} = f(t, y).$$

On utilsera souvent la notation : $y' = f(t, y)$ ou encore $\dot{y} = f(t, y)$. Le lecteur peut s'il le désire utiliser d'autres notations ainsi que d'autres variables comme par exemple : $\frac{dy}{dx} = f(x, y)$ ou $\frac{dx}{dt} = f(t, x)$, etc, nous les utiliserons en cas de besoin dans d'autres chapitres.

Définition 1.1.1 *Soit $I \subset \mathbb{R}$ un intervalle non vide. Une solution de l'équation ci-dessus est une fonction dérivable*

$$y : I \longrightarrow \mathbb{R}^n, \quad t \longmapsto y(t),$$

telle que : $\forall t \in I$, $(t, y(t)) \in \Omega$ et

$$\forall t \in I, \quad y'(t) = f(t, y(t)).$$

Si $\varphi : I \longrightarrow \mathbb{R}$ désigne une solution de l'équation différentielle ci-dessus, alors la trajectoire de φ est définie par l'ensemble $\{(t, \varphi(t)) : t \in I\} \subseteq \Omega$. L'ensemble $\{\varphi(t) : t \in I\}$ s'appelle l'orbite de la solution. Géométriquement, l'équation différentielle ci-dessus peut s'interpréter comme un champ de vecteurs sur Ω.

Comme $\varphi'(t) = f(t, y)$, alors en chaque point de Ω, la courbe d'équation $y = \varphi(t)$ (une telle courbe est dite courbe intégrale) possède une tangente de pente $f(t, y)$. La fonction f définit un champ de vecteurs sur Ω : à chaque point (t, y) de la courbe, on associe le vecteur de coordonnées $(1, f(t, y))$. Ce vecteur est tangent à la courbe. La trajectoire d'une solution φ est donc une courbe attirée par ce champ de vecteurs. Autrement dit, en chacun de ses points cette courbe est tangente au vecteur correspondant du champ.

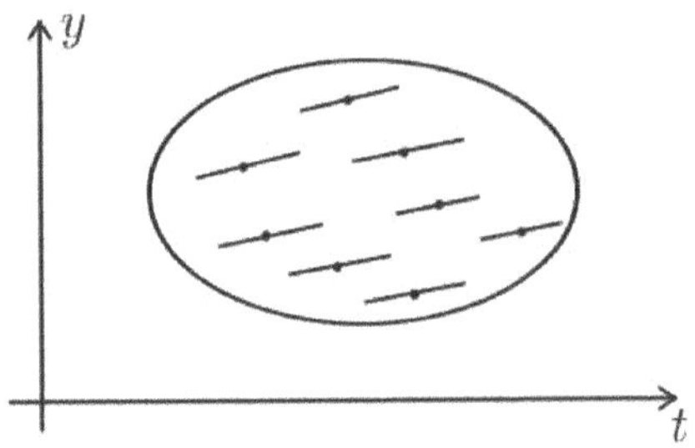

Posons $y = (y_1, ..., y_n)$ et $f = (f_1, ..., f_n)$. Avec un abus d'écriture, l'équation différentielle $y' = f(t, y)$ s'écrit

$$\begin{aligned} y_1' &= f_1(t, y_1, ..., y_n), \\ &\vdots \\ y_n' &= f_n(t, y_1, ..., y_n), \end{aligned}$$

Une solution de ce système est un système de n fonctions $y_1, ..., y_n$. L'équation différentielle ci-dessus est dite sous forme normale (ou résolu en y').

Définition 1.1.2 *Étant donné un point $(t_0, y_0) \in \Omega$, le problème de Cauchy (relatif aux conditions initiales (t_0, y_0)) pour l'équation*

$$y'(t) = f(t, y),$$

consiste à chercher une solution $y(t)$ sur un intervalle I contenant t_0 telle que : $y(t_0) = y_0$

Définition 1.1.3 *On dit que la fonction $y : I \subset \mathbb{R} \longrightarrow \mathbb{R}$ est une solution de l'équation différentielle d'ordre n :*

$$y^{(n)} = f(t, y, y', ..., y^{(n-1)}),$$

si elle est dérivable n fois et si $\forall t \in I$, $(t, y(t), y'(t), ..., y^{(n-1)}(t)) \in \Omega$ et

$$y^{(n)}(t) = f(t, y(t), y'(t), ..., y^{(n-1)}(t)).$$

Étant donné $(t_0, y_0, y'_0, ..., y_0^{(n-1)}) \in \Omega$, le problème de Cauchy concernant cette équation consiste à trouver une solution telle que :

$$y(t_0) = y_0, \quad y'(t_0) = y'_0, \quad ..., \quad y^{(n-1)}(t_0) = y_0^{(n-1)}.$$

L'équation ci-dessus est dite sous forme normale (ou résolu en $y^{(n)}$).

Proposition 1.1.4 *Toute équation différentielle d'ordre n sous forme normale peut être ramenée à un système de n équations du premier ordre sous forme normale.*

Démonstration. En effet, soit l'équation

$$y^{(n)} = f(t, y, y', ..., y^{(n-1)}).$$

En posant $x_1 = y$, $x_2 = y'$,...,$x_n = y^{(n-1)}$, cette équation se ramène à un système du premier ordre

$$\begin{aligned} x'_1 &= x_2, \\ x'_2 &= x_3, \\ &\vdots \\ x'_{n-1} &= x_n, \\ x'_n &= f(t, x_1, ..., x_n), \end{aligned}$$

d'où le résultat. □

Proposition 1.1.5 *Soient Ω un ouvert de $\mathbb{R} \times \mathbb{R}^n$ et $y : I \subset \mathbb{R} \longrightarrow \mathbb{R}^n$, une fonction dont le graphe est inclus dans Ω. Alors la fonction y est solution du problème de Cauchy*

$$y' = f(t, y), \quad y(t_0) = y_0$$

si et seulement si elle est continue et vérifie l'équation intégrale

$$y(t) = y_0 + \int_{t_0}^{t} f(\tau, y(\tau))d\tau, \quad \forall t \in I.$$

Démonstration. La solution y de l'équation différentielle ci-dessus étant continue, on en déduit que $f(\tau, y(\tau))$ est aussi continue. En intégrant les deux membres de l'équation différentielle de t_0 à t, on obtient

$$y(t) - y(t_0) = \int_{t_0}^{t} f(\tau, y(\tau))d\tau.$$

Réciproquement, soit y une solution continue de l'équation intégrale. La fonction $y_0 + \int_{t_0}^{t} f(\tau, y(\tau))d\tau$, est dérivable (en fait elle est de classe $\mathcal{C}^1$) car sa dérivée vaut $f(t, y(t))$ qui est continue. On peut alors dériver l'équation intégrale et on obtient $y'(t) = f(t, y(t))$. □

Définition 1.1.6 *Soit (E,d) un espace métrique. L'application $T : E \longrightarrow E$ est dite contractante (ou contraction) s'il existe un nombre réel k, $0 < k < 1$ tel que :*

$$d(Tx, Ty) \leq kd(x, y), \quad \forall x, y \in E.$$

Remarque 1.1.7 *Une application contractante est évidemment continue mais la réciproque est fausse en général. Par exemple l'identité sur l'espace E n'est pas contractante. Notons aussi que le nombre réel k doit être strictement inférieur à 1.*

Théorème 1.1.8 *(du point fixe de Banach). Soit (E,d) un espace métrique complet et soit $T : E \longrightarrow E$ une application contractante. Alors T possède un et un seul point fixe (c-à-d. un unique point x tel que : $Tx = x$).*

Démonstration. Soit $x_0 \in E$. Considérons la suite des points :

$$x_1 = Tx_0, \quad x_2 = Tx_1, \quad ..., \quad x_{n+1} = Tx_n.$$

(i) Cette suite est de Cauchy. En effet, on a pour $m > n \geq 1$,

$$\begin{aligned} d(x_n, x_m) &= d(Tx_{n-1}, Tx_{m-1}), \\ &\leq kd(Tx_{n-1}, Tx_{m-1}), \text{ car } T \text{ est contractante} \\ &= kd(Tx_{n-2}, Tx_{m-2}), \\ &\leq k^2 d(Tx_{n-2}, Tx_{m-2}), \\ &\vdots \\ &\leq k^n d(Tx_0, Tx_{m-n}). \end{aligned}$$

D'après l'inégalité triangulaire, on a

$$\begin{aligned} d(Tx_0, Tx_{m-n}) &\leq d(x_0, x_1) + d(x_1, x_2) + \cdots + d(x_{m-n-1}, x_{m-n}), \\ &\leq (1 + k + k^2 + \cdots + k^{m-n-1}) d(x_0, x_1), \end{aligned}$$

car T est contractante. Dès lors,

$$d(Tx_0, Tx_{m-n}) \leq \frac{1 - k^{m-n}}{1-k} d(x_0, x_1) \leq \frac{1}{1-k} d(x_0, x_1) \text{ car } 0 < k < 1,$$

et par conséquent

$$d(x_n, x_m) \leq \frac{k^n}{1-k} d(x_0, x_1) \longrightarrow 0 \text{ quand } n \longrightarrow \infty \text{ car } k < 1$$

Donc la suite en question est une suite de Cauchy.

(*ii*) Comme E est complet, il existe $x = \lim_{n\to\infty} x_n \in E$.

(*iii*) Montrons que x est un point fixe. En effet, on a $Tx = T\lim_{n\to\infty} x_n$. Comme T est contractante, alors elle est continue (car si $x_n \longrightarrow x$, alors d'après l'inégalité $d(Tx, Ty) \leq kd(x, y)$, on a également $Tx_n \longrightarrow Tx$). Dès lors,

$$Tx = \lim_{n\to\infty} Tx_n = \lim_{n\to\infty} x_{n+1} = x.$$

(*iv*) Montrons que x est unique. En effet, si $Tx = x$ et $Ty = y$, alors l'inégalité $d(Tx, Ty) \leq kd(x, y)$, s'écrit $d(x, y) \leq kd(x, y)$. Or $k < 1$, donc $d(x, y) = 0$, d'où $x = y$. □

Le théorème ci-dessus (appelé aussi théorème du point fixe de Picard) montre l'existence et l'unicité de la solution de l'équation : $Tx = x$. En outre, il fournit une méthode effective de calcul approché de cette solution (méthode dite des approximations successives) ; pour déterminer cette solution, il suffit de partir d'un point quelconque $x_0 \in E$ et de calculer la limite de la suite $x_{n+1} = Tx_n$, $0 \leq n < \infty$.

Corollaire 1.1.9 *S'il existe p tel que $T^p = ToTo...oT$ est contractante, alors T admet un point fixe unique dans E.*

Démonstration. D'après le théorème précédent, il existe un point fixe unique x avec $T^p x = x$. On a

$$Tx = TT^p x = T^p Tx,$$

donc Tx est aussi un point fixe de T^p. Or x est un point fixe unique de T^p, d'où $Tx = x$ et par conséquent x est un point fixe de T. Montrons que x est unique. Si y est un autre point fixe de T, alors,

$$T^2 y = TTy = Ty = y.$$

En raisonnant par récurrence, on obtient

$$T^p y = T\left(T^{p-1} y\right) = Ty = y,$$

et comme x est un point fixe unique de T^p, alors $y = x$, d'où le résultat. □

Remarques 1.1.10 *a) Notons que si T^p est une application contractante, il n'est pas vrai en général que T soit aussi une application contractante. Pour s'en convaincre, il suffit de considérer la transformation*

$$T : \mathbb{R}^2 \longrightarrow \mathbb{R}^2, \quad (x, y) \longmapsto (2y, 0).$$

Celle-ci n'est pas une application contractante mais T^2 en est une. Pour cet exemple, on vérifie que l'unique point fixe de T est bien celui de T^2.

b) Fréquement, on rencontre en pratique des applications contractantes définies sur un boule d'un espace métrique complet et non sur l'espace tout entier. Le théorème précédent peut encore être appliqué à cette situation moyannant quelques rectifications comme le montre l'exercice ci-dessous.

Exercice 1.1.1 *Soient (E,d) un espace métrique complet, $B = B(x_0, r)$ une boule ouverte dans E et $T : B \longrightarrow E$ une application contractante. Supposons que :*

$$d(x_0, Tx_0) < r(1-k), \quad k < 1$$

Montrer que T possède un et un seul point fixe dans B.

Solution : On va utiliser un raisonnement similaire à celui fait dans la preuve du théorème 1.1.8. Posons $x_1 = Tx_0$ et comme

$$d(x_0, x_1) = d(x_0, Tx_0) < r(1-k) < r,$$

alors $x_1 \in B$. Posons $Tx_1 = x_2$ et supposons que $x_0, x_1, ..., x_n$ soient ainsi construits dans B. Soit $x_{n+1} = Tx_n$ et montrons par récurrence que $x_{n+1} \in B$. En effet, d'après l'inégalité triangulaire, on a

$$\begin{aligned} d(x_0, x_{n+1}) &\leq d(x_0, x_1) + d(x_1, x_2) + \cdots + d(x_n, x_{n+1}), \\ &\leq (1 + k + \cdots + k^n) d(x_0, x_1), \\ &< (1 + k + \cdots + k^n) r(1-k), \\ &= r(1 - k^{n+1}), \\ &< r, \end{aligned}$$

d'où, $x_{n+1} \in B$. Montrons que (x_n) est une suite de Cauchy. Par hypothèse, l'espace E est complet, il admet donc une limite $x = \lim_{n\to\infty} x_n \in E$. Vérifions que $x \in B$. On a

$$\begin{aligned} d(x_0, x) &= d(x_0, \lim_{n\to\infty} x_n), \\ &= \lim_{n\to\infty} d(x_0, x_n), \\ &\leq \lim_{n\to\infty} (1 + k + \cdots + k^{n-1}) d(x_0, x_1), \\ &= \frac{1}{1-k} d(x_0, x_1), \\ &< \frac{1}{1-k} r(1-k), \\ &= r, \end{aligned}$$

d'où, $x \in B$. Enfin, pour montrer que x est un point fixe unique de T, il suffit de raisonner comme dans le théorème 1.1.8.

1.2 Existence et unicité des solutions

Définition 1.2.1 *a) Soit* $f : \Omega \longrightarrow \mathbb{R}^n$, $(t, y) \longmapsto f(t, y)$ *une fonction où* Ω *est un ouvert de* $\mathbb{R} \times \mathbb{R}^n$. *On dit que* f *est lipschitzienne par rapport à* y *s'il existe un réel positif* k *tel que :*

$$\forall (t, y_1) \in \Omega, \quad \forall (t, y_2) \in \Omega, \quad \|f(t, y_1) - f(t, y_2)\| \leq k\|y_1 - y_2\|.$$

Lorsque $k < 1$, *la fonction* f *est contractante.*

b) On dit que f *est localement lipschitzienne par rapport à* y *si tout point* $(t, y) \in \Omega$, *possède un voisinage appartenant à* Ω *et dans lequel* f *est lipschitzienne par rapport à* y.

Propriété 1.2.2 *Soit* $f : \Omega \longrightarrow \mathbb{R}^n$, $(t, y) \longmapsto f(t, y)$ *où* Ω *est un ouvert de* $\mathbb{R} \times \mathbb{R}^n$.

a) Si $f(t, y)$ *est lipschitzienne par rapport à* y, *alors elle est uniformément continue par rapport à* y.

b) Si $f(t, y)$ *est localement lipschitzienne par rapport à* y, *alors elle est continue par rapport à* y.

c) Si $f(t, y)$ *possède des dérivées partielles premières continues par rapport à* y, *alors elle est localement lipschitzienne dans* Ω.

d) Si Ω *est connexe et si* $f(t, y)$ *possède des dérivées partielles en* y *continues, alors elle est lipschitzienne si et seulement si ses dérivées sont bornées.*

e) Si $f(t, y)$ *est continue et localement lipschitzienne sur un compact, alors elle est lipschitzienne sur ce compact.*

Soit

$$S = \{(t, y) \in \mathbb{R} \times \mathbb{R}^n : |t - t_0| \leq l, \|y - y_0\| \leq r\} \subset \Omega \subset \mathbb{R} \times \mathbb{R}^n,$$

un cylindre (de sécurité), de centre (t_0, y_0), de demi-axe l et de rayon r, $r > 0$ et $l > 0$ étant finis. Notons que S peut être vu comme étant le produit cartésien d'un intervalle fermé $[t_0 - l, t_0 + l]$ et d'une boule fermée $\{y \in \mathbb{R}^n : \|y - y_0\| \leq r\}$.

Proposition 1.2.3 *Soit* $f : \Omega \subset \mathbb{R} \times \mathbb{R}^n \longrightarrow \mathbb{R}^n$, $(t, y) \longmapsto f(t, y)$ *une fonction localement lipschitzienne par rapport à* y. *Alors que pour tout cylindre fermé* $S \subset \Omega$, f *est lipschitzienne par rapport à* y *sur* S.

Démonstration. Soient (t, x) et (t, y) deux points dans le cylindre S. Comme celui-ci est connexe, on peut relier ces points par une courbe $\mathcal{C}$. Soit B_1 une boule ouverte dans S contenant le point (t, x_1). Cette boule existe puisque S est compacte (en fait, de tout recouvrement par des ouverts, on peut en extraire un recouvrement fini). Soit $x_2 \in \mathcal{C}$ tel que x_2 soit contenu dans la boule B_1. De même, soit B_2 une boule ouverte dans S contenant le point x_2 et soit $x_3 \in \mathcal{C}$ tel que x_3 soit contenu dans la boule B_2. On continue ainsi, en considérant $x_k \in \mathcal{C}$, x_k contenu dans une boule ouverte B_{k-1} de S, avec $B_{k-1} \ni x_{k-1}$. Cette construction montre qu'on peut, en un nombre k fini d'étapes, recouvrir la courbe $\mathcal{C}$ reliant le point x au point y par des voisinages de x ; le point y jouant le rôle de x_k.

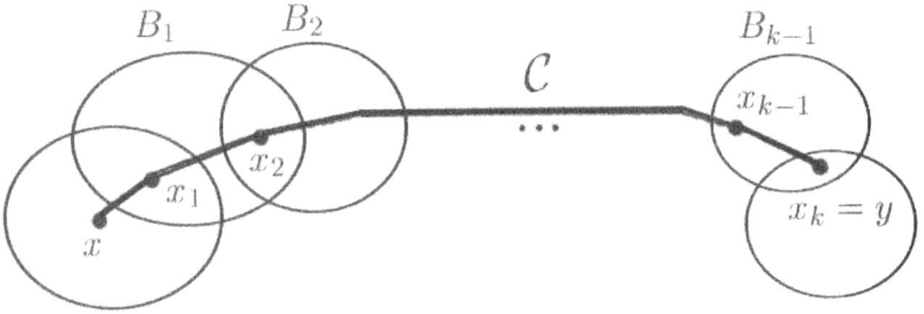

On a

$$\|f(t,x) - f(t,y)\| \leq \|f(t,x) - f(t,x_1)\| + \|f(t,x_1) - f(t,x_2)\| + \cdots + \|f(t,x_k) - f(t,y)\|.$$

Or par hypothèse f est localement lipschitzienne, donc f est lipschitzienne dans chaque boule ouverte B_k (avec chacune une constante de Lipschitz). Soit K le maximum de ces constantes de Lipschitz. Donc

$$\|f(t,x) - f(t,y)\| \leq K(\|x - x_1\| + \|x_1 - x_2\| + \cdots + \|x_k - y\|),$$

et le résultat en découle. □

Le théorème de Cauchy (ou théorème de Cauchy-Lipschitz, ou encore théorème de Picard-Lindelöf chez les anglophones) affirme sous certaines conditions à préciser, que le problème de Cauchy (relatif à l'équation différentielle $y' = f(t,y)$) avec donnée initiale (t_0, y_0) admet une unique solution. Plus précisément, on a

Théorème 1.2.4 *(Existence et unicité locale). Soit*

$$f : \Omega \longrightarrow \mathbb{R}^n, \quad (t,y) \longmapsto f(t,y),$$

où Ω est un ouvert de $\mathbb{R} \times \mathbb{R}^n$. On suppose que f est continue en (t,y) et localement lipschitzienne par rapport à y. Alors, pour tout point $(t_0, y_0) \in \Omega$, il existe un intervalle fermé I centré en t_0 et une solution locale $y : I \longrightarrow \mathbb{R}^n$ de l'équation différentielle $y' = f(t,y)$ avec condition initiale $y(t_0) = y_0$. En outre $y \in \mathcal{C}^1$ et cette solution est unique.

Démonstration. Soit $S \subset \Omega$ le cylindre ci-dessus où

$$l \leq \frac{r}{M}, \quad M = \sup_{(t,y)\in S} \|f(t,y)\|,$$

(M existe car une fonction continue sur un compact est bornée) et posons $I = [t_0 - l, t_0 + l]$. Comme on dispose du théorème du point fixe, alors la démonstration se fera de la façon suivante :

i) Définir un espace métrique complet.

ii) Définir l'application continue de l'espace métrique dans lui-même.

iii) Montrer qu'elle est contractante.

Pour *i*), on considère l'espace vectoriel $\mathcal{C}(I, \mathbb{R}^n)$ des fonctions continues de I dans $\mathbb{R}^n$, muni de la norme $\|.\| = \sup_I |.|$. Cet espace est un espace métrique complet (cela résulte du fait que $\mathbb{R}^n$ est complet et de ce que la limite uniforme d'une suite de fonctions continues sur I est continue). On pose

$$E = \{y \in \mathcal{C}(I, \mathbb{R}^n) : \|y(t) - y_0\| \leq r, \forall t \in I\}.$$

C'est un sous-ensemble de $\mathcal{C}(I, \mathbb{R}^n)$ formé par les fonctions dont le graphe ne sort pas du cylindre S. Il est fermé car si $y_k \in E$, alors $\|y_k(t) - y_0\| \leq r$, ce qui entraîne que : $\|\lim_{k\to\infty} y_k(t) - y_0\| \leq r$. Par conséquent, E est complet comme un sous-espace fermé de l'espace complet $\mathcal{C}(I, \mathbb{R}^n)$.

Pour *ii*), on considère l'application

$$T : E \longrightarrow \mathcal{C}(I, \mathbb{R}^n), \quad y \longmapsto Ty(t) = y_0 + \int_{t_0}^{t} f(\tau, y(\tau))d\tau, \quad t \in I$$

(Notons que Ty est continue car dérivable, y est continue car appartient à $\mathcal{C}(I, \mathbb{R}^n)$ par hypoyhèse, f est continue en tant que composée de fonctions continues). En outre, cette application applique E en lui-même. En effet, montrons que le graphe de Ty est dans le cylindre S et appartient à E. On a

$$\|Ty(t) - y_0\| = \left\| \int_{t_0}^{t} f(\tau, y(\tau))d\tau \right\| \leq \left| \int_{t_0}^{t} \|f(\tau, y(\tau))\| d\tau \right|.$$

Or $\|f(\tau, y(\tau))\| \leq M$, donc

$$\|Ty(t) - y_0\| \leq M|t - t_0| \leq Ml \leq M.\frac{r}{M} = r,$$

sur le cylindre S. Dès lors, Ty est bien dans le cylindre et appartient à E. Pour $iii)$, soit $x(t), y(t) \in E$. On a

$$\begin{aligned}
\|Tx(t) - Ty(t)\| &= \left\| \int_{t_0}^{t} f(\tau, x(\tau))d\tau - \int_{t_0}^{t} f(\tau, y(\tau))d\tau \right\|, \\
&\leq \left| \int_{t_0}^{t} \|f(\tau, x(\tau)) - f(\tau, y(\tau))\| d\tau \right|, \\
&\leq K \left| \int_{t_0}^{t} \|x(\tau) - y(\tau)\| d\tau \right|, \text{ (proposition 1.2.3)} \\
&\leq K\|x - y\|.|t - t_0|.
\end{aligned}$$

A ce stade si on suppose que $l < \frac{1}{K}$, c-à-d., $KL < 1$ alors comme $|t - t_0| \leq l$ sur S, on aura $\|Tx(t) - Ty(t)\| \leq KL\|x - y\|$ et la démonstration s'achève. Sinon, montrons que :

$$\|T^p x(t) - T^p y(t)\| \leq \frac{K^p |t - t_0|^p}{p!} \|x - y\|.$$

On raisonne par récurrence. Pour $p = 1$, cette inégalité est satisfaite d'après ce qui précède. Supposons que cette inégalité est vraie au rang p et montrons qu'elle l'est également au rang $p + 1$. On a

$$\begin{aligned}
\|T^{p+1}x(t) - T^{p+1}y(t)\| &= \left\| \int_{t_0}^{t} f(\tau, T^p x(\tau))d\tau - \int_{t_0}^{t} f(\tau, T^p y(\tau))d\tau \right\|, \\
&\leq \left| \int_{t_0}^{t} \|f(\tau, T^p x(\tau))d\tau - f(\tau, T^p y(\tau))\| d\tau \right|, \\
&\leq K \left| \int_{t_0}^{t} \|T^p x(\tau) - T^p y(\tau)\| d\tau \right|, \\
&\leq K \left| \int_{t_0}^{t} \frac{K^p |\tau - t_0|^p}{p!} \|x - y\| d\tau \right|, \\
&\leq \frac{K^{p+1} |t - t_0|^{p+1}}{p!p} \|x - y\|, \\
&\leq \frac{(Kl)^{p+1}}{(p+1)!} \|x - y\|.
\end{aligned}$$

Dès lors,

$$\|T^{p+1}x(t) - T^{p+1}y(t)\| \leq \lambda \|x - y\|,$$

où $\lambda = \frac{(Kl)^{p+1}}{(p+1)!} < 1$ pour p suffisamment grand car $\lim_{p\to\infty} \frac{(Kl)^{p+1}}{(p+1)!} = 0$. Donc l'application T^p est contractante et d'après le corollaire 1.1.9, T admet un point fixe unique. Autrement dit, il existe une solution unique de l'équation intégrale et par conséquent de l'équation différentielle en question. En outre $y \in \mathcal{C}^1$ car $y' = f(t, y(t))$ est continue puisque y et f le sont. □

Remarques 1.2.5 *a) Lorsque f est seulement supposée continue (et non lipschitzienne) et si l'espace est de dimension infinie, on ne peut rien dire sur l'existence et l'unicité de la solution. Par contre si l'espace est de dimension finie, nous verrons plus loin que la seule continuité de la fonction f suffit à assurer l'existence d'au moins une solution locale de l'équation différentielle en question. Par contre, la seule continuité de f ne suffit pas à assurer l'unicité en général. Pour s'en convaincre, il suffit de considérer l'exemple suivant :*

$$y' = 3\sqrt[3]{y^2}.$$

On montre qu'il n'y a pas unicité de la solution du problème de Cauchy pour les conditions initiales : $(t_0, y_0) = (t_0, 0)$. En effet, la solution s'obtient aisément, on trouve

$$y(t) = (t - t_0 + \sqrt[3]{y_0})^3,$$

ainsi que $y(t) \equiv 0$. Donc pour $y_0 = 0$ et t_0 quelconque, le problème de Cauchy a plusieurs solutions. Par exemple, pour $t_1 \geq t_0$, la fonction $\varphi(t) = 0$ si $t \leq t_1$ et $(t - t_1)^3$ si $t > t_1$, en est une solution. Un autre exemple qui montre que si la fonction f n'est pas lipschitzienne la solution n'est pas unique en général, est fournie par l'équation :

$$y' = 2\sqrt{|y|}.$$

Les fonctions $y(t) = 0$ et $y(t) = t^2$ sont deux solutions du problème de Cauchy correspondant.

b) D'après la propriété 1.2.2, c), on sait que si $f(t, y)$ possède des dérivées partielles premières continues par rapport à y, alors elle est localement lipschitzienne dans Ω. On pourra donc remplacer (comme le font certains auteurs) dans l'énoncé du théorème précédent, la condition localement lipschitzienne par rapport à y par celle-ci : $\frac{\partial f}{\partial y}$ existe et est continue sur Ω. Mais tout de même ces hypoyhèes sont trop fortes car il peut y avoir unicité dans d'autres cas comme le montre l'exemple suivant : $y' = |y|$. Ces hypothèses ne sont pas satisfaites et pourtant il y'a unicité. Les solutions sont $y = y_0 e^{t-t_0}$ si $y_0 > 0$, $y = 0$ si $y_0 = 0$ et $y = y_0 e^{-(t-t_0)}$ si $y_0 < 0$.

Corollaire 1.2.6 *Le problème de Cauchy lié à l'équation différentielle du $n^{\text{ème}}$ ordre :*

$$y^{(n)} = f(t, y, y', ..., y^{(n-1)}),$$

$$y(t_0) = y_0, ..., y^{(n-1)}(t_0) = y_0^{(n-1)},$$

où la fonction f est continue en $(t, y, y', ..., y^{(n-1)})$ et localement lipschitzienne en $(y, y', ..., y^{(n-1)})$, admet localement une solution unique.

Proposition 1.2.7 *On considère la suite $x(t) = y_0, x_1(t), ..., x_k(t), ...,$ définie par*

$$x_k(t) = y_0 + \int_{t_0}^{t} f(\tau, x_{k-1}(\tau))d\tau.$$

Si les hypothèses du théorème de Cauchy sont satisfaites, alors, la suite $(x_k(t))$ converge uniformément sur $[t_0-l, t_0+l]$ vers l'unique solution $y(t)$ de l'équation $y' = f(t, y)$ avec condition initiale $y(t_0) = y_0$. En outre, pour tout k,

$$\|x_k(t) - y(t)\| \leq \frac{(ML)^k}{k!} r.$$

Démonstration. Il suffit d'utiliser le théorème précédent. On a $T^p y = y$ et

$$\|T^k y_0 - y\| \leq \frac{(ML)^k}{k!} \|y_0 - y\| \leq \frac{(ML)^k}{k!} r,$$

d'où le résultat. □

Exercice 1.2.1 *Etudier le problème de Cauchy suivant :*

$$\begin{aligned} 2yy' + 5t &= 0, \\ y(0) &= 1 \end{aligned}$$

<u>*Solution*</u> : On a

$$2yy' + 5t = 0 \Longrightarrow y^2 = -\frac{5}{2}t^2 + C,$$

$$y(0) = 1 \Longrightarrow C = 1.$$

Le problème ci-dessus admet la solution :

$$y(t) = \sqrt{1 - \frac{5}{2}t^2}, \quad |t| < \sqrt{\frac{2}{5}}.$$

Exercice 1.2.2 *Montrer que le problème de Cauchy*

$$\begin{aligned} yy' - y^2 - 3 &= 0, \\ y(0) &= 0 \end{aligned}$$

n'a pas de solution.

<u>*Solution*</u> : Ce problème n'a pas de solution car sinon on aurait $0y'(0) = 3$, ce qui est absurde.

Exercice 1.2.3 *Montrer que le problème de Cauchy*

$$\begin{aligned} y' &= e^{-t^2} + y^2, \quad 0 \leq t \leq \frac{1}{2} \\ y(0) &= 0 \end{aligned}$$

admet une solution unique.

Solution : On utilise le théorème précédent. Ici, à la place du cylindre on a un rectangle :

$$R = \{(t, y) \in \mathbb{R} \times \mathbb{R} : |t| \leq \frac{1}{2}, |y| \leq r\}, \quad r > 0.$$

et

$$f(t, y) = e^{-t^2} + y^2.$$

La fonction f est dérivable par rapport à y et possède une dérivée partielle par rapport à y,

$$\frac{\partial f}{\partial y}(t, y) = 2y.$$

Donc f est localement lipschitzienne sur R. On a

$$M = \sup_{(t,y)\in R} \|f(t, y)\| = 1 + r^2,$$

et d'après le théorème précédent, il existe une solution unique du problème en question sur $[-l, l]$ avec $l = \min(\frac{1}{2}, \frac{r}{M})$.

Exercice 1.2.4 *On considère le problème de Cauchy suivant :*

$$\begin{aligned} y' &= \sqrt{y} \sin t \\ y(0) &= 1 \end{aligned}$$

Trouver le plus grand ouvert connexe Ω contenant le point $(0, 1)$ sur lequel la solution de ce problème existe et est unique.

Solution : Posons $f(t, y) = \sqrt{y} \sin t$ et notons que $\frac{\partial f}{\partial y} = \frac{\sin t}{2\sqrt{y}}$ existe si et seulement si $y \neq 0$. En outre, pour $y \neq 0$, f et $\frac{\partial f}{\partial y}$ sont continues. Dès lors, l'ouvert Ω en question contenant $(0, 1)$ est $\Omega = \mathbb{R} \times \mathbb{R}_+^*$ et le résultat découle du théorème d'existence et d'unicité.

Exercice 1.2.5 *Montrer que le problème de Cauchy*

$$\begin{aligned} x'' &= \sin x \\ x(0) &= \frac{\pi}{4} \\ x'(0) &= 0 \end{aligned}$$

admet une solution unique.

<u>*Solution*</u> : En posant $y_1 = x$, $y_2 = x'$, on obtient

$$\begin{pmatrix} y_1 \\ y_2 \end{pmatrix}' = \begin{pmatrix} y_2 \\ \sin y_1 \end{pmatrix},$$

c-à-d., $y' = f(y)$. Les hypothèses du théorème précédent étant satisfaites, on en déduit que ce problème possède une solution unique.

Soient $f : \Omega \longrightarrow \mathbb{R}^n$, $(t, y) \longmapsto f(t, y)$, et $y' = f(t, y)$, une équation différentielle.

Définition 1.2.8 *a) Une solution $y : J \longrightarrow \mathbb{R}^n$ est un prolongement d'une solution $x : I \longrightarrow \mathbb{R}^n$ si $I \subseteq J$ et $\forall t \in I$, $x(t) = y(t)$.*

b) Une solution maximale est une solution qui n'a pas de prolongement strict. Autrement dit, une solution y définie sur I est maximale s'il n'existe pas de solution définie sur un intervalle J contenant strictement I (c-à-d. $I \subseteq J$, $I \neq J$) dont la restriction à I soit égale à y.

De ces définitions découle le résultat suivant :

Théorème 1.2.9 *Toute solution se prolonge en une solution maximale mais pas nécessairement unique.*

Définition 1.2.10 *Soit $y :]\alpha, \beta[\longrightarrow \mathbb{R}^n$, une solution de l'équation différentielle $y' = f(t, y)$. On appelle bout gauche de y, tout point d'accumulation du graphe de la solution de la forme (α, b). C'est l'ensemble des points d'adhérence de la trajectoire de y quand $t \to \alpha$, $t > \alpha$. En d'autres termes, un point $(\alpha, b) \in \mathbb{R} \times \mathbb{R}^n$ est un bout gauche s'il existe une suite (t_k) dans $]\alpha, \beta[$ convergeant vers α, $t_k > \alpha$ telle que la suite $y(t_k)$ converge vers b. On définit de manière analogue un bout droit.*

Exemple 1.2.11 *On considère l'équation différentielle*

$$y' = \frac{1}{t^2} \sin \frac{1}{t}, \quad \Omega =]0, \infty[\times \mathbb{R}$$

On montre que tout point de la forme $(0, b)$ avec $b \in [-1, 1]$ est un bout gauche.

On obtient la solution maximale en collant toutes les solutions locales de l'équation différentielle, obtenues dans le théorème 1.2.4. C'est le théorème global d'existence et d'unicité :

Théorème 1.2.12 *Soit $f : \Omega \to \mathbb{R}^n$, $(t, y) \mapsto f(t, y)$, une fonction continue en (t,y) et localement lipschitzienne en y sur l'ouvert $\Omega \subset \mathbb{R} \times \mathbb{R}^n$. Soit $(t_0, y_0) \in \Omega$. Alors, il existe une unique solution maximale au problème de Cauchy*

$$y' = f(t, y), \quad y(t_0) = y_0.$$

Si les bouts droits et gauches existent, alors ils sont inclus dans le bord de Ω.

La condition de Lipschitz n'est pas nécessaire pour assurer l'existence d'au moins une solution de l'équation différentielle en question (elle est suffisante pour assurer l'unicité de la solution). Comme nous l'avons déjà signalé (remarque 1.2.5, a)), la seule continuité de la fonction f suffit à assurer l'existence d'une solution du problème de Cauchy. La preuve consiste à construire une solution approchée de l'équation différentielle à l'aide de la méthode bien connue d'Euler (appelée aussi méthode de la tangente) et ensuite utiliser un résultat de topologie qui est le théorème d'Ascoli pour montrer l'existence d'une sous-suite de solutions approchées convergeant uniformément. Pour de plus amples informations, on pourra consulter par exemple [8].

Théorème 1.2.13 *Soit $f : \Omega \longrightarrow \mathbb{R}^n$, $(t, y) \longmapsto f(t, y)$, où Ω est un ouvert de $\mathbb{R} \times \mathbb{R}^n$. Si f est continue, alors pour tout $(t_0, y_0) \in \Omega$, il existe un intervalle fermé I centré en t_0 et une solution locale $y : I \longrightarrow \mathbb{R}^n$ de l'équation différentielle $y' = f(t, y)$ avec condition initiale $y(t_0) = y_0$.*

Le critère suivant assure sous certaines conditions l'unicité de la solution.

Théorème 1.2.14 *(Critère de Nagumo). On suppose que $f(t, y)$ est continue dans un cylindre et qu'en outre*

$$|t - t_0|.\|f(t, y_2) - f(t, y_1)\| \leq \|y_2 - y_1\|.$$

Alors, il existe une unique solution au problème de Cauchy

$$y' = f(t, y), \qquad y(t_0) = y_0$$

Démonstration. Soient y_1 et y_2 deux solutions passant par le point (t_0, y_0) (définies sur l'intervalle $[t_0, t_1]$, $t_1 > t_0$). On a

$$\begin{aligned} \|y_1(t) - y_2(t)\| &= \left\| \int_{t_0}^t (f(\tau, y_1(\tau)) - f(\tau, y_2(\tau)))d\tau \right\|, \\ &\leq \left| \int_{t_0}^t \left\| \frac{y_1(\tau) - y_2(\tau)}{\tau - t_0} \right\| d\tau \right|, \end{aligned}$$

par hypothèse. Notons que

$$\begin{aligned} \lim_{t \to t_0^+} \left\| \frac{y_1(t) - y_2(t)}{t - t_0} \right\| &= \lim_{t \to t_0^+} \left\| \frac{y_1(t) - y_0}{t - t_0} - \frac{y_2(t) - y_0}{t - t_0} \right\|, \\ &= \left\| y'(t_0) - y_2'(t_0) \right\|, \\ &= \|f(t_0, y_1(t_0)) - f(t_0, y_2(t_0))\|, \\ &= 0, \end{aligned}$$

donc la fonction $\|y_1(t) - y_2(t)\|$ est bornée sur le domaine d'intégration. Soit g la fonction définie sur $[t_0, t_1]$, par

$$g(t) = \int_{t_0}^{t} \frac{\|y_1(\tau) - y_2(\tau)\|}{\tau - t_0} d\tau.$$

D'après l'inégalité ci-dessus, on a

$$g'(t) = \frac{\|y_1(t) - y_2(t)\|}{t - t_0} \leq \frac{g(t)}{t - t_0},$$

donc la fonction $\frac{g(t)}{t-t_0}$ décroît sur l'intervalle $[t_0, t_1]$. En outre, elle est positive et on a vu ci-dessus que $\lim_{t \to t_0^+} \frac{g(t)}{t-t_0} = 0$, ce qui implique qu'elle est identiquement nulle et donc $y_1 = y_2$. $\square$

Exercice 1.2.6 *Soit l'équation différentielle*

$$ty' + (1-t)y = \frac{t \exp t}{t^2 + 1},$$

a) Résoudre cette équation sur $\mathbb{R}_+^*$ et sur $\mathbb{R}_-^*$.

b) Montrer qu'il existe une solution unique de cette équation définie sur $\mathbb{R}$.

1.3 Continuité et différentiabilité des solutions

Lemme 1.3.1 *(Lemme de Gronwall). Soient $t_0 < t_1$ et $f, g : [t_0, t_1] \longrightarrow \mathbb{R}$, deux fonctions continues. Si pour tout $t \in [t_0, t_1]$, $f(t) \geq 0$, $g(t) \geq 0$ et*

$$f(t) \leq a + b \int_{t_0}^{t} f(\tau) g(\tau) d\tau,$$

où $a > 0$ et $b > 0$. Alors,

$$f(t) \leq a e^{b \int_{t_0}^{t} g(\tau) d\tau}, \quad \forall t \in [t_0, t_1]$$

Démonstration. En effet, posons

$$\varphi(t) = \int_{t_0}^{t} f(\tau) g(\tau) d\tau, \quad t \in [t_0, t_1]$$

Cette intégrale a bien un sens car f et g sont continues sur $[t_0, t_1]$. Comme $f(t) \geq 0$ et $g(t) \geq 0$, alors $\varphi(t) \geq 0$. Par hypothèse, on a $f(t) \leq a + b\varphi(t)$. Multiplions les deux membres de cette inégalité par $g(t) \geq 0$,

$$g(t) f(t) \leq a g(t) + b g(t) \varphi(t).$$

Remarquons que $\varphi'(t) = f(t)g(t)$ (on peut dériver sous le signe intégral car f et g sont continues sur $[t_0, t_1]$). Dès lors, $\varphi'(t) \leq g(t)(a + b\varphi(t))$. En divisant les deux membres par $a + b\varphi(t)$ et en intégrant de t_0 à t, on obtient

$$\int_{t_0}^{t} \frac{\varphi'(\tau)}{a + b\varphi(\tau)} d\tau \leq \int_{t_0}^{t} g(\tau) d\tau,$$

ou, en posant $u(t) = a + b\varphi(t)$,

$$\int_{t_0}^{t} \frac{u'}{u} d\tau \leq b \int_{t_0}^{t} g(\tau) d\tau.$$

D'où,

$$\ln \frac{u(t)}{u(t_0)} \leq b \int_{t_0}^{t} g(\tau) d\tau,$$

et comme l'exponentiel est une fonction croissante, on en déduit

$$\frac{u(t)}{u(t_0)} \leq e^{b \int_{t_0}^{t} g(\tau) d\tau},$$

et finalement, $f(t) \leq a + b\varphi(t) \leq a e^{b \int_{t_0}^{t} g(\tau) d\tau}$. □

Remarque 1.3.2 *Notons que dans le lemme ci-dessus, par hypothèse la fonction f se trouve à gauche et à droite de l'inégalité intégrale et le résultat final consiste à montrer que f se trouve seulement à gauche de l'inégalité. L'intérêt du lemme de Gronwall est qu'il donne sous certaines conditions une borne (qui dépend de la fonction g) pour f. Il sert dans la théorie des équations différentielles, notamment pour obtenir des majorations de solutions et pour démontrer l'unicité (voir exercice 1.3.1) d'une solution au problème de Cauchy dans le théorème de Cauchy-Lipschitz.*

Théorème 1.3.3 *Soit $f : \Omega \longrightarrow \mathbb{R}^n$, $(t, y) \longmapsto f(t, y)$, une fonction continue sur un ouvert Ω de $\mathbb{R} \times \mathbb{R}^n$ et lipschitzienne en y de constante K. Considérons une fonction $g : \Omega \longrightarrow \mathbb{R}^n$, $(t, y) \longmapsto g(t, y)$, satisfaisant à*

$$\forall (t, y) \in \Omega, \quad \|f(t, y) - g(t, y)\| \leq \varepsilon, \quad \varepsilon > 0$$

Considérons pour les équations différentielles

$$x' = f(t, x), \quad x(t_0) = x_0$$

$$y' = g(t, y), \quad y(t_0) = x_0$$

respectivement deux solutions :

$$x : [t_0, t_1] \longrightarrow \mathbb{R}^n, \quad t \longmapsto x(t),$$

$$y : [t_0, t_1] \longrightarrow \mathbb{R}^n, \quad t \longmapsto y(t),$$

définies sur un même intervalle compact (non réduit en un point). Alors,

$$\forall t \in [t_0, t_1], \quad \|x(t) - y(t)\| \leq (t_1 - t_0)\varepsilon e^{K(t-t_0)}.$$

Démonstration. On a

$$x(t) = x_0 + \int_{t_0}^{t} f(\tau, x(\tau))d\tau, \qquad y(t) = x_0 + \int_{t_0}^{t} g(\tau, y(\tau))d\tau,$$

d'où

$$x(t) - y(t) = \int_{t_0}^{t} (f(\tau, x(\tau)) - f(\tau, y(\tau)))d\tau + \int_{t_0}^{t} (f(\tau, y(\tau)) - g(\tau, y(\tau)))d\tau.$$

Dès lors,

$$\begin{aligned} \|x(t) - y(t)\| &\leq \int_{t_0}^{t} \|f(\tau, x(\tau)) - f(\tau, y(\tau))\|d\tau \\ &\qquad + \int_{t_0}^{t} \|f(\tau, y(\tau)) - g(\tau, y(\tau))\|d\tau, \\ &\leq K \int_{t_0}^{t} \|x(\tau) - y(\tau)\|d\tau + \int_{t_0}^{t} \varepsilon d\tau, \\ &\leq K \int_{t_0}^{t} \|x(\tau) - y(\tau)\|d\tau + \varepsilon(t_1 - t_0), \end{aligned}$$

où K est la constante de Lipschitz. En appliquant le lemme de Gronwall (avec les notations, $f(t) = \|x(t) - y(t)\|$, $g(t) = 1$, $a = \varepsilon(t_1 - t_0)$ et $b = K$), on obtient

$$\|x(t) - y(t)\| \leq \varepsilon(t_1 - t_0)e^{K \int_{t_0}^{t} d\tau} = \varepsilon(t_1 - t_0)e^{K(t-t_0)},$$

d'où le résultat. □

Remarque 1.3.4 *Notons que dans le théorème précédent, nous n'avons pas exigé que la fonction g soit continue. Nous avons seulement supposé l'existence de la solution $y(t)$ pour l'équation différentielle $y' = g(t, y)$. L'inégalité obtenue dans le théorème intervient souvent lors de comparaison des solutions approchées pour des équations différentielles voisines. Par ailleurs, d'après la démonstration ci-dessus, on constate que le théorème est vrai même si la condition : $\|f(t, y) - g(t, y)\| \leq \varepsilon$ n'est satisfaite que le long du graphe de la solution $y(t)$ de l'équation : $y' = g(t, y)$. Signalons aussi que le résultat obtenu est valable sur tout compact de $\mathbb{R}$ mais non à $\mathbb{R}$ tout entier.*

Exercice 1.3.1 *Démontrer l'affirmation signalée dans la remarque 1.3.2, à savoir que le lemme de Gronwall peut être utilisé pour démontrer l'unicité d'une solution au problème de Cauchy dans le théorème de Cauchy-Lipschitz.*

Solution : En utilisant les mêmes notations que précédemment, on suppose que $x(t)$ et $y(t)$ sont solutions d'une même équation différentielle. Autrement dit, on suppose que $f(t,x) = g(t,x)$. On a

$$x(t) - y(t) = \int_{t_0}^{t} (f(\tau, x(\tau)) - f(\tau, y(\tau)))d\tau,$$

d'où

$$\|x(t) - y(t)\| \leq \int_{t_0}^{t} K\|x(\tau) - y(\tau)\|d\tau,$$

ce qui implique pour $\varepsilon > 0$,

$$\|x(t) - y(t)\| \leq \varepsilon + K \int_{t_0}^{t} \|x(\tau) - y(\tau)\|d\tau.$$

Le lemme de Gronwall fournit alors,

$$\|x(t) - y(t)\| \leq \varepsilon e^{K(t_1 - t_0)},$$

et comme ε est arbitraire, on en déduit que : $\|x(t) - y(t)\| = 0$ et par conséquent $x(t) = y(t)$.

On se contente ci-dessous (bien que nous n'en aurons pas besoin par la suite) de mentionner quelques résultats sur la continuité et la différentiabilité des solutions. Pour le détail, on pourra consulter par exemple [19].

Théorème 1.3.5 *(Continuité en fonction des données initiales). Soit*

$$f : \Omega \longrightarrow \mathbb{R}^n, \quad (t, y) \longmapsto f(t, y),$$

où Ω est un ouvert de $\mathbb{R} \times \mathbb{R}^n$ et

$$y' = f(t, y),$$

l'équation différentielle qui lui est associée. Supposons que f est lipschitzienne en y et continue. Soit $(t_0, y_0) \in \Omega$, alors la solution $y(t; t_0, y_0)$ de l'équation ci-dessus (exprimée en fonction des conditions initiales) est continue en les trois variables.

Théorème 1.3.6 *(Continuité par rapport à un paramètre). Soient $\lambda \in \mathbb{R}^k$ un paramètre, Δ un ouvert de $\mathbb{R} \times \mathbb{R}^n \times \mathbb{R}^k$ et*

$$f : \Delta \longrightarrow \mathbb{R}^n, \quad (t, y, \lambda) \longmapsto f(t, y, \lambda),$$

une fonction localement lipschitzienne en (y, λ) et continue. Soit $y(t; t_0, y_0, \lambda)$ la solution de l'équation différentielle

$$y' = f(t, y, \lambda),$$

passant par le point $(t_0, y_0) \in \Omega \subset \mathbb{R} \times \mathbb{R}^n$. Alors $y(t; t_0, y_0, \lambda)$ est continue.

Théorème 1.3.7 *(Différentiabilité par rapport aux données de Cauchy). Soient Ω un ouvert de $\mathbb{R} \times \mathbb{R}^n$ et*

$$f : \Omega \longrightarrow \mathbb{R}^n, \quad (t, y) \longmapsto f(t, y),$$

une fonction de classe $\mathcal{C}^1$. La solution de l'équation différentielle

$$y' = f(t, y),$$

passant par le point $(t_0, y_0) \in \Omega$ est une fonction $y(t; t_0, y_0)$ de classe $\mathcal{C}^1$ par rapport à (t_0, y_0) et de classe $\mathcal{C}^2$ par rapport à t.

1.4 Équations résolubles

Nous allons étudier quelques équations dont les solutions s'obtiennent par intégration directe.

Équation à variables séparables :

C'est une équation de la forme

$$y' = \frac{f(t)}{g(y)},$$

ou sous forme symétrique $g(y)dy - f(t)dt = 0$. On a

$$\int g(y)dy - \int f(t)dt = 0,$$

d'où $G(y) - F(t) =$ constante. (G et F étant des primitives de g et f respectivement).

Équation linéaire du 1er ordre :

C'est une équation de la forme

$$y' + a(t)y = b(t),$$

avec a, b deux fonctions continues sur un intervalle. Cette équation est dite linéaire ; les fonctions y et y' sont de degré 1 et ne sont pas multipliées l'une par l'autre.

(i) La solution générale de l'équation non-homogène est la somme de la solution générale de l'équation homogène

$$y' + a(t)y = 0,$$

et d'une solution particulière de l'équation non-homogène.

(ii) L'équation homogène est à variables séparées et sa solution générale est

$$y = Ce^{-\int a(t)dt}, \qquad C = \text{constante}$$

(iii) Pour déterminer une solution particulière de l'équation non-homogène, on remplace la constante C par la fonction inconnue $C(t)$ et enfin substituer $y = C(t)e^{-\int a(t)dt}$ dans l'équation non-homogène pour trouver la fonction $C(t)$ (méthode de la variation de la constante). On obtient

$$C(t) = \int b(t)e^{\int a(t)dt}dt + \text{constante}.$$

Par conséquent,

$$y = e^{-\int a(t)dt}\left(\int b(t)e^{\int a(t)dt}dt + \text{constante}\right),$$

est la solution générale de l'équation non-homogène.

(iv) Selon une méthode de Bernoulli, on pose

$$y = uv,$$

où u et v sont deux fonctions inconnues (dont l'une peut être choisie de façon arbitraire). L'équation non-homogène devient

$$u'v + u(v' + av) = b(t).$$

Notons que $v' + av = 0$ car v peut être choisie de façon arbitraire. Donc on prend pour solution v, une solution particulière de $v' + av = 0$; par exemple $v = e^{-\int a(t)dt}$. Dès lors, $u'v = b(t)$, d'où $u = \int b(t)e^{\int a(t)dt}dt + \text{constante}$. Par conséquent,

$$y = uv = e^{-\int a(t)dt}\left(\int b(t)e^{\int a(t)dt}dt + \text{constante}\right).$$

Exercice 1.4.1 *Résoudre l'équation suivante :*

$$y' + \frac{t}{1-t^2}y = \arcsin t + t.$$

<u>*Solution*</u> : On a

$$y' + \frac{t}{1-t^2}y = 0,$$

d'où

$$\int \frac{dy}{y} = -\int \frac{t}{1-t^2}dt,$$

donc

$$y = C\sqrt{1-t^2}, \quad C = \text{constante}.$$

Posons $y = C(t)\sqrt{1-t^2}$ et remplaçons dans l'équation proposée. On obtient

$$C'(t) = \frac{\arcsin t}{\sqrt{1-t^2}} + \frac{t}{\sqrt{1-t^2}},$$

d'où

$$C(t) = \frac{1}{2}\arcsin^2 t - \sqrt{1-t^2} + K, \quad C = \text{constante},$$

et par conséquent,

$$y = \left(\frac{1}{2}\arcsin^2 t - \sqrt{1-t^2} + K\right)\sqrt{1-t^2}.$$

Remarque 1.4.1 *Certaines équations deviennent linéaires lorsqu'on permute la fonction cherchée et la variable indépendante comme le montre l'exemple suivant :*

$$(2t + y^3)y' - y = 0,$$

où y est fonction de t et l'équation n'est pas linéaire. Ecrivons-la autrement,

$$(2t + y^3)dy = ydt,$$

ou

$$yt' - 2t = y^3, \quad t' \equiv \frac{dt}{dy},$$

et il suffit d'appliquer la méthode ci-dessus. En effet, on a

$$yt' - 2t = 0 \Longrightarrow t = Cy^2, \quad C = \textit{constante}.$$

En posant $C = C(y)$ dans l'équation avec second membre, on obtient $C'(y) = 1$, d'où $C(y) = y + K$, (K=constante). Par conséquent, $t = (y + K)y^2$.

Équation linéaire à coefficients constants :

C'est une équation de la forme

$$a_0y^{(n)}(t) + a_1y^{(n-1)}(t) + \cdots + a_{n-1}y'(t) + a_ny(t) = b(t),$$

où $a_i \in \mathbb{R}$, $a_0 \neq 0$. On associe à cette équation, l'équation homogène

$$a_0y^{(n)}(t) + a_1y^{(n-1)}(t) + \cdots + a_{n-1}y'(t) + a_ny(t) = 0,$$

dont l'équation caractéristique est

$$a_0r^n + a_1r^{n-1} + \cdots + a_{n-1}r + a_n = 0.$$

Rappelons que la solution générale de l'équation non-homogène est la somme de la solution générale de l'équation homogène et d'une solution particulière de l'équation non-homogène. Indiquons diverses méthodes de résolution de l'équation non-homogène :

(i) On peut utiliser la méthode de la variation de la constante (vue précédemment), à condition que l'on connaisse la solution générale de l'équation homogène.

(ii) Lorsque le second membre $b(t)$ est de la forme

$$b(t) = e^{\alpha t}P_m(t),$$

où $P_m(t)$ est un polynôme de degré m, alors on cherche la solution particulière de l'équation non-homogène sous la forme

$$y(t) = t^s e^{\alpha t}Q_m(t),$$

où $Q_m(t)$ est un polynôme de degré m et

$$s = \begin{cases} 0, \text{ si } \alpha \text{ n'est pas racine de l'équation caractéristique.} \\ \text{ordre de multiplicité de la racine } \alpha \text{ de l'équation caractéristique,} \\ \text{sinon.} \end{cases}$$

Lorsque le second membre $b(t)$ est de la forme

$$b(t) = e^{\alpha t}(P(t)\cos\beta t + Q(t)\sin\beta t),$$

où $P(t)$ et $Q(t)$ sont des polynômes, alors on cherche la solution particulière de l'équation non-homogène sous la forme

$$y(t) = t^s e^{\alpha t}(R_m(t)\cos\beta t + T_m(t)\sin\beta t),$$

où $R_m(t)$ et $T_m(t)$ sont des polynômes de degré m égal au plus grand degré des polynômes P, Q et

$$s = \begin{cases} 0, \text{ si } \alpha + i\beta \text{ n'est pas racine de l'équation caractéristique.} \\ \text{ordre de multiplicité de la racine } \alpha + i\beta \text{ de l'équation,} \\ \text{caractéristique, sinon.} \end{cases}$$

Équation linéaire à coefficients variables :

C'est une équation de la forme

$$a_0(t)y^{(n)}(t) + a_1(t)y^{(n-1)}(t) + \cdots + a_{n-1}(t)y'(t) + a_n(t)y(t) = b(t).$$

Contrairement aux équations linéaires à coefficients constants, lorsque les coefficients sont variables il n'est en général plus possible d'exprimer les solutions en termes d'un nombre fini de fonctions élémentaires. Par ailleurs, la résolution de ces équations peut sous certaines conditions, se faire à l'aide des séries entières convergentes. Prenons le cas des équations homogènes d'ordre 2 (pour de plus amples informations, voir par exemple [13]).

Exemple 1.4.2 *On considère l'équation différentielle*

$$ty'' + (1-t)y' - y = 0,$$

où y est une fonction de la variable réelle t. Supposons qu'il existe une série entière, de rayon de convergence $r > 0$,

$$y = \sum_{k=0}^{\infty} a_k t^k,$$

qui soit solution de cette équation et telle que : $y(0) = 1$. En remplaçant les expressions

$$y = \sum_{k=0}^{\infty} a_k t^k, \quad y' = \sum_{k=1}^{\infty} k a_k t^{k-1}, \quad y'' = \sum_{k=2}^{\infty} k(k-1) a_k t^{k-2},$$

dans l'équation différentielle ci-dessus, on obtient

$$\sum_{k=2}^{\infty} k(k-1)a_k t^{k-1} + \sum_{k=1}^{\infty} k a_k t^{k-1} - \sum_{k=1}^{\infty} k a_k t^k - \sum_{k=0}^{\infty} a_k t^k = 0,$$

ou

$$\sum_{k=0}^{\infty} (k+1)((k+1)a_{k+1} - a_k)t^k = 0.$$

On en déduit la relation de récurrence :

$$a_{k+1} = \frac{a_k}{k+1}, \quad \forall k \in \mathbb{N}$$

D'où, $a_1 = \frac{a_0}{1}$ *car* $a_0 = y(0) = 1$, $a_2 = \frac{a_1}{2!} = \frac{1}{2!}$, $a_3 = \frac{a_2}{3} = \frac{1}{3!}, \ldots, a_k = \frac{1}{k!}$. *On obtient une série* $\sum \frac{t^k}{k!}$ *convergente, de rayon de convergence* $r = +\infty$. *Par conséquent, la solution de l'équation en question est*

$$y = \sum_{k=0}^{\infty} \frac{t^k}{k!} = e^t.$$

Exercice 1.4.2 *Considérons l'équation différentielle*

$$y'' + P_1(t)y' + P_2(t)y = 0, \tag{1.4.1}$$

où P_1 *et* P_2 *sont des fonctions analytiques*[1] *sur* $]t_0 - r, t_0 + r[$, $r > 0$. *Montrer que toute solution de cette équation est analytique sur ce même intervalle.*

<u>*Solution*</u> : On peut sans restreindre la généralité, poser $t_0 = 0$. On cherche une solution de l'équation (1.4.1),

$$y(t) = \sum_{k=0}^{\infty} a_k t^k,$$

développable en série entière. On a

$$y'(t) = \sum_{k=1}^{\infty} k a_k t^{k-1}, \qquad y''(t) = \sum_{k=2}^{\infty} k(k-1) a_k t^{k-2}.$$

Par hypothèse les fonctions P_1 et P_2 sont analytiques sur $]-r, r[$, donc elles sont développables en séries entières :

$$P_1(t) = \sum_{k=0}^{\infty} b_k t^k, \qquad P_2(t) = \sum_{k=0}^{\infty} c_k t^k.$$

En substituant ces expressions dans l'équation (1.4.1), on obtient

$$\sum_{k=2}^{\infty} k(k-1)a_k t^{k-2} + \left(\sum_{k=0}^{\infty} b_k t^k\right)\left(\sum_{k=1}^{\infty} k a_k t^{k-1}\right) + \left(\sum_{k=0}^{\infty} c_k t^k\right)\left(\sum_{k=0}^{\infty} a_k t^k\right) = 0.$$

[1]Rappelons qu'une fonction f est dite analytique sur l'intervalle $]t_0 - r, t_0 + r[$ si f admet un développement en série entière convergeant sur cet intervalle : $f(t) = \sum_{k=0}^{\infty} (t - t_0)^k$.

La règle de Cauchy relative au produit des séries absolument convergentes fournit

$$\sum_{k=0}^{\infty}\left((k+2)(k+1)a_{k+2}+\sum_{i=0}^{k}((i+1)a_{i+1}b_{k-i}+a_ic_{k-i})\right)t^k=0,$$

d'où la relation de récurrence suivante :

$$(k+2)(k+1)a_{k+2}+\sum_{i=0}^{k}((i+1)a_{i+1}b_{k-i}+a_ic_{k-i})=0, \quad k\geq 0$$

Cette relation permet de calculer a_{k+2} en fonction de a_0, a_1,...,a_{k+1}. Les coefficients a_0 et a_1 sont arbitraires. Il reste à justifier cette solution purement formelle. Pour cela nous allons montrer que la série entière $\sum_{k=0}^{\infty} a_k t^k$, converge sur $]-r,r[$. Soit $x_1\in]-r,r[$, $x_1\neq 0$, un point fixé et posons $\rho=|x_1|$. Les fonctions P_1 et P_2 étant, par hypothèse analytiques (elles sont développables en séries entières absolument convergentes en $t=x_1$), on peut trouver deux constantes $M_1>0$ et $M_2>0$ telles que : $|b_k|\leq M_1\rho^{-k}$ et $|c_k|\leq M_2\rho^{-k}$. Soit $M=\max(M_1,\rho M_2)$, d'où $|b_k|\leq M\rho^{-k}$ et $|c_k|\leq M\rho^{-k-1}$. En tenant compte de la relation de récurrence ci-dessus, on obtient

$$\begin{aligned}
(k+2)(k+1)|a_{k+2}| &\leq \sum_{i=0}^{k}\left((i+1)|a_{i+1}|M\rho^{-k+i}+|a_i|M\rho^{-k+i-1}\right),\\
&= M\rho^{-k-1}\sum_{i=0}^{k}\left((i+1)|a_{i+1}|\rho^{i+1}+|a_i|\rho^{i}\right),\\
&= M\rho^{-k-1}\left(\sum_{i=0}^{k}(i+1)|a_{i+1}|\rho^{i+1}+\sum_{i=0}^{k}|a_{i+1}|\rho^{i+1}\right.\\
&\qquad\left.+|a_0|-|a_{k+1}\rho^{k+1}\right),\\
&\leq M\rho^{-k-1}\left(|a_0|+\sum_{i=0}^{k}(i+2)|a_{i+1}|\rho^{i+1}\right),\\
&= M\rho^{-k-1}\sum_{i=0}^{k+1}(i+1)|a_i|\rho^{i}.
\end{aligned}$$

Considérons maintenant une suite (A_k) définie par $A_0=|a_0|$, $A_1=|a_1|$, et la relation de récurrence

$$(k+2)(k+1)A_{k+2}=M\rho^{-k-1}\sum_{i=0}^{k+1}(i+1)A_i\rho^{i}, \quad k\in\mathbb{N}. \tag{1.4.2}$$

Dès lors, $|a_k| \leq A_k$, $k \in \mathbb{N}$, et la série $\sum_{k=0}^{\infty} A_k|t|^k$ est une majorante pour $\sum_{k=0}^{\infty} a_k t^k$. Tout revient donc à s'assurer de la convergence de $\sum_{k=0}^{\infty} A_k|t|^k$. Montrons que cette dernière converge pour $|t| < \rho$. En effet, en remplaçant k par $k-1$ dans la relation (1.4.2), on en déduit

$$\rho^{-1}(k+1)kA_{k+1} = M\rho^{-k-1}\sum_{i=0}^{k}(i+1)A_i\rho^i. \tag{1.4.3}$$

En retranchant (1.4.3) de (1.4.2), on obtient l'expression

$$(k+2)(k+1)A_{k+2} - \rho^{-1}(k+1)kA_{k+1} = M(k+2)A_{k+1},$$

d'où

$$\frac{A_{k+1}}{A_{k+2}} = \frac{(k+2)(k+1)}{\rho^{-1}(k+1)k + M(k+2)}.$$

On a

$$\lim_{k\to+\infty}\frac{A_{k+1}}{A_{k+2}} = \varrho < r,$$

et par conséquent, la série entière $\sum a_k t^k$, converge sur l'intervalle $]-\rho,\rho[$. Or ρ $(0<\rho<r)$ est arbitraire, donc la série $\sum a_k t^k$, converge pour tout $t \in]-r,r[$. Les coefficients a_0 et a_1 correspondent aux conditions initiales : $y(0) = a_0$ et $y'(0) = a_1$. On peut faire deux choix correspondant à deux solutions $y_1(t)$, $y_2(t)$ linéairement indépendantes ; par exemple $y_1(0) - a_0 - 1$, $y_1'(0) - a_1 - 0$ et $y_2(0) = a_0 = 0$, $y_2'(0) = a_1 = 1$.

Exercice 1.4.3 *Etudier l'équation de Legendre :*

$$(1-t^2)y'' - 2ty' + n(n+1)y = 0,$$

où n est un nombre réel.

<u>Solution</u> : Ici, on a

$$P_1(t) = -\frac{2t}{1-t^2} = -2\sum_{k=0}^{\infty} t^{2k+1},$$

et

$$P_2(t) = \frac{n(n+1)}{1-t^2} = n(n+1)\sum_{k=0}^{\infty} t^{2k}.$$

Ces fonctions sont donc analytiques sur l'intervalle $]-1,1[$ et d'après le théorème précédent, on peut chercher les solutions sous la forme : $y = \sum_{k=0}^{\infty} a_k t^k$, $t \in]-1,1[$. La substitution de cette série dans l'équation de Legendre, fournit

$$(1-t^2)\sum_{k=2}^{\infty} k(k-1)a_k t^{k-2} - 2t\sum_{k=1}^{\infty} k a_k t^{k-1} + n(n+1)\sum_{k=0}^{\infty} a_k t^k = 0.$$

En regroupant les puissances de t, le coefficient de t^k vaut :

$$(k+2)(k+1)a_{k+2} - k(k-1)a_k - 2ka_k + n(n+1)a_k = 0.$$

D'où la relation de récurrence

$$a_{k+2} = \frac{(k-n)(k+n+1)}{(k+1)(k+2)}a_k, \quad k \in \mathbb{N}$$

Les coefficients d'ordre pair ne dépendent que de a_0 et ceux d'ordre impair de a_1. En choisissant

$$y_1(0) = a_0 = 1, \qquad y_1'(0) = a_1 = 0,$$

et

$$y_2(0) = a_0 = 0, \qquad y_2'(0) = a_1 = 1,$$

on en déduit,

$$y_1(t) = 1 - \frac{n(n+1)}{2!}t^2 + \frac{n(n+1)(n-2)(n+3)}{4!}t^4 + \cdots$$

et

$$y_2(t) = t - \frac{(n-1)(n+2)}{3!}t^3 + \frac{(n-1)(n+2)(n-3)(n+4)}{5!}t^5 + \cdots$$

Si $n = 2p$, $p \in \mathbb{N}$, la fonction y_1 se réduit à un polynôme de degré $2p$ car $a_{2p+2} = 0$. De même, si $n = 2p+1$, $p \in \mathbb{N}$, la fonction y_2 se réduit à un polynôme de degré $2p+1$. Ces polynômes constituent une suite de fonctions $(p_n(t))$ dont les cinq premiers termes sont :

$$p_0(t) = 1, p_1(t) = t, p_2(t) = 1 - 3t^2, p_3(t) = t - \frac{5}{3}t^3, p_4(t) = 1 - 10t^2 + \frac{35}{3}t^4.$$

Dans les applications, on utilise plutôt les polynômes $\mathbf{P}_n(t)$, multiples de $p_n(t)$, qui prennent la valeur 1 en $t = 1$, c-à-d.,

$$\begin{aligned}
\mathbf{P_0}(t) &= p_0(t) = 1, \\
\mathbf{P_1}(t) &= p_1(t) = t, \\
\mathbf{P_2}(t) &= -\frac{1}{2}p_2(t) = \frac{1}{2}(3t^2 - 1), \\
\mathbf{P_3}(t) &= -\frac{3}{2}p_3(t) = \frac{1}{2}(5t^3 - 3t), \\
\mathbf{P_4}(t) &= \frac{3}{8}p_4(t) = \frac{1}{8}(35t^4 - 30t^2 + 3), \ldots
\end{aligned}$$

Ces polynômes s'appellent polynômes de Legendre et leur expression générale est

$$\mathbf{P_n}(t) = \frac{1}{2^n} \sum_{l=0}^{E(\frac{n}{2})} \frac{(-1)^l (2n-2l)!}{(n-l)!l!(n-2l)!} t^{n-2l},$$

où $E\left(\frac{n}{2}\right)$ désigne le plus grand entier $\leq \frac{n}{2}$.

Exercice 1.4.4 *Le résultat obtenu dans l'exercice 1.4.2, affirme l'existence et le caractère analytique de la solution $y(t)$ sur $]t_0 - r, t_0 + r[$. Trouver des exemples montrant que lorsque l'hypothèse d'analycité relative à P_1 et P_2 n'est plus satisfaite autour de $t = t_0$, alors la solution peut-être analytique ou bien elle ne l'est pas. Interpréter le résultat obtenu.*

<u>Solution</u> : Pour la première possibilité (c-à-d., la solution peut-être analytique), considérons la fonction définie par

$$f(t) = \frac{\arcsin \sqrt{t}}{\sqrt{t(1-t)}}.$$

On montre que pour $t \in]0, 1[$, la fonction f vérifie l'équation différentielle suivante :

$$2t(1-t)f'(t) + (1-2t)f(t) = 1.$$

En supposant qu'il existe une série entière $\sum a_k t^k$ solution de cette équation et en procédant comme précédemment, on trouve que :

$$a_k = \frac{(2^k k!)^2}{(2k+1)!}, \quad k \in \mathbb{N}$$

ainsi que le rayon de convergence $r = 1$ de cette série. On en déduit que le développement en série entière de $f(t)$ dans $]0, 1[$, n'est autre que la solution de l'équation différentielle ci-dessus et il est égal à $\sum \frac{(2^k k!)^2}{(2k+1)!} t^k$. En ce qui concerne la deuxième possibilité, considérons l'équation différentielle

$$t^2 y'' + y' + ty = 0,$$

et supposons que $y = \sum a_k t^k$ soit sa solution. La substitution de cette série dans cette équation fournit la relation de récurrence :

$$(k+1)^2 a_{k+1} + a_k = 0, \quad k \in \mathbb{N}$$

Comme $\lim_{k \to \infty} \frac{a_k}{a_{k+1}} = 0$, alors le rayon de convergence est égal à 0 et la série ne converge que pour $t = 0$. Par conséquent, il n'existe pas de solution développable en série entière autour de $t = 0$. On ne peut invoquer le résultat obtenu dans a), pour affirmer l'analycité des solutions autour de $t = 0$. En effet, ici $P_1(t) = \frac{1}{t^2}$, $P_2(t) = \frac{1}{t}$ et ces fonctions ne sont pas analytiques autour de $t = 0$. On dit dans ce cas que $t = 0$ est un point singulier pour l'équation en question. (Pour l'étude de certaines équations différentielles ayant des points singuliers, voir les exercices suivants).

Exercice 1.4.5 *Le but de cet exercice est de traiter par un procédé légérement différent certaines équations différentielles ayant des points singuliers. Soit l'équation différentielle*

$$(t-t_0)^2 y'' + (t-t_0)P_1(t)y' + P_2(t)y = 0, \tag{1.4.4}$$

où

$$P_1(t) = \sum_{k=0}^{\infty} b_k (t-t_0)^k, \qquad P_2(t) = \sum_{k=0}^{\infty} c_k (t-t_0)^k,$$

sont des fonctions analytiques sur $]t_0 - r, t_0 + r[$. *On cherche à satisfaire l'équation (1.4.4) par une relation du type*

$$y(t) = (t-t_0)^{\alpha} \sum_{k=0}^{\infty} a_k (t-t_0)^k, \tag{1.4.5}$$

et il s'agira de déterminer α *ainsi que les coefficients* a_k.

1) Montrer que la substitution de (1.4.5) dans (1.4.4), fournit une équation

$$\alpha(\alpha-1) + b_0\alpha + c_0 = 0,$$

appelée équation aux indices. Celle-ci possède deuc racines α_1 *et* α_2.

2) Montrer que si $\alpha_1 - \alpha_2 \neq 0, 1, 2, 3, ...$, *alors l'équation différentielle (1.4.4) admet deux solutions linéairement indépendantes* y_1 *et* y_2 *de la forme*

$$y_1(t) = (t-t_0)^{\alpha_1} \sum_{k=0}^{\infty} a_k (t-t_0)^k, \quad a_0 \neq 0$$

$$y_2(t) = (t-t_0)^{\alpha_2} \sum_{k=0}^{\infty} a'_k (t-t_0)^k, \quad a'_0 \neq 0$$

3) Montrer que si $\alpha_1 - \alpha_2 = 0, 1, 2, 3, ...$, *alors il existe deux solutions linéairement indépendantes* y_1 *et* y_2 *de la forme*

$$y_1(t) = (t-t_0)^{\alpha_1} \sum_{k=0}^{\infty} a_k (t-t_0)^k, \quad a_0 \neq 0$$

$$y_2(t) = (K \ln(t-t_0) + \zeta(t)) y_1(t),$$

avec Re $\alpha_1 \geq$ *Re* α_2, $\zeta(t)$ *une fonction pouvant admettre* $t = t_0$ *pour point singulier et* K *une constante. Toutes ce séries convergent sur* $]t_0 - r, t_0 + r[$.

<u>*Solution*</u> : Sans restreindre la généralité, on peut supposer que $t_0 = 0$.

1) Soient

$$y(t) = t^\alpha \sum_{k=0}^{\infty} a_k t^k, \qquad y'(t) = t^\alpha \sum_{k=0}^{\infty} (\alpha + k) a_k t^{k-1},$$

et

$$y''(t) = t^\alpha \sum_{k-0}^{\infty} (\alpha + k)(\alpha + k - 1) a_k t^{k-2}.$$

En portant ces expressions dans (1.4.4), on obtient

$$\sum_{k=0}^{\infty} (\alpha + k)(\alpha + k - 1) a_k t^{k-2} + \left(\sum_{k=0}^{\infty} b_k t^k\right)\left(\sum_{k=0}^{\infty} (\alpha + k) a_k t^{k-1}\right) + \left(\sum_{k=0}^{\infty} c_k t^k\right)\left(\sum_{k=0}^{\infty} a_k t^k\right) = 0.$$

La règle de Cauchy relative au produit des séries fournit

$$\sum_{k=0}^{\infty} \left((\alpha + k)(\alpha + k - 1) a_k + \sum_{i=0}^{k} ((\alpha + i) b_{k-i} + c_{k-i}) a_i\right) t^k = 0,$$

qui s'écrit aussi

$$\sum_{k=0}^{\infty} \{((\alpha + k)(\alpha + k - 1) + (\alpha + k) b_0 + c_0) a_k + \sum_{i=0}^{k-1} ((\alpha + i) b_{k-i} + c_{k-i}) a_i\} t^k = 0.$$

On en tire les conditions :

$$(\alpha(\alpha - 1) + b_0 \alpha + c_0) a_0 = 0,$$

$$(\alpha + k)(\alpha + k - 1) a_k + \sum_{i=0}^{k} ((\alpha + i) b_{k-i} + c_{k-i}) a_i = 0, \quad k \geq 1$$

Posons $f(\beta) = \beta(\beta - 1) + b_0 \beta + c_0$ et $g_i(\beta) = b_i \beta + c_i$, d'où $f(\alpha) a_0 = 0$, et

$$f(\alpha + k) a_k + \sum_{i=0}^{k-1} g_{k-i}(\alpha + i) a_i = 0, \tag{1.4.6}$$

ce qui fournit successivement

$$f(\alpha)a_0 = 0, \quad a_1 = -\frac{g_1(\alpha)}{f(\alpha+1)}a_0, \quad a_2 = -\frac{g_2(\alpha)}{f(\alpha+2)}a_0 - \frac{g_1(\alpha+1)}{f(\alpha+2)}, \ldots$$

On peut toujours supposer $a_0 \neq 0$, en modifiant au besoin α. Donc

$$f(\alpha) = \alpha(\alpha-1) + b_0\alpha + c_0 = 0.$$

Cette équation aux indices, possède deux racines α_1 et α_2 et le type de solutions de l'équation différentielle (1.4.4) va dépendre de ces racines.

2) Soit Re $\alpha_1 \geq$ Re α_2. Montrons d'abord que la racine α_1 fournit la solution :

$$y_1(t) = t^{\alpha_1}\sum_{k=0}^{\infty} a_k t^k.$$

En effet, on a

$$f(\alpha_1 + k) = ((\alpha_1+k)-\alpha_1)((\alpha_1+k)-\alpha_2) = k^2 + k(\alpha_1 - \alpha_2), \qquad (1.4.7)$$

d'où, Re $f(\alpha_1 + k) \geq k^2 \geq 1$, $\forall k \in \mathbb{N}^*$. Donc $f(\alpha_1+k) \neq 0$, $\forall k \in \mathbb{N}^*$ et on peut dès lors déterminer les coefficients a_k. En outre, $\sum_{k=0}^{\infty} a_k t^k$ est une série convergente. Montrons que son rayon de convergence est non nul. Pour cela, prenons $t_1 \in]-r, r[$, $t_1 \neq 0$ et posons $\rho = |t_1|$. Puisque les fonctions $P_1(t)$ et $P_2(t)$ sont analytiques sur $]-r, r[$, on peut alors choisir deux constantes $M_1 > 0$, $M_2 > 0$ telles que : $|b_i|\rho^i \leq M_1$, $|c_i|\rho^i \leq M_2$, $i \geq 1$. D'où,

$$|g_i(\alpha_1)| \leq (M_1|\alpha_1| + M_2)\rho^{-i},$$

et d'après (1.4.6), (1.4.7), on a

$$k^2|a_k| \leq \sum_{i=0}^{k-1}(M_1|\alpha_1 + i| + M_2)|a_i|\rho^{-k+i},$$

ou

$$|a_k| \leq \frac{1}{k}\sum_{i=0}^{k-1}\left(\frac{M_1|\alpha_1| + M_2}{k} + \frac{i}{k}M_1\right)|a_i|\rho^{-k+i}.$$

Pour $M > M_1(|\alpha_1|+1) + M_2$, on a

$$|a_k| < \frac{M}{k}\sum_{i=0}^{k-1}|a_i|\rho^{-k+i}.$$

Supposons $M > 1$, l'utilisation des inégalités suivantes : $1 + M < 2M$ et

$$1 + M + M^2 = 1 + M(1+M) < 1 + 2M^2 < 3M^2,$$

$$1 + M + M^2 + M^3 = 1 + M(1 + M + M^2) < 1 + 3M^3 < 4M^3, ...$$

et ainsi de suite, montre que :

$$|a_1| < \frac{M}{\rho}|a_0|,$$

$$|a_2| < \frac{M}{2}\left(\frac{|a_0|}{\rho^2} + \frac{|a_1|}{\rho}\right) < \frac{M}{\rho^2}\left(\frac{1+M}{2}\right)|a_0| < \frac{M^2}{\rho^2}|a_0|,$$

$$|a_3| < \frac{M}{3}\left(\frac{|a_0|}{\rho^3} + \frac{|a_1|}{\rho^2} + \frac{|a_2|}{\rho}\right) < \frac{M}{\rho^3}\left(\frac{1+M+M^2}{3}\right)|a_0| < \frac{M^3}{\rho^3}|a_0|.$$

Donc pour $t < \frac{\rho}{M}$, la série $\sum_{k=0}^{\infty} a_k t^k$ converge absolument. Considérons maintenant la seconde racine α_2 et envisageons le cas $\alpha_1 - \alpha_2 \neq 0, 1, 2, 3, ...$, avec Re $\alpha_1 \geq$ Re α_2. Alors, la racine α_2 fournit la solution suivante :

$$y_2(t) = t^{\alpha_2} \sum_{k=0}^{\infty} a'_k t^k.$$

En effet, les coefficients peuvent être déterminés suivant le même procédé de calcul puisque, $\forall k \in \mathbb{N}$, on a $f(\alpha_2 + k) \neq 0$. Ceci résulte du fait que :

$$|f(\alpha_2 + k)| = k|k - \alpha_1 + \alpha_2| = \frac{k^2}{k|k - \alpha_1 + \alpha_2|^{-1}} \geq \frac{k^2}{A},$$

où la constante A est un majorant pour la suite convergente de terme général $k|k - \alpha_1 + \alpha_2|^{-1}$. En outre, $\sum_{k=0}^{\infty} a'_k t^k$ est une série convergente. On vérifie à l'aide de l'inégalité ci-dessus, que le rayon de convergence de cette série est non nul. Montrons que les solutions sont linéairement indépendantes. En effet, il suffit de vérifier que le déterminant Wronskien

$$W(y_1, y_2) = \begin{vmatrix} y_1 & y_2 \\ y'_1 & y'_2 \end{vmatrix},$$

n'est pas identiquement nul. On a

$$\begin{aligned} W(y_1, y_2) &= y_1 y'_1 - y_2 y'_2, \\ &= \left(\sum_{k=0}^{\infty} a_k t^{k+\alpha_1}\right)\left(\sum_{k=0}^{\infty} (k+\alpha_2) a'_k t^{k+\alpha_2-1}\right), \\ &\quad - \left(\sum_{k=0}^{\infty} (k+\alpha_1) a'_k t^{k+\alpha_1-1}\right)\left(\sum_{k=0}^{\infty} a'_k t^{k+\alpha_2}\right), \\ &= (\alpha_2 - \alpha_1) a_0 a'_0 t^{\alpha_1+\alpha_2-1} + \cdots, \\ &\neq 0. \end{aligned}$$

3) Supposons que $\alpha_1 - \alpha_2 = 0, 1, 2, 3, \ldots$ et soit y_1 une solution de l'équation différentielle (1.4.4). Pour déterminer une seconde solution linéairement indépendante de y_1, on va utiliser le principe de l'abaissement de l'ordre. Posons $y_2 = uy_1$, d'où,

$$y_2' = uy_1' + u'y_1, \qquad y_2'' = uy_1'' + 2u'y_1' + u''y_1.$$

En substituant ces expressions dans (1.4.4), on obtient

$$y_1u'' + (2y_1' + P(t)y_1)u' = 0, \qquad P(t) = t^{-1}P_1(t).$$

Soit $v = u'$, d'où,

$$v' + \left(2\frac{y_1'}{y_1} + P(t)\right)v = 0 \Longrightarrow \frac{v'}{v} + 2\frac{y_1'}{y_1} = -P(t) \Longrightarrow (\ln v + 2\ln y_1)' = -P(t).$$

On en déduit,

$$y_1^2 v = Ae^{-\int P(t)dt}, \quad A = \text{constante},$$

d'où,

$$v = A\frac{e^{-\int P(t)dt}}{t^{2\alpha_1}\left(\sum_{k=0}^{\infty} a_k t^k\right)^2} = A\frac{e^{-\int\left(\frac{b_0}{t}+b_1+b_2t+b_3t^2+\cdots\right)dt}}{t^{2\alpha_1}\left(\sum_{k=0}^{\infty} a_k t^k\right)^2},$$

ou

$$v = A\frac{e^{-b_0\ln t} - \sum_{k=1}^{\infty} b_k\frac{t^k}{k}}{t^{2\alpha_1}\left(\sum_{k=0}^{\infty} a_k t^k\right)^2} = \frac{A}{t^{2\alpha_1+b_0}}.Q(t),$$

avec

$$Q(t) \equiv \frac{e^{-\sum_{k=1}^{\infty} b_k\frac{t^k}{k}}}{\left(\sum_{k=0}^{\infty} a_k t^k\right)^2}.$$

La fonction $Q(t)$ est analytique autour de $t = 0$ puisque $a_0 \neq 0$ et on a donc

$$Q(t) = \sum_{k=0}^{\infty} \beta_k t^k.$$

Comme $\alpha^2 + (b_0 - 1)\alpha + c_0 = 0$, alors $\alpha_1 + \alpha_2 = 1 - b_0$. Posons $\alpha_1 - \alpha_2 = m \in \mathbb{N}$, dès lors,

$$v = \frac{A}{t^{m+1}}\sum_{k=0}^{\infty}\beta_k t^k = A\left(\frac{\beta_0}{t^{m+1}} + \frac{\beta_1}{t^m} + \cdots + \frac{\beta_m}{t} + \beta_{m+1} + \beta_{m+2}t + \cdots\right).$$

D'où,

$$u = A\left(-\frac{\beta_0}{mt^m} - \frac{\beta_1}{(m-1)t^{m-1}} - \cdots - \frac{\beta_{m-1}}{t} + \beta_m\ln t + \frac{\beta_{m+2}}{2}t^2 + \cdots\right) + C,$$

où C est une constante. Finalement,

$$y_2(t) = (K \ln t + \zeta(t))y_1(t),$$

avec

$$K = A\beta_m, \qquad \zeta(t) = A\left(-\sum_{k=0}^{m-1} \frac{\beta_k}{(m-k)t^{m-k}} + \sum_{k=1}^{\infty} \frac{\beta_{m+k}}{k} t^k\right).$$

Note : dans le cas où $\alpha_1 - \alpha_2 = 0, 1, 2, 3, ...$, on peut déterminer y_2 à partir d'une solution particulière y_1, en utilisant une autre méthode (due à Frobenius), en portant l'expression

$$y_2(t) = y_1(t) \ln t + t^{\alpha_2} \sum_{k=0}^{\infty} \gamma_k t^k,$$

dans l'équation différentielle et obtenir les coefficients γ_k par identification. Une autre méthode consiste à utiliser la formule de Liouville

$$W(y_1(t), y_2(t)) = W(y_1(t_0), y_2(t_0))e^{-\int_{t_0}^{t} P(\zeta)d\zeta},$$

où y_1 est une solution particulière et $W(y_1, y_2) = y_1 y_2' - y_1' y_2$, est le déterminant wronskien de y_1 et y_2.

Exercice 1.4.6 *On se propose dans cet exercice d'étudier l'équation de Bessel :*

$$t^2 y'' + ty' + (t^2 - \lambda^2)y = 0,$$

où λ est un paramètre réel, qu'on peut toujours supposer ≥ 0.

a) Montrer que lorsque λ n'est pas un entier, les solutions linéairement indépendantes (notées respectivement $J_\lambda(t)$ et $J_{-\lambda}(t)$) de l'équation de Bessel, sont

$$J_\lambda(t) = \left(\frac{t}{2}\right)^{\lambda} \sum_{k=0}^{\infty} \frac{(-1)^k}{k!\Gamma(k+1+\lambda)} \left(\frac{t}{2}\right)^{2k},$$

et

$$J_{-\lambda}(t) = \left(\frac{t}{2}\right)^{-\lambda} \sum_{k=0}^{\infty} \frac{(-1)^k}{k!\Gamma(k+1-\lambda)} \left(\frac{t}{2}\right)^{2k},$$

(Γ étant la fonction gamma d'Euler, voir par exemple [13]) et dès lors la solution générale est

$$y = c_1 J_\lambda(t) + c_2 J_{-\lambda}(t),$$

où c_1 et c_2 sont des constantes.

b) Montrer que lorsque $\lambda = m$ est un entier, les solutions $J_\lambda(t)$ et $J_{-\lambda}(t)$ de l'équation de Bessel obtenues dans la question a), ne sont plus linéairement indépendantes. Montrer que dans ce cas, les solutions linéairement indépendantes (notées respectivement $J_m(t)$ et $Y_m(t)$) de l'équation de Bessel, sont

$$J_m(t) = \left(\frac{t}{2}\right)^m \sum_{k=m}^{\infty} \frac{(-1)^k}{k!(k+m)!}\left(\frac{t}{2}\right)^{2k},$$

et

$$\begin{aligned} Y_m(t) &= \frac{2}{\pi} J_m(t) \ln \frac{t}{2} \\ &\quad -\frac{1}{\pi}\left(\frac{t}{2}\right)^m \sum_{k=0}^{\infty} \frac{(-1)^k}{k!(m+k)!}(\zeta(m+k+1)+\zeta(k+1))\left(\frac{t}{2}\right)^{2k} \\ &\quad -\frac{1}{\pi}\left(\frac{t}{2}\right)^{-m} \sum_{k=0}^{m-1} \frac{(m-k-1)!}{k!}\left(\frac{t}{2}\right)^{2k}, \end{aligned}$$

où $\zeta(n) = -\gamma + \sum_{p=1}^{n-1} \frac{1}{p}$ et $\gamma = \lim_{k\to\infty}\left(\sum_{j=1}^{k} \frac{1}{j}dt - \ln k\right) = 0,57721...$ est la constante d'Euler.

<u>*Solution*</u> : Ici $t_0 = 0$, $P_1(t) = 1$ et $P_2(t) = t^2 - \lambda^2$. Le point $t = 0$, est un point singulier pour l'équation de Bessel et les fonctions P_1, P_2 sont analytiques sur tout $\mathbb{R}$.

a) Cherchons une solution de la forme

$$y(t) = t^\alpha \sum_{k=0}^{\infty} a_k t^k, \quad a_0 \neq 0,$$

On a

$$y'(t) = t^\alpha \sum_{k=0}^{\infty} (\alpha+k) a_k t^{k-1}, \qquad y''(t) = t^\alpha \sum_{k=0}^{\infty} (\alpha+k)(\alpha+k-1) a_k t^{k-2}.$$

En portant ces expressions dans l'équation de Bessel, on obtient

$$\sum_{k=0}^{\infty}(\alpha+k)(\alpha+k-1)a_k t^k + (\sum_{k=0}^{\infty}(\alpha+k)a_k t^k + \sum_{k=0}^{\infty} a_k(t^2-\lambda^2)t^k = 0,$$

ou

$$(\alpha^2-\lambda^2)a_0 + \left((\alpha+1)^2-\lambda^2\right)a_1 t + \sum_{k=2}^{\infty}\left(\left((\alpha+k)^2-\lambda^2\right)a_k + a_{k-2}\right)t^k = 0.$$

D'où les relations

$$\begin{aligned}
(\alpha^2 - \lambda^2)a_0 &= 0, \\
\left((\alpha+1)^2 - \lambda^2\right) a_1 &= 0, \\
\left((\alpha+k)^2 - \lambda^2\right) a_k + a_{k-2} &= 0.
\end{aligned} \tag{1.4.8}$$

Comme $a_0 \neq 0$, on obtient l'équation aux indices : $(\alpha+1)^2 - \lambda^2 = 0$, dont les racines sont λ et $-\lambda$. Si λ n'est pas un entier, on est assuré (par le résultat précédent) de l'existence de deux solutions linéairement indépendantes :

$$y_1 = t^{\lambda} \sum_{k=0}^{\infty} a_k t^k, \qquad y_2 = t^{-\lambda} \sum_{k=0}^{\infty} a'_k t^k.$$

Si $\alpha = \lambda$, les relations (1.4.8) entraînent

$$a_1 = 0, \quad a_2 = \frac{-1}{2^2(1+\lambda)} a_0, \quad a_3 = 0, \quad a_4 = \frac{1}{2^4 2!(2+\lambda)(1+\lambda)} a_0,$$

$$a_5 = 0, \qquad a_6 = \frac{-1}{2^6 3!(3+\lambda)(2+\lambda)(1+\lambda)} a_0, \ldots$$

On a donc

$$a_{2p+1} = 0, \qquad a_{2p} = \frac{(-1)^p}{2^{2p} p!(p+\lambda)(p-1+\lambda)\ldots(1+\lambda)} a_0,$$

d'où la solution

$$y_1(t) = a_0 t^{\lambda} \sum_{k=0}^{\infty} \frac{(-1)^k t^{2k}}{2^{2k} k!(k+\lambda)(k-1+\lambda)\ldots(1+\lambda)}. \tag{1.4.9}$$

Si $\alpha = -\lambda$, un raisonnement similaire au précédent conduit à la solution

$$y_2(t) = a_0 t^{-\lambda} \sum_{k=0}^{\infty} \frac{(-1)^k t^{2k}}{2^{2k} k!(k-\lambda)(k-1-\lambda)\ldots(1-\lambda)}. \tag{1.4.10}$$

On choisit conventionnellement $a_0 = \frac{1}{2^{\lambda}\Gamma(\lambda+1)}$. Dès lors, les solutions (1.4.9) et (1.4.10), notées respectivement $J_{\lambda}(t)$ et $J_{-\lambda}(t)$, s'écrivent

$$J_{\lambda}(t) = \left(\frac{x}{2}\right)^{\lambda} \sum_{k=0}^{\infty} \frac{(-1)^k}{k!\Gamma(k+1+\lambda)} \left(\frac{t}{2}\right)^{2k},$$

$$J_{-\lambda}(t) = \left(\frac{t}{2}\right)^{-\lambda} \sum_{k=0}^{\infty} \frac{(-1)^k}{k!\Gamma(k+1-\lambda)} \left(\frac{t}{2}\right)^{2k}.$$

($J_\lambda(t)$ est appelé fonction de Bessel de 1ère espèce d'ordre λ). En résumé, lorsque λ n'est pas un entier, les solutions $J_\lambda(t)$ et $J_{-\lambda}(t)$ sont linéairement indépendantes et la solution générale cherchée est $y = c_1 J_\lambda(t) + c_2 J_{-\lambda}(t)$, où c_1 et c_2 sont des constantes.

b) Lorsque $\lambda = m$ est un entier, les solutions $J_m(t)$ et $J_{-m}(t)$ ne sont plus linéairement indépendantes. En effet, en tenant compte des propriétés de la fonction Γ (voir par exemple [13]) :

$$\frac{1}{\Gamma(\mu)} = 0, \text{ pour } \mu = 0, -1, -2, ...$$

$$\Gamma(p+\mu) = (p+\mu-1)(p+\mu-2)...(\mu+1)\mu\Gamma(\mu), \text{ pour } \mu = 1, 2, ...$$

on obtient en posant $k - m = p$,

$$\begin{aligned} J_{-m}(t) &= \left(\frac{t}{2}\right)^{-m} \sum_{k=m}^{\infty} \frac{(-1)^k}{k!\Gamma(k+1-m)} \left(\frac{t}{2}\right)^{2k}, \\ &= \left(\frac{t}{2}\right)^{-m} \sum_{p+m=0}^{\infty} \frac{(-1)^{p+m}}{(p+m)!\Gamma(p+1)} \left(\frac{t}{2}\right)^{2(p+m)}, \\ &= \left(\frac{t}{2}\right)^{m} \sum_{p+m=0}^{\infty} \frac{(-1)^{p+m}}{p!\Gamma(p+1+m)} \left(\frac{t}{2}\right)^{2p}, \\ &= (-1)^m J_m(t), \quad m \in \mathbb{N} \end{aligned}$$

Donc

$$J_{-m}(t) = (-1)^m J_m(t).$$

On peut montrer que les fonctions $J_{m+\frac{1}{2}}(t)$ et $J_{-m-\frac{1}{2}}(t)$ s'expriment à l'aide de fonctions élémentaires. Par exemple :

$$J_{\frac{1}{2}}(t) = \sqrt{\frac{2}{\pi t}} \sin t, \qquad J_{-\frac{1}{2}}(t) = \sqrt{\frac{2}{\pi t}} \cos t.$$

Bien que la différence des indices soit un entier, on constate que ces solutions sont linéairement indépendantes. Mais ceci ne contredit pas le résultat obtenu précédemment car la condition $\alpha_1 - \alpha_2 \neq 0, 1, 2, 3, ...$, correspond à une condition nécessaire d'indépendance linéaire des deux solutions

$$t^{\alpha_1} \sum_{k=0}^{\infty} a_k t^k, \qquad t^{\alpha_2} \sum_{k=0}^{\infty} a'_k t^k.$$

Lorsque $\lambda = m$ est un entier, on connait une solution

$$J_m(t) = \left(\frac{t}{2}\right)^m \sum_{k=m}^{\infty} \frac{(-1)^k}{k!\Gamma(k+1+m)} \left(\frac{t}{2}\right)^{2k} = \left(\frac{t}{2}\right)^m \sum_{k=m}^{\infty} \frac{(-1)^k}{k!(k+m)!} \left(\frac{t}{2}\right)^{2k}.$$

Il faut trouver une deuxième solution que l'on note $Y_m(t)$ telle que J_m et Y_m soient linéairement indépendantes. On la définira de la façon suivante :

$$Y_m(t) = \lim_{\lambda \to m} \frac{\cos \lambda\pi . J_\lambda(t) - J_{-\lambda}(t)}{\sin \lambda\pi}.$$

La fonction dont on prend la limite est une combinaison linéaire de solutions de l'équation de Bessel, donc elle constitue aussi une solution. La limite ci-dessus se présente sous la forme $\frac{0}{0}$. On va lever cette indétermination à l'aide de la règle de l'Hospital. On a

$$\begin{aligned}
Y_m(t) &= \left[\frac{-\pi \sin \lambda\pi . J_\lambda(t) + \cos \lambda\pi \frac{\partial J_\lambda(t)}{\partial \lambda} - \frac{\partial J_{-\lambda}(t)}{\partial \lambda}}{\pi \cos \lambda\pi}\right]_{\lambda=m}, \\
&= \frac{1}{\pi}\left[\frac{\partial J_\lambda(t)}{\partial \lambda} - (-1)^\lambda \frac{\partial J_{-\lambda}(t)}{\partial \lambda}\right]_{\lambda=m}, \\
&= \frac{2}{\pi} J_m(t) \ln \frac{t}{2} + \frac{1}{\pi}\left(\frac{t}{2}\right)^m \sum_{k=0}^{\infty} \frac{(-1)^k}{k!}\left(\frac{t}{2}\right)^{2k} \left.\frac{d}{d\mu}\frac{1}{\Gamma(\mu)}\right|_{\mu=m+k+1} \\
&\quad + \frac{1}{\pi}\left(\frac{t}{2}\right)^{-m} \sum_{k=0}^{\infty} \frac{(-1)^{k+m}}{k!}\left(\frac{t}{2}\right)^{2k} \left.\frac{d}{d\mu}\frac{1}{\Gamma(\mu)}\right|_{\mu=-m+k+1}.
\end{aligned}$$

Par ailleurs, on a (voir [13]) les relations suivantes :

$$\begin{aligned}
\Gamma(n) &= (n-1)!, \quad n \geq 1, \\
\left.\frac{d}{d\mu}\frac{1}{\Gamma(\mu)}\right|_{\mu=n} &= \frac{1}{(n-1)!}\left(\gamma - \sum_{p=1}^{n-1}\frac{1}{p}\right), \quad n \geq 1, \\
\left.\frac{d}{d\mu}\frac{1}{\Gamma(\mu)}\right|_{\mu=-n} &= (-1)^n n! \quad n \geq 0
\end{aligned}$$

où γ est la constante d'Euler et dès lors,

$$\begin{aligned}
Y_m(t) &= \frac{2}{\pi} J_m(t)\left(\ln \frac{t}{2} + \gamma\right) \\
&\quad - \frac{1}{\pi}\left(\frac{t}{2}\right)^m \sum_{k=0}^{\infty} \frac{(-1)^k}{k!(m+k)!}\left(\frac{t}{2}\right)^{2k}\left(\sum_{p=1}^{m+k}\frac{1}{p} + \sum_{p=1}^{k}\frac{1}{p}\right) \\
&\quad - \frac{1}{\pi}\left(\frac{t}{2}\right)^{-m} \sum_{k=0}^{m-1} \frac{(m-k-1)!}{k!}\left(\frac{t}{2}\right)^{2k}.
\end{aligned}$$

Avec la notation classique :

$$\zeta(n) = \frac{\Gamma'(n)}{\Gamma(n)} = -\gamma + \sum_{p=1}^{n-1} \frac{1}{p},$$

on peut écrire $Y_m(t)$ sous la forme

$$\begin{aligned} Y_m(t) &= \frac{2}{\pi} J_m(t) \ln \frac{t}{2} \\ &\quad - \frac{1}{\pi} \left(\frac{t}{2}\right)^m \sum_{k=0}^{\infty} \frac{(-1)^k}{k!(m+k)!} (\zeta(m+k+1) + \zeta(k+1)) \left(\frac{t}{2}\right)^{2k} \\ &\quad - \frac{1}{\pi} \left(\frac{t}{2}\right)^{-m} \sum_{k=0}^{m-1} \frac{(m-k-1)!}{k!} \left(\frac{t}{2}\right)^{2k}. \end{aligned}$$

La fonction $Y_m(t)$ est appelée fonction de Bessel de 2ème espèce d'ordre m. On l'appelle aussi fonction de Weber ou encore fonction de Neumann. Notons la présence d'exposants négatifs et du terme logarithmique dans l'expression de $Y_m(t)$, cette dernière illustre les résultats obtenus précédemment.

Système linéaire à coefficients constants : (voir plus loin).

Équation homogène :

Il s'agit d'une équation de la forme

$$y' = f\left(\frac{y}{t}\right), \quad t \neq 0$$

ou encore $P(t,y)dt + Q(t,y)dy = 0$, où $P(t,y)$ et $Q(t,y)$ sont des fonctions homogènes de même ordre. Rappelons qu'une fonction $P(t,y)$ est dite homogène de degré n si pour tout $t \in \mathbb{R}$, $P(\lambda t, \lambda y) = \lambda^n P(t,y)$, $n > 0$. Pour résoudre une équation homogène, on peut substituer $y = tu$ et obtenir ainsi une équation à variables séparables.

Exercice 1.4.7 *Résoudre l'équation suivante :*

$$ty' = t + y.$$

Solution : On a $tdy = (t+y)dt$. En posant $y = tu$, cette équation s'écrit $tdu = dt$, et admet la solution

$$u = \ln|t| + C, \quad C = \text{constante}.$$

Par conséquent, la solution de l'équation proposée est

$$y = t(\ln|t| + C).$$

(Pour $t = 0$, on obtient la solution évidente).

Équation de la forme :

$$y' = f\left(\frac{a_1 t + b_1 y + c_1}{a_2 t + b_2 y + c_2}\right).$$

(i) Si

$$\det\begin{pmatrix} a_1 & b_1 \\ a_2 & b_2 \end{pmatrix} \neq 0,$$

alors on pose

$$\begin{cases} t & = \tau + \alpha \\ y & = u + \beta \end{cases}$$

où (α, β) est la solution du système algébrique

$$\begin{cases} a_1 t + b_1 y + c_1 & = 0 \\ a_2 t + b_2 y + c_2 & = 0 \end{cases}$$

(ii) Si

$$\det\begin{pmatrix} a_1 & b_1 \\ a_2 & b_2 \end{pmatrix} = 0,$$

alors on pose

$$a_1 t + b_1 y = u,$$

et l'équation en question se ramène à une équation à variables séparables.

Exercice 1.4.8 *Résoudre l'équation suivante :*

$$(t + 2y - 1)y' + (2t + y + 1) = 0.$$

<u>*Solution*</u> : Comme

$$\det\begin{pmatrix} a_1 & b_1 \\ a_2 & b_2 \end{pmatrix} = \det\begin{pmatrix} 2 & 1 \\ 1 & 2 \end{pmatrix} = 3 \neq 0,$$

alors on pose

$$\begin{cases} t & = \tau + \alpha \\ y & = u + \beta \end{cases}$$

où (α, β) est la solution du système

$$\begin{cases} a_1t + b_1y + c_1 &= 0 \\ a_2t + b_2y + c_2 &= 0 \end{cases} \Longleftrightarrow \begin{cases} 2t + y + 1 &= 0 \\ t + 2y - 1 &= 0 \end{cases}$$

On trouve $t = -1 \equiv \alpha$, $y = 1 \equiv \beta$. Dès lors, $t = \tau - 1$, $y = u + 1$ et l'équation en question s'écrit

$$(\tau + 2u)du + (2\tau + u)d\tau = 0.$$

C'est une équation homogène, on pose donc $u = \tau v$, d'où

$$2\tau(v^2 + v + 1)d\tau + \tau^2(1 + 2v)dv = 0,$$

ou

$$2\frac{d\tau}{\tau} + \frac{d(v^2 + v + 1)}{v^2 + v + 1} = 0.$$

Dès lors,

$$2\ln|\tau| + \ln|v^2 + v + 1| = C, \quad C = \text{constante},$$

ou

$$\ln \tau^2(v^2 + v + 1) = C,$$

ou encore

$$\tau^2(v^2 + v + 1) = K, \quad K = \text{constante}.$$

Comme $v = \frac{u}{\tau}$ et $u = y - 1$, on obtient finalement la solution :

$$y^2 + t^2 + ty + t - y = \text{constante}.$$

Exercice 1.4.9 *Résoudre l'équation suivante :*

$$(2t + 2y - 1)y' + (t + y + 2).$$

<u>*Solution*</u> : Comme

$$\det \begin{pmatrix} a_1 & b_1 \\ a_2 & b_2 \end{pmatrix} = \det \begin{pmatrix} 1 & 1 \\ 2 & 2 \end{pmatrix} = 0,$$

alors on pose $a_1t + b_1y = u$, c-à-d., $t + y = u$. L'équation proposée s'écrit

$$(2u - 1)du - (u - 3)dt = 0.$$

Dès lors,

$$\int \frac{2u - 1}{u - 3}du - \int dt = 0,$$

d'où

$$2u + 5\ln|u-3| - t = C, \quad C = \text{constante}.$$

Comme $u = t + y$, on obtient donc la solution :

$$t + 2y + 5\ln|t+y-3| = C.$$

Équation de Bernoulli :

C'est une équation non linéaire de la forme

$$y' + a(t)y = b(t)y^n, \quad (n \neq 0, 1)$$

En divisant cette équation par y^n $(y \neq 0)$, on obtient

$$\frac{y'}{y^n} + a(t)\frac{1}{y^{n-1}} = b(t).$$

Posons $u - \frac{1}{y^{n-1}}$, d'où

$$\frac{1}{1-n}u' + a(t)u = b(t),$$

une équation linéaire.

Exercice 1.4.10 *Résoudre l'équation suivante :*

$$y' - 2ty = -ty^2.$$

<u>*Solution*</u> : On divise par y^2, $y \neq 0$, d'où $\frac{y'}{y^2} - \frac{2t}{y} = -t$. On pose $u = \frac{1}{y}$, d'où

$$u' + 2tu = t.$$

La solution générale de $u' + 2tu = 0$ est

$$u = Ce^{-t^2}, \quad C = \text{constante}.$$

Notons que $u = \frac{1}{2}$, est une solution particulière de l'équation $u' + 2tu = t$. Donc la solution générale de cette équation est

$$u = Ce^{-t^2} + \frac{1}{2},$$

et finalement

$$y = \frac{1}{Ce^{-t^2} + \frac{1}{2}}, \quad t \in \mathbb{R}$$

Équation de Riccati :

C'est une équation non linéaire de la forme

$$y' + a(t)y + b(t)y^2 = c(t).$$

Cette équation ne peut pas être résolue en général. La méthode de résolution de cette équation nécessite la connaissance d'une solution particulière. Si on connait une solution particulière y_1, on ramène, en posant $y(t) = y_1(t) + u(t)$, l'équation de Riccati à l'équation de Bernoulli :

$$u' + (a + 2by_1)u = -bu^2.$$

Équation exacte :

Soit l'équation

$$P(t, y) + Q(t, y)y' = 0,$$

ou

$$P(t, y)dt + Q(t, y)dy = 0,$$

avec P et Q sont définies et de classe $\mathcal{C}^1$ sur un ouvert D. Rappelons que la forme différentielle de degré 1, $Pdt + Qdy$, est fermée si et seulement si $\frac{\partial P}{\partial y} = \frac{\partial Q}{\partial t}$. Elle est exacte si et seulement si il existe une fonction f telle que : $P = \frac{\partial f}{\partial t}$ et $Q = \frac{\partial f}{\partial y}$ ou ce qui revient au même $df = Pdt + Qdy$. Dès lors, en écrivant l'équation en question sous la forme $df = 0$, alors sa solution générale sera donnée par $f(t, y) =$ constante. Rappelons aussi que toute forme différentielle exacte est fermée. La réciproque est vraie si l'ouvert D esr étoilé (ou simplement connexe). Dans certains cas, même si $\frac{\partial P}{\partial y} \neq \frac{\partial Q}{\partial t}$, on peut rendre exacte une équation qui ne l'est pas, en la multipliant par un facteur intégrant c-à-d., une fonction $h(t, y) \neq 0$ telle que : $\frac{\partial P}{\partial t} = h.P$, $\frac{\partial Q}{\partial y} = h.Q$, ou ce qui revient au même que $hPdt + hQdy$ soit exacte. Pour déterminer un facteur intégrant h, on procède comme suit :

(i) Si

$$\frac{\frac{\partial P}{\partial y} - \frac{\partial Q}{\partial t}}{Q} = \alpha(t),$$

alors $h = e^{\int \alpha(t)dt}$, est un facteur intégrant.

(ii) Si

$$\frac{\frac{\partial Q}{\partial t} - \frac{\partial P}{\partial y}}{P} = \beta(y),$$

alors $h = e^{\int \beta(y)dy}$, est un facteur intégrant.

(iii) On peut trouver un facteur intégrant dépendant des deux variables t et y.

Exercice 1.4.11 *Résoudre l'équation suivante :*

$$2t + 3t^2y + (t^3 - 3y^2)y' = 0.$$

<u>Solution</u> : L'équation en question s'écrit sous la forme

$$P(t,y)dt + Q(t,y)dy = 0,$$

où

$$P(t,y) = 2t + 3t^2y, \qquad Q(t,y) = t^3 - 3y^2,$$

d'où

$$\frac{\partial P}{\partial y} = \frac{\partial Q}{\partial t} = 3t^2.$$

Déterminons f tel que :

$$df = Pdt + Qdy.$$

Or

$$df = \frac{\partial f}{\partial t}dt + \frac{\partial f}{\partial y}dy,$$

donc

$$P = \frac{\partial f}{\partial t}, \qquad Q = \frac{\partial f}{\partial y},$$

c-à-d.,

$$2t + 3t^2y = \frac{\partial f}{\partial t}, \qquad t^3 - 3y^2 = \frac{\partial f}{\partial y}.$$

Dès lors,

$$f(t,y) = t^2 + t^3y + C(y),$$

$$t^3 - 3y^2 = \frac{\partial f}{\partial y} = t^3 + C'(y),$$

$$C'(y) = -3y^2,$$

$$C(y) = -y^3 + K, \quad K = \text{constante}.$$

Donc

$$f(t,y) = t^2 + t^3y - y^3 + K,$$

et par conséquent,

$$df = 0 \Longrightarrow t^2 + t^3y - y^3 = \text{constante}.$$

Exercice 1.4.12 *Résoudre l'équation suivante :*

$$2y + t(2+y)y' = 0.$$

<u>*Solution*</u> : L'équation proposée s'écrit sous la forme

$$P(t,y)dt + Q(t,y)dy = 0,$$

où

$$P(t,y) = 2y, \qquad Q(t,y) = t(2+y),$$

d'où

$$\frac{\partial P}{\partial y} = 2 \neq 2 + y = \frac{\partial Q}{\partial t}.$$

L'équation en question n'est pas exacte. Pour la rendre exacte, on cherche un facteur intégrant h : comme

$$\frac{\frac{\partial Q}{\partial t} - \frac{\partial P}{\partial y}}{P} = \frac{1}{2} = \beta(y),$$

alors

$$h = e^{\int \beta(y)dy} = e^{\frac{y}{2}},$$

est un facteur intégrant et l'équation

$$hPdt + hQdy = Rdt + Sdy = 0,$$

est exacte où $R = 2ye^{\frac{y}{2}}$, $S = t(2+y)e^{\frac{y}{2}}$ et

$$\frac{\partial R}{\partial y} = \frac{\partial S}{\partial t} = (2+y)e^{\frac{y}{2}}.$$

Déterminons f tel que :

$$df = Rdt + Sdy = \frac{\partial f}{\partial t}dt + \frac{\partial f}{\partial y}dy.$$

On a

$$R = \frac{\partial f}{\partial t}, \qquad S = \frac{\partial f}{\partial y},$$

c-à-d.,

$$2ye^{\frac{y}{2}} = \frac{\partial f}{\partial t}, \qquad t(2+y)e^{\frac{y}{2}} = \frac{\partial f}{\partial y}.$$

Dès lors,

$$f(t,y) = 2ye^{\frac{y}{2}} + C(y),$$

$$t(2+y)e^{\frac{y}{2}} = \frac{\partial f}{\partial y} = 2te^{\frac{y}{2}} + 2tye^{\frac{y}{2}} + C'(y),$$

$$C'(y) = 0,$$

$$C(y) = K, \quad K = \text{constante}.$$

Finalement,

$$f(t, y) = 2tye^{\frac{y}{2}} + K,$$

et

$$df = 0 \Longrightarrow 2tye^{\frac{y}{2}} = \text{constante}.$$

Équation de Lagrange :

Il s'agit d'une équation de la forme

$$y = tf(y') + g(y').$$

En dérivant cette équation et en posant $u = y'$, on obtient

$$u = f(u) + tu'f'(u) + u'g'(u).$$

Introduisons la notation

$$u' = \frac{du}{dt} = \frac{1}{\frac{dt}{du}} = \frac{1}{t'}.$$

D'où,

$$(u - f(u))t' - f'(u)t = g'(u).$$

Cette équation est linéaire par rapport à t en tant que fonction de u et sa solution s'obtient aisément. En désignant sa solution par $t = F(u)$, alors la solution générale de l'équation de Lagrange sera de la forme :

$$\begin{cases} t = F(u) \\ y = tf(u) + g(u) = F(u)f(u) + g(u) \end{cases}$$

Exercice 1.4.13 *Résoudre l'équation suivante :*

$$y = (t + 1)y'^2.$$

Solution : On a

$$y' = y'^2 + 2(t + 1)y'y''.$$

Posons $u = y'$, d'où

$$u = u^2 + 2(t + 1)uu',$$

et en simplifiant par $u \neq 0$, on obtient l'équation

$$1 = u + 2(t + 1)u'.$$

ou encore en posant $u' = \frac{1}{t'}$,

$$(1 - u)t' = 2(t + 1).$$

Dès lors,

$$\frac{dt}{t+1} = 2\frac{du}{1-u},$$

d'où

$$\ln|t+1| + 2\ln|1-u| = \text{constante},$$

et d'après l'équation proposée, on a

$$y = (t+1)u^2 = \frac{Cu^2}{(1-u)^2}, \quad C = \text{constante}.$$

Le cas $u = 0$ (on a simplifié ci-dessus par $u \neq 0$) correspond à la solution singulière $y = 0$. Finalement, la solution générale est

$$t = \frac{C}{(1-u)^2} - 1, \quad y = \frac{Cu^2}{(1-u)^2}, \quad C = \text{constante},$$

et $y = 0$ est la solution singulière.

Équation de Clairaut :

C'est une équation de la forme

$$y = ty' + g(y'),$$

qui est un cas particulier de l'équation de Lagrange. En dérivant cette équation, on obtient

$$y''(t + g'(y')) = 0.$$

Posons $u = y'$, d'où

$$u'(t + g'(u)) = 0.$$

(i) $u' = 0$, d'où $u = y' = C$ et $y = Ct + g(C)$ (solution générale : une famille de droites dans le plan).
(ii) $t + g'(u) = 0$ et l'équation en question s'écrit $y = -g'(u)u + g(u)$. Par conséquent

$$\begin{cases} t = -g'(u) \\ y = -g'(u)(u) + g(u) \end{cases}$$

(solution singulière : enveloppe d'une famille de droites définies par la solution générale).

Exercice 1.4.14 *Résoudre l'équation suivante :*

$$y - ty' + e^{y'} = 0.$$

<u>*Solution*</u> : En dérivant l'équation en question, on obtient

$$y''(t - e^{y'}) = 0.$$

Posons $u = y'$, d'où

$$u'(t - e^{u}) = 0.$$

(i)

$$u' = 0 \Longrightarrow u = C \Longrightarrow y' = C \Longrightarrow y = Ct - e^{C},$$

c'est la solution générale de l'équation proposée.
(ii)

$$t - e^{u} = 0 \Longrightarrow t = e^{u} \Longrightarrow y = e^{u}u - e^{u} = (u-1)e^{u},$$

d'après l'équation en question. La solution singulière de l'équation proposée est donc $t = e^{u}$, $y = (u-1)e^{u}$, ou sous forme explicite (puisque $u = \ln t$), $y = (\ln t - 1)t$.

Équation d'Euler :

C'est une équation de la forme

$$a_k(\alpha t + \beta)^k y^{(k)} + a_{k-1}(\alpha t + \beta)^{k-1} y^{(k-1)} + \cdots + a_1(\alpha t + \beta) y' + a_0 y = 0,$$

où $a_0, ..., a_k, \alpha, \beta \in \mathbb{R}$. La substitution $\alpha t + \beta = e^{x}$ transforme l'équation ci-dessus en une équation linéaire à coefficients constants.

Exercice 1.4.15 *Résoudre l'équation suivante :*

$$(4t-1)^2 y'' - 2(4t-1)y' + 8y = 0.$$

<u>*Solution*</u> : On pose $4t - 1 = e^{x}$, d'où $\frac{dx}{dt} = 4e^{-x}$ et

$$y' = \frac{dy}{dt} = \frac{dy}{dx}\frac{dx}{dt} = 4e^{-x}\frac{dy}{dx},$$

$$y'' = \frac{d}{dt}\left(\frac{dy}{dt}\right) = \frac{d}{dt}\left(4e^{-x}\frac{dy}{dx}\right) = \frac{d\left(4e^{-x}\frac{dy}{dx}\right)}{dx}\frac{dx}{dt},$$

ou

$$y'' = \left(-4e^{-x}\frac{dy}{dx} + 4e^{-x}\frac{d^2y}{dx^2}\right)4e^{-x} = 16e^{-2x}\left(\frac{d^2y}{dx^2} - \frac{dy}{dx}\right).$$

En remplaçant ces expressions dans l'équation en question, on obtient

$$2\frac{d^2y}{dx^2} - 3\frac{dy}{dx} + y = 0.$$

L'équation caractéristique $2r^2-3r+1=0$ admet deux racines : $r_1=1$, $r_2=\frac{1}{2}$, donc la solution de cette équation différentielle est

$$y=C_1e^x+C_2e^{\frac{x}{2}},\quad (C_1,C_2=\text{constantes}).$$

Comme $4t-1=e^x$, alors la solution de l'équation proposée est

$$y=C_1(4t-1)+C_2\sqrt{4t-1}.$$

Équation de la forme :

$$F\left(t,y^{(k)},y^{(k+1)},...,y^{(n-1)},y^{(n)}\right)=0.$$

Notons que cette équation ne contient pas la fonction y cherchée. On abaisse l'ordre de cette équation en posant $y^{(k)}=z$ et l'équation devient

$$F\left(t,z,z',...,z^{(n-k)}\right)=0.$$

Exercice 1.4.16 *Résoudre l'équation suivante :*

$$ty''-y'\ln y'+y'\ln t=0.$$

<u>*Solution*</u> : On a

$$ty''-y'\ln\frac{y'}{t}=0.$$

Posons $y'=z$, d'où

$$z'=\frac{z}{t}\ln\frac{z}{t},\ \text{(équation homogène)}.$$

Posons à nouveau $\frac{z}{t}=u$, d'où

$$u+tu'=u\ln u,$$

c-à-d.,

$$\frac{du}{u(\ln u-1)}=\frac{dt}{t}.$$

Dès lors,

$$\ln(\ln u-1)=\ln Ct,\quad C=\text{constante},$$

ou $\ln u=Ct+1$, ou encore $u=e^{Ct+1}$. Or $u=\frac{z}{t}$, donc $z=te^{Ct+1}$. Comme $z=y'$, alors

$$y=\int te^{Ct+1}dt=\frac{t}{C}e^{Ct+1}-\frac{1}{C^2}e^{Ct+1}+K,\quad (C,K=\text{constantes}).$$

Équation de la forme :

$$F\left(y, y', ..., y^{(n)}\right) = 0.$$

Cette équation ne contient pas la variable t (c'est une équation autonome). On peut réduire cette équation à une équation d'ordre $n-1$ en posant $z = y' = \frac{dy}{dt}$, d'où $y'' = \frac{d^2y}{dt^2} = z\frac{dz}{dy}$, $y^{(3)} = \frac{d^3y}{dt^3} = z\left(\frac{dz}{dy}\right)^2 + z\frac{d^2z}{dy^2}$, etc.

Exercice 1.4.17 *Résoudre l'équation suivante :*

$$yy'' - y'^2 - 1 = 0.$$

Solution : En posant $z = y'$, cette équation s'écrit

$$\frac{zdz}{z^2+1} = \frac{dy}{y},$$

d'où

$$\ln(z^2+1) = \ln Cy^2, \quad C = \text{constante}.$$

Donc $z = \pm\sqrt{Cy^2-1}$, ou $y' = \pm\sqrt{Cy^2-1}$ ou encore

$$\int \frac{dy}{\sqrt{Cy^2-1}} = \pm\int dt.$$

Par conséquent,

$$\frac{1}{\sqrt{C}}\ln(\sqrt{C}y + \sqrt{Cy^2-1}) = \pm t + K, \quad (C, K = \text{constantes}).$$

De toutes les disciplines mathématiques, la théorie des équations différentielles est la plus importante. Elle fournit l'explication de toutes ces manifestations élémentaires de la nature qui dépendent du temps.

Sophus LIE

Chapitre 2

Systèmes différentiels linéaires

2.1 Généralités

On considère le systèmes différentiel linéaire suivant :

$$\begin{aligned} y_1' &= a_{11}(t)y_1 + \cdots + a_{1n}(t)y_n + b_1(t), \\ &\vdots \\ y_n' &= a_{n1}(t)y_1 + \cdots + a_{nn}(t)y_n + b_n(t), \end{aligned}$$

où $'$ désigne la dérivée par rapport à t et

$$a_{ij}, b_j : I \subset \mathbb{R} \longrightarrow \mathbb{K}(= \mathbb{R} \text{ ou } \mathbb{C})$$

On suppose que les n^2 fonctions $a_{ij}(t)$ et les n fonctions $b_j(t)$ sont continues sur I. Posons

$$y = \begin{pmatrix} y_1 \\ \vdots \\ y_n \end{pmatrix}, \quad b(t) = \begin{pmatrix} b_1(t) \\ \vdots \\ b_n(t) \end{pmatrix}, \quad A(t) = (a_{ij}(t))_{1 \leq i,j \leq n} \in \mathcal{M}_n(\mathbb{K})$$

Le système linéaire non-homogène ci-dessus s'écrit sous la forme matricielle :

$$y' = A(t)y + b(t).$$

Ce système est dit homogène si $b(t) = 0$, c-à-d., si

$$y' = A(t)y.$$

Théorème 2.1.1 *(Cauchy). Si A et b sont continues sur $I \subset \mathbb{R}$, alors le système linéaire non-homogène ci-dessus possède pour tout $t_0 \in I$, une solution maximale unique y vérifiant la condition initiale :*

$$y(t_0) = y_0 = \begin{pmatrix} y_{01} \\ \vdots \\ y_{0n} \end{pmatrix}, \quad \textit{(vecteur donné)}.$$

Démonstration. Notons que le système en question peut s'écrire sous la forme

$$y' = f(t, y),$$

où $f(t, y) = A(t)y + b(t)$. Nous avons déjà vu que si

$$f : \Omega \longrightarrow \mathbb{R}^n, \quad (t, y) \longmapsto f(t, y),$$

est une fonction continue en (t,y), localement lipschitzienne en y sur l'ouvert $\Omega \subset \mathbb{R} \times \mathbb{R}^n$ et si $(t_0, y_0) \in \Omega$, alors il existe une unique solution maximale au problème de Cauchy : $y' = f(t, y)$, $y(t_0) = y_0$. Si les bouts droits et gauches existent, alors ils sont inclus dans le bord de Ω. Ici la fonction f est continue sur $\Omega = I \times \mathbb{R}^n$. On montre aisément que f est localement lipschitzienne en y. Soit $[a, b] \subset I$ un compact. Comme les fonctions $a_{ij}(t)$, $t \in [a, b]$, sont bornées en module par un même nombre α, alors pour tout $y = (y_1, ..., y_n)^\top$, on a

$$\|A(t)y\| \leq \sum_{j=1}^{n} \|a_{ij}(t)y_j\| \leq \alpha \sum_{j=1}^{n} \|y_j\| \leq \alpha n \max_j |y_j\| \leq \alpha n \|y\|.$$

Dès lors, pour tous y_1 et y_2 dans $\mathbb{R}^n$, on a

$$\|f(t, y_1) - f(t, y_2)\| = \|A(t)(y_1 - y_2)\| \leq \alpha n \|y_1 - y_2\|, \quad t \in [a, b]$$

et donc f est localement lipschitzienne en y. D'après le résultat ci-dessus, il existe une unique solution maximale passant par (t_0, y_0). Montrons maintenant que la solution y existe dans tout l'intervalle I. Pour démontrer cela, supposons d'abord que $I = [t_1, t_2]$ est un intervalle compact. D'après le théorème d'existence et d'unicité local (voir chapitre précédent), pour tout cylindre

$$S = ([t_0 - l, t_0 + l] \cap I) \times \overline{B}(y_0, r),$$

tel que : $l \leq \frac{r}{M}$ (où $M = \sup_{(t,y) \in S} \|f(t, y)\|$), la solution en question existe pour $t \in [t_0 - l, t_0 + l] \cap I$. Comme I est compact, la norme $\|A(t)\|$ est une fonction continue en $t \in I$ et admet une borne supérieure. Dès lors, pour tout

r, il existe des nombres $\alpha = \sup_{t\in I} \|A(t)\|$, $\beta = \sup_{t\in I} \|b(t)\|$ tels que sur I, on ait $\|A(t)\| \leq \alpha$, $\|b(t)\| \leq \beta$ et sur S,

$$\|f(t,y)\| = \|A(t)y + b(t)\| \leq \alpha nr + \beta,$$

$$M = \sup_{(t,y)\in S} \|f(t,y)\| \leq \alpha nr + \beta, \qquad \frac{r}{M} \geq \frac{r}{\alpha nr + \beta}.$$

Rappelons que $l \leq \frac{r}{M}$ et comme r est arbitrairement grand, on peut donc choisir

$$l = \lim_{r\to\infty} \frac{r}{M} \geq \frac{1}{\alpha n}.$$

Il existe donc une solution autour de tout point dans un intervalle de longueur fixée. Il suffit dès lors de coller ensemble un nombre fini de ces solutions afin d'obtenir une solution sur I. Soit maintenant $I = [t_1, \infty[$ et supposons que la solution n'existe pas sur tout I. Donc il existe un t_3 en lequel la solution n'existe pas. Prenons $t_2 > t_3$, on a sur $[t_1, t_2]$ une équation linéaire dont la solution n'est pas définie partout ce qui est absurde. De même si $I = [t_1, t_2]$ et si la solution n'existe que sur $[t_1, t_3]$ avec $t_3 < t_2$ alors en choisissant un t_4 tel que : $t_3 < t_4 < t_2$, on aura une équation linéaire sur $[t_1, t_4]$ dont la solution n'existe pas partout. □

D'après le théorème précédent, on sait que pour toute donnée de Cauchy $(t_0, y_0) \in I \times \mathbb{R}^n$, il existe une solution unique définie sur tout I. On notera cette solution $y(t; t_0, y_0)$.

Proposition 2.1.2 *L'ensemble des solutions du système linéaire homogène ci-dessus est un espace vectoriel de dimension n.*

Démonstration. Montrons d'abord que l'ensemble des solutions est un espace vectoriel que l'on note E. Soient $y_1(t)$ et $y_2(t)$ deux solutions du système en question. On a, pour $\alpha, \beta \in \mathbb{R}$,

$$(\alpha y_1 + \beta y_2)(t) = \alpha y_1(t) + \beta y_2(t),$$

$$\begin{aligned}(\alpha y_1 + \beta y_2)'(t) &= \alpha y_1'(t) + \beta y_2'(t),\\ &= \alpha A(t)y_1(t) + \beta A(t)y_2(t),\\ &= A(t)(\alpha y_1 + \beta y_2)(t).\end{aligned}$$

Montrons que l'espace E est de dimension n. D'après le théorème précédent, on sait que pour toute donnée de Cauchy $(t_0, y_0) \in I \times \mathbb{R}^n$, il existe une solution unique définie sur tout I. On notera cette solution $y(t; t_0, y_0)$. Soit $t_0 \in I$, fixé. D'après le théorème d'existence et d'unicité de la solution, l'application

$$\mathbb{R}^n \longrightarrow E, \quad y_0 \longmapsto y(t; t_0, y_0),$$

est un isomorphisme d'espaces vectoriels. En effet, cette application est linéaire (pour chaque t et t_0) car si y_0 et z_0 sont deux données initiales, alors la fonction $\alpha y(t;t_0,y_0)+\beta y(t;t_0,z_0)$ est une solution du système homogène et au point t_0 sa valeur est $\alpha y_0+\beta z_0$. L'unicité de la solution de ce système montre que

$$y(t;t_0,\alpha y_0+\beta z_0)=\alpha y(t;t_0,y_0)+\beta y(t;t_0,z_0).$$

En outre, l'application ci-dessus est bijective en vertu du théorème d'existence et d'unicité de la solution. Plus précisément, elle est surjective d'après le théorème d'existence car toute solution y dans E s'écrit $y(t;t_0,y_0)$ avec $y_0=y(0)$ et elle est bijective car

$$\forall t\in\mathbb{R},\quad y(t;t_0,y_0)=0\Longrightarrow y_0=0.$$

Par suite, $\dim E=n$. Notons que E est un sous-espace vectoriel de dimension n de $\mathcal{C}^0(I,\mathbb{R}^n)$. □

L'application qui à y solution maximale associe $y(t_0)$, est un isomorphisme linéaire. Dès lors, l'application $y_0\longmapsto y(t;t_0,y_0)$, étant linéaire, on peut la représenter dans une base par une matrice $R(t,t_0)$ d'ordre n, dont les éléments sont fonctions de t et t_0.

Définition 2.1.3 *On appelle résolvante ("solution operator" en anglais), l'application*

$$R:I\times I\longrightarrow M_n(\mathbb{K}),\quad (\mathbb{K}=\mathbb{R}\ ou\ \mathbb{C}),$$

définie par

$$\forall t,s\in I,\quad \frac{dR}{dt}(t,s)=A(t)R(t,s),\quad R(s,s)=Id.$$

Autrement dit, la matrice résolvante $R(t,t_0)$ du système est définie par la relation

$$y(t;t_0,y_0)=R(t,t_0).y_0,\quad \forall y_0\in\mathbb{R}^n$$

Si $(e_j)_{j=1,\ldots,n}$ est une base de $\mathbb{R}^n$, la j-ème colonne de$R(t,t_0)$ est

$$R(t,t_0).e_j=R(t,t_0)\begin{pmatrix}0\\ \vdots\\ 1\\ 0\\ \vdots\\ 0\end{pmatrix},$$

et représente la solution $y(t;t_0,e_j)$.

Propriété 2.1.4 $R(t_0, t_0) = Id$.

Propriété 2.1.5 $R(t,s).R(s,r) = R(t,r)$.

Démonstration. Cette formule découle du théorème d'unicité. En effet, soit $y_0 \in \mathbb{R}^n$, $y_1(t) = R(t,r)y_0$ la solution du problème de Cauchy : $y_2' = A(t)y_2$, $y_2(s) = y_1(s)$. Notons que

$$y_2(t) = R(t,s)y_1(s) = R(t,s).(R(s,r)y_0).$$

Dès lors, $y_1(s) = R(s,r)y_0$ et

$$y_2(s) = R(s,s).(R(s,r)y_0) = R(s,r)y_0,$$

car $R(s,s) = Id$. On a donc $y_1(s) = y_2(s)$, d'où y_1 est identiquement égal à y_2 et la formule en question en découle quel que soit y_0. □

Propriété 2.1.6 *La matrice* $R(t,s)$ *est inversible et* $R^{-1}(t,s) = R(s,t)$.

Démonstration. Il suffit d'utiliser la propriété précédente. En effet, on a

$$R(t,s).R(s,t) = R(t,t) = Id.$$

ce qui montre que $R(t,s)$ est inversible et la formule ci dessus en découle. □

Définition 2.1.7 *On appelle système fondamental de solutions du système linéaire homogène, toute base* (v_j) *de l'espace vectoriel des solutions de ce système.*

Proposition 2.1.8 *Un ensemble* $(v_1, ..., v_n)$ *de* n *solutions du système linéaire homogène est un système fondamental si et seulement si* $\forall t \in I$, $(v_1(t), ..., v_n(t))$ *est une base de* $\mathbb{R}^n$ *ou encore si et seulement si pour un* $t_0 \in I$, $(v_1(t_0), ..., v_n(t_0))$ *est une base de* $\mathbb{R}^n$.

Démonstration. On a

$$v_j(t) = R(t,t_0).v_j(t_0).$$

Or $R(t,t_0)$ est inversible (propriété 2.1.6), donc les vecteurs $v_j(t)$ sont linéairement indépendants si et seulement si les $v_j(t_0)$ le sont. En outre, on a montré (proposition 2.1.2)) qu'il y a isomorphisme linéaire entre l'espace des solutions et celui des conditions initiales en t_0. □

Définition 2.1.9 *Une matrice fondamentale est une matrice* $V(t)$ *dont les colonnes sont les vecteurs* $(v_1(t), ..., v_n(t))$ *d'une base de l'espace des solutions du système linéaire homogène.*

On a

$$\begin{aligned} V(t) &= (v_1(t), ..., v_n(t)), \\ &= (R(t,s)v_1(s), ..., R(t,s)v_n(s)), \\ &= R(t,s)V(s). \end{aligned}$$

Comme les colonnes de $V(t)$ sont linéairement indépendants, alors $V(t)$ est de rang maximum et on a

$$R(t,s) = V(t).V^{-1}(s).$$

En posant $s = t_0$ dans les deux expressions ci-dessus, on remarque que la connaissance de la matrice fondamentale $V(t)$ est équivalente à celle de la matrice résolvante $R(t, t_0)$.

Proposition 2.1.10 *Pour le système de $n \times n$ équations différentielles linéaires*

$$R'(t, t_0) = A(t)R(t, t_0),$$

avec condition initiale $R(t_0, t_0) = Id.$, l'unique fonction $I \longrightarrow \mathbb{R}^{n \times n}$ solution de ce système est la matrice résolvante $R(t, t_0)$.

Remarque 2.1.11 *La connaissance de $R(t, t_0)$ nous permet de déterminer la solution car $y = R(t, t_0)y_0$ est l'unique solution satisfaisant à la condition initiale. Or d'après la proposition précédente, $R(t, t_0)$ satisfait à une équation différentielle semblable à l'équation originale. Donc il est rare que l'on puisse calculer facilement la résolvante $R(t, t_0)$. Cette dernière est surtout d'un intérêt théorique. En général, on ne peut pas déterminer $R(t, t_0)$. Cependant, on connait son déterminant :*

Exercice 2.1.1 *(Equation de Jacobi-Liouville). Montrer que*

$$\det R(t; t_0) = e^{\int_{t_0}^{t} trA(\tau)d\tau},$$

où $trA(\tau)$ désigne la trace de la matrice $A(\tau)$, ou pour toute matrice fondamentale $V(t)$,

$$\det V(t) = \det V(t_0) e^{\int_{t_0}^{t} trA(\tau)d\tau}.$$

<u>Solution</u> : Soit $F(t) = \det R(t, t_0)$. Pour démontrer la formule ci-dessus, on va utiliser le lemme suivant : pour $h \longrightarrow 0$, on a

$$\det(I + hA) = 1 + h \text{ tr } A + o(h^2).$$

En effet, $\det(I + hA)$ est égal au produit des valeurs propres de $I + hA$. Ces dernières étant égales à $1 + h\lambda_k$ où λ_k sont les valeurs propres de A. Dès lors,

$$\det(I + hA) = \prod_{k=1}^{n}(1 + h\lambda_k) = 1 + h\sum_{k=1}^{n}\lambda_k + o(h^2).$$

Ici, on a

$$\begin{aligned}
F(t+h) &= \det R(t+h, t_0), \\
&= \det(R(t+h, t_0).R^{-1}(t, t_0).R(t, t_0)), \\
&= \det R(t, t_0). \det(R(t+h, t_0).R^{-1}(t, t_0)), \\
&= F(t). \det(R(t, t_0) + hR'(t, t_0) + o(h))R^{-1}(t, t_0)), \\
&= F(t). \det(R(t, t_0) + hR'(t, t_0) + o(h))R^{-1}(t, t_0)), \\
&= F(t). \det(I + hR'(t, t_0)R^{-1}(t, t_0) + o(h)), \\
&= F(t). \det(I + hA(t)R(t, t_0)R^{-1}(t, t_0) + o(h)), \\
&= F(t). \det(I + hA(t) + o(h)), \\
&= F(t). \det(I + h \text{ tr } A(t) + o(h)),
\end{aligned}$$

en vertu du lemme ci-dessus. Par conséquent,

$$F'(t) = \lim_{h \to 0} \frac{F(t+h) - F(t)}{h} = F(t) \text{ tr } A(t),$$

et

$$\frac{F'(t)}{F(t)} = \text{ tr } A(t).$$

Donc

$$F(t) = Ce^{\int_{t_0}^{t} \text{ tr } A(\tau)d\tau}.$$

Or

$$F(t_0) = \det R(t_0, t_0) = \det Id. = 1,$$

d'où $C = 1$ et le résultat en découle. Pour l'autre formule

$$\det V(t) = \det V(t_0)e^{\int_{t_0}^{t} trA(\tau)d\tau},$$

il suffit d'utiliser le fait que : $R(t, s) = V(t).V^{-1}(s)$.

Exercice 2.1.2 *Supposons que $A(t)$ et $A(s)$ commutent $\forall t, s \in I$. Montrer que*

$$R(t; t_0) = e^{\int_{t_0}^{t} A(\tau)d\tau}.$$

<u>*Solution*</u> : Soit $M(t) = e^{\int_{t_0}^{t} \operatorname{tr} A(\tau)d\tau}$ et montrons que M est la solution du problème
$$M'(t) = A(t)M(t), \quad M(t_0) = I.$$

Par hypothèse, $A(t)$ et $A(s)$ commutent, c-à-d., $A(t)A(s) = A(s)A(t)$, d'où $\int_a^b A(u)du$ et $\int_c^d A(u)du$ commutent,

$$\int_a^b A(u)du. \int_c^d A(u)du = \int_c^d A(u)du. \int_a^b A(u)du = \int_{[a,b]\times[c,d]} A(u)A(v)dudv.$$

Dès lors,

$$\begin{aligned} M(t+h) &= e^{\int_{t_0}^{t} A(\tau)d\tau + \int_t^{t+h} A(\tau)d\tau}, \\ &= e^{\int_t^{t+h} A(\tau)d\tau}.e^{\int_{t_0}^{t} A(\tau)d\tau}, \\ &= e^{\int_t^{t+h} A(\tau)d\tau}.M(t). \end{aligned}$$

En tenant compte du fait que

$$\int_t^{t+h} A(\tau)d\tau = hA(t) + o(h^2),$$

on obtient

$$M(t+h) = (I + hA(t) + o(h^2))M(t) = M(t) + hA(t)M(t) + o(h^2).$$

Par conséquent,

$$M'(t) = \lim_{h\to 0} \frac{M(t+h) - M(t)}{h} = A(t)M(t), \quad M(t_0) = I.$$

Proposition 2.1.12 *La solution générale du système linéaire non-homogène est la somme de la solution générale du système homogène et d'une solution particulière du système linéaire non-homogène. Autrement dit, l'espace des solutions du système linéaire non-homogène est un sous-espace affine de dimension n de l'espace vectoriel $C^0(I, \mathbb{R}^n)$, obtenu en faisant la somme de l'ensemble des solutions du système linéaire homogène et d'une solution quelconque du système linéaire non-homogène.*

Démonstration. Soit y_p une solution particulière du système non homogène : $y' = A(t)y + b(t)$ et soit $y = y_p + u$, sa solution générale. On a

$$y_p' = A(t)y_p + b(t),$$

et

$$y' = y'_p + u'. \tag{2.1.1}$$

Dès lors,

$$\begin{aligned} y' &= A(t)y + b(t), \\ &= A(t)(y_p + u) + b(t), \\ &= y'_p + A(t)u. \end{aligned} \tag{2.1.2}$$

En combinant (2.1.1) et (2.1.2), on obtient

$$u' = A(t)u,$$

ce qui montre que u est solution de l'équation homogène et le résultat en découle. □

Proposition 2.1.13 *La solution du système :*

$$y' = A(t)y + b(t),$$

satisfaisant $y(t_0) = y_0$ *est donnée par*

$$y(t) = R(t; t_0)y_0 + \int_{t_0}^{t} R(t; \tau)b(\tau)d\tau,$$

où $R(t; \tau)$ *est la matrice résolvante du système homogène.*

Démonstration. Soit $y(t) = R(t, t_0)y_0$, $y_0 \in \mathbb{R}^n$, la solution générale du système homogène. On remplace la constante y_0 par une fonction $X(t)$ et on cherche $y = R(t, t_0)X(t)$ solution du système non homogène telle que $X(t_0) = y_0$. On a

$$y'(t) = R'(t, t_0)X(t) + R(t, t_0)X'(t) = A(t)R(t, t_0)X(t) + b(t).$$

Or $R'(t, t_0) = A(t)R(t, t_0)$, d'où

$$R(t, t_0)X'(t) = b(t), \qquad X'(t) = R(t_0, t)b(t),$$

car $R(t, s)$ est inversible avec $R^{-1}(t, s) = R(s, t)$ (propriété 2.1.6). Dès lors,

$$X(t) = y_0 + \int_{t_0}^{t} R(t_0, \tau)b(\tau)d\tau.$$

Par conséquent,

$$\begin{aligned} y(t) &= R(t,t_0)X(t), \\ &= R(t,t_0)y_0 + R(t,t_0)\int_{t_0}^{t} R(t_0,\tau)b(\tau)d\tau, \\ &= R(t,t_0)y_0 + \int_{t_0}^{t} R(t,t_0)R(t_0,\tau)b(\tau)d\tau, \\ &= R(t,t_0)y_0 + \int_{t_0}^{t} R(t,\tau)b(\tau)d\tau, \end{aligned}$$

car $R(t,s)R(s,r) = R(t,r)$ (propriété 2.1.5). □

Exercice 2.1.3 *On considère le systèmes différentiel suivant :*

$$\begin{aligned} &(1+t^2)y_1' - ty_1 - y_2 = 2t^2 - 1, \\ &(1+t^2)y_2' + y_1 - ty_2 = 3t. \end{aligned}$$

a) Montrer que $y = \begin{pmatrix} 1 \\ -t \end{pmatrix}$, $y = \begin{pmatrix} t \\ 1 \end{pmatrix}$, *sont deux solutions linéairement indépendantes du système homogène associé au système différentiel ci-dessus.*

b) Chercher une solution particulière et en déduire la solution générale du système différentiel en question.

<u>*Solution*</u> : a) Si y_1 et y_2 désignent ces solutions, alors leur wronskien $\det(y_1 \quad y_2)$ est non nul.

b) Soit $y(t) = \alpha(t)y_1(t) + \beta(t)y_2(t)$ une solution particulière. On a

$$y'(t) = \alpha'(t)\begin{pmatrix} 1 \\ -t \end{pmatrix} + \beta'(t)\begin{pmatrix} t \\ 1 \end{pmatrix} = \begin{pmatrix} 2t^2-1 \\ 3t \end{pmatrix}.$$

La résolution de ce sytème est immédiate, on trouve $\alpha'(t) = -1$, $\beta'(t) = 2t$ et par conséquent $\alpha(t)$ et $\beta(t)$ s'obtiennent aisément. La solution générale du système est la somme des solutions obtenues.

<u>*Résolution pratique*</u> : Lorsqu'on connait la solution générale du système linéaire homogène, mais pas de solution particulière, on peut néamoins toujours trouver la solution générale du système non-homogène par la méthode de variation des constantes de Lagrange. On suppose que $y_1, ..., y_n$ sont des solutions linéairement indépendantes du système linéaire homogène. On cherche alors y solution du système linéaire non-homogène, avec

$$y(t) = \sum_{j=1}^{n} c_j(t)y_j(t).$$

On a

$$\begin{aligned} y'(t) &= \sum_{j=1}^{n} c_j'(t)y_j(t) + \sum_{j=1}^{n} c_j(t)y_j'(t), \\ &= \sum_{j=1}^{n} c_j'(t)y_j(t) + \sum_{j=1}^{n} c_j(t)A(t)y_j(t), \\ &= \sum_{j=1}^{n} c_j'(t)y_j(t) + A(t)y(t). \end{aligned}$$

Or

$$y'(t) = A(t)y(t) + b(t),$$

donc y vérifie cette équation si et seulement si

$$b(t) = \sum_{j=1}^{n} c_j'(t)y_j(t).$$

Pour t fixé, soit $P = (P_{ij}(t))$ la matrice de passage de la base canonique $(e_1, ..., e_n)$ à la base $(y_1(t), ..., y_n(t))$ de $\mathbb{K}^n$. On a

$$\begin{aligned} b(t) &= \sum_{j=1}^{n} c_j'(t) \left(\sum_{i=1}^{n} P_{ij} e_i \right), \\ &= \sum_{j=1}^{n} \sum_{i=1}^{n} c_j'(t) P_{ij} e_i, \\ &= \sum_{i=1}^{n} \left(\sum_{j=1}^{n} c_j'(t) P_{ij} \right) e_i, \\ &= \sum_{i=1}^{n} b_i(t) e_i, \end{aligned}$$

d'où

$$\sum_{j=1}^{n} c_j'(t) P_{ij} = b_i(t),$$

ou sous forme matricielle

$$P(t).C'(t) = b(t), \quad C = \begin{pmatrix} c_1 \\ \vdots \\ c_n \end{pmatrix}.$$

Par conséquent,

$$C'(t) = P^{-1}b(t).$$

La forme générale d'une équation linéaire d'ordre n est

$$a_0(t)y^{(n)} + a_1(t)y^{(n-1)} + \dots + a_{(n-1)}(t)y' + a_n(t)y = b(t),$$

où les $a_0 \neq 0, a_1(t), \dots, a_n(t), b(t)$ sont des fonctions continues définies sur un intervalle ouvert I de $\mathbb{R}$.

La résolution de cette équation peut se ramener à celle d'un système différentiel de n équations linéaires du premier ordre. En effet, posons

$$y = x_1, y' = x_2, \dots, y^{(n-1)} = x_n.$$

D'où,

$$\begin{aligned} x_1' &= x_2, \\ x_2' &= x_3, \\ &\vdots \\ x_{n-1}' &= x_n, \\ x_n' &= -\frac{a_1(t)}{a_0(t)}x_n - \cdots - \frac{a_n(t)}{a_0(t)}x_1 + b(t), \end{aligned}$$

c-à-d.,

$$\begin{pmatrix} x_1 \\ x_2 \\ \vdots \\ x_{n-1} \\ x_n \end{pmatrix}' = \begin{pmatrix} 0 & 1 & 0\cdots & 0 \\ 0 & 0 & 1\cdots & 0 \\ \vdots & \vdots & \vdots\ddots & \vdots \\ 0 & 0 & 0\cdots & 1 \\ -\frac{a_n}{a_0} & -\frac{a_{n-1}}{a_0} & 1\cdots & -\frac{a_1}{a_0} \end{pmatrix} \begin{pmatrix} x_1 \\ x_2 \\ \vdots \\ x_{n-1} \\ x_n \end{pmatrix} + \begin{pmatrix} 0 \\ 0 \\ \vdots \\ 0 \\ \frac{b}{a_0} \end{pmatrix},$$

et ce système s'écrit sous la forme : $x' = Ax + b$. Les résultats précédents peuvent donc s'appliquer ici.

Proposition 2.1.14 *a) Pour tout $t_0 \in I$ et tout point $(u_0, u_1, \dots, u_{n-1}) \in \mathbb{R}^n$, il existe une solution unique*

$$y : I \longrightarrow \mathbb{R}, \quad t \longmapsto y(t),$$

de l'équation différentielle ci-dessus définie sur I et satisfaisant aux conditions initiales :

$$y(t_0) = u_0, y'(t_0) = u_1, \dots, y^{(n-1)}(t_0) = u_{(n-1)}.$$

b) L'ensemble S des solutions de l'équation linéaire homogène :

$$a_0(t)y^{(n)} + a_1(t)y^{(n-1)} + ... + a_{(n-1)}(t)y' + a_n(t)y = 0,$$

est un espace vectoriel de dimension n. Pour chaque $t_0 \in I$, la fonction associant à une solution y, le n-uple $(y(t_0), y'(t_0), ..., y^{(n-1)}(t_0))$ est une bijection linéaire de S sur $\mathbb{R}^n$.

Un système fondamental de solutions pour l'équation linéaire non-homogène ci-dessus est un ensemble de n solutions $y_1, ..., y_n$ tels que les vecteurs $y_j(t)$, $y_j'(t)$,...,$y_j^{(n-1)}(t)$ soient linéairement indépendants pour tout t, c-à-d. tels que le wronskien

$$W(t) = \begin{vmatrix} y_1 & y_2 & \cdots & y_n \\ y_1' & y_2' & \cdots & y_n' \\ \vdots & \vdots & \cdots & \vdots \\ y_1^{(n-1)} & y_2^{(n-1)} & \cdots & y_n^{(n-1)} \end{vmatrix}$$

soit non nul.

Notons que tr $A = -\frac{a_1}{a_0}$ et l'équation de Jacobi-Liouville se réduit à

$$W(t) = \det V(t) = W(t_0) e^{\int_{t_0}^{t_1} \frac{a_1}{a_0}(\tau) d\tau}.$$

2.2 Systèmes à coefficients constants

Considérons maintenant le système

$$y'(t) = Ay(t) + b(t),$$

où A est ici une matrice constante (c-à-d. indépendante de t) d'ordre n. Le système homogène correspondant est

$$y'(t) = Ay(t).$$

Lorsque la matrice A est diagonalisable, on obtient la solution en cherchant les valeurs propres de A et les vecteurs propres associés. Lorsque A n'est pas diagonalisable, on a alors besoin en général de la notion d'exponentielle de matrice.

Exercice 2.2.1 *L'exponentielle e^A d'une matrice $A \in \mathcal{M}_n(\mathbb{K}), \mathbb{K} = \mathbb{R}$ ou $\mathbb{C}$ est définie par la série*

$$e^A = \sum_{k=0}^{\infty} \frac{A^k}{k!}.$$

a) Montrer que cette série converge normalement.

b) Montrer que pour une matrice diagonale

$$D = \begin{pmatrix} \lambda_1 & 0 & \cdots & 0 \\ 0 & \lambda_2 & \ddots & \vdots \\ \vdots & \ddots & \ddots & 0 \\ 0 & \cdots & 0 & \lambda_n \end{pmatrix},$$

on a

$$e^D = \begin{pmatrix} e^{\lambda_1} & 0 & \cdots & 0 \\ 0 & e^{\lambda_2} & \ddots & \vdots \\ \vdots & \ddots & \ddots & 0 \\ 0 & \cdots & 0 & e^{\lambda_n} \end{pmatrix}.$$

c) Soit $A, B \in \mathcal{M}_n(\mathbb{K})$. Montrer que si A et B commutent, alors

$$e^A.e^B = e^{A+B} = e^B.e^A.$$

d)Montrer que si $A \in \mathcal{M}_n(\mathbb{K})$, $P \in GL_n(\mathbb{K}) = \{P \in \mathcal{M}_n(\mathbb{K}) : \det P \neq 0\}$, alors

$$e^A = P^{-1}.e^{PAP^{-1}}.P$$

e) Montrer que : $(e^{At})' = Ae^{At}$.

f) Montrer que : $\det e^A = e^{trA}$.

Exercice 2.2.2 *Déterminer e^A où*

$$A = \begin{pmatrix} 1 & -1 & 0 & -1 \\ 0 & 2 & 0 & 3 \\ -1 & 0 & 2 & 6 \\ 0 & 0 & 0 & -1 \end{pmatrix}.$$

Réponse :

$$e^A = \begin{pmatrix} e & e-e^2 & 0 & e-e^2 \\ 0 & e^2 & 0 & -e^{-1} \\ e-e^2 & e & e^2 & e+2e^2-2e^{-1} \\ 0 & 0 & 0 & e^{-1} \end{pmatrix}.$$

Remarque 2.2.1 *Notons que si A est une matrice constante, la résolvante du système homogène est $y'(t) = Ay(t)$ est donnée par*

$$R(t,s) = e^{(t-s)A}.$$

De même si $a : I \longrightarrow \mathbb{R}$ est une fonction continue et y est à valeurs réelles, alors la résolvante (dans le cas scalaire) de l'équation $y'(t) = a(t)y(t)$ est donnée par

$$R(t,s) = e^{\int_s^t a(\tau)d\tau}.$$

On pourrait être tenté d'extrapoler ces résultats et vouloir les appliquer au cas général du système homogène et espérer que la résultante $R(t,s)$ soit égale à $e^{\int_s^t A(\tau)d\tau}$. Or ceci n'est possible que si les matrices commutent car d'après l'exercice 2.2.1, $e^{A+B} = e^A e^B = e^B e^A$ si A et B commutent.

Rappel d'analyse matricielle : soit A une matrice d'ordre n, à termes réels. Dans la base canonique $(e_1, ..., e_n)$ de $\mathbb{R}^n$, la matrice A peut être considérée comme une application linéaire

$$T : \mathbb{R}^n \longrightarrow \mathbb{R}^n, \quad x = \sum_{j=1}^{n} x_j e_j \longmapsto Tx = \sum_{j=1}^{n} y_i e_u,$$

avec

$$\begin{pmatrix} y_1 \\ \vdots \\ y_n \end{pmatrix} = \begin{pmatrix} a_{11} & \cdots & a_{1n} \\ \vdots & \ddots & \vdots \\ a_{n1} & \cdots & a_{nn} \end{pmatrix} \begin{pmatrix} x_1 \\ \vdots \\ x_n \end{pmatrix},$$

c'est à dire

$$y = Ax.$$

Dans une autre base $(e'_1, ..., e'_n)$, le même endomorphisme peut-être représenté par $P^{-1}AP$ où P est la matrice de passage de la base $(e_1, ..., e_n)$ à $(e'_1, ..., e'_n)$:

$$P = \begin{pmatrix} P_{11} & \cdots & P_{1j} \cdots & P_{1n} \\ \vdots & & \vdots & \vdots \\ P_{n1} & \cdots & P_{nj} \cdots & P_{nn} \end{pmatrix}, \qquad \forall j, e'_j = \sum_{i=1}^{n} p_i e_j.$$

C'est une matrice inversible.

Proposition 2.2.2 *Si A est la matrice de T dans $(e_1, ..., e_n)$, si A' est la matrice de T dans $(e'_1, ..., e'_n)$ et si P est la matrice de passage de $(e_1, ..., e_n)$ dans $(e'_1, ..., e'_n)$, alors*

$$A' = P^{-1}AP.$$

(Les matrices A et A' sont dites semblables).

On dit que la matrice A (ou T) est diagonalisable si et seulement s'il existe une base de $\mathbb{R}^n$ (ou $\mathbb{C}^n$) constituée de vecteurs propres de $(v_1, ..., v_n)$:

$$Tv_j = \lambda_j v_j, \quad 1 \leq j \leq n$$

Dans cette base, on a

$$P^{-1}AP = D = \begin{pmatrix} \lambda_1 & 0 & \cdots & 0 \\ 0 & \lambda_2 & \ddots & \vdots \\ \vdots & \ddots & \ddots & 0 \\ 0 & \cdots & 0 & \lambda_n \end{pmatrix},$$

où P est la matrice de passage de la base canonique $(e_1, ..., e_n)$ de $\mathbb{R}^n$ à la base $(v_1, ..., v_n)$.

Si A admet n valeurs propres distinctes, alors A est diagonalisable. On choisit

$$v_1 \in E_{\lambda_1} \backslash \{0\}, ..., v_n \in E_{\lambda_n} \backslash \{0\}$$

où $E_{\lambda_i} = \ker(T - \lambda_i I_d)$ est le sous-espace propre de T associé à la valeur propre λ_i.

Si A est symétrique ou anti-symétrique ou commute avec sa transposée, alors A est diagonalisable.

Si A admet k $(< n)$ valeurs propres distinctes $\lambda_1, ..., \lambda_n$, alors A est diagonalisable lorsque

$$\dim E_{\lambda_1} + \cdots + E_{\lambda_k} = n.$$

Toute matrice peut être mise sous forme de Jordan : il existe une matrice P de changement de base telle que :

$$P^{-1}AP = \begin{pmatrix} J_1 & 0 & \cdots & 0 \\ 0 & J_2 & \ddots & \vdots \\ \vdots & \ddots & \ddots & 0 \\ 0 & \cdots & 0 & J_n \end{pmatrix}.$$

Ici chaque matrice carrée J_k est un bloc de Jordan et elle est de la forme

$$J_k = \begin{pmatrix} \lambda_k & 1 & \cdots & 0 \\ 0 & \lambda_k & \ddots & \vdots \\ \vdots & \ddots & \ddots & 1 \\ 0 & \cdots & 0 & \lambda_k \end{pmatrix}, \quad \lambda_k \in \mathbb{R}$$

Le nombre de blocs dans la matrice est égal à la dimension de l'espace propre et il est aussi égal au nombre de vecteurs linéairement indépendants.

Soit $A \in \mathcal{M}_n(\mathbb{C})$, non diagonalisable. Pour calculer l'exponentielle e^{tA}, on peut donc commencer par ramener la matrice A à sa forme de Jordan par le changement de base P, puis prendre l'exponentielle et enfin revenir à la base de départ par P^{-1}. Il reste à calculer l'exponentielle d'une matrice sous forme normale de Jordan. Or, dans chaque puissance de la matrice, les blocs se multiplient séparément sans se mélanger et il suffit donc de calculer e^{tJ_λ} où J_λ est un bloc de Jordan (dordre m) :

$$J_\lambda = \begin{pmatrix} \lambda & 1 & \cdots & 0 \\ 0 & \lambda & \ddots & \vdots \\ \vdots & \ddots & \ddots & 1 \\ 0 & \cdots & 0 & \lambda \end{pmatrix}.$$

2.2.1 Résolution du système homogène

Théorème 2.2.3 *La solution générale du système homogène à coefficients constants : $y' = Ay$ est donnée par*

$$y(t) = e^{(t-t_0)A} y_0, \quad \forall y_0 \in \mathbb{R}^n,$$

et c'est l'unique solution satisfaisant à la condition initiale : $y(t_0) = y_0$.

Démonstration. Nous avons vu que la matrice résolvante $R(t, t_0)$ est l'unique fonction $I \longrightarrow \mathbb{R}^{n\times n}$ satisfaisant à

$$R'(t, t_0) = A.R(t, t_0),$$

et $R(t_0, t_0) = Id$. Comme $(e^{tA})' = A.e^{tA}$, on en déduit que

$$e^{(t-t_0)A} = R(t, t_0),$$

et le résultat en découle. □

Proposition 2.2.4 *a) On suppose que la matrice A est diagonalisable. Soit $(v_1, ..., v_n)$ une base de vecteurs propres pour A et soit $\lambda_1, ..., \lambda_n$ les valeurs propres associées. Alors l'ensemble $(e^{\lambda_1 t} v_1, ..., e^{\lambda_n t} v_n)$ forme un système fondamental de solutions du système homogène à coefficients constants : $y' = Ay$. Autrement dit, on a*

$$y(t) = c_1 e^{\lambda_1 t} v_1 + \cdots + c_n e^{\lambda_n t} v_n.$$

C'est l'unique solution satisfaisant à la condition initiale : $y(0) = y_0$.

b) Si la matrice A est diagonalisable sur $\mathbb{C}$ mais pas sur $\mathbb{R}$, il suffit dans la famille génératrice des solutions de remplacer, pour les valeurs non réelles, $\alpha e^{\lambda t} v + \beta e^{\overline{\lambda} t} \overline{v}$ par $aRe(e^{\lambda t} v) + bIm(e^{\lambda t} v)$.

Démonstration. a) Comme A est diagonalisable, alors

$$P^{-1}AP = D = \begin{pmatrix} \lambda_1 & \cdots & 0 \\ \vdots & \ddots & \vdots \\ 0 & \cdots & \lambda_n \end{pmatrix},$$

avec $P = (v_1, ..., v_n)$ où $(v_1, ..., v_n)$ est une base de vecteurs propres pour A. Posons $Y = PX$, $X = P^{-1}Y$, d'où

$$Y' = PX', \qquad X' = P^{-1}Y', \quad (P \text{ est constant}).$$

Or $Y' = AY$, donc $PX' = APX$, ce qui implique

$$X' = P^{-1}APX = DX.$$

En posant

$$X(t) = \begin{pmatrix} x_1(t) \\ \vdots \\ x_n(t) \end{pmatrix},$$

l'équation ci-dessus se ramène au système suivant :

$$x_1' = \lambda_1 x_1, ..., x_n' = \lambda_n x_n,$$

d'où

$$x_1 = c_1 e^{\lambda_1 t}, ..., x_n = c_n e^{\lambda_n t},$$

où $c_1, ..., c_n$ sont des constantes quelconques. Comme $Y = PX$, on obtient finalement,

$$y(t) = c_1 e^{\lambda_1 t} v_1 + \cdots + c_n e^{\lambda_n t} v_n.$$

b) En résolvant le système sur $\mathbb{C}$ (comme on vient de le faire), les valeurs propres complexes non réelles sont deux à deux conjugées et on peut prendre des valeurs propres deux à deux conjugués. On a

$$e^{\lambda t} v = Re(e^{\lambda t} v) + i Im(e^{\lambda t} v),$$

$$e^{\overline{\lambda} t} \overline{v} = Re(e^{\lambda t} v) - i Im(e^{\lambda t} v).$$

D'où,

$$Re(e^{\lambda t} v) = \frac{e^{\lambda t} v + e^{\overline{\lambda} t} \overline{v}}{2},$$

$$Im(e^{\lambda t} v) = \frac{e^{\lambda t} v - e^{\overline{\lambda} t} \overline{v}}{2i}.$$

Dès lors, $Re(e^{\lambda t} v)$ et $Im(e^{\lambda t} v)$ sont deux solutions du système différentiel sur $\mathbb{R}$ et forment une famille libre. $\square$

Remarque 2.2.5 *Si la matrice A est triangularisable (ou réduite sous forme de Jordan), on procède comme suit : soit P une matrice de passage pour laquelle $T = P^{-1}AP$ soit triangulaire. On pose $Y(t) = PX(t)$, d'où $Y'(t) = PX'(t)$, P est constant. Le système $Y'(t) = AY(t)$ devient $PX'(t) = AY(t)$, d'où*

$$X'(t) = P^{-1}AY(t) = P^{-1}APX(t),$$

c-à-d.,

$$X'(t) = TX(t).$$

On résoud ce dernier système, équation par équation et on obtient Y par la formule $Y(t) = PX(t)$.

Les valeurs propres de la matrice A (d'ordre n) sont distinctes : La solution générale du système homogène est

$$y = c_1 e^{\lambda_1 t} v_1 + \cdots + c_n e^{\lambda_n t} v_n,$$

où $v_1, ..., v_n$ sont les vecteurs propres correspondants respectivement aux valeurs propres $\lambda_1, ..., \lambda_n$.

Exercice 2.2.3 *Intégrer le système différentiel*

$$\begin{cases} y_1' &= y_1 + 5y_2 \\ y_2' &= y_1 - 3y_2 \end{cases}$$

<u>Solution</u> : On intègre matriciellement le système :

$$\begin{pmatrix} y_1' \\ y_2' \end{pmatrix} = \begin{pmatrix} 1 & 5 \\ 1 & -3 \end{pmatrix} \begin{pmatrix} y_1 \\ y_2 \end{pmatrix} \Longleftrightarrow y' = Ay.$$

$$\det(A - \lambda I) = \begin{vmatrix} 1-\lambda & 5 \\ 1 & -3-\lambda \end{vmatrix} = \lambda^2 + 2\lambda - 8.$$

On a donc deux valeurs propres : $\lambda_1 = 2$ et $\lambda_2 = -4$. Pour $\lambda_1 = 2$, on a

$$Av = \lambda_1 v \Longleftrightarrow \begin{cases} -v_1 + 5v_2 = 0 \\ v_1 - 5v_2 = 0 \end{cases} \Longleftrightarrow v_1 = 5v_2 \Longrightarrow \text{ valeur propre} \begin{pmatrix} 5 \\ 1 \end{pmatrix}$$

Pour $\lambda_2 = -4$, on a

$$Av = \lambda_2 v \Longleftrightarrow \begin{cases} 5v_1 + 5v_2 = 0 \\ v_1 + v_2 = 0 \end{cases} \Longleftrightarrow v_1 = -v_2 \Longrightarrow \text{ valeur propre} \begin{pmatrix} -1 \\ 1 \end{pmatrix}$$

Dès lors, la solution générale du système en question est

$$y = \begin{pmatrix} y_1 \\ y_2 \end{pmatrix} = C_1 e^{2t} \begin{pmatrix} 5 \\ 1 \end{pmatrix} + C_2 e^{-4t} \begin{pmatrix} -1 \\ 1 \end{pmatrix},$$

c-à-d.,

$$y_1 = 5C_1e^{2t} - C_2e^{-4t}, \qquad y_2 = C_1e^{2t} + C_2e^{-4t}.$$

(Pour la résolution de ce système, on peut procéder autrement. D'après la seconde équation, on a $y_1 = y_2' + 3y_2$. En remplaçant cette expression dans la première équation du système, on obtient une équation de seconde ordre : $y_2'' + 2y_2' - 8y_2 = 0$ dont la résolution est immédiate. On en déduit donc la solution du système en question).

Exercice 2.2.4 *Intégrer le système différentiel*

$$\begin{cases} y_1' &= 6y_1 - 12y_2 - y_3 \\ y_2' &= y_1 - 3y_1 - y_3 \\ y_3' &= -4y_1 + 12y_2 + 3y_3 \end{cases}$$

<u>*Solution*</u> : Le système en question s'écrit sous la forme

$$\begin{pmatrix} y_1' \\ y_2' \\ y_3' \end{pmatrix} = \begin{pmatrix} 6 & -12 & -1 \\ 1 & -3 & -1 \\ -4 & 12 & 3 \end{pmatrix} \begin{pmatrix} y_1 \\ y_2 \\ y_3 \end{pmatrix} \Longleftrightarrow y' = Ay.$$

On a

$$\det(A - \lambda I) = -(\lambda - 1)(\lambda - 2)(\lambda - 3).$$

On a donc trois valeurs propres distinctes : $\lambda_1 = 1$, $\lambda_2 = 2$ et $\lambda_3 = 3$. Pour $\lambda_1 = 1$, le vecteur propre correspondant est $\begin{pmatrix} 2 \\ 1 \\ -2 \end{pmatrix}$ et le système fondamental de solutions est $(2e^t, e^t, -2e^t)$. De même, pour $\lambda_2 = 2$, le vecteur propre correspondant est $\begin{pmatrix} \frac{7}{3} \\ 1 \\ -\frac{8}{3} \end{pmatrix}$ et le système fondamental de solutions est $(\frac{7}{3}e^{2t}, e^{2t}, -\frac{8}{3}e^{2t})$. Enfin, pour $\lambda_3 = 3$, le vecteur propre correspondant est $\begin{pmatrix} 3 \\ 1 \\ -3 \end{pmatrix}$ et le système fondamental de solutions est $(3e^{3t}, e^{3t}, -3e^{3t})$. Par conséquent, la solution générale est

$$\begin{pmatrix} y_1 \\ y_2 \\ y_3 \end{pmatrix} = C_1e^t \begin{pmatrix} 2 \\ 1 \\ -2 \end{pmatrix} + C_2e^{2t} \begin{pmatrix} \frac{7}{3} \\ 1 \\ -\frac{8}{3} \end{pmatrix} + C_3e^{3t} \begin{pmatrix} 3 \\ 1 \\ -3 \end{pmatrix}.$$

Autrement dit, on a

$$\begin{aligned} y_1 &= 2C_1e^t + \frac{7}{3}C_2e^{2t} + 3C_3e^{3t}, \\ y_2 &= C_1e^t + C_2e^{2t} + C_3e^{3t}, \\ y_3 &= -2C_1e^t - \frac{8}{3}C_2e^{2t} - 3C_3e^{3t}. \end{aligned}$$

Exercice 2.2.5 *Résoudre matriciellement le problème de Cauchy :*

$$\begin{cases} y_1' &= y_1 + y_2 \\ y_2' &= y_1 - y_2 \end{cases}$$

$$y_1(0) = 2, \quad y_2(0) = 0.$$

<u>*Solution*</u> : On a

$$\begin{pmatrix} y_1' \\ y_2' \end{pmatrix} = \begin{pmatrix} 1 & 1 \\ 1 & -1 \end{pmatrix} \begin{pmatrix} y_1 \\ y_2 \end{pmatrix} \Longleftrightarrow y' = Ay.$$

$$\det(A - \lambda I) = \lambda^2 - 2.$$

On a donc deux valeurs propres : $\lambda_1 = \sqrt{2}$ et $\lambda_2 = -\sqrt{2}$. Pour $\lambda_1 = \sqrt{2}$, le vecteur propre correspondant est $\begin{pmatrix} 1+\sqrt{2} \\ 1 \end{pmatrix}$. Pour $\lambda_2 = -\sqrt{2}$, le vecteur propre correspondant est $\begin{pmatrix} 1-\sqrt{2} \\ 1 \end{pmatrix}$. La solution générale du système proposée est

$$y_1 = C_1(2+\sqrt{2})e^{\sqrt{2}t} + C_2(2-\sqrt{2})e^{-\sqrt{2}t},$$

$$y_2 = C_1e^{\sqrt{2}t} - C_2e^{-\sqrt{2}t}.$$

Pour déterminer les constantes C_1 et C_2, on utilise les conditions initiales :

$$y_1(0) = C_1(2+\sqrt{2}) + C_2(2-\sqrt{2}) = 2,$$

$$y_2(0) = C_1 - C_2 = 0.$$

D'où, $C_1 = \frac{\sqrt{2}}{2}$, $C_2 = -\frac{\sqrt{2}}{2}$ et par conséquent,

$$\begin{aligned} y_1 &= \frac{2+\sqrt{2}}{2}e^{\sqrt{2}t} + \frac{2-\sqrt{2}}{2}e^{-\sqrt{2}t}, \\ y_2 &= \frac{\sqrt{2}}{2}e^{\sqrt{2}t} - \frac{\sqrt{2}}{2}e^{-\sqrt{2}t}. \end{aligned}$$

Les valeurs propres de la matrice A (d'ordre n) ne sont pas distinctes :

Si λ est une valeur propre de A avec ordre de multiplicité m, alors la solution correspondante est

$$y_1 = P_1(t)e^{\lambda t}, ..., y_n = P_n(t)e^{\lambda t}$$

où $P_1(t), ..., P_n(t)$ sont des polynômes de degré $\leq m-1$.

Exercice 2.2.6 *Intégrer le système différentiel*

$$\begin{cases} y_1' &= 5y_1 - y_2 \\ y_2' &= y_1 + 3y_2 \end{cases}$$

<u>*Solution*</u> : On a

$$\begin{pmatrix} y_1' \\ y_2' \end{pmatrix} = \begin{pmatrix} 5 & -1 \\ 1 & 3 \end{pmatrix} \begin{pmatrix} y_1 \\ y_2 \end{pmatrix} \Longleftrightarrow y' = Ay.$$

$$\det(A - \lambda I) = (\lambda - 4)^2.$$

Donc $\lambda = 4$ est une valeur propre double. Ici $m = 2$, $n = 2$, $P_1(t) = at + b$ et $P_2(t) = ct + d$. D'où, $y_1 = (at + b)e^{4t}$ et $y_2(t) = (ct + d)e^{4t}$. En remplaçant ces expressions dans le système en question, on obtient

$$\begin{aligned} a - b + d + (c - a)t &= 0, \\ c + d - b + (c - a)t &= 0. \end{aligned}$$

D'où, $b - d = a = c$, et la solution générale du système proposée est

$$y_1 = (C_1 t + C_2)e^{4t}, \qquad y_2 = (C_1 t + C_2 - C_1)e^{4t},$$

avec $C_1 = a = c$, $C_2 = b$ et $C_2 - C_1 = d$.

Exercice 2.2.7 *Intégrer le système différentiel*

$$\begin{cases} y_1' &= 2y_1 + y_2 + y_3 \\ y_2' &= -2y_1 - y_3 \\ y_3' &= 2y_1 + y_2 + 2y_3 \end{cases}$$

<u>*Solution*</u> : Le système ci-dessus s'écrit sous la forme

$$\begin{pmatrix} y_1' \\ y_2' \\ y_3' \end{pmatrix} = \begin{pmatrix} 2 & 1 & 1 \\ -2 & 0 & -1 \\ 2 & 1 & 2 \end{pmatrix} \begin{pmatrix} y_1 \\ y_2 \\ y_3 \end{pmatrix} \Longleftrightarrow y' = Ay.$$

On a

$$\det(A - \lambda I) = (\lambda - 1)^2(\lambda - 2).$$

On a une valeur propre $\lambda_1 = 2$ simple et une valeur propre $\lambda_2 = \lambda_3 = 1$ double. Pour $\lambda_1 = 1$, le vecteur propre correspondant est $\begin{pmatrix} 1 \\ -2 \\ 2 \end{pmatrix}$ et une solution particulière du système est

$$y_1 = e^{2t}, \quad y_2 = -2e^{2t}, \quad y_1 = 2e^{2t}.$$

Pour $\lambda_2 = \lambda_3 = 1$ (ce qui correspond à $m = 2$, $n = 3$, $P_1(t) = at + b$, $P_2(t) = ct + d$ et $P_3(t) = kt + l$), on a

$$y_1 = (at + b)e^t, \quad y_2 = (ct + d)e^t, \quad y_3 = (kt + l)e^t.$$

En remplaçant ces expressions dans le système proposée, on obtient

$$\begin{aligned} a - b - d - l - (a + c + k)t &= 0, \\ c + d + 2b + l(c + 2a + k)t &= 0, \\ k - l - 2b - d - (k + 2a + c)t &= 0, \end{aligned}$$

d'où, $a = 0$, $b = -C_2$, $c \equiv C_2$, $d = C_1$, $k = -C_2$, $l = C_2 - C_1$, et

$$y_1 = -C_2e^t, \quad y_2 = (C_2t + C_1)e^t, \quad y_3 = (-C_2t + C_2 - C_1)e^t.$$

Par conséquent, la solution générale du système est

$$\begin{aligned} y_1 &= C_3e^{2t} - C_2e^t, \\ y_2 &= -2C_3e^{2t} + (C_2t + C_1)e^t, \\ y_3 &= 2C_3e^{2t} + (-C_2t + C_2 - C_1)e^t. \end{aligned}$$

Les valeurs propres de la matrice A (d'ordre n) sont imaginaires conjuguées :

Exercice 2.2.8 *Intégrer le système différentiel*

$$\begin{cases} y_1' &= 4y_1 - 3y_2 \\ y_2' &= 3y_1 + 4y_2 \end{cases}$$

<u>*Solution*</u> : On a

$$\begin{pmatrix} y_1' \\ y_2' \end{pmatrix} = \begin{pmatrix} 4 & -3 \\ 3 & 4 \end{pmatrix} \begin{pmatrix} y_1 \\ y_2 \end{pmatrix} \Longleftrightarrow y' = Ay.$$

$$\det(A - \lambda I) = \lambda^2 - 8\lambda + 25.$$

On a donc deux valeurs propres : $\lambda_1 = 4 + 3i$ et $\lambda_2 = 4 - 3i = \overline{\lambda}_1$. Pour λ_1, le vecteur propre correspondant est $\begin{pmatrix} 1 \\ i \end{pmatrix}$. Pour λ_2, le vecteur propre correspondant est évidemment $\begin{pmatrix} 1 \\ -i \end{pmatrix}$. Sur $\mathbb{C}$, la solution générale du système proposée est

$$y = \begin{pmatrix} y_1 \\ y_2 \end{pmatrix} = C_1 e^{(4+3i)t} \begin{pmatrix} 1 \\ i \end{pmatrix} + C_2 e^{(4-3i)t} \begin{pmatrix} 1 \\ -i \end{pmatrix},$$

c-à-d.,

$$\begin{aligned} y_1 &= C_1 e^{(4+3i)t} + C_2 e^{(4-3i)t}, \\ y_2 &= C_1 i e^{(4+3i)t} - C_2 i e^{(4-3i)t}, \end{aligned}$$

que l'on peut encore écrire sous la forme suivante :

$$\begin{aligned} y_1 &= (\alpha \cos 3t + \beta \sin 3t) e^{4t}, \\ y_2 &= (-\alpha \sin 3t + \beta \cos 3t) e^{4t}, \end{aligned}$$

où $\alpha = C_1 + C_2$ et $\beta = (C_1 - C_2)i$ sont des constantes. Une seconde méthode : il suffit d'examiner la valeur propre λ_1 et ne pas tenir compte de λ_2 car $\lambda_2 = \overline{\lambda}_1$ et les coefficients du système sont réels. On a

$$e^{(4+3i)t} \begin{pmatrix} 1 \\ i \end{pmatrix} = \begin{pmatrix} e^{4t} \cos 3t + i e^{4t} \sin 3t \\ -e^{4t} \sin 3t + i e^{4t} \cos 3t \end{pmatrix},$$

et

$$\begin{pmatrix} y_1 \\ y_2 \end{pmatrix} = \alpha \mathrm{Re} \left(e^{(4+3i)t} \begin{pmatrix} 1 \\ i \end{pmatrix} \right) + \beta \mathrm{Im} \left(e^{(4+3i)t} \begin{pmatrix} 1 \\ i \end{pmatrix} \right),$$

et le résultat en découle immédiatement.

Exercice 2.2.9 *Intégrer le système différentiel*

$$\begin{cases} y_1' &= y_1 - y_3 \\ y_2' &= y_1 \\ y_3' &= y_1 - y_2 \end{cases}$$

<u>*Réponse*</u> : Le système en question s'écrit sous la forme

$$\begin{pmatrix} y_1' \\ y_2' \\ y_3' \end{pmatrix} = \begin{pmatrix} 1 & 0 & -1 \\ 1 & 0 & 0 \\ 1 & -1 & 0 \end{pmatrix} \begin{pmatrix} y_1 \\ y_2 \\ y_3 \end{pmatrix} \Longleftrightarrow y' = Ay.$$

On a
$$\det(A - \lambda I) = (1 - \lambda)(\lambda^2 + 1).$$

On a donc trois valeurs propres $\lambda_1 = 1$, $\lambda_2 = i$ et $\lambda_3 = -i = \overline{\lambda}_2$. Pour $\lambda_1 = 1$, le vecteur propre correspondant est $\begin{pmatrix} 1 \\ 1 \\ 0 \end{pmatrix}$. Pour $\lambda_2 = i$, le vecteur propre correspondant est $\begin{pmatrix} 1 \\ -i \\ 1-i \end{pmatrix}$. Ici, il est inutile d'examiner la valeur propre λ_3 car $\lambda_3 = \overline{\lambda}_2$. La solution du système proposée est

$$\begin{pmatrix} y_1 \\ y_2 \\ y_3 \end{pmatrix} = ae^t \begin{pmatrix} 1 \\ 1 \\ 0 \end{pmatrix} + a\mathrm{Re}\left(e^{it}\begin{pmatrix} 1 \\ -i \\ 1-i \end{pmatrix}\right) + c\mathrm{Im}\left(e^{it}\begin{pmatrix} 1 \\ -i \\ 1-i \end{pmatrix}\right),$$

c'est-à-dire,

$$\begin{aligned} y_1 &= ae^t + b\cos t + c\sin t, \\ y_2 &= ae^t + b\cos t - c\sin t, \\ y_3 &= b(\cos t + \sin t) + c(\sin t - \cos t), \end{aligned}$$

où a, b et c sont des constantes.

2.2.2 Résolution du système non-homogène

La solution générale du système non-homogène est la somme de la solution générale du système homogène et d'une solution particulière du système non-homogène. On a
$$y'(t) = Ay(t) + b(t),$$

où A est diagonalisable et $b(t)$ est continue sur I. Posons $y = Px$ (P étant la matrice de passage), d'où

$$Px' = APx + b, \quad (P \text{ constant})$$

$$x' = P^{-1}APx + P^{-1}b = Dx + P^{-1}b,$$

où $D = \mathrm{diag}(\lambda_1, ..., \lambda_n)$ est une matrice diagonale. En posant

$$P^{-1}b(t) = \begin{pmatrix} c_1(t) \\ \vdots \\ c_n(t) \end{pmatrix},$$

le système ci-dessus devient

$$x_1' = \lambda_1 x_1 + c_1(t), ..., x_n' = \lambda_n x_n + c_n(t).$$

On cherche une solution particulière de chaque équation et $y = Px$ permet de conclure. Ici on a besoin de P^{-1} pour calculer $P^{-1}b$. Mais lorsque la dimension est petite et le second membre est simple (exemple : polynôme, exponentielle), on peut ne pas calculer P^{-1} et chercher directement une solution particulière.

Remarque 2.2.6 *Pour déterminer une solution particulière du système non-homogène, on peut procéder comme pour une équation linéaire à coefficients constants à la seule différence suivante : si*

$$b_i(t) = e^{\alpha t} P_{m_i}(t),$$

où $P_{m_i}(t)$ sont des polynômes de degré m_i, on cherche une solution particulière sous la forme

$$y_i = e^{\alpha t} Q^i_{m+s}(t), \quad i = 1, 2, ..., n$$

où $Q^i_{m+s}(t)$ sont des polynômes de degré $m + s$ ave $m = \max m_i$ et $s = 0$ si α n'est pas racine de l'équation caractéristique $\det(A - \lambda I) = 0$ et $s =$ ordre de multiplicité de la racine α de l'équation $\det(A - \lambda I) = 0$ (ou plus exactement, s est d'une unité plus grand que le degré supérieur des polynômes qui dans la solution générale du système homogène sont multiples par $e^{\alpha t}$). Les coefficients inconnus des polynômes se déterminent par introduction des expressions y_i ci-dessus dans le système non-homogène et par identification des coefficients des termes semblables. Les polynômes se déterminent de façon analogue même si les $b_i(t)$ contiennent $e^{\alpha t} \cos \beta t$ et $e^{\alpha t} \sin \beta t$ et que le nombre $\alpha + i\beta$ soit racine de l'équation : $\det(A - \lambda I) = 0$. Plus précisément, si

$$b_i(t) = e^{\alpha t}(P_{m_i}(t) \cos \beta t + Q_{m_i}(t) \sin \beta t),$$

on cherchera la solution sous la forme

$$y_i = e^{\alpha t}(R_{m+s}(t) \cos \beta t + T_{m+s}(t) \sin \beta t).$$

(R_{m+s}, T_{m+s} étant des polynômes à déterminer). La solution du système non-homogène peut être obtenue par la méthode de la variation des constantes, si on connaît la solution générale du système homogène.

Exercice 2.2.10 *Intégrer le système différentiel*

$$\begin{cases} y_1' &= 4y_1 - y_2 + e^{3t}(t + \sin t) \\ y_2' &= y_1 + 2y_2 + te^{3t} \cos t \end{cases}$$

Solution : On a

$$\begin{pmatrix} y_1' \\ y_2' \end{pmatrix} = \begin{pmatrix} 4 & -1 \\ 1 & 2 \end{pmatrix} \begin{pmatrix} y_1 \\ y_2 \end{pmatrix} + e^{3t} \begin{pmatrix} t + \sin t \\ t \cos t \end{pmatrix} \Longleftrightarrow y' = Ay + b.$$

$$\det(A - \lambda I) = (\lambda - 3)^2.$$

On a donc une valeur propre double : $\lambda_1 = \lambda_2 = 3$. Ici $m = 2$, $n = 2$, $P_1(t) = at + b$, $P_2(t) = ct + d$. La solution générale du système homogène $y' = Ay$ est

$$y_1 = (at + b)e^{3t}, \qquad y_2 = (ct + d)e^{3t},$$

où a et b sont des constantes. En remplaçant ces expressions dans le système homogène, on obtient

$$\begin{aligned} a - b + d + (c - a)t &= 0, \\ c + d - b + (c - a)t &= 0. \end{aligned}$$

D'où, $a = c \equiv C_1$, $b = c + d \equiv C_2$, $d = C_2 - C_1$ et

$$\begin{aligned} y_1 &= (C_1 t + C_2)e^{3t}, \\ y_2 &= (C_1 t + C_2 - C_1)e^{3t}. \end{aligned}$$

Pour déterminer une solution particulière du système non homogène, on sépare ce dernier en deux systèmes :

$$\begin{cases} y_1' &= 4y_1 - y_2 + te^{3t} \\ y_2' &= y_1 + 2y_2 \end{cases}$$

et

$$\begin{cases} y_1' &= 4y_1 - y_2 + e^{3t} \sin t \\ y_2' &= y_1 + 2y_2 + te^{3t} \cos t \end{cases}$$

En utilisant la méthode expliquée dans la remarque précédente, on montre aisément qu'une solution particulière du premier système ci-dessus est

$$\begin{aligned} y_1 &= (a_1 t^3 + b_1 t^2 + c_1 t + d_1)e^{3t}, \\ y_2 &= (a_2 t^3 + b_2 t^2 + c_2 t + d_2)e^{3t}, \end{aligned}$$

où $a_1, b_1, c_1, d_1, a_2, b_2, c_2, d_2$ sont des constantes que l'on détermine en remplaçant ces expressions dans le premier système ci-dessus. De même, une solution particulière du second système ci-dessus est

$$\begin{aligned} y_1 &= ((A_1 t + B_1 \cos t + (C_1 t + D_1) \sin t)\, e^{3t}, \\ y_2 &= ((A_2 t + B_2 \cos t + (C_2 t + D_2) \sin t)\, e^{3t}, \end{aligned}$$

où $A_1, B_1, C_1, D_1, A_2, B_2, C_2, D_2$ sont des constantes que l'on détermine en remplaçant ces expressions dans le second système ci-dessus. Finalement, la solution générale du système proposée est la somme de la solution générale du système homogène et de ces solutions particulières.

> *Les équations différentielles (à coefficients constants) constituent pratiquement l'unique importante classe d'équations différentielles dont la théorie est relativement complète. Cette théorie qui en fait est une branche de l'algèbre linéaire permet de résoudre totalement les équations linéaires autonomes. La théorie des équations linéaires est par ailleurs utile comme première approximation dans la résolution de problèmes non-linéaires. Elle permet entre autres d'étudier la stabilité de l'équilibre dans les cas génériques.*
>
> Vladimir I. ARNOLD

Chapitre 3

Flot défini par une équation différentielle

3.1 Champ de vecteurs et flots

Soit Ω un ouvert de $\mathbb{R}^m$ et considérons le problème de Cauchy sous la forme suivante :

$$\frac{dx}{dt} = f(x), \qquad x(t_0) = x_0$$

où f est une fonction définie sur Ω et $(t_0, x_0) \in \mathbb{R} \times \Omega$. Une telle équation est dite autonome (car elle ne dépend pas de t). On a vu que si f est continue et localement lipschitzienne, alors pour tout $(t_0, x_0) \in \mathbb{R} \times \Omega$, le système ci-dessus admet une unique solution maximale sur un intervalle ouvert I. Par conséquent, l'application $(t, t_0, x_0) \longmapsto x(t; t_0, x_0)$ est bien définie sur l'ouvert $U = \{(t, t_0, x_0) \in \mathbb{R} \times \mathbb{R} \times \Omega; t \in I\}$.

Définition 3.1.1 *On appelle flot de l'équation différentielle ci-dessus, l'application*

$$V \equiv \{(t, x_0) \in \mathbb{R} \times \Omega; t \in I\} \longrightarrow \mathbb{R}^m, \quad (t, x_0) \longmapsto g_t(x_0) = x(t; 0, x_0).$$

Cette application est continue et vérifie

$$\frac{d}{dt} g_t(x_0) = f(g_t(x_0)), \quad g_0(x_0) = x_0.$$

Notons que g_t est une application indépendante de t_0 :

$$\forall (t, t_0, x_0) \in U, \quad (t - t_0, x_0) \in V, \quad x(t; t_0, x_0) = g_{t-t_0}(x_0).$$

Une définition similaire peut-être obtenue pour un système non-autonome.

Notons que le flot g_t (pour le système différentiel linéaire vu précédemment) n'est rien d'autre que la résolvante $R(t, t_0)$.

Exemple 3.1.2 *Soit* $\frac{dx}{dt} = Ax$, *une équation différentielle linéaire à coefficients constants. Le flot de cette équation est* $g_t(x) = e^{tA}x$.

Supposons maintenant que $\Omega = \mathbb{R}^m$ (on pourrait aussi considérer une sphère, un tore ou généralement un espace topologique muni d'une structure de variété différentiable) et que f est globalement lipschitzienne. Le flot sera défini sur tout $\mathbb{R} \times \mathbb{R}^m$ (et $V = \mathbb{R} \times \mathbb{R}^m$). L'application $t \longmapsto g_t$ est un homomorphisme de $\mathbb{R}$ dans l'ensemble des difféomorphismes de $\mathbb{R}^m$ dans lui-même.

Définition 3.1.3 *Un champ de vecteurs sur* M *est une application, notée* X, *qui à tout point* $x \in M$ *associe un vecteur tangent* $X_x \in T_xM$.

Soit $(x_1, ..., x_m)$ un système de coordonnées locales dans un voisinage Ω. Dans ce système le champ de vecteurs X s'écrit sous la forme

$$X = \sum_{k=1}^{m} f_k(x) \frac{\partial}{\partial x_k}, \; x \in \Omega,$$

où les fonctions $f_1, ..., f_m : \Omega \longrightarrow \mathbb{R}$, sont les composantes de X par rapport à $(x_1, ..., x_m)$. Un champ de vecteurs X est différentiable si ses composantes $f_k(x)$ sont des fonctions différentiables. Cette définition de différentiabilité ne dépend pas évidemment du choix du système de coordonnées locales. En effet, si $(y_1, ..., y_m)$ est un autre système de coordonnées locales dans Ω, alors

$$X = \sum_{k=1}^{m} h_k(x) \frac{\partial}{\partial y_k}, \; x \in \Omega,$$

où $h_1, ..., h_m : \Omega \longrightarrow \mathbb{R}$, sont les composantes de X par rapport à $(y_1, ..., y_m)$ et le résultat découle du fait que

$$h_k(x) = \sum_{l=1}^{m} \frac{\partial y_k}{\partial x_l} f_l(x), \; x \in \Omega.$$

Au champ de vecteurs X correspond un système d'équations différentielles

$$\begin{aligned} \frac{dx_1}{dt} &= f_1(x_1, ..., x_m), \\ &\vdots \\ \frac{dx_m}{dt} &= f_m(x_1, ..., x_m). \end{aligned} \tag{3.1.1}$$

Définition 3.1.4 *Un champ de vecteurs différentiable* X *sur* Ω *s'appelle système dynamique. Un champ de vecteurs s'écrit localement sous la forme (3.1.1).*

Définition 3.1.5 *Une courbe intégrale (ou trajectoire) du champ de vecteurs X est une courbe différentiable $\gamma : I \longrightarrow \Omega$, $t \longmapsto \gamma(t)$, telle que :*

$$\forall t \in I, \ \frac{d\gamma(t)}{dt} = X(\gamma(t)),$$

où I est un intervalle de $\mathbb{R}$.

Si $\sum_{k=1}^{m} f_k(x) \frac{\partial}{\partial x_k}$, est l'expression locale de X, alors les courbes intégrales (ou trajectoires) de X sont les solutions $\gamma(t) = \{x_k(t)\}$ de (3.1.1).

On suppose dans la suite que le champ de vecteurs X est différentiable (de classe $\mathcal{C}^\infty$) et à support compact (c'est-à-dire, X est nul en dehors d'un compact de Ω).

Etant donné un point $x \in \Omega$, intuitivement le flot $g_t^X(x)$ (ou tout simplement $g_t(x)$) désigne la position de x après un déplacement d'une durée $t \in \mathbb{R}$.

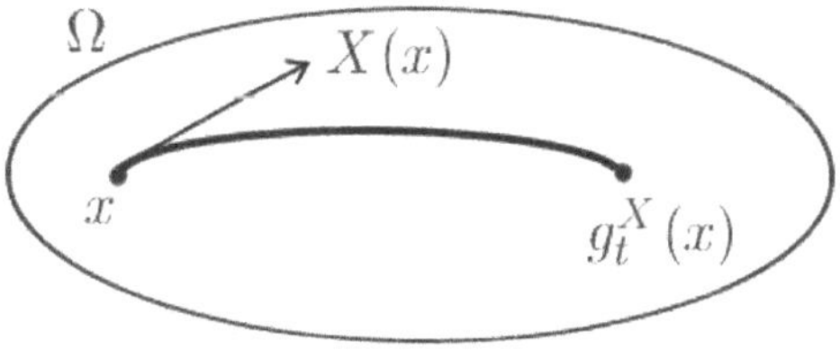

On a ainsi une application $g_t^X : \Omega \longrightarrow \Omega$, $t \in \mathbb{R}$, qui est un difféomorphisme, en vertu de la théorie des équations différentielles (voir théorème ci-dessous). Plus précisément, au champ de vecteurs X est lié un groupe à un paramètre de difféomorphismes g_t^X sur Ω, c'est-à-dire une application différentiable (de classe $\mathcal{C}^\infty$) : $\Omega \times \mathbb{R} \longrightarrow \Omega$, vérifiant une loi de groupe :

i) $\forall t \in \mathbb{R}$, $g_t^X : \Omega \longrightarrow \Omega$ est un difféomorphisme de Ω sur Ω.

ii) $\forall t, s \in \mathbb{R}$, $g_{t+s}^X = g_t^X \circ g_s^X$.

La condition *ii)* signifie que la correspondance $t \longmapsto g_t^X$, est un homomorphisme du groupe additif $\mathbb{R}$ dans le groupe des difféomorphismes de Ω dans Ω. Elle implique que $g_{-t}^X = \left(g_t^X\right)^{-1}$, car $g_0^X = id_\Omega$ est la transformation identique qui laisse chaque point invariant.

Le groupe à un paramètre de difféomorphismes ou flot g_t^X sur Ω, que l'on vient de décrire admet le champ de vecteurs X pour champ de vitesses

$$\frac{d}{dt} g_t^X(x) = X\left(g_t^X(x)\right),$$

avec la condition initiale $g_0^X(x) = x$. Evidemment

$$\left.\frac{d}{dt} g_t^X(x)\right|_{t=0} = X(x).$$

Donc par ces formules $g_t^X(x)$ est la courbe sur Ω qui passe par x et telle que la tangente en chaque point est le vecteur $X\left(g_t^X(x)\right)$.

Nous allons maintenant voir comment construire le flot g_t^X sur Ω.

Théorème 3.1.6 *Le champ de vecteurs X est générateur d'un unique groupe à un paramètre de difféomorphismes de Ω.*

Démonstration : *a*) Construction de g_t^X pour t assez petit. Pour x fixé, l'équation différentielle

$$\frac{d}{dt}g_t^X(x) = X\left(g_t^X\right),$$

fonction de t avec la condition initiale $g_0^X(x) = x$, admet une solution unique g_t^X définie au voisinage du point x_0 et dépendant de façon $\mathcal{C}^\infty$ de la condition initiale. Donc g_t^X est localement un difféomorphisme. Dès lors pour chaque point $x_0 \in \Omega$, on peut trouver un voisinage $U(x_0) \subset \Omega$, un nombre réel positif $\varepsilon \equiv \varepsilon(x_0)$ tels que pour tout $t \in \left]-\varepsilon, \varepsilon\right[$, l'équation différentielle en question avec sa condition initiale admet une solution unique $g_t^X(x)$ différentiable définie dans $U(x_0)$ et vérifiant la relation de groupe

$$g_{t+s}^X(x) = g_t^X \circ g_s^X(x),$$

avec $t, s, t+s \in \left]-\varepsilon, \varepsilon\right[$. En effet, posons $x_1 = g_t^X(x)$, t fixé, et considérons la solution de l'équation différentielle satisfaisant dans le voisinage du point x_0 à la condition initiale $g_{s=0}^X = x_1$. Cette solution vérifie la même équation différentielle et coincide en un point $g_t^X(x) = x_1$, avec la fonction g_{t+s}^X. Donc, par unicité de la solution de l'équation différentielle, les deux fonctions sont localement égales. Par conséquent, l'application g_t^X est localement un difféomorphisme. Rappelons que le champ de vecteurs X est supposé différentiable (de classe $\mathcal{C}^\infty$) et à support compact K. Du recouvrement de K formé par des ouverts $U(x)$, on peut extraire un sous-recouvrement fini (U_i), puisque K est compact. Désignons par ε_i les nombres ε correspondants aux U_i et posons

$$\varepsilon_0 = \inf(\varepsilon_i), \quad g_t^X(x) = x, \quad x \notin K.$$

Dès lors, l'équation en question admet une solution unique g_t^X sur $\Omega \times \left]-\varepsilon_0, \varepsilon_0\right[$ vérifiant la relation du groupe $g_{t+s}^X = g_t^X \circ g_s^X$, l'inverse de g_t^X étant g_{-t}^X et donc g_t^X est un difféomorphisme pour t suffisamment petit.

b) Construction de g_t^X pour tout $t \in \mathbb{R}$. D'après *a*), il suffit de construire g_t^X pour $t \in \left]-\infty, -\varepsilon_0\right[\cup \left]\varepsilon_0, \infty\right[$. Nous allons voir que les applications g_t^X se définissent d'après la loi de multiplication du groupe. Notons que t peut s'écrire sous la forme $t = k\frac{\varepsilon_0}{2} + r$, avec $k \in \mathbb{Z}$ et $r \in \left[0, \frac{\varepsilon_0}{2}\right[$. Posons, pour $t \in \mathbb{R}_+^*$,

$$g_t^X = \underbrace{g_{\frac{\varepsilon_0}{2}}^X \circ \cdots \circ g_{\frac{\varepsilon_0}{2}}^X}_{k-\text{fois}} \circ\ g_r^X,$$

et pour $t \in \mathbb{R}_-^*$,

$$g_t^X = \underbrace{g_{-\frac{\varepsilon_0}{2}}^X \circ \cdots \circ g_{-\frac{\varepsilon_0}{2}}^X}_{k-\text{fois}} \circ \; g_r^X.$$

Les difféomorphismes $g_{\pm\frac{\varepsilon_0}{2}}^X$ et g_r^X ont été définis dans a), et on en déduit que pour tout réel t, g_t^X est un difféomorphisme défini globalement sur Ω. □

Corollaire 3.1.7 *Toute solution de l'équation différentielle*

$$\frac{dx\,(t)}{dt} = X\,(x\,(t))\,, \quad x \in \Omega,$$

avec la condition initiale x (pour $t = 0$), est indéfiniment prolongeable. La valeur de la solution $g_t^X(x)$ à l'instant t est différentiable par rapport à t et à la condition initiale x.

Avec un léger abus de notation, on peut écrire l'équation précédente sous la forme du système d'équations différentielles (3.1.1) avec les conditions initiales $x_1, ..., x_m$ pour $t = 0$.

Au champ de vecteurs X est lié l'opérateur différentiel L_X d'ordre 1. Il s'agit de la différentiation des fonctions suivant la direction du champ de vecteurs X. On a

$$L_X : \mathcal{C}^\infty\,(\Omega) \longrightarrow \mathcal{C}^\infty\,(\Omega)\,, \quad F \longmapsto L_X F,$$

où

$$L_X F(x) = \left.\frac{d}{dt} F\left(g_t^X(x)\right)\right|_{t=0}, \quad x \in \Omega.$$

Ici $\mathcal{C}^\infty\,(\Omega)$ désigne l'ensemble des fonctions $F : \Omega \longrightarrow \mathbb{R}$, de classe $\mathcal{C}^\infty$. L'opérateur L_X est linéaire

$$L_X\,(\alpha_1 F_1 + \alpha_2 F_2) = \alpha_1 L_X F_1 + \alpha_2 L_X F_2, \;\; (\alpha_1, \alpha_2 \in \mathbb{R})\,,$$

et satisfait à la formule de Leibniz

$$L_X\,(F_1 F_2) = F_1 L_X F_2 + F_2 L_X F_1.$$

Comme $L_X F(x)$ ne dépend que des valeurs de F au voisinage de x, on peut donc appliquer l'opérateur L_X à des fonctions définies seulement au voisinage d'un point, sans avoir besoin de les prolonger à tout Ω. Soit $(x_1, ..., x_m)$ un système de coordonnées locales sur Ω. Dans ce système le champ de vecteurs X a pour composantes $f_1, \ldots, f_m$ et le flot g_t^X est défini par le système d'équations différentielles (3.1.1). Donc la dérivée de $F = F\,(x_1, ..., x_m)$ suivant la direction de X s'écrit

$$L_X F = f_1 \frac{\partial F}{\partial x_1} + \cdots + f_m \frac{\partial F}{\partial x_m}.$$

Autrement dit, dans les coordonnées $(x_1, ..., x_m)$ l'opérateur L_X s'écrit

$$L_X = f_1 \frac{\partial}{\partial x_1} + \cdots + f_m \frac{\partial}{\partial x_m},$$

ceci n'est autre que la forme générale de l'opérateur différentiel linéaire du premier ordre.

3.2 Commutativité des champs de vecteurs

Définition 3.2.1 *On dit que deux champs de vecteurs X_1 et X_2 sur Ω commutent (ou sont commutatifs) si et seulement si les flots correspondants commutent*

$$g_{t_1}^{X_1} \circ g_{t_2}^{X_2}(x) = g_{t_2}^{X_2} \circ g_{t_1}^{X_1}(x), \ \forall x \in \Omega$$

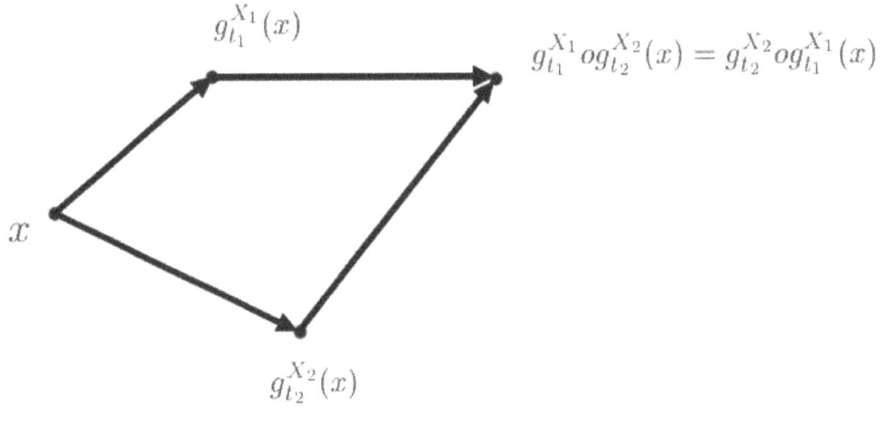

Le résultat suivant nous donne une condition nécessaire et suffisante, fort utile, pour vérifier la commutativité de deux champs de vecteurs.

Théorème 3.2.2 *Deux champs de vecteurs X_1 et X_2 sur Ω commutent si et seulement si*

$$[L_{X_1}, L_{X_2}] \equiv L_{X_1} L_{X_2} - L_{X_2} L_{X_1} = 0.$$

Démonstration : *a*) Condition nécessaire. Montrons d'abord que : $\forall F \in \mathcal{C}^\infty(\Omega)$, $\forall x \in \Omega$, alors

$$\frac{\partial^2}{\partial t_1 \partial t_2} \left(F\left(g_{t_2}^{X_2} \circ g_{t_1}^{X_1}(x)\right) - F\left(g_{t_1}^{X_1} \circ g_{t_2}^{X_2}(x)\right)\right)\Big|_{t_2=t_1=0}$$

$$= \left(L_{X_1} L_{X_2} - L_{X_2} L_{X_1}\right) F(x).$$

En effet, d'après la définition de L_{X_2}, on a

$$\frac{\partial}{\partial t_2}F\left(g_{t_2}^{X_2}\circ g_{t_1}^{X_1}(x)\right)\Big|_{t_2=0}=L_{X_2}F\left(g_{t_1}^{X_1}(x)\right).$$

D'où

$$\begin{aligned}\frac{\partial^2}{\partial t_1\partial t_2}F\left(g_{t_2}^{X_2}\circ g_{t_1}^{X_1}(x)\right)\Big|_{t_2=t_1=0} &= \frac{\partial}{\partial t_1}L_{X_2}F\left(g_{t_1}^{X_1}(x)\right)\Big|_{t_1=0},\\ &= \frac{\partial}{\partial t_1}G\left(g_{t_1}^{X_1}(x)\right)\Big|_{t_1=0} \quad \text{où } G\equiv L_{X_2}F,\\ &= L_{X_1}G(x) \text{ par définition de } L_{X_1},\\ &= L_{X_1}L_{X_2}F(x).\end{aligned}$$

De même, on a

$$\frac{\partial^2}{\partial t_2\partial t_1}F\left(g_{t_1}^{X_1}\circ g_{t_2}^{X_2}(x)\right)\Big|_{t_1=0}=L_{X_1}F\left(g_{t_2}^{X_2}(x)\right),$$

et

$$\frac{\partial^2}{\partial t_2\partial t_1}F\left(g_{t_1}^{X_1}\circ g_{t_2}^{X_2}(x)\right)\Big|_{t_2=t_1=0}=L_{X_2}L_{X_1}F(x).$$

Dès lors,

$$\begin{aligned}&\frac{\partial^2}{\partial t_2\partial t_1}F\left(g_{t_1}^{X_1}\circ g_{t_2}^{X_2}(x)\right)\Big|_{t_1=0}-\frac{\partial^2}{\partial t_2\partial t_1}F\left(g_{t_1}^{X_1}\circ g_{t_2}^{X_2}(x)\right)\Big|_{t_2=t_1=0}\\ &=\frac{\partial^2}{\partial t_1\partial t_2}\left(F\left(g_{t_2}^{X_2}\circ g_{t_1}^{X_1}(x)\right)-F\left(g_{t_1}^{X_1}\circ g_{t_2}^{X_2}(x)\right)\right)\Big|_{t_2=t_1=0},\\ &=L_{X_1}L_{X_2}F(x)-L_{X_2}L_{X_1}F(x).\end{aligned}$$

Donc si X_1 et X_2 commutent sur Ω, c-à-d., si $g_{X_1}^{t_1}\circ g_{t_2}^{X_2}(x)=g_{t_2}^{X_2}\circ g_{t_1}^{X_1}(x)$, $\forall x\in\Omega$, alors d'après la formule ci-dessus, $(L_{X_1}L_{X_2}-L_{X_2}L_{X_1})F(x)=0$, $\forall F\in\mathcal{C}^\infty(\Omega)$, $\forall x\in\Omega$, et par conséquent $L_{X_1}L_{X_2}=L_{X_2}L_{X_1}$.

b) Condition suffisante. Montrons que

$$g_{t_1}^{X_1}\circ g_{t_2}^{X_2}(x)=g_{t_2}^{X_2}\circ g_{t_1}^{X_1}(x),\forall x\in\Omega,$$

ou encore que

$$F\left(g_{t_1}^{X_1}\circ g_{t_2}^{X_2}(x)\right)=F\left(g_{t_2}^{X_2}\circ g_{t_1}^{X_1}(x)\right),\ \forall F\in\mathcal{C}^\infty(\Omega),\ \forall x\in\Omega.$$

Posons $\xi = g_{t_1}^{X_1} \circ g_{t_2}^{X_2}(x)$, $\zeta = g_{t_2}^{X_2} \circ g_{t_1}^{X_1}(x)$, et développons en série de Taylor la fonction $F(\xi) - F(\zeta)$ autour de $t_1 = t_2 = 0$. On a

$$
\begin{aligned}
F(\xi) - F(\zeta) = \quad & F(x) - F(x) \\
& + t_1 \left(\frac{\partial}{\partial t_1} \left(F(\xi) - F(\zeta) \right) \right) \Big|_{t_1 = t_2 = 0} \\
& + t_2 \left(\frac{\partial}{\partial t_2} \left(F(\xi) - F(\zeta) \right) \right) \Big|_{t_1 = t_2 = 0} \\
& + \frac{t_1^2}{2} \left(\frac{\partial^2}{\partial t_1^2} \left(F(\xi) - F(\zeta) \right) \right) \Big|_{t_1 = t_2 = 0} \\
& + \frac{t_2^2}{2} \left(\frac{\partial^2}{\partial t_2^2} \left(F(\xi) - F(\zeta) \right) \right) \Big|_{t_1 = t_2 = 0} \\
& + t_1 t_2 \left(\frac{\partial^2}{\partial t_1 \partial t_2} \left(F(\xi) - F(\zeta) \right) \right) \Big|_{t_1 = t_2 = 0} \\
& + o\left(t_1^3, t_2^3, t_1^2 t_2, t_1 t_2^2 \right).
\end{aligned}
$$

Calculons les différents termes. On a

$$
\begin{aligned}
\frac{\partial}{\partial t_1} F(\xi) \Big|_{t_1 = t_2 = 0} &= \frac{\partial}{\partial t_1} F\left(g_{t_1}^{X_1} \circ g_{t_2}^{X_2}(x) \right) \Big|_{t_1 = t_2 = 0}, \\
&= L_{x_1} F\left(g_{t_2}^{X_2}(x) \right) \Big|_{t_2 = 0}, \\
&= L_{x_1} F(x). \\
\frac{\partial}{\partial t_1} F(\zeta) \Big|_{t_1 = t_2 = 0} &= \frac{\partial}{\partial t_1} F\left(g_{t_2}^{X_2} \circ g_{t_1}^{X_1}(x) \right) \Big|_{t_1 = t_2 = 0}, \\
&= \frac{\partial}{\partial t_1} G\left(g_{t_1}^{X_1}(x) \right) \Big|_{t_1 = 0} \quad \text{où } G = F g_{t_2}^{X_2} \Big|_{t_2 = 0}, \\
&= L_{x_1} G(x), \\
&= L_{x_1} F\left(g_{t_2}^{X_2} \right) \Big|_{t_2 = 0}, \\
&= L_{x_1} F(x).
\end{aligned}
$$

Dès lors,

$$
\frac{\partial}{\partial t_1} \left(F(\xi) - F(\zeta) \right) \Big|_{t_1 = t_2 = 0} = 0.
$$

Par symétrie, on a aussi

$$
\frac{\partial}{\partial t_2} \left(F(\xi) - F(\zeta) \right) \Big|_{t_1 = t_2 = 0} = 0.
$$

De même, on a

$$\begin{aligned}&\frac{\partial^2}{\partial t_1^2}\left(F(\xi)-F(\zeta)\right)\Big|_{t_1=t_2=0}\\&\qquad=\frac{\partial^2}{\partial t_1^2}\left(F\left(g_{t_1}^{X_1}\circ g_{t_2}^{X_2}(x)\right)-F\left(g_{t_2}^{X_2}\circ g_{t_1}^{X_1}(x)\right)\right)\Big|_{t_1=t_2=0}.\end{aligned}$$

$$\frac{\partial}{\partial t_1}F\left(g_{t_1}^{X_1}\circ g_{t_2}^{X_2}(x)\right)=\frac{\partial}{\partial t_1}F\left(g_{t_1}^{X_1}(y)\right)=L_{X_1}F\left(g_{t_1}^{X_1}(y)\right)\text{ où }y=g_{t_2}^{X_2}(x),$$

$$\begin{aligned}\frac{\partial^2}{\partial t_1^2}F\left(g_{t_1}^{X_1}\circ g_{t_2}^{X_2}(x)\right)&=\frac{\partial}{\partial t_1}L_{X_1}F\left(g_{t_1}^{X_1}(y)\right),\\&=L_{X_1}L_{X_1}F\left(g_{t_1}^{X_1}(y)\right),\\&=L_{X_1}L_{X_1}F\left(g_{t_1}^{X_1}\circ g_{t_2}^{X_2}(x)\right)\underset{t_1=t_2=0}{\longrightarrow}L_{X_1}L_{X_1}F(x),\end{aligned}$$

$$\frac{\partial}{\partial t_1}F\left(g_{t_2}^{X_2}\circ g_{t_1}^{X_1}(x)\right)=\frac{\partial}{\partial t_1}G\left(g_{t_1}^{X_1}(x)\right)=L_{X_1}G\left(g_{t_1}^{X_1}(x)\right)\text{ où }G=Fg_{t_2}^{X_2},$$

$$\begin{aligned}\frac{\partial^2}{\partial t_1^2}F\left(g_{t_2}^{X_2}\circ g_{t_1}^{X_1}(x)\right)&=\frac{\partial}{\partial t_1}L_{X_1}G\left(g_{t_1}^{X_1}(x)\right),\\&=L_{X_1}L_{X_1}G\left(g_{t_1}^{X_1}(x)\right),\\&=L_{X_1}L_{X_1}F\left(g_{t_2}^{X_2}\circ g_{t_1}^{X_1}(x)\right)\underset{t_1=t_2=0}{\longrightarrow}L_{X_1}L_{X_1}F(x).\end{aligned}$$

Donc

$$\frac{\partial^2}{\partial t_1^2}\left(F(\xi)-F(\zeta)\right)\Big|_{t_1=t_2=0}=0.$$

Il s'en suit, par symétrie, que

$$\frac{\partial^2}{\partial t_2^2}\left(F(\xi)-F(\zeta)\right)\Big|_{t_1=t_2=0}=0.$$

Par ailleurs, on déduit de la condition nécessaire et du fait que les champs de vecteurs X_1 et X_2 commutent, la relation suivante

$$\begin{aligned}&\frac{\partial^2}{\partial t_1\partial t_2}(F(\xi)-F(\zeta))|_{t_1=t_2=0}\\&\qquad=\frac{\partial^2}{\partial t_1\partial t_2}\left(F\left(g_{t_1}^{X_1}\circ g_{t_2}^{X_2}(x)\right)-F\left(g_{t_2}^{X_2}\circ g_{t_1}^{X_1}(x)\right)\right)\Big|_{t_1=t_2=0},\\&\qquad=\frac{\partial^2}{\partial t_1\partial t_2}\left(L_{X_2}L_{X_1}-L_{X_1}L_{X_2}\right)F(x),\\&\qquad=0.\end{aligned}$$

Par conséquent

$$F\left(g_{t_1}^{X_1} \circ g_{t_2}^{X_2}(x)\right) - F\left(g_{t_2}^{X_2} \circ g_{t_1}^{X_1}(x)\right) = o\left(t_1^3, t_2^3, t_1^2 t_2, t_1 t_2^2\right).$$

Considérons tout d'abord des temps t_1 et t_2 de l'ordre de ε. On a un écart entre les deux nouveaux points de Ω, suivant que l'on applique le champ X_1 avant X_2, ou l'inverse, de l'ordre de ε^3,

$$F\left(g_{t_1}^{X_1} \circ g_{t_2}^{X_2}(x)\right) - F\left(g_{t_2}^{X_2} \circ g_{t_1}^{X_1}(x)\right) = o\left(\varepsilon^3\right).$$

Maintenant, si t_1 et t_2 sont des temps fixés quelconques, quadrillons l'espace entre les deux chemins par des carrés de côté ε. Chaque carré représente le petit espace parcouru pendant un petit temps ε, soit suivant le champ X_1, soit suivant le champ X_2. On a trouvé que lorsque l'espace entre deux chemins diffère d'un carré on obtient une différence de ε^3. En modifiant par étapes successives le chemin parcouru d'un carré, on obtient

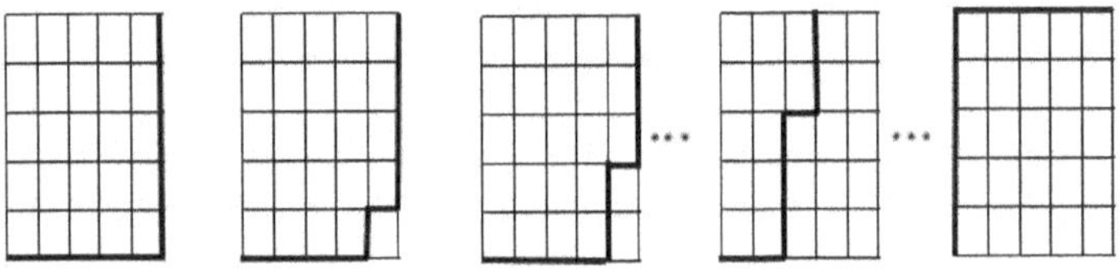

$$F\left(g_{t_1}^{X_1} \circ g_{t_2}^{X_2}(x)\right) - F\left(g_{t_2}^{X_2} \circ g_{t_1}^{X_1}(x)\right) \leq \frac{t_1 t_2}{\varepsilon^2} o\left(\varepsilon^3\right),$$

par le fait qu'on a $\frac{t_1}{\varepsilon} \times \frac{t_2}{\varepsilon}$ étapes intermédiaires. Ceci est valable pour tout ε, il suffit de prendre ε suffisament petit, tendant vers zéro, pour que

$$\frac{t_1 t_2}{\varepsilon^2} o\left(\varepsilon^3\right) = t_1 t_2 o\left(\varepsilon\right) \underset{\varepsilon \to 0}{\longrightarrow} 0,$$

ce qui achève la preuve du théorème. □

D'après ce qui précède, l'opérateur $L_{X_2} L_{X_1} - L_{X_1} L_{X_2}$ est un opérateur différentiel linéaire du premier ordre. Or tout opérateur différentiel linéaire du premier ordre est défini par un champ de vecteurs, donc cet opérateur correspond à un champ de vecteurs que l'on note X_3.

> *La mathématique est une fleur délicate. On ne la cultive pas avec hargne ou acharnement, mais avec une ouverture d'esprit.*
>
> Pierre van MOERBEKE

Chapitre 4

Équations aux dérivées partielles

4.1 Équations aux dérivées partielles du 1er ordre

Définition 4.1.1 *Une équation dans laquelle figure une fonction f de plusieurs variables indépendantes $x_1, ..., x_n$ et des dérivées partielles du 1er ordre de f par rapport à ces variables, c'est-à-dire une équation de la forme*

$$F\left(x_1, ..., x_n, f, \frac{\partial f}{\partial x_1}, ..., \frac{\partial f}{\partial x_n}\right) = 0,$$

est dite une équation aux dérivées partielles (en abrégé : EDP) du 1er ordre. Toute fonction $f(x_1, ..., x_n)$ qui satisfait identiquement à cette équation est une solution de celle-ci.

Dans la suite, on utilisera souvent à la place de f les notations u ou z.

Dans le cas de deux variables x, y, on a

$$F\left(x, y, f, \frac{\partial f}{\partial x}, \frac{\partial f}{\partial y}\right) = 0.$$

Exemple 4.1.2

$$\frac{\partial f}{\partial x} = 0 \Longleftrightarrow f(x, y) = \varphi(y).$$

Exemple 4.1.3

$$\frac{\partial f}{\partial y} = 0 \Longleftrightarrow f(x, y) = \varphi(x).$$

Exemple 4.1.4

$$\frac{\partial f}{\partial x} = g(x).$$

Si g est intégrable et G est l'une de ses primitives, alors $\frac{\partial}{\partial x}(f(x,y)-G(x)) = 0$, d'où $f(x,y) = G(x) + \varphi(y)$.

Remarque 4.1.5 *La solution générale d'une équation aux dérivées partielles du 1er ordre dépend d'une fonction arbitraire.*

Soit le système différentiel

$$\begin{aligned} \frac{dy_1}{dx} &= \varphi_1(x, y_1, y_2, ..., y_n), \\ &\vdots \\ \frac{dy_n}{dx} &= \varphi_n(x, y_1, y_2, ..., y_n), \end{aligned}$$

de solution générale

$$y_1 = f_1(x, c_1, c_2, ..., c_n), ..., y_n = f_n(x, c_1, c_2, ..., c_n).$$

Si ces équations peuvent être résolues par rapport à $c_1, c_2, ..., c_n$, on peut écrire

$$\begin{aligned} \Phi_1(x, y_1, y_2, ..., y_n) &= c_1, \\ &\vdots \\ \Phi_n(x, y_1, y_2, ..., y_n) &= c_n. \end{aligned}$$

Définition 4.1.6 *Les fonctions $\Phi_1, ..., \Phi_n$, constantes si l'on remplace $y_1, ..., y_n$, par les solutions du système sont dites intégrales premières du système. En général, on appelle intégrale première d'un système différentiel toute fonction de $x, y_1, ..., y_n$ qui se réduit à une constante si l'on remplace $y_1, ..., y_n$ par une solution du système. Si Φ est une telle intégrale première, on a donc*

$$\Phi(x, \varphi_1(x), ..., \varphi_n(x)) = \textit{constante}.$$

Exercice 4.1.1 *Déterminer deux intégrales premières du système*

$$\frac{dy_1}{dx} = y_3 - y_2, \qquad \frac{dy_2}{dx} = y_1 - y_3, \qquad \frac{dy_3}{dx} = y_2 - y_1.$$

<u>Solution</u> : On a $\frac{d}{dx}(y_1+y_2+y_3) = 0$, donc $y_1+y_2+y_3 =$ constante. La fonction $\Phi_1 = y_1 + y_2 + y_3$, est une intégrale première du système. Notons que

$$y_1\frac{dy_1}{dx} + y_2\frac{dy_2}{dx} + y_3\frac{dy_3}{dx} = 0,$$

ce qui montre que $\Phi_2 = y_1^2 + y_2^2 + y_3^2$ est une autre intégrale première du système.

Définition 4.1.7 *Si le système différentiel*

$$\begin{aligned}\frac{dy_1}{dx} &= \varphi_1(x, y_1, y_2, ..., y_n),\\ &\vdots\\ \frac{dy_n}{dx} &= \varphi_n(x, y_1, y_2, ..., y_n),\end{aligned}$$

admet n intégrales premières indépendantes, alors la solution générale est définie implicitement en égalant ces intégrales premières à n constantes arbitraires.

Soit le système différentiel

$$\begin{aligned}\frac{dy}{dx} &= f_1(x, y, z),\\ \frac{dz}{dx} &= f_2(x, y, z).\end{aligned}$$

La condition nécessaire et suffisante pour que la fonction Φ soit une intégrale première de ce système est

$$\Phi(x, y(x), z(x)) = \text{constante},$$

donc

$$\frac{\partial \Phi}{\partial x} + \frac{\partial \Phi}{\partial y} \cdot \frac{dy}{dx} + \frac{\partial \Phi}{\partial z} \cdot \frac{dz}{dx} = 0,$$

ou encore

$$\frac{\partial \Phi}{\partial x} + \frac{\partial \Phi}{\partial y} . f_1(x, y, z) + \frac{\partial \Phi}{\partial z} . f_2(x, y, z) = 0,$$

c'est l'équation aux dérivées partielles associée au système différentiel. Par conséquent, on a

Proposition 4.1.8 *Une fonction $\Phi(x, y, z)$ est une intégrale première d'un système différentiel si et seulement si elle est solution de l'équation aux dérivées partielles associée.*

Définition 4.1.9 *Soit f une fonction de deux variables. Une équation aux dérivées partielles linéaire du 1er ordre est une relation de la forme*

$$P(x, y, z)\frac{\partial f}{\partial x} + Q(x, y, z)\frac{\partial f}{\partial y} = R(x, y, z),$$

où P, Q, R sont des fonctions de x, y, z définies sur un ouvert de $\mathbb{R}^3$.

Soit $z = f(x, y)$ une solution de l'équation précédente. Posons

$$\Phi(x, y, z) = f(x, y) - z.$$

On a

$$\frac{\partial \Phi}{\partial x} = \frac{\partial f}{\partial x}, \qquad \frac{\partial \Phi}{\partial y} = \frac{\partial f}{\partial y}, \qquad \frac{\partial \Phi}{\partial z} = -1.$$

L'équation précédente s'écrit

$$P(x, y, z)\frac{\partial \Phi}{\partial x} + Q(x, y, z)\frac{\partial \Phi}{\partial y} + R(x, y, z)\frac{\partial \Phi}{\partial z} = 0,$$

d'où

$$\frac{\partial \Phi}{\partial x} + \frac{Q(x, y, z)}{P(x, y, z)}\frac{\partial \Phi}{\partial y} + \frac{R(x, y, z)}{P(x, y, z)}\frac{\partial \Phi}{\partial z} = 0.$$

Cette équation aux dérivées partielles peut être considérée d'après ce qui précède, comme associée au système différentiel

$$\begin{aligned} \frac{dy}{dx} &= \frac{Q(x, y, z)}{P(x, y, z)}, \\ \frac{dz}{dx} &= \frac{R(x, y, z)}{P(x, y, z)}, \end{aligned}$$

ou sous forme plus symétrique

$$\frac{dx}{P(x, y, z)} = \frac{dy}{Q(x, y, z)} = \frac{dz}{R(x, y, z)}.$$

Ce système est appelé système caractéristique de l'équation aux dérivées partielles. Dès lors, on a

Proposition 4.1.10 *Les solutions de l'équation aux dérivées partielles :*

$$P(x, y, z)\frac{\partial f}{\partial x} + Q(x, y, z)\frac{\partial f}{\partial y} = R(x, y, z),$$

sont définies par

$$\Phi(x, y, z) = 0,$$

où Φ représente l'intégrale première la plus générale du système caractéristique :

$$\frac{dx}{P(x, y, z)} = \frac{dy}{Q(x, y, z)} = \frac{dz}{R(x, y, z)}.$$

Remarque 4.1.11 *Comme Φ s'exprime au moyen de deux intégrales premières indépendantes Φ_1 et Φ_2, donc l'intégration de l'équation aux dérivées partielles se trouve ramenée à la recherche de deux intégrales premières de son système caractéristique.*

Exercice 4.1.2 *Soit $z = f(x, y)$. Intégrer l'équation aux dérivées partielles*

$$x\frac{\partial f}{\partial x} + y\frac{\partial f}{\partial y} = z.$$

Solution : Le système caractéristique est

$$\frac{dx}{x} = \frac{dy}{y} = \frac{dz}{z}.$$

On a

$$\frac{dx}{x} = \frac{dy}{y} \Longrightarrow y = C_1 x, \quad C_1 \in \mathbb{R}$$

et

$$\frac{dx}{x} = \frac{dz}{z} \Longrightarrow z = C_2 x, \quad C_2 \in \mathbb{R}$$

Donc

$$\Phi_1(x, y) = \frac{y}{x}, \qquad \Phi_2(x, y) = \frac{z}{x},$$

sont deux intégrales premières indépendantes. La solution générale de l'équation en question est

$$\Phi\left(\frac{y}{x}, \frac{z}{x}\right) = 0,$$

ou

$$z = x\varphi\left(\frac{y}{x}\right),$$

où φ est une fonction arbitraire.

Exercice 4.1.3 *Trouver l'intégrale générale de l'équation*

$$y\frac{\partial f}{\partial x} - x\frac{\partial f}{\partial y} = 0.$$

Solution : Le système caractéristique est

$$\frac{dx}{y} = -\frac{dy}{x} = \frac{dz}{0}.$$

On a

$$\frac{dx}{y} = -\frac{dy}{x} \Longrightarrow xdx + ydy = 0 \Longrightarrow x^2 + y^2 = C_1,$$

et

$$dz = 0 \Longrightarrow z = C_2$$

Donc l'intégrale générale est de la forme

$$\Phi(x^2 + y^2, z) = 0,$$

d'où

$$z = \varphi(x^2 + y^2),$$

où φ est une fonction arbitraire.

Exercice 4.1.4 *Soit $z = f(x, y)$. Déterminer la solution générale de l'équation*

$$y\frac{\partial f}{\partial x} + x\frac{\partial f}{\partial y} = z.$$

Solution : On a le système caractéristique

$$\frac{dx}{y} = \frac{dy}{x} = \frac{dz}{z},$$

qui fournit les deux intégrales premières indépendantes

$$x^2 - y^2 = C_1, \qquad \frac{z}{x+y} = C_2.$$

La solution générale est donc

$$z = (x+y)\varphi(x^2 - y^2),$$

où φ est une fonction arbitraire.

Exercice 4.1.5 *Intégrer*

$$(x^2 + y^2)\frac{\partial f}{\partial x} + 2xy\frac{\partial f}{\partial y} = 0.$$

Solution : Le système caractéristique est

$$\frac{dx}{x^2 + y^2} = \frac{dy}{2xy} = \frac{dz}{0}.$$

On a

$$\frac{dx}{x^2 + y^2} = \frac{dy}{2xy} \Longrightarrow \frac{dx + dy}{x^2 + y^2 + 2xy} = \frac{dx - dy}{x^2 + y^2 - 2xy} \Longrightarrow \frac{d(x+y)}{(x+y)^2} = \frac{d(x-y)}{(x-y)^2},$$

d'où,

$$-\frac{1}{x+y} = -\frac{1}{x-y} + \text{constante},$$

ou

$$\frac{y}{x^2-y^2} = C_1.$$

On a aussi

$$dz = 0 \Longrightarrow z = C_2$$

Par conséquent, la solution générale s'écrit

$$\Phi\left(\frac{y}{x^2-y^2}, z\right) = 0,$$

d'où

$$z = \varphi\left(\frac{y}{x^2-y^2}\right),$$

où φ est une fonction arbitraire.

Exercice 4.1.6 *Déterminer la solution générale $u = f(x, y, z)$ de l'équation*

$$yz\frac{\partial f}{\partial x} + xz\frac{\partial f}{\partial y} - xy\frac{\partial f}{\partial z} = 0.$$

<u>*Solution*</u> : Le système caractéristique associé est

$$\frac{dx}{yz} = \frac{dy}{xz} = \frac{dz}{-xy}.$$

On en déduit les deux intégrales premières

$$x^2 - y^2 = C_1, \qquad y^2 + z^2 = C_2,$$

d'où

$$u = \Phi(x^2 - y^2, y^2 + z^2).$$

Exercice 4.1.7 *Soit $z = f(x, y)$. Déterminer la surface vérifiant l'équation*

$$yz\frac{\partial z}{\partial x} + xz\frac{\partial z}{\partial y} = -2xy,$$

et passant par la circonférence : $x^2 + y^2 = 16$, $z = 3$.

Solution : Le système caractéristique est

$$\frac{dx}{yz} = \frac{dy}{xz} = \frac{dz}{-2xy}.$$

On a

$$\frac{dx}{yz} = \frac{dy}{xz} \Longrightarrow \frac{dx}{y} = \frac{dy}{x} \Longrightarrow x^2 - y^2 = C_1,$$

et

$$\frac{dx}{yz} = -\frac{dy}{2xy} \Longrightarrow \frac{dx}{z} = -\frac{dy}{2x} \Longrightarrow x^2 + \frac{z^2}{2} = C_2$$

La solution générale s'écrit donc

$$\Phi\left(x^2 - y^2, x^2 + \frac{z^2}{2}\right) = 0,$$

d'où

$$x^2 + \frac{z^2}{2} = \varphi(x^2 - y^2), \tag{4.1.1}$$

où φ est une fonction arbitraire. Comme $x^2 = 16-y^2$ et $z = 3$, alors l'expression (4.1.1) devient $41-2y^2 = 2\varphi(16-2y^2)$. Posons $u = 16-2y^2$, d'où $\frac{25+u}{2} = \varphi(u)$. D'après (4.1.1) et cette équation, on a

$$\varphi(x^2 - y^2) = \frac{25 + x^2 - y^2}{2} = x^2 + \frac{z^2}{2},$$

d'où,

$$x^2 + y^2 + z^2 = 25.$$

Par conséquent, la surface cherchée est une sphère de centre 0 et de rayon 5. (Une autre méthode pour obtenir la surface cherchée est la suivante : comme $x^2 = 16 - y^2$ et $z = 3$, alors

$$\begin{cases} x^2 - y^2 = C_1 \\ x^2 + \frac{z^2}{2} = C_2 \end{cases} \Longrightarrow \begin{cases} 16 - 2y^2 = C_1 \\ \frac{41}{2} - y^2 = C_2 \end{cases} \Longrightarrow 2C_2 - C_1 = 25$$

et il suffit de remplacer C_1 et C_2 par leurs expressions pour obtenir la surface cherchée).

Exercice 4.1.8 *Déterminer la surface générale de l'équation*

$$xz\frac{\partial z}{\partial x} + yz\frac{\partial z}{\partial y} = -xy,$$

et la surface intégrale passant par la courbe : $y = x^2$, $z = x^3$.

Solution : Le système caractéristique est

$$\frac{dx}{xz} = \frac{dy}{yz} = \frac{dz}{-xy}.$$

On a

$$\frac{dx}{xz} = \frac{dy}{yz} \Longrightarrow \frac{dx}{x} = \frac{dy}{y} \Longrightarrow x = C_1 y,$$

et

$$\frac{dx}{xz} = \frac{dy}{yz} = \frac{dz}{-xy} \Longrightarrow \frac{ydx + xdy}{yxz + xyz} = -\frac{dz}{xy} \Longrightarrow \frac{d(xy)}{2xyz} = -\frac{dz}{xy},$$

d'où, $d(xy) = -2zdz$ et par conséquent, $xy + z^2 = C_2$. (Une autre méthode pour obtenir cette seconde intégrale première : comme $x = C_1 y$, alors

$$\frac{dy}{yz} = \frac{dz}{-xy} \Longrightarrow \frac{dy}{yz} = -\frac{dz}{-C_1 y^2} \Longrightarrow C_1 ydy + zdz = 0 \Longrightarrow C_1 y^2 + z^2 = C_2.$$

Or $C_1 = \frac{x}{y}$, donc $xy + z^2 = C_2$). La solution générale de l'équation en question est

$$\Phi\left(\frac{x}{y}, xy + z^2\right) = 0,$$

d'où

$$xy + z^2 = \varphi\left(\frac{x}{y}\right),$$

où φ est une fonction arbitraire. Déterminons maintenant la surface intégrale passant par la courbe définie par $y = x^2$, $z = x^3$. On a

$$\begin{cases} x = C_1 y \\ xy + z^2 = C_2 \end{cases} \Longrightarrow \begin{cases} x = C_1 x^2 \\ x^3 + x^6 = C_2 \end{cases} \Longrightarrow \frac{1}{C_1^3} + \frac{1}{C_1^6} = C_2$$

et il suffit de remplacer $C_1 = \frac{x}{y}$, $C_2 = xy + z^2$ dans cette expression pour obtenir la surface cherchée. On trouve l'équation :

$$\left(\frac{y}{x}\right)^3 + \left(\frac{y}{x}\right)^6 = xy + z^2.$$

Exercice 4.1.9 *Déterminer la surface vérifiant l'équation*

$$\frac{1}{x}\frac{\partial z}{\partial x} + \frac{1}{y}\frac{\partial z}{\partial y} = 4,$$

et passant par la parabole : $y^2 = z$, $x = 0$.

Solution : Le système caractéristique est

$$xdx = ydy = \frac{dz}{4}.$$

On a

$$xdx = ydy \Longrightarrow x^2 - y^2 = C_1,$$
$$xdx = \frac{dz}{4} \Longrightarrow x^2 - \frac{z}{2} = C_2.$$

Par conséquent, la solution générale s'écrit

$$\Phi\left(x^2 - y^2, x^2 - \frac{z}{2}\right) = 0,$$

d'où

$$x^2 - \frac{z}{2} = \varphi(x^2 - y^2),$$

où φ est une fonction arbitraire. Comme $y^2 = z$ et $x = 0$, alors

$$\left\{\begin{array}{l} x^2 - y^2 = C_1 \\ x^2 - \frac{z}{2} = C_2 \end{array}\right. \Longrightarrow \left\{\begin{array}{l} -z = C_1 x^2 \\ -\frac{z}{2} = C_2 \end{array}\right. \Longrightarrow \frac{C_1}{2} = C_2.$$

En remplaçant C_1 et C_2 par leurs expressions, on obtient l'équation : $z = x^2 + y^2$ (paraboloïde de révolution).

Exercice 4.1.10 *Résoudre l'équation aux dérivées partielles*

$$x\frac{\partial f}{\partial x} - y\frac{\partial f}{\partial y} = xy^2,$$

sur l'ouvert $\Omega =]0, +\infty[\times] - \infty, +\infty[\subset \mathbb{R}^2$, *en utilisant le changement de variable :* $u = x$, $v = xy$.

Solution : Soit $\varphi(u, v) = (x, y) \Longleftrightarrow \varphi^{-1}(x, y) = (u, v)$ où

$$(u = x, v = xy) \Longleftrightarrow \left(x = u, y = \frac{v}{u}\right).$$

Notons que (u, v) admet un seul antécédent par l'application φ sur Ω et φ est un $\mathcal{C}^1$-difféomorphisme sur Ω. Posons $g(u, v) = f\left(u, \frac{v}{u}\right) = f(x, y)$ et déterminons l'équation aux dérivées partielles que vérifie $g(u, v)$. On a

$$\frac{\partial f}{\partial x} = \frac{\partial g}{\partial u}\frac{\partial u}{\partial x} + \frac{\partial g}{\partial v}\frac{\partial v}{\partial x} = \frac{\partial g}{\partial u} + y\frac{\partial g}{\partial v},$$

et

$$\frac{\partial f}{\partial y} = \frac{\partial g}{\partial u}\frac{\partial u}{\partial y} + \frac{\partial g}{\partial v}\frac{\partial v}{\partial y} = x\frac{\partial g}{\partial v}.$$

En remplaçant ces expressions dans l'équation en question, on obtient

$$x\frac{\partial f}{\partial x} - y\frac{\partial f}{\partial y} = x\left(\frac{\partial g}{\partial u} + y\frac{\partial g}{\partial v}\right) - y\left(x\frac{\partial g}{\partial v}\right) = x\frac{\partial g}{\partial u} = xy^2,$$

d'où

$$\frac{\partial g}{\partial u} = y^2 \Longrightarrow \frac{\partial g}{\partial u} = \frac{v^2}{u^2} \Longrightarrow g(u,v) = -\frac{v^2}{u} + \varphi(v),$$

où $\varphi : \mathbb{R} \longrightarrow \mathbb{R}$ est une fonction arbitraire de classe $\mathcal{C}^1$. Dès lors, la solution de l'équation proposée est

$$f(x,y) = -xy^2 + \varphi(xy).$$

Exercice 4.1.11 *Résoudre l'équation aux dérivées partielles*

$$x\frac{\partial f}{\partial y} - y\frac{\partial f}{\partial x} = x,$$

à l'aide des coordonnées polaires.

Solution : L'application

$$]0,+\infty[\times]-\pi,\pi[\longrightarrow \mathbb{R}^2\backslash\{(x,0) : x \leq 0\}, \quad (r,\theta) \longmapsto (x = r\cos\theta, y = r\sin\theta),$$

est un $\mathcal{C}^1$-difféomorphisme. Le difféomorphisme réciproque est de la forme : $(x,y) \longmapsto (r = \sqrt{x^2+y^2}, \theta = \arctan\frac{y}{x})$. Posons

$$g(r,\theta) = f(r\cos\theta, r\sin\theta) = f(x,y).$$

On a

$$\frac{\partial f}{\partial x} = \frac{\partial g}{\partial r}\frac{\partial r}{\partial x} + \frac{\partial g}{\partial \theta}\frac{\partial \theta}{\partial x} = \frac{x}{\sqrt{x^2+y^2}}\frac{\partial g}{\partial r} - \frac{y}{x^2+y^2}\frac{\partial g}{\partial \theta},$$

et

$$\frac{\partial f}{\partial y} = \frac{\partial g}{\partial r}\frac{\partial r}{\partial y} + \frac{\partial g}{\partial \theta}\frac{\partial \theta}{\partial y} = \frac{y}{\sqrt{x^2+y^2}}\frac{\partial g}{\partial r} + \frac{x}{x^2+y^2}\frac{\partial g}{\partial \theta}.$$

En reportant ces expressions dans l'équation en question, on obtient

$$\frac{\partial g}{\partial \theta} = r\cos\theta \Longrightarrow g(r,\theta) = r\sin\theta + \varphi(r),$$

où $\varphi : \mathbb{R} \longrightarrow \mathbb{R}$, est une fonction de classe $\mathcal{C}^1$. Par conséquent, la solution de l'équation en question est

$$f(x,y) = y + \varphi(\sqrt{x^2+y^2}).$$

Exercice 4.1.12 *On se propose dans cet exercice de déterminer les surfaces telles que si A est la projection sur le plan $x0y$ d'un point p appartenant à l'une d'elles et B l'intersection de la normale en p avec $x0y$, alors l'aire du triangle OAB reste constante.*

<u>Solution</u> : Rappelons que le équations de la normale passant par le point $p(x,y,z)$ sont

$$\frac{X-x}{\frac{\partial z}{\partial x}}=\frac{Y-y}{\frac{\partial z}{\partial y}}=\frac{Z-z}{-1},$$

de sorte que les coordonnées de B sont

$$X_1=x+z\frac{\partial z}{\partial x},\qquad Y_1=y+z\frac{\partial z}{\partial y},\qquad Z_1=0.$$

Dès lors, on doit satisfaire à la condition suivante :

$$\begin{vmatrix} x & y \\ X_1 & Y_1 \end{vmatrix}=\left(x\frac{\partial z}{\partial y}-y\frac{\partial z}{\partial x}\right)z=C.$$

Le système caractéristique est

$$\frac{-dx}{yz}=\frac{dy}{xz}=\frac{dz}{C}.$$

Notons que : $x^2+y^2=C_1$ est une intégrale première. Pour déterminer une seconde intégrale première, on procède comme suit

$$\frac{z}{C}dz=\frac{xdy-ydx}{x^2+y^2}=\frac{x^2}{x^2+y^2}d\left(\frac{y}{x}\right)=\frac{d\left(\frac{y}{x}\right)}{1+\left(\frac{y}{x}\right)^2}=d\left(\arctan\frac{y}{x}\right).$$

Par conséquent, l'équation générale des surfaces en coordonnées cylindriques : (r,θ,z), $r=\sqrt{x^2+y^2}$, $\theta=\arctan\frac{y}{x}$, est

$$\frac{1}{2C}z^2=\theta+\varphi(r).$$

Exercice 4.1.13 *Soit $z=f(x,y)$. Déterminer la solution générale de l'équation*

$$xy\left(\frac{\partial f}{\partial x}-\frac{\partial f}{\partial y}\right)=(x-y)z.$$

<u>*Réponse*</u> : La solution générale est $z=\frac{\varphi(x+y)}{xy}$, où φ est une fonction arbitraire.

Exercice 4.1.14 *Même question pour l'équation*

$$x\frac{\partial f}{\partial x} - y\frac{\partial f}{\partial y} = -\frac{z^2}{x}.$$

Réponse : La solution générale est $z = \frac{x\varphi(xy)}{x+\varphi(xy)}$, où φ est une fonction arbitraire.

Exercice 4.1.15 *Déterminer la surface intégrale de l'équation*

$$x\frac{\partial z}{\partial x} + y\frac{\partial z}{\partial y} = z^2 + 1,$$

passant par l'hélice circulaire : $x = \cos t$, $y = \sin t$, $z = t$.

Réponse : L'équation la surface intégrale dans un système de coordonnées cylindriques : (r, θ, z), $r = \sqrt{x^2 + y^2}$, $\theta = \arctan\frac{y}{x} = t$, est $z = \frac{\theta + \tan(\ln r)}{1 - \theta\tan(\ln r)}$.

Exercice 4.1.16 *Déterminer la surface intégrale de l'équation*

$$y\frac{\partial z}{\partial x} + x\frac{\partial z}{\partial y} = (x + y)z^2,$$

passant par la courbe : $x = t$, $y = -t^2$, $z = t^3$.

Réponse : Les équations paramétriques de la surface intégrale passant par la courbe en question sont :

$$x = \frac{t}{2}((1-t)e^s + (1+t)e^{-s}), \qquad y = \frac{t}{2}((1-t)e^s - (1+t)e^{-s}),$$

$$z = \frac{t^3}{1 + (t^4 - t^5)(1 - e^s)}.$$

Exercice 4.1.17 *Déterminer la solution de l'équation*

$$xy^2\frac{\partial z}{\partial x} + x^2y\frac{\partial z}{\partial y} = (x^2 + y^2)z,$$

passant par la droite : $x = 2y$, $z = 1$.

Réponse : On obtient la solution $z = \frac{3xy}{2(x^2 - y^2)}$.

On utilise les mêmes méthodes pour étudier une équation de la forme

$$a_1\frac{\partial z}{\partial x_1} + \cdots + a_n\frac{\partial z}{\partial x_n} = b,$$

où $a_1, ..., a_n, b$ sont fonctions de $x_1, ..., x_n, z$. Le système caractéristique est

$$\frac{dx_1}{a_1} = \cdots = \frac{dx_n}{a_n} = \frac{dz}{b}.$$

On détermine n intégrales premières indépendantes :

$$\varphi_1(x_1, ..., x_n, z) = c_1, ..., \varphi_n(x_1, ..., x_n, z) = c_n,$$

et la solution générale de l'équation ci-dessus s'écrit sous la forme

$$\Phi(\varphi_1, ..., \varphi_n) = 0,$$

où Φ est une fonction dérivable arbitraire.

4.2 Équations aux dérivées partielles du $2^{\text{ème}}$ ordre

Définition 4.2.1 *Soit f une fonction de deux variables x et y. On appelle équation aux dérivées partielles du $2^{\text{ème}}$ ordre, une relation de la forme*

$$F\left(x, y, f, \frac{\partial f}{\partial x}, \frac{\partial f}{\partial y}, \frac{\partial^2 f}{\partial x^2}, \frac{\partial^2 f}{\partial x \partial y}, \frac{\partial^2 f}{\partial y^2}\right) = 0,$$

faisant intervenir f et ses dérivées partielles jusqu'à l'ordre 2.

Exemple 4.2.2

$$\frac{\partial^2 f}{\partial x^2} = 0 \Longrightarrow \frac{\partial}{\partial x}\left(\frac{\partial f}{\partial x}\right) \Longrightarrow \frac{\partial f}{\partial x} = g(y),$$

d'où

$$f(x, y) = xg(y) + h(y),$$

où g et h sont des fonctions arbitraires.

Exemple 4.2.3

$$\frac{\partial^2 f}{\partial x \partial y} = 0 \Longrightarrow \frac{\partial}{\partial y}\left(\frac{\partial f}{\partial x}\right) \Longrightarrow \frac{\partial f}{\partial x} = \varphi(x),$$

d'où

$$f(x, y) = \Phi(x) + \Psi(y),$$

où Φ et Ψ sont des fonctions arbitraires.

Remarque 4.2.4 *La solution d'une équation aux dérivées partielles du $2^{\text{ème}}$ ordre dépend de deux fonctions arbitraires.*

Considérons une équation aux dérivées partielles du second ordre de la forme

$$a(x,y)\frac{\partial^2 z}{\partial x^2}+2b(x,y)\frac{\partial^2 z}{\partial x\partial y}+c(x,y)\frac{\partial^2 z}{\partial y^2}=F\left(x,y,z,\frac{\partial z}{\partial x},\frac{\partial z}{\partial y}\right),\qquad(4.2.1)$$

où $z=f(x,y)$ est la fonction inconnue et a, b, c, F sont des fonctions données dans un domaine $D\subset\mathbb{R}^2$. On cherche une solution z de l'équation ci-dessus en supposant que la valeur de z sur une courbe γ ainsi que celle de ses dérivées $\frac{\partial z}{\partial x}$, $\frac{\partial z}{\partial y}$ sont connues. Autrement dit, (*problème de Cauchy*) on cherche une solution z de cette équation connaissant z et la dérivée normale $\frac{\partial z}{\partial n}$ sur la courbe γ (c-à-d., le produit scalaire du gradient de z par le vecteur normal unitaire).

Définition 4.2.5 *Une caractéristique (Monge) pour l'équation ci-dessus est une courbe dans D satisfaisant à l'équation différentielle :*

$$a\left(\frac{\partial y}{\partial x}\right)^2-2b\left(\frac{\partial y}{\partial x}\right)+c=0.\qquad(4.2.2)$$

L'équation (4.2.1) est dite du type :

(i) *hyperbolique* dans D si en tout point de D, $b^2-ac>0$. Dans ce cas, on peut résoudre l'équation (4.2.2) localement ce qui montre que par tout point passent deux caractéristiques réelles. On montre que la transformation

$$\begin{aligned}\xi&=\frac{-b+\sqrt{b^2-ac}}{a}x+y,\\ \eta&=\frac{-b-\sqrt{b^2-ac}}{a}x+y,\end{aligned}$$

où $a\neq 0$, ramène l'équation (4.2.1) à une équation du type

$$\frac{\partial^2 z}{\partial\xi\partial\eta}=F\left(\xi,\eta,z,\frac{\partial z}{\partial\xi},\frac{\partial z}{\partial\eta}\right),$$

et s'appelle forme canonique de type hyperbolique.

Exemple 4.2.6 *L'équation des cordes vibrantes :*

$$\frac{\partial^2 z}{\partial x^2}=k^2\frac{\partial^2 z}{\partial t^2},$$

où $z(x,t)$ est le déplacement du point d'abcisse x à l'instant t. C'est une équation hyperbolique ($a=1$, $b=0$, $c=-k^2$). Elle se généralise à trois dimensions spaciales en l'équation des ondes :

$$\frac{\partial^2 u}{\partial x^2}+\frac{\partial^2 u}{\partial y^2}+\frac{\partial^2 u}{\partial z^2}=k^2\frac{\partial^2 u}{\partial t^2},$$

(ii) *parabolique* si $b^2 - ac = 0$. Dans ce cas, les deux caractéristiques sont confondues. Supposons que $a \neq 0$ et posons

$$\begin{aligned}\xi &= \frac{b}{a}x + y,\\ \eta &= -\frac{b}{a}x + y.\end{aligned}$$

L'équation (4.2.1) s'écrit

$$\frac{\partial^2 z}{\partial \xi^2} = F\left(\xi, \eta, z, \frac{\partial z}{\partial \xi}, \frac{\partial z}{\partial \eta}\right),$$

et s'appelle forme canonique de type parabolique.

Exemple 4.2.7 *L'équation de la chaleur :*

$$\frac{\partial z}{\partial t} = \alpha \frac{\partial^2 z}{\partial x^2},$$

où t est le temps, z est la température d'un corps et α une constante. C'est une équation parabolique ($a = \alpha^2$, $b = c = 0$).

(iii) *elliptique* si $b^2 - ac < 0$. Dans ce cas, les caractéristiques sont imaginaires. Si $a \neq 0$, la transformation

$$\begin{aligned}\xi &= -\frac{b}{a}x + y,\\ \eta &= \frac{\sqrt{ac - b^2}}{a}x.\end{aligned}$$

permet d'écrire l'équation (4.2.1) sous la forme

$$\frac{\partial^2 z}{\partial \xi^2} + \frac{\partial^2 z}{\partial \eta^2} = F\left(\xi, \eta, z, \frac{\partial z}{\partial \xi}, \frac{\partial z}{\partial \eta}\right),$$

et s'appelle forme canonique de type elliptique.

Exemple 4.2.8 *L'équation des fonctions harmoniques (ou équation de Laplace à deux variables) :*

$$\frac{\partial^2 z}{\partial x^2} + \frac{\partial^2 z}{\partial y^2} = 0,$$

est elliptique ($a = c = 1$, $b = 0$). En dimension trois, l'équation de Laplace (ou équation du potentiel) s'écrit

$$\frac{\partial^2 u}{\partial x^2} + \frac{\partial^2 u}{\partial y^2} + \frac{\partial^2 u}{\partial z^2} = 0.$$

Exercice 4.2.1 *Montrer que toute solution de classe $\mathcal{C}^2$ de l'équation des cordes vibrantes :*

$$\frac{\partial^2 z}{\partial t^2} = \frac{\partial^2 z}{\partial x^2},$$

est de la forme

$$z = g(x-t) + h(x+t),$$

où g et h sont des fonctions quelconques de classe $\mathcal{C}^2$.

Solution : Les caractéristiques sont les solutions de l'équation :

$$\left(\frac{dx}{dt}\right)^2 - 1 = 0,$$

d'où,

$$x = t + C_1, \qquad x = -t + C_2, \quad (C_1, C_2 \in \mathbb{R})$$

Posons $\xi = x - t$, $\eta = x + t$. On a

$$\begin{aligned} \frac{\partial z}{\partial t} &= \frac{\partial z}{\partial \xi}\frac{\partial \xi}{\partial t} + \frac{\partial z}{\partial \eta}\frac{\partial \eta}{\partial t} = -\frac{\partial z}{\partial \xi} + \frac{\partial z}{\partial \eta}, \\ \frac{\partial z}{\partial x} &= \frac{\partial z}{\partial \xi}\frac{\partial \xi}{\partial x} + \frac{\partial z}{\partial \eta}\frac{\partial \eta}{\partial x} = \frac{\partial z}{\partial \xi} + \frac{\partial z}{\partial \eta}. \end{aligned}$$

En raisonnant de même, on obtient

$$\frac{\partial^2 z}{\partial t^2} = \frac{\partial}{\partial t}\left(-\frac{\partial z}{\partial \xi} + \frac{\partial z}{\partial \eta}\right) = \frac{\partial^2 z}{\partial \xi^2} + \frac{\partial^2 z}{\partial \eta^2} - 2\frac{\partial^2 z}{\partial \xi \partial \eta},$$

où on a utilisé le fait que $\frac{\partial^2 z}{\partial \xi \partial \eta} = \frac{\partial^2 z}{\partial \eta \partial \xi}$ car par hypothèse $z \in \mathcal{C}^2$ (Schwarz). De même, on a

$$\frac{\partial^2 z}{\partial x^2} = \frac{\partial}{\partial x}\left(\frac{\partial z}{\partial \xi} + \frac{\partial z}{\partial \eta}\right) = \frac{\partial^2 z}{\partial \xi^2} + \frac{\partial^2 z}{\partial \eta^2} + 2\frac{\partial^2 z}{\partial \xi \partial \eta},$$

et par conséquent,

$$\frac{\partial^2 z}{\partial t^2} = \frac{\partial^2 z}{\partial x^2} \Longleftrightarrow \frac{\partial^2 z}{\partial \xi \partial \eta} = 0.$$

Montrons que la solution générale de cette équation est $z = g(x-t) + h(x+t)$. Il est évident que toute fonction de cette forme en est solution. Réciproquement, soit $z(\xi, \eta)$ une solution de cette équation. On a

$$\frac{\partial}{\partial \xi}\left(\frac{\partial z}{\partial \eta}\right) = 0 \Longrightarrow \frac{\partial z}{\partial \eta} \text{ ne dépend pas de } \xi \Longrightarrow \frac{\partial z}{\partial \eta} = F(\eta),$$

et pour ξ fixé, on a

$$z = \int F(\eta) d\eta + C(\xi) = h(\eta) + g(\xi).$$

Exercice 4.2.2 *On se propose d'étudier pour l'équation des cordes vibrantes, le problème de Cauchy : étant données deux fonctions $u, v \in \mathcal{C}^2[a,b]$, trouver une solution $z(x,t)$ de l'équation*

$$\frac{\partial^2 z}{\partial t^2} = \frac{\partial^2 z}{\partial x^2},$$

telle que pour $t = 0$ et $x \in [a,b]$,

$$z(x,0) = u(x), \qquad \frac{\partial z}{\partial t}(x,0) = v(x).$$

<u>Solution</u> : D'après l'exercice précédent, la solution générale de l'équation propsée est donnée par

$$z = g(x-t) + h(x+t).$$

En remplaçant cette expression dans les conditions initiales ci-dessus, on obtient

$$\begin{cases} z(x,0) = u(x) \\ \frac{\partial z}{\partial t}(x,0) = v(x) \end{cases} \Longrightarrow \begin{cases} g(x) + h(x) = u(x) \\ -g'(x) + h'(x) = v(x) \end{cases},$$

d'où,

$$\begin{cases} g(x) + h(x) = u(x) \\ -g(x) + h(x) = \int_c^x v(\tau)d\tau \end{cases} \Longrightarrow \begin{cases} g(x) = \frac{1}{2}\left(u(x) - \int_c^x v(\tau)d\tau\right) \\ h(x) = \frac{1}{2}\left(u(x) + \int_c^x v(\tau)d\tau\right) \end{cases}$$

et dès lors,

$$z(x,t) = g(x-t) + h(x+t) = \frac{1}{2}\left(u(x-t) + u(x+t) + \int_{x-t}^{x+t} v(\tau)d\tau\right).$$

Notons que cette expression n'a de sens que si $x-t, x+t \in [a,b]$ car u et v ne sont définis que sur cet intervalle.

Remarque 4.2.9 *Supposons que dans une équation n'interviennent que des dérivées partielles par rapport à une même variable. On peut donc étudier une telle équation comme une équation différentielle ordinaire tandis que les constantes d'intégration doivent être considérées comme des fonctions de la variable joueant le rôle d'un paramètre. De même, si dans une équation n'apparaissent que des dérivées partielles d'une même dérivée partielle par rapport à l'une des variables alors on peut étudier une telle équation en considérant cette dernière dérivée partielle comme une inconnue intermédiaire.*

Exercice 4.2.3 *Intégrer l'équation*

$$\frac{\partial^2 z}{\partial x^2} = x + y,$$

Solution : On intégre en premier lieu l'équation différentielle $\frac{d^2z}{dx^2} = x + y$ où y est considérée comme un paramètre, ce qui donne : $\frac{\partial z}{\partial x} = \frac{x^2}{2} + xy + g_1(y)$ et par conséquent

$$z = \frac{x^3}{6} + \frac{x^2 y}{2} + g_1(y)x + g_2(y),$$

où g_1 et g_2 sont des fonctions arbitraires de y.

Exercice 4.2.4 *Déterminer la solution de l'équation*

$$\frac{\partial^2 z}{\partial x^2} = (1 + y^2)z,$$

vérifiant les conditions initiales suivantes :

$$z(0, y) = y, \qquad \frac{\partial z}{\partial x}(0, y) = 0.$$

Solution : On calcul en premier l'intégrale générale ; à cet effet, on intégre l'équation différentielle

$$\frac{d^2 z}{dx^2} = (1 + y^2)z,$$

où y est considérée comme un paramètre. Donc

$$z(x, y) = g(y)e^{\sqrt{1+y^2}x} + h(y)e^{-\sqrt{1+y^2}x}.$$

Ensuite, on utilise les conditions initiales :

$$z(0, y) = g(y) + h(y) = y,$$

$$\frac{\partial z}{\partial x}(0, y) = (g(y) + h(y))\sqrt{1 + y^2} = 0,$$

d'où, $g(y) = h(y) = \frac{y}{2}$. Finalement, on obtient

$$z(x, y) = y \cosh\left(x\sqrt{1 + y^2}\right).$$

Exercice 4.2.5 *Résoudre l'équation*

$$x\frac{\partial^2 f}{\partial x^2} + y\frac{\partial^2 f}{\partial x \partial y} = 0,$$

Solution : Posons $\frac{\partial z}{\partial x} = g(x, y)$, d'où $x\frac{\partial g}{\partial x} + y\frac{\partial g}{\partial y} = 0$. En raisonnant comme dans l'exercice 4.1.2, on obtient

$$g(x, y) = \varphi\left(\frac{x}{y}\right), \quad \varphi \text{ arbitraire.}$$

Dès lors,

$$f(x,y) = \int \varphi\left(\frac{x}{y}\right) dx + \psi(y) = y \int \varphi(t)dt + \psi(y) = y\Phi\left(\frac{x}{y}\right) + \psi(y),$$

où Φ et ψ sont des fonctions arbitraires.

Remarque 4.2.10 *Pour réduire l'équation aux dérivéeés partielles (4.2.1) à sa forme canonique, on peut raisonner (de manière équivalente) comme suit :*

(i) Si $b^2 - ac > 0$, alors l'équation (4.2.1) est hyperbolique. L'équation (4.2.2) possède deux intégrales

$$\varphi(x,y) = C_1, \qquad \psi(x,y) = C_2.$$

Ce sont deux familles de caractéristiques réelles. En posant

$$\xi = \varphi(x,y), \qquad \eta = \psi(x,y),$$

on ramène l'équation (4.2.1) à sa forme canonique :

$$\frac{\partial^2 z}{\partial\xi\partial\eta} = \Phi\left(\xi, \eta, z, \frac{\partial z}{\partial\xi}, \frac{\partial z}{\partial\eta}\right).$$

(ii) Si $b^2 - ac = 0$, alors l'équation (4.2.1) est parabolique. L'équation (4.2.2) possède une intégrale

$$\varphi(x,y) = C.$$

Les deux familles de caractéristiques se confondent. On pose

$$\xi = \varphi(x,y), \qquad \eta = \psi(x,y),$$

où ψ est une fonction arbitraire telle que : $\frac{\partial\xi}{\partial x}\frac{\partial\eta}{\partial y} - \frac{\partial\xi}{\partial y}\frac{\partial\eta}{\partial x} \neq 0$. On ramène ainsi l'équation (4.2.1) à sa forme canonique :

$$\frac{\partial^2 z}{\partial^2\eta} = \Phi\left(\xi, \eta, z, \frac{\partial z}{\partial\xi}, \frac{\partial z}{\partial\eta}\right).$$

(iii) Si $b^2 - ac < 0$, alors l'équation (4.2.1) est elliptique. L'équation (4.2.2) possède deux intégrales

$$\varphi(x,y) + i\psi(x,y) = C_1, \qquad \varphi(x,y) - i\psi(x,y) = C_2.$$

En posant

$$\xi = \varphi(x,y), \qquad \eta = \psi(x,y),$$

on réduit l'équation (4.2.1) à sa forme canonique :

$$\frac{\partial^2 z}{\partial^2\xi} + \frac{\partial^2 z}{\partial^2\eta} = \Phi\left(\xi, \eta, z, \frac{\partial z}{\partial\xi}, \frac{\partial z}{\partial\eta}\right).$$

Exercice 4.2.6 *Réduire à la forme canonique l'équation aux dérivées partielles :*

$$x^2\frac{\partial^2 z}{\partial x^2}+2xy\frac{\partial^2 z}{\partial x\partial y}+y^2\frac{\partial^2 z}{\partial y^2}=0.$$

<u>*Solution*</u> : Ici $a=x^2$, $b=xy$, $c=y^2$, d'où $b^2-ac=0$ et l'équation proposée est de type parabolique. L'équation des caractéristiques est

$$x^2\left(\frac{\partial y}{\partial x}\right)^2-2xy\left(\frac{\partial y}{\partial x}\right)+y^2=0,$$

c'est-à-dire, $(xdy-ydx)^2=0$ d'où, $xdy=ydx$ et par conséquent, $y=Cx$. Posons $\xi=\frac{y}{x}$, $\eta=y$. D'où,

$$\begin{aligned}\frac{\partial z}{\partial x}&=\frac{\partial z}{\partial \xi}\frac{\partial \xi}{\partial x}+\frac{\partial z}{\partial \eta}\frac{\partial \eta}{\partial x}=-\frac{y}{x^2}\frac{\partial z}{\partial \xi},\\ \frac{\partial z}{\partial y}&=\frac{\partial z}{\partial \xi}\frac{\partial \xi}{\partial y}+\frac{\partial z}{\partial \eta}\frac{\partial \eta}{\partial y}-\frac{1}{x}\frac{\partial z}{\partial \xi}+\frac{\partial z}{\partial \eta}.\end{aligned}$$

De même, en supposant que les conditions de la permutabilité des dérivées partielles sont satisfaites, on obtient

$$\frac{\partial^2 z}{\partial x^2}=\frac{\partial}{\partial x}\left(-\frac{y}{x^2}\frac{\partial z}{\partial \xi}\right)=\frac{2y}{x^3}\frac{\partial z}{\partial \xi}+\frac{y^2}{x^4}\frac{\partial^2 z}{\partial \xi^2},$$

$$\frac{\partial^2 z}{\partial x\partial y}=\frac{\partial}{\partial x}\left(\frac{1}{x}\frac{\partial z}{\partial \xi}+\frac{\partial z}{\partial \eta}\right)=-\frac{1}{x^2}\frac{\partial z}{\partial \xi}-\frac{y}{x^3}\frac{\partial^2 z}{\partial \xi^2}-\frac{y}{x^2}\frac{\partial^2 z}{\partial \xi\partial \eta},$$

$$\frac{\partial^2 z}{\partial y^2}=\frac{\partial}{\partial y}\left(\frac{1}{x}\frac{\partial z}{\partial \xi}+\frac{\partial z}{\partial \eta}\right)=\frac{1}{x^2}\frac{\partial^2 z}{\partial \xi^2}+\frac{2}{x}\frac{\partial^2 z}{\partial \xi\partial \eta}+\frac{\partial^2 z}{\partial \eta^2}.$$

En remplaçant ces expressions dans l'équation proposée, on obtient finalement

$$\frac{\partial^2 z}{\partial \eta^2}=0.$$

Exercice 4.2.7 *En utilisant le changement de variable : $u=x$, $v=\frac{x}{y}$, déterminer les fonctions f de classe $\mathcal{C}^2$ solutions de l'équation aux dérivées partielles de l'exercice précédent, sur l'ouvert $\Omega=]0,+\infty[\times]0,+\infty[\subset\mathbb{R}^2$.*

<u>*Solution*</u> : L'équation en question s'écrit sous la forme

$$x^2\frac{\partial^2 f}{\partial x^2}+2xy\frac{\partial^2 f}{\partial x\partial y}+y^2\frac{\partial^2 f}{\partial y^2}=0.,$$

Soit $\varphi(u,v)=(x,y) \Longleftrightarrow \varphi^{-1}(x,y)=(u,v)$ où

$$\left(u=x, v=\frac{x}{y}\right) \Longleftrightarrow \left(x=u, y=\frac{u}{v}\right).$$

Notons que (u,v) admet un seul antécédent par l'application φ sur Ω et φ est un $\mathcal{C}^1$-difféomorphisme sur Ω. Posons $g(u,v)=f\left(u,\frac{u}{v}\right)=f(x,y)$ et déterminons l'équation aux dérivées partielles que vérifie $g(u,v)$. On a

$$\begin{aligned}
\frac{\partial f}{\partial x} &= \frac{\partial g}{\partial u}\frac{\partial u}{\partial x}+\frac{\partial g}{\partial v}\frac{\partial v}{\partial x}=\frac{\partial g}{\partial u}+\frac{1}{y}\frac{\partial g}{\partial v},\\
\frac{\partial f}{\partial y} &= \frac{\partial g}{\partial u}\frac{\partial u}{\partial y}+\frac{\partial g}{\partial v}\frac{\partial v}{\partial y}=-\frac{x}{y^2}\frac{\partial g}{\partial v},
\end{aligned}$$

et

$$\begin{aligned}
\frac{\partial^2 f}{\partial x^2}=\frac{\partial}{\partial x}\left(\frac{\partial f}{\partial x}\right) &= \frac{\partial}{\partial x}\left(\frac{\partial g}{\partial u}+\frac{1}{y}\frac{\partial g}{\partial v}\right),\\
&= \frac{\partial}{\partial x}\left(\frac{\partial g}{\partial u}\right)+\frac{\partial}{\partial x}\left(\frac{1}{y}\frac{\partial g}{\partial v}\right),\\
&= \frac{\partial\left(\frac{\partial g}{\partial u}\right)}{\partial u}+\frac{1}{y}\frac{\partial\left(\frac{\partial g}{\partial u}\right)}{\partial v}+\frac{1}{y}\frac{\partial\left(\frac{\partial g}{\partial v}\right)}{\partial u}+\frac{1}{y^2}\frac{\partial\left(\frac{\partial g}{\partial v}\right)}{\partial v},\\
&= \frac{\partial^2 g}{\partial u^2}+\frac{1}{y}\frac{\partial^2 g}{\partial v\partial u}+\frac{1}{y}\frac{\partial^2 g}{\partial u\partial v}+\frac{1}{y^2}\frac{\partial^2 g}{\partial v^2},\\
&= \frac{\partial^2 g}{\partial u^2}+\frac{2}{y}\frac{\partial^2 g}{\partial u\partial v}+\frac{1}{y^2}\frac{\partial^2 g}{\partial v^2},
\end{aligned}$$

en vertu du lemme de Schwarz car $f\in\mathcal{C}^2$. De même, on a

$$\begin{aligned}
\frac{\partial^2 f}{\partial y^2}=\frac{\partial}{\partial y}\left(\frac{\partial f}{\partial y}\right) &= \frac{\partial}{\partial y}\left(-\frac{x}{y^2}\frac{\partial g}{\partial v}\right),\\
&= \frac{2x}{y^3}\frac{\partial g}{\partial v}-\frac{x}{y^2}\frac{\partial}{\partial y}\left(\frac{\partial g}{\partial v}\right),\\
&= \frac{2x}{y^3}\frac{\partial g}{\partial v}-\frac{x}{y^2}\left(-\frac{x}{y^2}\frac{\partial\left(\frac{\partial g}{\partial v}\right)}{\partial v}\right),\\
&= \frac{2x}{y^3}\frac{\partial g}{\partial v}+\frac{x^2}{y^4}\frac{\partial^2 g}{\partial v^2},
\end{aligned}$$

et

$$\begin{aligned}\frac{\partial^2 f}{\partial x\partial y}=\frac{\partial}{\partial x}\left(\frac{\partial f}{\partial y}\right) &= \frac{\partial}{\partial x}\left(-\frac{x}{y^2}\frac{\partial g}{\partial v}\right),\\ &= -\frac{1}{y^2}\frac{\partial g}{\partial v}-\frac{x}{y^2}\frac{\partial}{\partial x}\left(\frac{\partial g}{\partial v}\right),\\ &= -\frac{1}{y^2}\frac{\partial g}{\partial v}-\frac{x}{y^2}\left(\frac{\partial^2 g}{\partial u\partial v}+\frac{1}{y}\frac{\partial^2 g}{\partial v^2}\right),\\ &= -\frac{1}{y^2}\frac{\partial g}{\partial v}-\frac{x}{y^2}\frac{\partial^2 g}{\partial u\partial v}-\frac{x}{y^3}\frac{\partial^2 g}{\partial v^2}.\end{aligned}$$

En remplaçant ces expressions dans l'équation en question, on obtient

$$x^2\frac{\partial^2 f}{\partial x^2}+2xy\frac{\partial^2 f}{\partial x\partial y}+y^2\frac{\partial^2 f}{\partial y^2}=u^2\frac{\partial^2 g}{\partial u^2}=0,$$

d'où

$$\frac{\partial^2 g}{\partial u^2}=\frac{\partial}{\partial u}\left(\frac{\partial g}{\partial u}\right)=0, u\neq 0 \Longrightarrow \frac{\partial g}{\partial u}=\varphi(v)\Longrightarrow g(u,v)=u\varphi(v)+\psi(v),$$

où φ et ψ sont des fonctions arbitraires de classe $\mathcal{C}^2$ sur Ω. Par conséquent, la solution de l'équation proposée est

$$f(x,y)=x\varphi\left(\frac{x}{y}\right)+\psi\left(\frac{x}{y}\right).$$

Exercice 4.2.8 *Réduire à la forme canonique l'équation aux dérivées partielles :*

$$y^2\frac{\partial^2 z}{\partial x^2}+x^2\frac{\partial^2 z}{\partial y^2}=0.$$

<u>*Solution*</u> : Ici $a=y^2$, $b=0$, $c=-x^2$, d'où $b^2-ac<0$ et l'équation proposée est de type elliptique. L'équation des caractéristiques est

$$y^2\left(\frac{\partial y}{\partial x}\right)^2+x^2=0,$$

c'est-à-dire, $(ydy)^2+(xdx)^2=0$ ou ce qui revient au même,

$$(xdx+iydy)(xdx-iydy)=0.$$

Dès lors,

$$\begin{cases} xdx+iydy=0\\ xdx-iydy=0\end{cases}\Longrightarrow\begin{cases} x^2+iy^2=C_1\\ x^2-iy^2=C_2\end{cases}.$$

On a donc deux familles de caractéristiques imaginaires. Posons $\xi = x^2$, $\eta = y^2$. On a

$$\frac{\partial z}{\partial x} = \frac{\partial z}{\partial \xi}\frac{\partial \xi}{\partial x} + \frac{\partial z}{\partial \eta}\frac{\partial \eta}{\partial x} = 2x\frac{\partial z}{\partial \xi},$$

$$\frac{\partial z}{\partial y} = \frac{\partial z}{\partial \xi}\frac{\partial \xi}{\partial y} + \frac{\partial z}{\partial \eta}\frac{\partial \eta}{\partial y} = 2y\frac{\partial z}{\partial \eta},$$

et

$$\frac{\partial^2 z}{\partial x^2} = \frac{\partial}{\partial x}\left(2x\frac{\partial z}{\partial \xi}\right) = 2\frac{\partial z}{\partial \xi} + 4x^2\frac{\partial^2 z}{\partial \xi^2},$$

$$\frac{\partial^2 z}{\partial y^2} = \frac{\partial}{\partial y}\left(2y\frac{\partial z}{\partial \eta}\right) = 2\frac{\partial z}{\partial \eta} + 4y^2\frac{\partial^2 z}{\partial \eta^2}.$$

En remplaçant ces expressions dans l'équation en question, on obtient

$$2\xi\eta\left(\frac{\partial^2 z}{\partial \xi^2} + \frac{\partial^2 z}{\partial \eta^2}\right) + \eta\frac{\partial z}{\partial \xi} + \xi\frac{\partial z}{\partial \eta} = 0.$$

Exercice 4.2.9 *On considère l'équation aux dérivées partielles de fonction inconnue $z(x,y)$, de classe $\mathcal{C}^2$:*

$$x^4\frac{\partial^2 z}{\partial x^2} - \frac{\partial^2 z}{\partial y^2} = 0.$$

a) Déterminer ses caractéristiques.

b) Former l'intégrale générale de cette équation.

c) Déterminer des solutions élémentaires de cette équation par la méthode de séparation des variables.

<u>*Solution*</u> : a) Ici $a = x^4$, $b = 0$, $c = -1$, d'où $b^2 - ac = x^4 > 0$, si $x \neq 0$, et l'équation proposée est de type hyperbolique. L'équation des caractéristiques est

$$x^4\left(\frac{\partial y}{\partial x}\right)^2 - 1 = 0,$$

c'est-à-dire,

$$\frac{\partial y}{\partial x} = \pm\frac{1}{x^2},$$

d'où,

$$y = \begin{cases} \frac{1}{x} + C_1 \\ -\frac{1}{x} + C_2 \end{cases} \quad (C_1, C_2 : \text{ constantes}).$$

b) Posons

$$\begin{aligned}
\xi &= \frac{-b+\sqrt{b^2-ac}}{a}x+y=\frac{1}{x}+y,\\
\eta &= \frac{-b-\sqrt{b^2-ac}}{a}x+y=-\frac{1}{x}+y.
\end{aligned}$$

D'où,

$$\begin{aligned}
\frac{\partial z}{\partial x} &= \frac{\partial z}{\partial \xi}\frac{\partial \xi}{\partial x}+\frac{\partial z}{\partial \eta}\frac{\partial \eta}{\partial x}=-\frac{1}{x^2}\frac{\partial z}{\partial \xi}+\frac{1}{x^2}\frac{\partial z}{\partial \eta},\\
\frac{\partial z}{\partial y} &= \frac{\partial z}{\partial \xi}\frac{\partial \xi}{\partial y}+\frac{\partial z}{\partial \eta}\frac{\partial \eta}{\partial y}=\frac{\partial z}{\partial \xi}+\frac{\partial z}{\partial \eta}.
\end{aligned}$$

De même, on a

$$\begin{aligned}
\frac{\partial^2 z}{\partial x^2} &= \frac{\partial}{\partial x}\left(-\frac{1}{x^2}\frac{\partial z}{\partial \xi}+\frac{1}{x^2}\frac{\partial z}{\partial \eta}\right),\\
&= -\frac{2}{x^3}\left(-\frac{\partial z}{\partial \xi}+\frac{\partial z}{\partial \eta}\right)+\frac{1}{x^4}\left(\frac{\partial^2 z}{\partial \xi^2}-\frac{\partial^2 z}{\partial \eta\partial \xi}-\frac{\partial^2 z}{\partial \xi\partial \eta}+\frac{\partial^2 z}{\partial \eta^2}\right),\\
\frac{\partial^2 z}{\partial y^2} &= \frac{\partial}{\partial y}\left(\frac{\partial z}{\partial \xi}+\frac{\partial z}{\partial \eta}\right)=\frac{\partial^2 z}{\partial \xi^2}+\frac{\partial^2 z}{\partial \eta\partial \xi}+\frac{\partial^2 z}{\partial \xi\partial \eta}+\frac{\partial^2 z}{\partial \eta^2}.
\end{aligned}$$

En remplaçant ces expressions dans l'équation proposée, on obtient l'équation

$$\frac{\partial^2 z}{\partial \eta\partial \xi}+\frac{\partial^2 z}{\partial \xi\partial \eta}=x\left(\frac{\partial z}{\partial \xi}-\frac{\partial z}{\partial \eta}\right),$$

et comme $z\in\mathcal{C}^2$, alors

$$\frac{\partial^2 z}{\partial \xi\partial \eta}=\frac{x}{2}\left(\frac{\partial z}{\partial \xi}-\frac{\partial z}{\partial \eta}\right).$$

Or $\xi=\frac{1}{x}+y$ et $\eta=-\frac{1}{x}+y$, donc

$$\frac{\partial^2 z}{\partial \xi\partial \eta}=\frac{1}{\xi-\eta}\left(\frac{\partial z}{\partial \xi}-\frac{\partial z}{\partial \eta}\right),$$

ou

$$(\xi-\eta)\frac{\partial^2 z}{\partial \xi\partial \eta}-\frac{\partial z}{\partial \xi}+\frac{\partial z}{\partial \eta}=0,$$

ou encore

$$\frac{\partial^2}{\partial \xi\partial \eta}(\xi-\eta)z=0.$$

La solution générale de l'équation en question est donc (voir exercice 4.2.1),

$$(\xi - \eta)z = g(\xi) + h(\eta),$$

où g et h sont des fonctions arbitraires. Par conséquent,

$$z(x, y) = \frac{x}{2}\left(g\left(\frac{1}{x} + y\right) + h\left(-\frac{1}{x} + y\right)\right).$$

c) En posant $z(x, y) = u(x)v(y)$, l'équation proposée devient

$$x^4 u''(x)v(y) - u(x)v''(y) = 0,$$

ou

$$x^4 \frac{u''(x)}{u(x)} = \frac{v''(y)}{v(y)}.$$

Les variables x et y étant indépendantes, chacun de ces quotients doit être constant. Soit λ cette constante. Donc

$$\begin{aligned} x^4 u''(x) - \lambda u(x) &= 0, & (4.2.3) \\ v''(y) - \lambda v(y) &= 0. & (4.2.4) \end{aligned}$$

(i) Solution de l'équation (4.2.4) : on obtient immédiatement

$$\begin{aligned} \lambda > 0 &\implies v(y) = Ae^{-\sqrt{\lambda}y} + Be^{\sqrt{\lambda}y}, \\ \lambda = 0 &\implies v(y) = A + By, \\ \lambda < 0 &\implies v(y) = A\cos\sqrt{-\lambda}y + B\sin\sqrt{-\lambda}y. \end{aligned}$$

(ii) Solution de l'équation (4.2.3) : on pose $x = \frac{1}{t}$, d'où

$$u'(x) = \frac{du}{dx} = \frac{du}{dt}\frac{dt}{dx} = -t^2\frac{du}{dt},$$

$$u''(x) = \frac{d^2u}{dx^2} = \frac{d}{dx}\left(-t^2\frac{du}{dt}\right) = t^4\frac{d^2u}{dt^2} + 2t^3\frac{du}{dt}.$$

L'équation en question devient

$$\frac{d^2u}{dt^2} + \frac{2}{t}\frac{du}{dt} - \lambda u = 0.$$

Notons que cette équation s'écrit sous la forme

$$tu'' + 2u' - \lambda tu = 0 \iff (tu' + u)' - \lambda tu = 0 \iff ((tu)')' - \lambda tu = 0,$$

c'est-à-dire,

$$(tu)'' - \lambda(tu) = 0.$$

D'où,

$$\begin{aligned} \lambda > 0 &\implies tu(t) = Ce^{-\sqrt{\lambda}t} + De^{\sqrt{\lambda}t}, \\ \lambda = 0 &\implies tu(t) = C + Dt, \\ \lambda < 0 &\implies tu(t) = C\cos\sqrt{-\lambda}t + D\sin\sqrt{-\lambda}t. \end{aligned}$$

Donc

$$\begin{aligned} \lambda > 0 &\implies u(x) = x\left(Ce^{-\frac{\sqrt{\lambda}}{x}} + De^{\frac{\sqrt{\lambda}}{x}}\right), \\ \lambda = 0 &\implies u(x) = Cx + D, \\ \lambda < 0 &\implies u(x) = x\left(C\cos\frac{\sqrt{-\lambda}}{x} + D\sin\frac{\sqrt{-\lambda}}{x}\right). \end{aligned}$$

En conclusion, on a

$$\lambda > 0, \quad z(x,y) = x\left(Ae^{-\sqrt{\lambda}y} + Be^{\sqrt{\lambda}y}\right)\left(Ce^{-\frac{\sqrt{\lambda}}{x}} + De^{\frac{\sqrt{\lambda}}{x}}\right),$$

$$\lambda = 0, \quad z(x,y) = (A + By)(Cx + D),$$

$$\lambda < 0, \quad u(x) = x\left(A\cos\sqrt{-\lambda}y + B\sin\sqrt{-\lambda}y\right)\left(C\cos\frac{\sqrt{-\lambda}}{x} + D\sin\frac{\sqrt{-\lambda}}{x}\right),$$

où A, B, C, D sont des constantes.

Exercice 4.2.10 *Déterminer la solution de l'équation aux dérivées partielles :*

$$\frac{\partial^2 z}{\partial x^2} - \frac{1}{k^2}\frac{\partial^2 z}{\partial t^2} = \sin(\alpha x - \omega t),$$

qui satisfait aux conditions initiales

$$z(x,0) = 0, \qquad \frac{\partial z}{\partial t}(x,0) = 0.$$

Solution : Cherchons l'intégrale générale de l'équation sans second membre :

$$\frac{\partial^2 z}{\partial x^2} - \frac{1}{k^2}\frac{\partial^2 z}{\partial t^2} = 0.$$

Le raisonnement utilisé dans l'exercice 4.2.1, concernant cette équation mène au résultat suivant :

$$z(x,t) = g(x - kt) + h(x + kt).$$

Déterminons une solution particulière de l'équation

$$\frac{\partial^2 z}{\partial x^2} - \frac{1}{k^2}\frac{\partial^2 z}{\partial t^2} = \sin(\alpha x - \omega t),$$

sous la forme

$$z(x,t) = A\sin(\alpha x - \omega t).$$

On a,

$$\begin{aligned}
\frac{\partial z}{\partial x} &= A\alpha\cos(\alpha x - \omega t),\\
\frac{\partial^2 z}{\partial x^2} &= -A\alpha^2\sin(\alpha x - \omega t),\\
\frac{\partial z}{\partial t} &= -A\omega\cos(\alpha x - \omega t),\\
\frac{\partial^2 z}{\partial x^2} &= -A\omega^2\sin(\alpha x - \omega t).
\end{aligned}$$

En remplaçant ces expressions dans l'équation ci-dessus, on obtient

$$-\alpha^2 A + \frac{1}{k^2}A\omega^2 = 1,$$

d'où,

$$A = \frac{1}{\lambda^2 - \alpha^2}, \quad \lambda \equiv \frac{\omega}{k},$$

et

$$z(x,t) = \frac{1}{\lambda^2 - \alpha^2}\sin(\alpha x - \omega t), \quad \lambda \equiv \frac{\omega}{k}.$$

Par conséquent, l'intégrale générale de l'équation proposée est

$$z(x,t) = g(x - kt) + h(x + kt) + \frac{1}{\lambda^2 - \alpha^2}\sin(\alpha x - \omega t).$$

Par hypothèse,

$$z(x,0) = 0, \qquad \frac{\partial z}{\partial t}(x,0) = 0,$$

donc

$$\begin{aligned}
g(x) + h(x) + \frac{1}{\lambda^2 - \alpha^2}\sin\alpha x &= 0,\\
g'(x) - h'(x) + \frac{\lambda}{\lambda^2 - \alpha^2}\cos\alpha x &= 0.
\end{aligned}$$

Pour déterminer g et h, dérivons la première équation. on obtient

$$\begin{aligned} g'(x) + h'(x) + \frac{\alpha}{\lambda^2 - \alpha^2} \cos \alpha x &= 0, \\ g'(x) - h'(x) + \frac{\lambda}{\lambda^2 - \alpha^2} \cos \alpha x &= 0. \end{aligned}$$

d'où,

$$g'(x) = \frac{1}{2(\alpha - \lambda)} \cos \alpha x.$$

On en déduit

$$g(x) = \frac{1}{2\alpha(\alpha - \lambda)} \sin \alpha x + C,$$

et

$$h(x) = \frac{1}{2\alpha(\alpha + \lambda)} \sin \alpha x - C.$$

Finalement, on a

$$z(x, t) = \frac{\sin \alpha(x - kt)}{2\alpha(\alpha - \lambda)} + \frac{\sin \alpha(x + kt)}{2\alpha(\alpha + \lambda)} + \frac{\sin(\alpha x - \omega t)}{\lambda^2 - \alpha^2}, \quad \lambda = \frac{\omega}{k}.$$

Exercice 4.2.11 *Résoudre l'équation aux dérivées partielles :*

$$\frac{\partial^3 z}{\partial x^2 \partial y} + \frac{\partial^3 z}{\partial x \partial y^2} - 6\frac{\partial^3 z}{\partial y^3} = 0.$$

Solution : Notons que l'équation proposée peut s'écrire sous la forme

$$\frac{\partial}{\partial y}\left(\frac{\partial^2 z}{\partial x^2} + \frac{\partial^2 z}{\partial x \partial y} - 6\frac{\partial^2 z}{\partial y^2}\right) = 0,$$

d'où,

$$\frac{\partial^2 z}{\partial x^2} + \frac{\partial^2 z}{\partial x \partial y} - 6\frac{\partial^2 z}{\partial y^2} = F(x), \tag{4.2.5}$$

où F est une fonction arbitraire. L'intégrale générale de l'équation (4.2.5) est la somme de l'intégrale générale de l'équation homogène :

$$\frac{\partial^2 z}{\partial x^2} + \frac{\partial^2 z}{\partial x \partial y} - 6\frac{\partial^2 z}{\partial y^2} = 0, \tag{4.2.6}$$

et d'une solution particulière de (4.2.5). Pour déterminer l'intégrale générale de (4.2.6), on procède comme précédemment : ici, on a $a = 1$, $b = \frac{1}{2}$, $c = -6$, d'où, $b^2 - ac = \frac{25}{4} > 0$ et l'équation (4.2.6) est hyperbolique. Posons

$$\begin{aligned} \xi &= \frac{-b + \sqrt{b^2 - ac}}{a} x + y = 2x + y, \\ \eta &= \frac{-b - \sqrt{b^2 - ac}}{a} x + y = -3x + y. \end{aligned}$$

On obtient l'équation :

$$\frac{\partial^2 z}{\partial \xi \partial \eta} = 0,$$

dont l'intégrale générale est

$$z(\xi, \eta) = g(\xi) + h(\eta),$$

où g et h sont des fonctions arbitraires. Ainsi l'intégrale générale de (4.2.6) s'écrit

$$z(x, y) = g(2x + y) + h(-3x + y).$$

Déterminons maintenant une solution particulière de (4.2.5) : la fonction F étant arbitraire on peut poser $F(x) = f''(x)$. Dès lors, si on choisit $z = f(x)$, on vérifie aisément que cette fonction satisfait à (4.2.5) et donc c'est une intégrale particulière. En conclusion, l'équation proposée admet l'intégrale générale

$$z(x, y) = f(x) + g(2x + y) + h(-3x + y),$$

où f, g et h sont des fonctions arbitraires.

Exercice 4.2.12 *(Problème de Dirichlet). Etant donné un domaine Ω dont le bord $\partial\Omega$ est une courbe et $\varphi : \partial\Omega \longrightarrow \mathbb{R}$ une fonction continue, chercher une fonction $f \in \mathcal{C}^0(\overline{\Omega}) \cap \mathcal{C}^2(\Omega)$ telle que :*

$$\begin{cases} \Delta f = 0 & \textit{dans } \Omega \\ f = \varphi & \textit{sur } \partial\Omega \end{cases}$$

où Δ est l'opérateur de Laplace.

Exercice 4.2.13 *(Problème de Neumann). Sous les mêmes hypothèses (exercice précédent) sur Ω et étant donnée une fonction continue $\psi : \partial\Omega \longrightarrow \mathbb{R}$, déterminer une fonction $f \in \mathcal{C}^1(\overline{\Omega}) \cap \mathcal{C}^2(\Omega)$ telle que :*

$$\begin{cases} \Delta f = 0 & \textit{dans } \Omega \\ \frac{\partial f}{\partial n} = \psi & \textit{sur } \partial\Omega \end{cases}$$

où $\frac{\partial f}{\partial n}$ représente la dérivation suivant le vecteur unitaire normal extérieur.

Pour l'étude des problèmes de Dirichlet et de Neumann via la formulation variationnelle, on pourra consulter l'annexe A.

4.3 Équations de la physique mathématique

Dans les exercices ci-dessous, on suppose que les conditions de validité des calculs sont satisfaites et la méthode utilisée sera celle de séparation de variables.

Exercice 4.3.1 *(Résolution de l'équation de Laplace). En coordonnées cartésiennes x, y, z, l'équation de Laplace s'écrit*

$$\frac{\partial^2 u}{\partial x^2}+\frac{\partial^2 u}{\partial y^2}+\frac{\partial^2 u}{\partial z^2}=0,$$

que l'on note aussi $\Delta u = 0$ où $\Delta = \frac{\partial^2}{\partial x^2}+\frac{\partial^2}{\partial y^2}+\frac{\partial^2}{\partial z^2}$ est l'opérateur de Laplace en coordonnées x, y, z. Déterminer les solutions particulières (bornées et continues) de cette équation, en coordonnées sphériques, par la méthode de séparation des variables.

Solution : En introduisant les coordonnées sphériques r, θ, φ où

$$x = r\sin\theta\cos\varphi, \quad y = r\sin\theta\sin\varphi, \quad z = r\cos\theta,$$

avec $0 \leq r < \infty$, $0 \leq \theta \leq \pi$, $0 \leq \varphi \leq 2\pi$, on montre que l'équation ci-dessus est équivalente à

$$\frac{1}{r^2}\frac{\partial}{\partial r}\left(r^2\frac{\partial u}{\partial r}\right)+\frac{1}{r^2\sin\theta}\frac{\partial}{\partial\theta}\left(\sin\theta\frac{\partial u}{\partial\theta}\right)+\frac{1}{r^2\sin^2\theta}\frac{\partial^2 u}{\partial\varphi^2}=0,$$

que l'on note aussi $\Delta u = 0$ où $\Delta = \frac{1}{r^2}\frac{\partial}{\partial r}\left(r^2\frac{\partial}{\partial r}\right)+\frac{1}{r^2\sin\theta}\frac{\partial}{\partial\theta}\left(\sin\theta\frac{\partial}{\partial\theta}\right)+\frac{1}{r^2\sin^2\theta}\frac{\partial^2}{\partial\varphi^2}$ est l'opérateur de Laplace en coordonnées r, θ, φ. On posera

$$u(r,\theta,\varphi) = R(r).\Theta(\theta).\Phi(\varphi),$$

où $\Phi(\varphi)$ est uniforme et 2π-périodique, tandis que $R(r).\Theta(\theta)$ est un polynôme trigonométrique. En remplaçant cette expression dans l'équation de Laplace, on obtient

$$\Theta\Phi\frac{d}{dr}\left(r^2\frac{dR}{dr}\right)+\frac{R\Phi}{\sin\theta}\left(\sin\theta\frac{d\Theta}{d\theta}\right)+\frac{R\Theta}{\sin^2\theta}\frac{d^2\Phi}{d\varphi^2}=0,$$

d'où,

$$\frac{1}{R}\frac{d}{dr}\left(r^2\frac{dR}{dr}\right)=-\frac{1}{\Theta\sin\theta}\frac{d}{d\theta}\left(\sin\theta\frac{d\Theta}{d\theta}\right)-\frac{1}{\Phi\sin^2\theta}\frac{d^2\Phi}{d\varphi^2}.$$

Le membre de gauche de cette égalité est une fonction de r et celui de droite est une fonction de θ et φ. Comme ils sont égaux, ils ne dépendent ni de r ni de θ et φ et sont donc égaux à une même constante que l'on désigne par K. On a donc

$$\frac{1}{R}\frac{d}{dr}\left(r^2\frac{dR}{dr}\right)=K, \qquad \frac{1}{\Theta\sin\theta}\frac{d}{d\theta}\left(\sin\theta\frac{d\Theta}{d\theta}\right)+\frac{1}{\Phi\sin^2\theta}\frac{d^2\Phi}{d\varphi^2}=-K.$$

On déduit de cette seconde équation, la relation

$$\frac{\sin\theta}{\Theta}\frac{d}{d\theta}\left(\sin\theta\frac{d\Theta}{d\theta}\right)+K\sin^2\theta=-\frac{1}{\Phi}\frac{d^2\Phi}{d\varphi^2}.$$

Le premier membre de cette égalité ne dépend que de la variable θ, tandis que le second ne dépend que de la variable φ. En égalant chaque membre à une constante que l'on désigne par μ, on obtient

$$\frac{d^2\Phi}{d\varphi^2}+\mu\Phi=0, \qquad \sin\theta\frac{d}{d\theta}\left(\sin\theta\frac{d\Theta}{d\theta}\right)+\left(K\sin^2\theta-\mu\right)\Theta=0.$$

Posons $K=l(l+1)$, $l\in\mathbb{N}$ et $\mu=m^2$, $m\in\mathbb{N}$. (On s'intéresse à une solution de l'équation de Laplace sous la forme $u(r,\theta,\varphi)=R(r).\Theta(\theta).\Phi(\varphi)$ où $\Phi(\varphi)$ est uniforme et 2π-périodique, c-à-d., $\Phi(\varphi+2\pi)=\Phi(\varphi)$, tandis que $R(r).\Theta(\theta)$ est un polynôme trigonométrique, donc solution bornée et continue). En résumé, on a

$$\frac{d}{dr}\left(r^2\frac{dR}{dr}\right)-l(l+1)R = 0, \qquad (4.3.1)$$

$$\frac{d^2\Phi}{d\varphi^2}+m^2\Phi = 0, \qquad (4.3.2)$$

$$\sin\theta\frac{d}{d\theta}\left(\sin\theta\frac{d\Theta}{d\theta}\right)+\left(l(l+1)\sin^2\theta-m^2\right)\Theta = 0. \qquad (4.3.3)$$

i) L'équation (4.3.1) n'est autre que l'équation d'Euler et sa solution (voir section 1.4) s'obtient en posant $r=e^t$. On a

$$\frac{dR}{dr}=\frac{dR}{dt}\frac{dt}{dr}=e^{-t}\frac{dR}{dt},$$

et

$$\frac{d}{dr}\left(r^2\frac{dR}{dr}\right)=\frac{d}{dr}\left(e^{-t}\frac{dR}{dt}\right)=\frac{d^2R}{dt^2}+\frac{dR}{dt}.$$

Par conséquent, l'équation (4.3.1) devient

$$\frac{d^2R}{dt^2}+\frac{dR}{dt}-l(l+1)R=0,$$

et sa solution est évidemment

$$R = Ae^{lt} + Be^{(-l-1)t},$$

où A et B sont des constantes. Or $e^t = r$, donc

$$R(r) = Ar^l + Be^{-l-1}, \quad l \in \mathbb{N}, \quad A, B = \text{constantes}.$$

(Pour que $R(0)$ soit fini, il faut que l'on ait $B = 0$).

ii) La solution de l'équation (4.3.2) est

$$\Phi(\varphi) = Ce^{-im\varphi} + De^{im\varphi}, \quad m \in \mathbb{N}, \quad C, D = \text{constantes}.$$

iii) En posant $x = \cos\theta$, l'équation (4.3.3) devient

$$\sin^2\theta \frac{d}{dx}\left(\sin^2\theta \frac{d\Theta}{dx}\right) + \left(l(l+1)\sin^2\theta - m^2\right)\Theta = 0.$$

Comme $\sin^2\theta = 1 - \cos^2\theta = 1 - x^2$, alors

$$(1-x^2)\frac{d}{dx}\left((1-x^2)\frac{d\Theta}{dx}\right) + \left(l(l+1)(1-x^2) - m^2\right)\Theta = 0,$$

ou

$$(1-x^2)\frac{d^2\Theta}{dx^2} - 2x\frac{d\Theta}{dx} + \left(l(l+1) - \frac{m^2}{(1-x^2)}\right)\Theta = 0.$$

Cette équation différentielle est l'équation de Legendre généralisée (si $m = 0$, on obtient l'équation de Legendre étudiée dans l'exercice 1.4.3). Cette équation admet pour solution les polynômes de Legendre généralisés $P_l^m(x)$ définis par

$$\Theta(x) = P_l^m(x) = (1-x^2)^{\frac{m}{2}} \frac{d^m P_l(x)}{dx^m}.$$

Ces polynômes peuvent aussi être définis à l'aide de la formule d'Olinde-Rodrigues :

$$P_l(x) = \frac{1}{2^l l!} \frac{d^l}{dx^l}(x^2-1)^l.$$

Ainsi,

$$\Theta(x) = \Theta(\cos\theta) = P_l^m(\cos\theta) = \sin^m\theta. \left.\frac{d^m P_l(x)}{dx^m}\right|_{x=\cos\theta}.$$

En désignant les constantes A, B, C, D respectivement par A_{lm}, B_{lm}, C_{lm}, D_{lm} et la solution cherchée par $u_{lm}(r,\theta,\varphi)$, alors

$$u_{lm}(r,\theta,\varphi) = \left(A_{lm}r^l + B_{lm}r^{-l-1}\right).P_l^m(\cos\theta).\left(C_{lm}e^{-im\varphi} + D_{lm}e^{im\varphi}\right),$$

et une solution générale de l'équation en question pourra de façon formelle s'écrire sous la forme $u(r,\theta,\varphi) = \sum_{l,m\in\mathbb{N}} u_{lm}(r,\theta,\varphi)$. (Les fonctions notées $Y_{lm}(\theta,\varphi) = \left(C_{lm}e^{-im\varphi} + D_{lm}e^{im\varphi}\right)\Theta_{lm}(\cos\theta)$, $-l \leq m \leq l$, s'appellent fonctions ou harmoniques sphériques d'ordre l).

Exercice 4.3.2 *Soit l'équation des ondes*

$$\frac{\partial^2 u}{\partial x^2}+\frac{\partial^2 u}{\partial y^2}+\frac{\partial^2 u}{\partial z^2}-\frac{1}{c^2}\frac{\partial^2 u}{\partial t^2}=0.$$

Résoudre cette équation par séparation de variables.

Solution : On raisonne comme dans l'exercice précédent. On pose

$$u(x,y,z,t)=E(x,y,z).T(t),$$

où E est une fonction des variables x, y, z et T une fonction de la variable t. En remplaçant cette expression dans l'équation en question, on obtient

$$\Delta E.T-\frac{1}{c^2}E.\frac{d^2T}{dt^2}=0,$$

où $\Delta E=\frac{\partial^2 E}{\partial x^2}+\frac{\partial^2 E}{\partial y^2}+\frac{\partial^2 E}{\partial z^2}$. On a

$$\frac{\Delta E}{E}=\frac{1}{c^2}\frac{1}{T}.\frac{d^2T}{dt^2}\equiv -k^2.$$

Dès lors,

$$\begin{aligned}\frac{d^2T}{dt^2}+k^2c^2T &= 0,\\ \Delta E+k^2E &= 0,\end{aligned}$$

ou

$$\begin{aligned}T(t) &= A_1e^{-ikct}+A_2e^{ikct},\\ \Delta E+k^2E &= 0. \qquad (4.3.4)\end{aligned}$$

où A_1, A_2, k sont des constantes. Pour résoudre l'équation (4.3.4) par séparation de variables, on pose

$$E(x,y,z)=X(x).Y(y).Z(z).$$

L'équation (4.3.4) devient,

$$\frac{X''}{X}+\frac{Y''}{Y}+\frac{Z''}{Z}=-k^2,$$

ou

$$k_1^2+k_2^2+k_3^2=k^2,$$

avec $\frac{X''}{X} = -k_1^2$, $\frac{Y''}{Y} = -k_2^2$ et $\frac{Z''}{Z} = -k_3^2$. Dès lors,

$$\frac{X''}{X} = -k_1^2 \Longrightarrow X(x) = B_1 e^{-ik_1x} + B_2 e^{ik_1x},$$

$$\frac{Y''}{Y} = -k_2^2 \Longrightarrow Y(y) = C_1 e^{-ik_2y} + C_2 e^{ik_2y},$$

$$\frac{Z''}{Z} = -k_3^2 \Longrightarrow Z(z) = D_1 e^{-ik_3z} + D_2 e^{ik_3z},$$

et la solution s'écrit

$$u(x, y, z, t) = X(x)Y(y)Z(z)T(t),$$

où $A_1, A_2, B_1, B_2, C_1, C_2, D_1, D_2, k, k_1, k_2, k_3$ sont des constantes.

Exercice 4.3.3 *On reprend l'équation des ondes étudiée dans l'exercice précédent. Résoudre cette équation, en coordonnées cylindriques, par séparation de variables.*

<u>Solution</u> : En coordonnées cylindriques, r, φ, z,

$$x = r\cos\varphi, \quad y = r\sin\varphi, \quad z = z,$$

où $r \geq 0$, $0 \leq \varphi < 2\pi$, $-\infty < z < +\infty$, l'équation des ondes s'écrit

$$\frac{\partial^2 u}{\partial r^2} + \frac{1}{r}\frac{\partial u}{\partial r} + \frac{1}{r^2}\frac{\partial^2 u}{\partial \varphi^2} + \frac{\partial^2 u}{\partial z^2} - \frac{1}{c^2}\frac{\partial^2 u}{\partial t^2} = 0.$$

On pose

$$u(r, \varphi, z, t) = E(r, \varphi, z).T(t),$$

donc

$$\begin{aligned} \frac{d^2T}{dt^2} + k^2c^2T &= 0 \Longrightarrow T(t) = A_1 e^{-ikct} + A_2 e^{ikct}, \\ \Delta E + k^2 E &= 0, \end{aligned} \tag{4.3.5}$$

où $\Delta E = \frac{\partial^2 E}{\partial r^2} + \frac{1}{r}\frac{\partial E}{\partial r} + \frac{1}{r^2}\frac{\partial^2 E}{\partial \varphi^2} + \frac{\partial^2 E}{\partial z^2}$. En posant

$$E(r, \varphi, z) = R(r).\Phi(\varphi).Z(z),$$

l'équation (4.3.5) s'écrit,

$$\frac{R''}{R} + \frac{1}{r}\frac{R'}{R} + \frac{1}{r^2}\frac{\Phi''}{\Phi} + k^2 = -\frac{Z''}{Z} \equiv m^2.$$

Dès lors,

$$\begin{aligned} \frac{Z''}{Z} &= -m^2, \\ r^2\frac{R''}{R} + r\frac{R'}{R} + (k^2 - m^2)r^2 &= -\frac{\Phi''}{\Phi} \equiv l^2, \end{aligned}$$

donc

$$\begin{aligned} Z'' + m^2 Z &= 0 \Longrightarrow Z(z) = B_1 e^{-imz} + B_2 e^{imz}, \\ \Phi'' + l^2\Phi &= 0 \Longrightarrow \Phi(\varphi) = C_1 e^{-il\varphi} + C_2 e^{il\varphi}, \\ r^2 R'' + rR' + \left((k^2 - m^2)r^2 - l^2\right) R &= 0. \end{aligned}$$

Cette dernière équation est une équation de Bessel et sa solution a été obtenue dans l'exercice 1.4.6. Ici sa solution s'écrit sous la forme

$$R(r) = D_1 J_l(\sqrt{k^2 - m^2}r) + D_2 Y_l(\sqrt{k^2 - m^2}r).$$

Par conséquent, la solution cherchée est

$$u(x, y, z, t) = R(r)\Phi(\varphi)Z(z)T(t),$$

où $A_1, A_2, B_1, B_2, C_1, C_2, D_1, D_2, k, m, l$ sont des constantes.

Exercice 4.3.4 *On reprend à nouveau l'équation des ondes étudiée dans les exercices précédents. Résoudre cette équation, en coordonnées sphériques, par séparation de variables.*

Solution : En coordonnées sphériques r, θ, φ,

$$x = r\sin\theta\cos\varphi, \quad y = r\sin\theta\sin\varphi, \quad z = r\cos\theta,$$

où $r \geq 0$, $0 \leq \theta \leq \pi$, $0 \leq \varphi < 2\pi$, l'équation des ondes s'écrit

$$\frac{1}{r^2}\frac{\partial}{\partial r}\left(r^2\frac{\partial u}{\partial r}\right) + \frac{1}{r^2\sin\theta}\frac{\partial}{\partial\theta}\left(\sin\theta\frac{\partial u}{\partial\theta}\right) + \frac{1}{r^2\sin^2\theta}\frac{\partial^2 u}{\partial\varphi^2} - \frac{1}{c^2}\frac{\partial^2 u}{\partial t^2} = 0.$$

En posant

$$u(r, \varphi, z, t) = E(r, \varphi, z).T(t),$$

il vient immédiatement

$$\begin{aligned} \frac{d^2T}{dt^2} + k^2c^2T &= 0 \Longrightarrow T(t) = A_1 e^{-ikct} + A_2 e^{ikct}, \\ \Delta E + k^2 E &= 0, \end{aligned} \tag{4.3.6}$$

où $\Delta E = \frac{1}{r^2}\frac{\partial}{\partial r}\left(r^2\frac{\partial E}{\partial r}\right) + \frac{1}{r^2\sin\theta}\frac{\partial}{\partial\theta}\left(\sin\theta\frac{\partial E}{\partial\theta}\right) + \frac{1}{r^2\sin^2\theta}\frac{\partial^2 E}{\partial\varphi^2}$. En posant

$$E(r,\varphi,z) = R(r).\Theta(\theta).\Phi(\varphi),$$

l'équation (4.3.6) devient,

$$\frac{\Theta\Phi}{r^2}\frac{d}{dr}\left(r^2\frac{dR}{dr}\right) + \frac{R\Phi}{r^2\sin\theta}\frac{d}{d\theta}\left(\sin\theta\frac{d\Theta}{d\theta}\right) + \frac{R\Theta}{r^2\sin^2\theta}\frac{d^2\Phi}{d\varphi^2} + k^2R\Theta\Phi = 0.$$

On a

$$\frac{1}{R}\frac{d}{dr}\left(r^2\frac{dR}{dr}\right) + k^2r^2 = -\frac{1}{\Theta\sin\theta}\frac{d}{d\theta}\left(\sin\theta\frac{d\Theta}{d\theta}\right) - \frac{1}{\Phi\sin^2\theta}\frac{d^2\Phi}{d\varphi^2} \equiv K,$$

(K étant une constante), d'où

$$\begin{aligned}\frac{d}{dr}\left(r^2\frac{dR}{dr}\right) + (k^2r^2 - K) &= 0,\\ \frac{\sin\theta}{\Theta}\frac{d}{d\theta}\left(\sin\theta\frac{d\Theta}{d\theta}\right) + K\sin^2\theta &= -\frac{1}{\Phi}\frac{d^2\Phi}{d\varphi^2} = m^2,\end{aligned}$$

ou encore

$$\frac{d}{dr}\left(r^2\frac{dR}{dr}\right) + (k^2r^2 - K) = 0, \tag{4.3.7}$$

$$\frac{d^2\Phi}{d\varphi^2} + m^2\Phi = 0 \Longrightarrow \Phi(\varphi) = B_1e^{-im\varphi} + B_2e^{im\varphi},$$

$$\sin\theta\frac{d}{d\theta}\left(\sin\theta\frac{d\Theta}{d\theta}\right) + (K\sin^2\theta - m^2) = 0. \tag{4.3.8}$$

Dans ce qui va suivre, on posera $K = l(l+1)$, $l \in \mathbb{N}^*$. Pour résoudre l'équation (4.3.7), on pose $R = \frac{P}{r}$ (P étant une nouvelle fonction inconnue) et ensuite on effectue le changement de variable $s = kr$. L'équation (4.3.7) devient

$$\frac{d^2P}{ds^2} + \left(1 - \frac{l(l+1)}{s^2}\right)P = 0.$$

En effectuant le nouveau changement de fonction $P = \sqrt{s}Q$, on ramène l'équation ci-dessus à une équation de Bessel :

$$\frac{d^2Q}{ds^2} + \frac{1}{s}\frac{dQ}{ds} + \left(1 - \frac{(l+\frac{1}{2})^2}{s^2}\right)Q = 0,$$

dont la solution (voir exercice 1.4.6) est

$$Q(s) = C_1J_{l+\frac{1}{2}}(s) + C_2J_{-(l+\frac{1}{2})}(s).$$

Par conséquent, la solution de l'équation (4.3.7) est

$$R(r) = \sqrt{\frac{k}{s}}\left(C_1 J_{l+\frac{1}{2}}(kr) + C_2 J_{-(l+\frac{1}{2})}(kr)\right).$$

En posant $x = \cos\theta$, on ramène l'équation (4.3.8) à une équation de Legendre généralisée

$$(1-x^2)\frac{d^2\Theta}{dx^2} - 2x\frac{d\Theta}{dx} + \left(l(l+1) - \frac{m^2}{(1-x^2)}\right)\Theta = 0,$$

dont la solution est

$$\Theta(x) = P_l^m(x) = (1-x^2)^{\frac{m}{2}}\frac{d^m P_l(x)}{dx^m},$$

où comme dans l'exercice 4.3.1, $P_l^m(x)$ désigne les polynômes de Legendre généralisés définies par

$$P_l^m(x) = \frac{d^m}{dx^m}P_l(x),$$

où $P_l(x)$ sont les polynômes de Legendre étudiés dans l'exercice 1.4.3. Ainsi,

$$\Theta(x) = \Theta(\cos\theta) = P_l^m(\cos\theta) = \sin^m\theta.\left.\frac{d^m P_l(x)}{dx^m}\right|_{x=\cos\theta}.$$

En conclusion, la solution cherchée est

$$u(r,\theta,\varphi,t) = R(r).\Theta(\theta).\Phi(\varphi).T(t),$$

où

$$\begin{aligned}
R(r) &= \sqrt{\frac{k}{s}}\left(C_1 J_{l+\frac{1}{2}}(kr) + C_2 J_{-(l+\frac{1}{2})}(kr)\right),\\
\Theta(\theta) &= P_l^m(\cos\theta),\\
\Phi(\varphi) &= B_1 e^{-im\varphi} + B_2 e^{im\varphi},\\
T(t) &= A_1 e^{-ikct} + A_2 e^{ikct}.
\end{aligned}$$

Exercice 4.3.5 *Considérons l'équation suivante :*

$$\frac{\partial^2\psi}{\partial x^2} + \frac{\partial^2\psi}{\partial y^2} + \frac{\partial^2\psi}{\partial z^2} + \frac{2m}{\hbar^2}(\lambda - u(r))\psi = 0,$$

appelée équation stationnaire de Schrödinger. La fonction ψ (inconnue) est appelée fonction d'onde d'une particule, le paramètre spectral λ est l'énergie de la particule, la fonction $u(r)$ (connue) est le potentiel ou énergie potentielle *de la particule, $\hbar$ est la constante de Planck et m est la masse de la particule. Il n'existe qu'un seul atome pour lequel l'équation de Schrödinger admette une solution exacte ; c'est l'atome d'hydrogène. Dans ce cas l'énergie potentielle est de la forme $u(r) = -\frac{e^2}{r}$, où r est la distance de l'électron en mouvement au noyau que l'on prend pour origine des coordonnées et e désigne la charge de la particule. Dès lors, l'équation de Schrödinger s'écrit*

$$\frac{\partial^2\psi}{\partial x^2}+\frac{\partial^2\psi}{\partial y^2}+\frac{\partial^2\psi}{\partial z^2}+\frac{2\mu}{\hbar^2}\left(\lambda+\frac{e^2}{r}\right)\psi=0,$$

et le problème consiste à trouver des solutions $\psi(x, y, z)$ uniformes, bornées dans tout l'espace et qui sont nulles à l'infini.

Solution : La méthode de résolution consiste à suivre le même cheminement qui a été fait dans les exercices précédents. Rappelons le principe de la méthode : on exprime l'équation ci-dessus en coordonnées sphériques (r, θ, φ), c-à-d.,

$$\frac{1}{r^2}\frac{\partial}{\partial r}\left(r^2\frac{\partial\psi}{\partial r}\right)+\frac{1}{r^2\sin\theta}\frac{\partial}{\partial\theta}\left(\sin\theta\frac{\partial\psi}{\partial\theta}\right)+\frac{1}{r^2\sin^2\theta}\frac{\partial^2\psi}{\partial\varphi^2}+\frac{2\mu}{\hbar^2}\left(\lambda+\frac{e^2}{r}\right)\psi=0.$$

La recherche de solutions de la forme $\psi(r, \varphi, z) = R(r).\Theta(\theta).\Phi(\varphi)$, conduit à l'équation

$$r^2\frac{R''}{R}+2r\frac{R'}{R}+\frac{\cos\theta}{\sin\theta}\frac{\Theta'}{\Theta}+\frac{\Theta''}{\Theta}+\frac{1}{\sin^2\theta}\frac{\Phi''}{\Phi}+\frac{2\mu r^2}{\hbar^2}\left(\lambda+\frac{e^2}{r}\right)=0,$$

équivalente aux deux équations

$$\begin{aligned} r^2\frac{R''}{R}+2r\frac{R'}{R}+\frac{2\mu r^2}{\hbar^2}\left(\lambda+\frac{e^2}{r}\right) &= K,\\ \frac{\cos\theta}{\sin\theta}\frac{\Theta'}{\Theta}+\frac{\Theta''}{\Theta}+\frac{1}{\sin^2\theta}\frac{\Phi''}{\Phi} &= -K,\end{aligned}$$

où K est une constante. La seconde de ces équations, fournit

$$\sin^2\theta.\frac{\Theta''}{\Theta}+\cos\theta\sin\theta.\frac{\Theta'}{\Theta}+K\sin^2\theta=-\frac{\Theta''}{\Theta}\equiv m^2,$$

où m est une constante. Dès lors,

$$\begin{aligned} \Phi''+m^2\Phi &= 0,\\ \sin^2\theta.\Theta''+\cos\theta\sin\theta.\Theta'+\left(K\sin^2\theta-m^2\right)\Theta &= 0.\end{aligned}$$

En posant $K = l(l+1)$, $l \in \mathbb{N}$, on rassemble les trois équations obtenues comme suit,

$$R'' + \frac{2}{r}R' + \left(\frac{2\mu}{\hbar^2}\left(\lambda + \frac{e^2}{r}\right) - \frac{l(l+1)}{r^2}\right)R = 0, \qquad (4.3.9)$$

$$\sin^2\theta.\Theta'' + \cos\theta\sin\theta.\Theta' + \left(l(l+1)\sin^2\theta - m^2\right)\Theta = 0, \qquad (4.3.10)$$

$$\Phi'' + m^2\Phi = 0. \qquad (4.3.11)$$

Pour résoudre l'équation (4.3.9), on pose $R(r) = r^l F(r)$, d'où

$$F'' + \frac{2(l+1)}{r}F' + \frac{2\mu}{\hbar^2}\left(\lambda + \frac{e^2}{r}\right)F = 0.$$

En effectuant le changement de variable $r = ax$, $a \neq 0$, on obtient l'équation différentielle

$$\frac{d^2F}{dx^2} + \frac{2(l+1)}{x}\frac{dF}{dx} + \frac{2\mu a}{\hbar^2}\left(\lambda a + \frac{e^2}{x}\right)F = 0,$$

dont les solutions sont données par $F(r) = e^{-\frac{r}{2a}}L_{2l+1+p}^{2l+1}\left(\frac{r}{a}\right)$, et par conséquent,

$$R(r) = r^l e^{-\frac{r}{2a}}L_{2l+1+p}^{2l+1}\left(\frac{r}{a}\right),$$

où l et p sont des entiers. Ici $L_n^k(x)$ désigne les polynômes de Laguerre généralisés définies par $L_n^k(x) = \frac{d^k}{dx^k}L_n(x)$, où $L_n(x)$ sont les polynômes de Laguerre ; solutions de l'équation différentielle (de Laguerre) : $xL_n'' + (1-x)L_n' + nL_n = 0$. Ces polynômes sont aussi définis par la formule d'Olinde-Rodrigues :

$$L_n(x) = e^x\frac{d^n}{dx^n}\left(x^n e^{-x}\right), \quad n \in \mathbb{N}.$$

La résolution de l'équation (4.3.10), a été faite dans l'exercice précédent (voir équation (4.3.8)) et sa solution est

$$\Theta(x) = \Theta(\cos\theta) = P_l^m(\cos\theta) = \sin^m\theta.\left.\frac{d^m P_l(x)}{dx^m}\right|_{x=\cos\theta}.$$

L'équation (4.3.11) admet évidemment la solution $\Theta(\varphi) = A\cos m\varphi + B\sin m\varphi$, où A et B sont des constantes. Finalement, la solution cherchée est

$$\psi(r,\theta,\varphi,t) = R(r).\Theta(\theta).\Phi(\varphi),$$

où R, Θ et Φ sont définies ci-dessus.

La mathématique est l'art de donner le même nom à des choses différentes. Henri POINCARÉ

Chapitre 5

Problèmes divers

5.1 Étude via l'analyse de Fourier et la transformée de Laplace

5.1.1 Rappel théorique

Dans les exercices ci-dessous, les méthodes utilisées seront celles des séries de Fourier, les transformées de Fourier et les transformées de Laplace. Rappelons quelques résultats sur ces notions (voir [12] pour plus de détail).

Soit f est une fonction définie et intégrable sur l'intervalle $[-\pi, \pi]$. On suppose que cette fonction est 2π-périodique. Les nombres a_k et b_k définis par

$$a_k = \frac{1}{\pi}\int_{-\pi}^{\pi} f(x)\cos kx dx, k \geq 0, \qquad b_k = \frac{1}{\pi}\int_{-\pi}^{\pi} f(x)\sin kx dx, k \geq 1$$

s'appellent coefficients de Fourier de f et la série trigonométrique

$$\frac{a_0}{2} + \sum_{k=1}^{\infty}(a_k \cos kx + b_k \sin kx),$$

est dite série de Fourier de f. Au lieu de considérer l'intervalle $[-\pi, \pi]$, on peut considérer tout autre intervalle d'amplitude 2π, par exemple $[0, 2\pi]$. Pour une fonction f, $2L$-périodique, définie et intégrable sur un intervalle $[-L, L]$ d'amplitude quelconque finie, la série de Fourier associée à la fonction f est donnée par

$$\frac{a_0}{2} + \sum_{k=1}^{\infty}\left(a_k \cos\frac{k\pi x}{L} + b_k \sin\frac{k\pi x}{L}\right),$$

où

$$a_k = \frac{1}{L}\int_{-L}^{L} f(x)\cos\frac{k\pi x}{L} dx, k \geq 0, \qquad b_k = \frac{1}{L}\int_{-L}^{L} f(x)\sin\frac{k\pi x}{L} dx, k \geq 1$$

En notation complexe, la série de Fourier d'une fonction 2π-périodique f s'écrit sous la forme

$$\sum_{k=-\infty}^{\infty} c_k e^{ikx},$$

où

$$c_k = \frac{1}{2\pi}\int_{-\pi}^{\pi} f(x)e^{-ikx}dx, \quad k \in \mathbb{Z}.$$

Si f est $2L$-périodique, sa série de Fourier s'écrit en notation complexe sous la forme

$$\sum_{k=-\infty}^{\infty} c_k e^{i\frac{k\pi}{L}x},$$

où

$$c_k = \frac{1}{2L}\int_{-L}^{L} f(x)e^{-i\frac{k\pi}{L}x}dx, \quad k \in \mathbb{Z}.$$

Si la série de Fourier associée à une fonction continue f converge uniformément, alors elle converge vers f. Soient $f : [a,b] \longrightarrow \mathbb{R}(\text{ou } \mathbb{C})$ et $x \in [a,b]$. Nous noterons $f(x+0)$ et $f(x-0)$ les limites à droite et à gauche de f en x. Une fonction f définie sur un intervalle $[a,b]$, est dite réglée si elle admet une limite à droite en tout point de $[a,b[$ et une limite à gauche en tout point de $]a,b]$. Toute fonction continue est réglée. Toute fonction continue par morceaux est réglée. Toute fonction en escalier est réglée. Toute fonction numérique monotone est réglée. Toute fonction à variation bornée est réglée. On appelle dérivée à droite de f au point x, la limite (si elle existe) suivante :

$$\lim_{\substack{h\to 0\\ h>0}} \frac{f(x+h)-f(x+0)}{h}.$$

De même, on appelle dérivée à gauche de f au point x, la limite (si elle existe) suivante :

$$\lim_{\substack{h\to 0\\ h>0}} \frac{f(x-0)-f(x-h)}{h}.$$

Le théorème de Dirichlet affirme que si f est une fonction 2π-périodique sur $\mathbb{R}$, réglée et dérivable à droite et à gauche sur $\mathbb{R}$, alors la série de Fourier de f converge simplement en tout point x vers

$$\frac{f(x+0)+f(x-0)}{2} \qquad \text{(régularisée de } f\text{)}.$$

En particulier, si f est continue au point x, sa série de Fourier converge vers la fonction $f(x)$. Ce théorème se généralise évidemment aux séries de Fourier de fonctions $2L$-périodique, définies et intégrables sur un intervalle $[-L, L]$ d'amplitude quelconque finie. Signalons aussi que si f une fonction 2π-périodique, continue sur $\mathbb{R}$ et de classe $\mathcal{C}^1$ par morceaux, alors la série de Fourier de f converge normalement (et par suite absolument et uniformément) vers f sur $\mathbb{R}$. Par ailleurs, un théorème de Jordan affirme que si f est périodique et à variation bornée sur un intervalle d'une période, alors sa série de Fourier converge pour tous les x vers $\frac{f(x+0)+f(x-0)}{2}$. De plus, la convergence vers $f(x)$ est uniforme sur tout intervalle où f est continue.

Soit $f : \mathbb{R} \longrightarrow \mathbb{R}(\text{ou } \mathbb{C})$ une fonction appartenant à $\mathcal{L}^1(\mathbb{R})$. On appelle transformée de Fourier de f, la fonction $\widehat{f} : \mathbb{R} \longrightarrow \mathbb{C}$ définie par

$$\widehat{f}(\omega) = \int_{-\infty}^{\infty} f(x)e^{-2\pi i\omega x}dx, \quad \omega \in \mathbb{R}$$

On montre que sous certaines conditions (par exemple $f \in \mathcal{L}^1$ et $\widehat{f} \in \mathcal{L}^1$), on peut obtenir $f(x)$ à partir de $\widehat{f}(\omega)$ par la transformation inverse (dite formule d'inversion de Fourier)

$$f(x) = \int_{-\infty}^{\infty} \widehat{f}(\omega)e^{2\pi i\omega x}d\omega.$$

Si $f \in \mathcal{L}^1(\mathbb{R})$, alors $\widehat{f}$ est continue, bornée, $\widehat{f}(\omega)$ tend vers 0 quand $\omega \longrightarrow \pm\infty$ et $\|\widehat{f}\|_\infty \leq \|f\|_1$. On montre que si $f, g \in \mathcal{L}^1$ et si $\widehat{f}(\omega) = \widehat{g}(\omega)$ alors $f = g$, pour presque tout point de $\mathbb{R}$. En particulier, si f et g sont continues et si $\widehat{f}$ et $\widehat{g}$ sont égales alors f et g le sont aussi. Signalons quelques propriétés élémentaires sur les transformées de Fourier : soient $f, g \in \mathcal{L}^1(\mathbb{R})$ et $\alpha, \beta \in \mathbb{C}$, alors

$$\mathcal{F}\{\alpha f(x) + \beta g(x)\} = \alpha\mathcal{F}\{f(x)\} + \beta\mathcal{F}\{g(x)\},$$

$$\mathcal{F}\{f(x-c)\} = e^{-2\pi i\omega c}\widehat{f}(\omega), \qquad c \in \mathbb{R}$$

$$\mathcal{F}\{e^{2\pi i\omega_0 x}f(x)\} = \widehat{f}(\omega - \omega_0), \qquad \omega_0 \in \mathbb{R}$$

$$\mathcal{F}\{f(cx)\} = \frac{1}{|c|}\widehat{f}\left(\frac{\omega}{c}\right), \qquad c \in \mathbb{R}^*$$

$$\mathcal{F}\{\overline{f}(x)\} = \overline{\widehat{f}}(-\omega), \quad (\text{– désigne le conjugué})$$

En outre, la transformée de Fourier d'une fonction paire (resp. impaire) est paire (resp. impaire). Soit $f \in \mathcal{L}^1(\mathbb{R})$ et supposons que f est dérivable et que $f' \in \mathcal{L}^1(\mathbb{R})$, Alors

$$\mathcal{F}\{f'(x)\} = 2\pi i\omega\mathcal{F}\{f(x)\} = 2\pi i\omega\widehat{f}(\omega).$$

Si en outre, f admet des dérivées jusqu'à l'ordre n qui sont dans $\mathcal{L}^1(\mathbb{R})$, alors

$$\mathcal{F}\{f^{(n)}(x)\} = (2\pi i\omega)^n \mathcal{F}\{f(x)\} = (2\pi i\omega)^n \widehat{f}(\omega).$$

Si f admet des dérivées jusqu'à l'ordre n qui sont dans $\mathcal{L}^1(\mathbb{R})$, alors

$$|\widehat{f}(\omega)| \leq \frac{C}{|\omega|^n}, \quad C \equiv \text{constante}$$

ce qui montre que plus n est grand, plus $\widehat{f}$ décroît rapidement à l'infini. Soit $f \in \mathcal{L}^1(\mathbb{R})$ et supposons que $xf(x) \in \mathcal{L}^1(\mathbb{R})$, alors $\widehat{f}$ est dérivable et l'on a

$$\frac{d\widehat{f}(\omega)}{d\omega} = \mathcal{F}\{-2\pi i x f(x)\}.$$

Si en outre, $x^n f(x) \in \mathcal{L}^1(\mathbb{R})$ alors

$$\frac{d^n\widehat{f}(\omega)}{d\omega^n} = \mathcal{F}\{(-2\pi i x)^n f(x)\}.$$

Sous les hypothèses précédentes, on a

$$\frac{d^n\widehat{f}(\omega)}{d\omega^n} \leq (2\pi)^n \int_{-\infty}^{\infty} |x^n f(x)| dx,$$

ce qui signifie que plus f décroît rapidement à l'infini, plus n est grand (c'est-à-dire plus $\widehat{f}$ est dérivable et ses dérivées sont bornées). Si $f, g \in \mathcal{L}^1(\mathbb{R})$, alors $f * g \in \mathcal{L}^1(\mathbb{R})$ (ou $f * g(x) = \int_{-\infty}^{\infty} f(t)g(x-t)dt$, $x \in \mathbb{R}$) et

$$\mathcal{F}\{(f * g)(x)\} = \mathcal{F}\{f(x)\}\mathcal{F}\{g(x)\},$$

autrement dit, la transformée de Fourier d'un produit de convolution est égale au produit ordinaire des transformées de Fourier de chaque facteur.

Soit $f : \mathbb{R}_+ \longrightarrow \mathbb{R}$ (ou $\mathbb{C}$), une fonction localement sommable. On appelle transformée de Laplace de $f(x)$ la fonction notée $\mathcal{L}\{f(x)\}$ ou $F(p)$, de la variable complexe $p = \sigma + i\omega$ définie par

$$\mathcal{L}\{f(x)\} = F(p) = \int_0^{\infty} f(x)e^{-px} dx.$$

La fonction f est appelée original de F et F l'image de f. On montre que si f est une fonction définie sur $\mathbb{R}$, nulle pour tout $x < 0$, continue par morceaux sur $[0, +\infty[$ et si en outre ils existent des constantes $M > 0$ et σ_0 telles que : $|f(x)| \leq Me^{\sigma_0 x}$, $\forall x \geq x_0$, alors la transformée de Laplace existe pour tout $\sigma > \sigma_0$. Notons que si l'intégrale ci-dessus converge pour $\text{Re}\, p = \sigma_0$, alors il en est de même pour tout p tel que : Re $p \geq \sigma_0$. Soit $f \in \mathcal{L}_{loc}([0,+\infty[)$. Le nombre

$$\sigma_0 = \inf\{\sigma \in \mathbb{R} : f(x)e^{\sigma x} \in \mathcal{L}_{loc}([0,+\infty[)\},$$

s'appelle abscisse de sommabilité ou abscisse de convergence absolue de la fonction f. Le demi-plan de convergence $\{p = \sigma + i\omega : \text{Re } p = \sigma > \sigma_0\}$ est le domaine de sommabilité sur lequel $F(p)$ est défini.

Rappelons un certain nombre de propriétés élmentaires sur les transformées de Laplace. La transformée de Laplace est une application linéaire. Plus précisément, Pour tout $\alpha, \beta \in \mathbb{C}$, pour toutes fonctions f, g, d'abscisses de sommabilité respectives σ_0, ς_0, alors

$$\mathcal{L}\{\alpha f(x) + \beta g(x)\} = \alpha\mathcal{L}\{f(x)\} + \beta\mathcal{L}\{g(x)\} = \alpha F(p) + \beta G(p),$$

où Re $p > \max\{\sigma_0, \varsigma_0\}$. Si $\mathcal{L}\{f(x)\} = F(p)$, alors

$$\mathcal{L}\{f(x-c)\} = e^{-cp}F(p), \quad \text{Re } p > \sigma_0.$$

Si $\mathcal{L}\{f(x)\} = F(p)$, alors

$$\mathcal{L}\{f(x)e^{-\alpha x}\} = F(p+\alpha), \quad \text{Re}(p+\alpha) > \sigma_0.$$

Si $\mathcal{L}\{f(x)\} = F(p)$, alors

$$\mathcal{L}\{f(cx)\} = \frac{1}{c}F\left(\frac{p}{c}\right), \quad c > 0.$$

Si $\mathcal{L}\{f(x)\} = F(p)$, alors

$$\mathcal{L}\{\overline{f}(x)\} = \overline{F}(\overline{p}), \quad (\text{— désigne le conjugué})$$

La transformée de Laplace d'une fonction localement sommable f, est une fonction holomorphe dans le domaine de sommabilité $\{p \in \mathbb{C} : \text{Re } p > \sigma_0\}$ et on a la formule

$$F^{(n)}(p) = \int_0^\infty (-x)^n f(x)e^{-px}dx = (-1)^n\mathcal{L}\{x^n f(x)\}.$$

Si $\mathcal{L}\{f(x)\} = F(p)$ et $\mathcal{L}\{g(x)\} = G(p)$, alors

$$\mathcal{L}\{(f * g)(x)\} = F(p)G(p), \quad \text{Re } p > \max\{\sigma_0, \varsigma_0\}$$

où σ_0 et ς_0 sont les indices de sommabilité de f et g respectivement. Soit f une fonction localement sommable. On suppose que pour tout $x > 0$, f est continue, sa dérivée $f'(x)$ existe et est continue par morceaux. S'il existe des constantes $M > 0$ et σ_0 telles que : $|f(x)| \leq Me^{\sigma_0 x}$, pour tout $x \geq x_0$, alors

$$\mathcal{L}\{f'(x)\} = p\mathcal{L}\{f(x)\} - f(0^+) = pF(p) - f(0^+), \quad \text{Re } p > \sigma_0$$

En général, si $f(x)$ est discontinue aux points $x_1, ..., x_n$, alors

$$\mathcal{L}\{f'(x)\} = p\mathcal{L}\{f(x)\} - f(0^+) - \sum_{k=1}^{n} e^{-px_k}(f(x_k^+) - f(x_k^-)).$$

Notons aussi que les expressions ci-dessus se généralisent par récurrence pour les dérivées d'ordres supérieures. Par exemple pour l'expression ci-dessus, supposons que f est localement sommable, f est continue pour tout $x > 0$, les dérivées $f'(x), ..., f^{(n-1)}(x)$ existent et sont continues par morceaux, il existe des constantes $M > 0$ et σ_0 telles que : $|f(x)| \leq Me^{\sigma_0 x}$ pour tout $x \geq x_0$, alors

$$\mathcal{L}\{f^{(n)}(x)\} = p^n F(p) - p^{n-1}f(0^+) - p^{n-2}f'(0^+) - \cdots - pf^{(n-2)}(0^+) - f^{(n-1)}(0^+).$$

Si $\mathcal{L}\{f(x)\} = F(p)$, alors

$$\mathcal{L}\left\{\int_0^x f(t)dt\right\} = \frac{F(p)}{p}, \quad \text{Re } p > \max(0, \sigma_0).$$

Si f est une fonction ayant un abscisse de sommabilité σ_0, alors pour Re $p > \sigma_0$, on a $\lim_{p\to\infty} F(p) = 0$. Si f est une fonction ayant une transformée de Laplace et telle que $f(0^+)$ existe, alors $\lim_{p\to\infty} pF(p) = f(0^+)$. Si f est une fonction ayant une transformée de Laplace et telle que $\lim_{x\to+\infty} f(x) = f(+\infty)$ existe et est finie, alors $\lim_{p\to 0} pF(p) = f(+\infty)$.

Soit $F(p) = F(\sigma + i\omega)$ une fonction holomorphe dans $\{p \in \mathbb{C} : \text{Re } p > \sigma_0\}$. On suppose que $\lim_{|p|\to+\infty} |F(p| = 0$ pour Re $p > \sigma_0$ et pour tout $\sigma > \sigma_0$, la fonction $\omega \in \mathbb{R} \longmapsto F(\sigma + i\omega)$ est sommable sur $\mathbb{R}$ (c'est-à-dire F est une fonction sommable en ω, pour tout $\sigma > \sigma_0$). Alors l'original f de F est donné par la formule de Bromwich-Wagner suivante :

$$f(x) = \frac{1}{2\pi i}\int_{\sigma-i\infty}^{\sigma+i\infty} F(p)e^{px}dp, \quad \sigma > \sigma_0$$

Dans l'intégrale de Bromwich-Wagner, l'intégration de la fonction d'une variable complexe se fait le long d'une droite parallèle à l'axe imaginaire d'abscisse $\sigma > \sigma_0$, située dans le domaine de convergence et parcourue de bas en haut. Toutes les singularités de $F(p)$ sont à gauche de cette droite, puisque celle-ci est située à droite de l'abscisse de sommabilité σ_0. Dans certains cas, il est nécessaire de calculer cette intégrale, en utilisant les techniques d'intégration d'une fonction d'une variable complexe (voir par exemple [14]), notamment la méthode habituelle des résidus. Rappelons qu'un théorème de Cauchy, affirme que si $f(z)$ est une fonction holomorphe dans un domaine simplement connexe $\Omega \subset \mathbb{C}$ et si γ est un chemin fermé contenu dans Ω, alors $\int_\gamma f(z)dz = 0$. De même, si $f(z)$ est une fonction holomorphe dans un domaine simplement connexe $\Omega \subset \mathbb{C}$, sauf en $z_1, z_2, ..., z_k$, si γ est un chemin fermé contenu dans Ω entourant tous ces points et si γ_j $(1 \leq j \leq k)$ est un chemin fermé contenu dans le domaine intérieur à γ entourant z_j et n'entourant pas les autres z_l $(l \neq j)$, alors

$$\int_\gamma f(z)dz = \sum_{j=1}^{k} \int_{\gamma_j} f(z)dz.$$

D'après le théorème des résidus, si $\Omega \subset \mathbb{C}$ est un domaine, $z_1, z_2, ..., z_k \in \Omega$ et $f : \Omega \backslash \{z_1, z_2, ..., z_k\} \longrightarrow \mathbb{C}$, est une fonction holomorphe, alors

$$\int_\gamma f(z)dz = 2\pi i \sum_{j=1}^{k} \text{Rés} f(z, z_0),$$

où γ est un chemin fermé contenu dans Ω à l'intérieur duquel sont contenus tous les z_j. Signalons que lorsque z_0 est un pôle d'ordre m de la fonction $f(z)$, alors

$$\text{Rés} f(z, z_0) = \frac{1}{(m-1)!} \lim_{z \to z_0} \frac{d^{m-1}}{dz^{m-1}} \left((z - z_0)^m f(z)\right).$$

De même, lorsque z_0 est un pôle simple de la fonction $f(z) = \frac{P(z)}{Q(z)}$, avec $P(z_0) \neq 0$ et $Q(z_0) = 0$, alors $\text{Rés} f(z, z_0) = \frac{P(z_0)}{Q'(z_0)}$ si $Q'(z_0) \neq 0$. Lorsque z_0 est un point singulier essentiel de $f(z)$, le résidu s'obtient en développant $f(z)$ en série de Laurent autour de z_0. Dans les résultats (lemmes de Jordan) qui suivent γ_1 (resp. γ_2) désignera le demi-cercle de centre 0 et de rayon r (resp. ε). Si $|f(z)| \leq \frac{M}{r^k}$ pour $z = re^{i\theta}$, où $k > 1$ et M sont des constantes, alors $\lim_{r \to \infty} \int_{\gamma_1} f(z)dz = 0$. Si $|f(z)| \leq \frac{M}{r^k}$ pour $z = re^{i\theta}$, où $k > 0$ et M sont des constantes, alors $\lim_{r \to \infty} \int_{\gamma_1} f(z)e^{imz}dz = 0$. Si $z = 0$ est un pôle simple de $f(z)$, alors $\lim_{r \to \infty} \int_{\gamma_2} f(z)dz = -\pi i \text{Rés} f(z, 0)$. Pour les intégrales faisant appel à des «fonctions» multiformes, le principe de la méthode est le même, à ceci près que les intégrants multiformes doivent être uniformisés au moyen d'une coupure adéquate. Les contours d'intégration ne pouvant pas traverser ces coupures, l'intégrant sera déterminé univoquement par une de ses déterminations le long de ces contours. Pour des exemples d'utilisation de la formule de Bromwich, voir l'exercice 4.3.17. Cependant, dans la pluspart des applications courantes, l'image $F(p)$ est une fraction rationnelle et il est plus simple d'effectuer une décomposition en éléments simples de la fonction plutôt que d'utiliser la formule de Bromwich-Wagner. Pour faciliter l'utilisation des transformées de Laplace usuelles, nous groupons quelques unes dans le tableau ci-dessous :

$f(x)$	$F(p) = \mathcal{L}\{f(x)\} = \int_0^\infty f(x)e^{-px}dx$
1	$\frac{1}{p}$
e^{ax}	$\frac{1}{p-a}$
x^n	$\frac{n!}{p^{n+1}} = \frac{\Gamma(n+1)}{p^{n+1}}$
x^α, $\alpha > 1$	$\frac{\Gamma(\alpha+1)}{p^{\alpha+1}}$
$e^{bx}\sin ax$	$\frac{a}{(p-a)^2+a^2}$
$e^{bx}\cos ax$	$\frac{p-b}{(p-a)^2+a^2}$
$e^{bx}\sinh ax$	$\frac{a}{(p-a)^2-a^2}$
$e^{bx}\cosh ax$	$\frac{p-b}{(p-a)^2-a^2}$
$x\sin ax$	$\frac{2ap}{(p^2+a^2)^2}$
$x\cos ax$	$\frac{p^2-a^2}{(p^2+a^2)^2}$
$x^n e^{-ax}$	$\frac{n!}{(p+a)^{n+1}}$
$\ln x$	$-\frac{\gamma+\ln p}{p}$, $\gamma = 0.57721...$, (constante d'Euler)

Dans ce tableau, $\Gamma(\alpha)$ désigne la fonction gamma d'Euler (voir [13]).

5.1.2 Résolution de quelques équations différentielles ordinaires

Exercice 5.1.1 *a) Expliquer brièvement comment les séries de Fourier peuvent être utilisées pour résoudre certaines équations différentielles. On pourra considérer par exemple l'équation différentielle linéaire*

$$ay'' + by' + cy = f(x),$$

à coefficients constants et où f est une fonction périodique connue.

b) On considère l'équation différentielle

$$y' + \lambda y = f(x), \quad \lambda \in \mathbb{C} \setminus i\mathbb{Z}$$

où $f : \mathbb{R} \longrightarrow \mathbb{C}$, est une fonction continue et 2π-périodique.

- Déterminer la solution sous forme intégrale de l'équation différentielle ci-dessus et montrer qu'elle est 2π-périodique si et seulement si $y(0) = y(2\pi)$.

- Montrer que l'équation différentielle ci-dessus admet une solution unique développable en série de Fourier et déterminer cette série sous forme complexe.

Solution : a) On procède comme suit : on calcule formellement le coefficient de Fourier $c_k(y)$ associé à la solution y. On a $c_k(ay'' + by' + cy) = c_k(f)$, d'où

$$ac_k(y'') + bc_k(y') + cc_k(y) = c_k(f).$$

En tenant compte du fait qu'en général (on procède par intégration par parties), $c_k(y^{(n)}) = (ik)^n c_k(y)$, $\forall n \in \mathbb{N}$, on obtient

$$-ak^2 c_k(y) + ibkc_k(y) + cc_k(y) = c_k(f),$$

et dès lors, $c_k(y) = \frac{c_k(f)}{c+ibk-ak^2}$. On détermine ensuite $c_k(f)$ à l'aide de l'intégrale (voir rappel ci-dessus) : $c_k = \frac{1}{2L}\int_{-L}^{L} f(x)e^{-i\frac{k\pi}{L}x}dx$, $k \in \mathbb{Z}$, et on montre que la série de Fourier

$$y(x) = \sum_{k=-\infty}^{\infty} c_k(y)e^{ikx},$$

est la solution cherchée.

b) - La solution générale de l'équation différentielle en question est la somme de l'équation générale de l'équation homogène $y' + \lambda y = 0$ et d'une solution particulière de l'équation $y' + \lambda y = f(x)$. La solution de l'équation homogène est évidemment de la forme $y = Ce^{-\lambda x}$ où C est une constante. Pour déterminer une solution particulière de l'équation non homogène, on utilise la méthode de la variation de la constante. On pose $y(x) = C(x)e^{-\lambda x}$ où $C(x)$ est variable et on résout la nouvelle équation obtenue en $C(x)$. En remplaçant cette expression dans l'équation différentielle $y' + \lambda y = f(x)$ et après simplification, on obtient $C'(x) = e^{\lambda x}f(x)$, d'où $C(x) = \int_0^x f(t)e^{\lambda t}dt + K$ où K est une constante. La solution générale de l'équation différentielle proposée est donc

$$y(x) = Ke^{-\lambda x} + e^{-\lambda x}\int_0^x f(t)e^{\lambda t}dt,$$

avec $K = y(0)$. Supposons que $y(0) = y(2\pi)$ et soit $\zeta(x) = y(x+2\pi)$ la solution de l'équation différentielle en question. On a $\zeta(0) = y(2\pi) = y(0)$, d'où $\zeta = y$. Si réciproquement, y est 2π-périodique, alors évidemment $y(0) = y(2\pi)$. Dès lors, la solution y est 2π-périodique si et seulement si $y(0) = y(2\pi)$. Cette dernière condition s'écrit explicitement sous la forme

$$y(0) = y(2\pi) = y(0)e^{-2\pi\lambda} + e^{-\lambda x}\int_0^{2\pi} f(t)e^{\lambda t}dt,$$

d'où $y(0)(e^{2\pi\lambda} - 1) = \int_0^{2\pi} f(t)e^{\lambda t}dt$, où $e^{2\pi\lambda} \neq 1$ puisque $\lambda \in \mathbb{C} \setminus i\mathbb{Z}$.

- D'après ce qui précède, l'équation différentielle en question admet une solution unique ζ qui s'écrit sous la forme

$$\frac{1}{e^{2\pi\lambda} - 1}\int_0^{2\pi} f(t)e^{\lambda t}dt, \quad \lambda \in \mathbb{C} \setminus i\mathbb{Z}.$$

Cette solution étant 2π-périodique et de classe $\mathcal{C}^1$, elle est donc développable en série de Fourier. Elle s'écrit en notation complexe sous la forme

$$\zeta(x) = \sum_{k=-\infty}^{\infty} c_k(\zeta) e^{ikx},$$

où

$$c_k(\zeta) = \frac{c_k(f)}{\lambda + ik},$$

s'obtient en procédant comme dans a).

Exercice 5.1.2 *Expliquer brièvement comment les transformées de Laplace peuvent être utilisées pour résoudre certaines équations différentielles (une telle utilisation porte le nom de calcul symbolique). On pourra considérer par exemple l'équation différentielle linéaire d'ordre n à coefficients constants*

$$a_0 \frac{d^n x}{dt^n} + a_1 \frac{d^{n-1} x}{dt^{n-1}} + \cdots + a_{n-1} \frac{dx}{dt} + a_0 x = y(t),$$

avec les conditions initiales

$$x(0) = x_0, \quad x'(0) = x_0, \quad ..., \quad x^{(n-1)}(0) = x_0^{(n-1)}.$$

Solution : Pour déterminer la solution $x = x(t)$, $t \geq 0$, de cette équation vérifiant les conditions initiales ci-dessus, on procède comme suit : on désigne par $X(p)$ et $Y(p)$ les transformées de Laplace de $x(t)$ et $y(t)$ respectivement. En prenant la transformée de Laplace des deux membres de l'équation différentielle ci-dessus, tout en tenant compte de la propriété de linéarité et la propriété de la dérivation (ainsi que sa généralisation), on obtient

$$\begin{aligned} & a_0 \left(p^n X(p) - p^{n-1} X(0) - p^{n-2} X'(0) - \cdots - X^{(n-1)}(0) \right) \\ & + a_1 \left(p^{n-1} X(p) - p^{n-2} X(0) - p^{n-3} X'(0) - \cdots - X^{(n-2)}(0) \right) \\ & + \cdots + a_{n-1} \left(pX(p) - X(0) \right) + a_n X(p) = Y(p). \end{aligned}$$

Dès lors,

$$\begin{aligned} X(p) &= \frac{Y(p)}{a_0 p^n + a_1 p^{n-1} + \cdots + a_{n-1} p + a_n} \\ & \qquad + \cdots + \frac{U(p)}{a_0 p^n + a_1 p^{n-1} + \cdots + a_{n-1} p + a_n}, \end{aligned}$$

où

$$U(p) = a_0 \left(p^{n-1} X(0) + p^{n-2} X'(0) + \cdots + X^{(n-1)}(0) \right)$$

$$+a_1\left(p^{n-2}X(0)+p^{n-3}X'(0)+\cdots+X^{(n-2)}(0)\right)$$
$$+\cdots+a_{n-1}X(0).$$

La solution $x(t)$ (c'est-à-dire l'original de $X(p)$) s'obtient par la transformée de Laplace inverse. Notons que puisque $U(p)$ est un polynôme, alors si $Y(p)$ est une fraction rationnelle, $X(p)$ sera aussi une fraction rationnelle.

Exercice 5.1.3 *Résoudre l'équation différentielle :*

$$x'''-3x''+3x'-x=t^2e^t,$$

avec les conditions initiales : $x(0)=1$, $x'(0)=0$, $x''(0)=2$.

Solution : Posons $X(p)=\mathcal{L}\{x(t)\}$. D'où

$$\mathcal{L}\{x'''(t)\}-3\mathcal{L}\{x''(t)\}+3\mathcal{L}\{x'(t)\}-\mathcal{L}\{x(t)\}=\mathcal{L}\{t^2e^t\},$$
$$p^3X(p)-p^2x(0)-px'(0)-x''(0)-3\left(p^2X(p)-px(0)-x'(0)\right)$$
$$+3\left(pX(p)-x(0)\right)-X(p)=\frac{2}{(p-1)^3}.$$

En tenant compte des conditions initiales, on obtient

$$\left(p^3-3p^2+3p-1\right)X(p)-p^2+3p-1=\frac{2}{(p-1)^3}.$$

D'où

$$X(p)=\frac{p^2-3p+1}{(p-1)^3}+\frac{2}{(p-1)^6}=\frac{1}{p-1}-\frac{1}{(p-1)^2}-\frac{1}{(p-1)^3}+\frac{2}{(p-1)^6}.$$

La solution $x(t)$ cherchée est

$$x(t)=\mathcal{L}^{-1}\left\{\frac{1}{p-1}\right\}-\mathcal{L}^{-1}\left\{\frac{1}{(p-1)^2}\right\}-\mathcal{L}^{-1}\left\{\frac{1}{(p-1)^3}\right\}+2\mathcal{L}^{-1}\left\{\frac{1}{(p-1)^6}\right\}.$$

Or

$$\mathcal{L}\left\{t^{n-1}\frac{e^{-\alpha t}}{(n-1)!}\right\}=\frac{1}{(p+\alpha)^n},$$

donc en prenant successivement $n=1$, $n=2$, $n=3$, $n=6$ avec $\alpha=-1$, on obtient finalement

$$x(t)=\left(1-t-\frac{t^2}{2}+\frac{t^5}{60}\right)e^t.$$

Exercice 5.1.4 *La méthode de Laplace peut s'appliquer à l'étude de certaines équations différentielles à coefficients variables. Considérons à titre d'exemple l'équation différentielle :*

$$tx'' + (1 - 2t)x' - 2x = 0.$$

Déterminer la solution de cette équation satisfaisant aux conditions initiales : $x(0) = 1$, $x'(0) = 2$.

Solution : On a

$$\mathcal{L}\{tx''\} + \mathcal{L}\{(1 - 2t)x'\} - 2\mathcal{L}\{x\} = 0.$$

Soit $X(p) = \mathcal{L}\{x(t)\}$, la transformée de Laplace de $x(t)$. On a

$$\mathcal{L}\{tx''(t)\} = -\frac{d}{dp}\mathcal{L}\{x''(t)\} = -\frac{d}{dp}\left(p^2X(p) - px(0) - x'(0)\right),$$

d'où

$$\mathcal{L}\{tx''(t)\} = -p^2X'(p) - 2pX(p) + x(0),$$

De même, on a

$$\begin{aligned}
\mathcal{L}\{(1 - 2t)x'\} &= \mathcal{L}\{x'(t)\} - 2\mathcal{L}\{tx'(t)\},\\
&= pX(p) - x(0) + 2\frac{d}{dp}\mathcal{L}\{x'(t)\},\\
&= pX(p) - x(0) + 2\frac{d}{dp}(pX(p - x(0)),\\
&= pX(p) - x(0) + 2X(p) + 2pX'(p),\\
&= 2pX'(p) + (p + 2)X(p) - x(0).
\end{aligned}$$

L'équation précédente s'écrit donc sous la forme $(p-2)X'(p)+X(p) = 0$, c'est-à-dire $\frac{dX(p)}{X(p)} + \frac{dp}{p-2} = 0$, d'où $\ln X(p) + \ln(p - 2) =$ constante, et par conséquent $X(p) = \frac{C}{p-2}$, où C est une constante à déterminer. Dès lors,

$$x(t) = \mathcal{L}^{-1}\{X(p)\} = C\mathcal{L}^{-1}\{\frac{1}{p-2}\} = Ce^{2t}.$$

Or par hypothèse $x(0) = 1$, donc $C = 1$ et finalement $x(t) = e^{2t}$ est la solution de l'équation différentielle en question.

Exercice 5.1.5 *Résoudre l'équation différentielle*

$$\frac{d^3x}{dt^3} + x(t) = 0,$$

avec les conditions initiales : $x(0) = 1$, $x'(0) = 3$, $x''(0) = 8$, *en utilisant la méthode de Laplace.*

Solution : Soit $X(p) = \mathcal{L}\{x(t)\}$, la transformée de Laplace de $x(t)$. On a

$$\mathcal{L}\left\{\frac{d^3x}{dt^3}\right\} + \mathcal{L}\{x(t)\} = 0.$$

Dès lors

$$p^2X(p) - p^2x(0) - px'(0) - x''(0) + X(p) = 0,$$
$$p^2X(p) - p^2 - 3p - 8 + X(p) = 0,$$

d'où

$$X(p) = \frac{p^2 + 3p + 8}{p^3 + 1}.$$

Décomposons $X(p)$ en éléments simples. On a

$$\begin{aligned} X(p) &= \frac{p^2 + 3p + 8}{(p+1)(p^2 - p + 1)}, \\ &= \frac{2}{(p+1)} + \frac{6 - p}{p^2 - p + 1}, \\ &= \frac{2}{(p+1)} - \frac{p - \frac{1}{2}}{\left(p - \frac{1}{2}\right)^2 + \left(\sqrt{\frac{3}{4}}\right)^2} + \frac{11}{\sqrt{3}} \frac{\sqrt{\frac{3}{4}}}{\left(p - \frac{1}{2}\right)^2 + \left(\sqrt{\frac{3}{4}}\right)^2}, \end{aligned}$$

et par conséquent,

$$x(t) = 2e^{-t} + e^{\frac{t}{2}} \left(-\cos \frac{\sqrt{3}}{2}t + \frac{11}{\sqrt{3}} \sin \frac{\sqrt{3}}{2}t \right).$$

Exercice 5.1.6 *Résoudre, par la méthode de Laplace, l'équation différentielle*

$$\frac{d^2x}{dt^2} + x(t) = y(t),$$

avec les conditions initiales : $x(0) = x'(0) = 0$ *où* $y(t)$ *est une fonction connue ayant une transformée de Laplace* $Y(p) = \mathcal{L}\{y(t)\}$.

Solution : Soit $X(p) = \mathcal{L}\{x(t)\}$, la transformée de Laplace de $x(t)$. On a

$$\mathcal{L}\left\{\frac{d^2x}{dt^2}\right\} + \mathcal{L}\{x(t)\} = \mathcal{L}\{y(t)\},$$

d'où

$$p^2X(p) + X(p) = Y(p),$$

car $x(0) = x'(0) = 0$ et donc

$$X(p = \frac{1}{p^2+1}Y(p).$$

Or

$$\mathcal{L}\{(f * g)(t)\} = \mathcal{L}\{f(t)\}\mathcal{L}\{g(t)\} = F(p)G(p).$$

Ici $F(p) = \frac{1}{p^2+1}$, d'où $f(t) = \mathcal{L}^{-1}\{F(p)\} = \sin t$ et $G(p) = Y(p)$ et dès lors, $g(t) = y(t)$. Par conséquent,

$$x(t) = (f * g)(t) = \int_0^t f(\tau)g(t-\tau)d\tau = \int_0^t y(\tau)\sin\tau d\tau.$$

Exercice 5.1.7 *On considère l'équation différentielle*

$$m\frac{d^2x}{dt^2} + c\frac{dx}{dt} + kx = 0,$$

avec les conditions initiales : $x(0) = x_0$*,* $x'(0) = v_0$*. Cette équation décrit le mouvement d'une particule de masse* m *qui se déplace le long d'une trajectoire rectiligne et se trouve attirée vers l'origine par une force* kx *où* x *est le déplacement et* $k > 0$*. L'expression* $c\frac{dx}{dt}$*,* $(c > 0)$*, désigne une autre force qui intervient dans le problème. Etudier le mouvement de cette particule par la méthode de Laplace.*

Solution : Afin de ne pas alourdir les notations, on pose : $\frac{c}{m} = 2\lambda$, $\frac{k}{m} = \omega^2$ et l'équation ci-dessus s'écrit sous la forme

$$\frac{d^2x}{dt^2} + 2\lambda\frac{dx}{dt} + \omega^2 x = 0.$$

Soit $X(p) = \mathcal{L}\{x(t)\}$, la transformée de Laplace de $x(t)$. On a

$$\mathcal{L}\left\{\frac{d^2x}{dt^2}\right\} + 2\lambda\mathcal{L}\left\{\frac{dx}{dt}\right\} + \omega^2\mathcal{L}\{x\} = 0,$$

d'où

$$p^2X(p) - px(0) - x'(0) + 2\omega(pX(p) - x(0)) + \omega^2X(p) = 0,$$

ou

$$p^2X(p) - px_0 - v_0 + 2\lambda pX(p) - 2\lambda x_0 + \omega^2X(p) = 0,$$

ou encore

$$(p^2 + 2\lambda p + \omega^2)X(p) = px_0 + 2\lambda p + v_0.$$

Par conséquent

$$\begin{aligned} X(p) &= \frac{px_0 + 2\lambda p + v_0}{p^2 + 2\lambda p + \omega^2}, \\ &= \frac{(p+\lambda)x_0 + (\lambda x_0 + v_0)}{(p+\lambda)^2 + \omega^2 - \lambda^2}, \\ &= x_0 \frac{p+\lambda}{(p+\lambda)^2 + \omega^2 - \lambda^2} + (\lambda x_0 + v_0)\frac{1}{(p+\lambda)^2 + \omega^2 - \lambda^2}. \end{aligned}$$

Nous allons distinguer différents cas :

a) Si $\omega^2 - \lambda^2 > 0$, alors

$$X(p) = x_0 \frac{p+\lambda}{(p+\lambda)^2 + (\sqrt{\omega^2 - \lambda^2})^2} + \frac{(\lambda x_0 + v_0)}{\sqrt{\omega^2 - \lambda^2}} \frac{\sqrt{\omega^2 - \lambda^2}}{(p+\lambda)^2 + (\sqrt{\omega^2 - \lambda^2})^2},$$

d'où

$$x(t) = x_0 e^{-\lambda t} \cos\sqrt{\omega^2 - \lambda^2}t + \frac{\lambda x_0 + v_0}{\sqrt{\omega^2 - \lambda^2}} e^{-\lambda t} \sin\sqrt{\omega^2 - \lambda^2}t.$$

b) Si $\omega^2 - \lambda^2 = 0$, alors

$$X(p) = x_0 \frac{1}{p+\lambda} + (\lambda x_0 + v_0)\frac{1}{(p+\lambda)^2},$$

d'où

$$x(t) = x_0 e^{-\lambda t} + (\lambda x_0 + v_0) t e^{-\lambda t}.$$

c) Si $\omega^2 - \lambda^2 < 0$, alors

$$X(p) = x_0 \frac{p+\lambda}{(p+\lambda)^2 - (\sqrt{\lambda^2 - \omega^2})^2} + \frac{(\lambda x_0 + v_0)}{\sqrt{\lambda^2 - \omega^2}} \frac{\sqrt{\lambda^2 - \omega^2}}{(p+\lambda)^2 - (\sqrt{\lambda^2 - \omega^2})^2},$$

d'où

$$x(t) = x_0 \cosh\sqrt{\lambda^2 - \omega^2}t + \frac{\lambda x_0 + v_0}{\sqrt{\lambda^2 - \omega^2}} \sinh\sqrt{\lambda^2 - \omega^2}t.$$

Exercice 5.1.8 *(Filtre RC). Considérons un circuit électrique composé d'un condensateur de capacité C, d'une résistance R, d'une source de tension continue (variable avec le temps) $V(t)$ et d'un interrupteur. La différence de potentiel (ou tension) aux bornes de la résistance est donnée par $V_R = Ri$. Désignons par V_C la tension aux bornes du condensateur.*

a) Montrer que

$$\frac{dV_C}{dt} + \frac{V_C}{RC} = \frac{V}{RC}.$$

b) Pour que l'équation ci-dessus possède une solution unique, il faut fournir une condition initiale. Supposons que l'interrupteur se ferme pour $t = 0$. Avant cet instant, il ne pouvait y avoir de courant dans le circuit, mais le condensateur pouvait avoir une certaine charge que l'on désigne par Q_0. Que vaut dans ce cas $V_C(0)$?

c) Supposons que la tension V soit donnée par un train d'impulsion périodiques. Qu'elle est la représentation en série de Fourier complexe de V ?

d) On sait que la solution de l'équation différentielle ci-dessus est la somme de la solution générale de l'équation homogène associée et d'une solution particulière de l'équation complète. On suppose que la solution particulière soit périodique ayant la même période T que $V(t)$. Déterminer la solution de l'équation différentielle ci-dessus.

<u>Solution</u> : a) La loi de Kirchoff exprime que la somme des différences de potentiel le long d'une boucle de circuit doit être nulle, on en déduit que : $V = V_R + V_C = Ri + V_C$, d'où $i = \frac{V-V_C}{R}$. Par définition de la capacité, on a $i = C\frac{dV_C}{dt}$, donc $\frac{dV_C}{dt} + \frac{V_C}{RC} = \frac{V}{RC}$, c'est une équation différentielle du premier ordre linéaire à coefficients constants et avec second membre.

b) Comme $i = C\frac{dV_C}{dt}$, on en déduit $V_C = \frac{1}{C}\left(\int_0^t i(\tau)d\tau + Q_0\right)$. On a donc, pour $t = 0$, $V_C(0) = \frac{Q_0}{C}$.

c) Comme V est décrite par une fonction T-périodique, la représentation en série de Fourier complexe de V est donnée par $\sum_{k=-\infty}^{\infty} c_k e^{i\omega_k t}$, $\omega_k = \frac{2\pi k}{T}$, où

$$c_k = \frac{1}{T}\int_0^T V(t)e^{-i\omega_k t}dt = \frac{1}{T}\int_{-T/2}^{T/2} V(t)e^{-i\omega_k t}dt = \frac{1}{T}\int_{-\Delta T/2}^{\Delta T/2} V_0 e^{-i\omega_k t}dt,$$

d'où,

$$c_k = \frac{V_0}{T}.\frac{e^{-i\omega_k \Delta T/2} - e^{i\omega_k \Delta T/2}}{-i\omega_k} = \frac{2V_0}{T\omega_k}\left(\frac{e^{i\omega_k \Delta T/2} - e^{-i\omega_k \Delta T/2}}{2i}\right),$$

c'est-à-dire

$$c_k = \frac{2V_0}{T\omega_k}\sin\left(\omega_k\frac{\Delta T}{2}\right) = \frac{V_0\Delta T}{T}.\frac{\sin\left(\omega_k\frac{\Delta T}{2}\right)}{\omega_k\frac{\Delta T}{2}}.$$

d) L'équation homogène : $\frac{dV_C}{dt} + \frac{V_C}{RC} = 0$, admet évidemment la solution : $\alpha e^{-\frac{t}{RC}}$, $\alpha \equiv$ constante. Cette solution s'appelle réponse transitoire du circuit car elle disparait avec le temps. Par hypothèse, la solution particulière, est supposée T-périodique. Elle s'écrit donc sous la forme $\sum_{k=-\infty}^{\infty} c_k^* e^{i\omega_k t}$, et s'appelle réponse permanente ou forcée du circuit. Par conséquent,

$$V_C = \alpha e^{-\frac{t}{RC}} + \sum_{k=-\infty}^{\infty} c_k^* e^{i\omega_k t}.$$

L'équation différentielle en question devient $V = RC\frac{dV_C}{dt} + V_C$, d'où

$$\begin{aligned}\sum_{k=-\infty}^{\infty} c_k e^{i\omega_k t} &= RC\left(-\frac{\alpha}{RC}e^{-\frac{t}{RC}} + \sum_{k=-\infty}^{\infty} i\omega_k c_k^* e^{i\omega_k t}\right)\\ &\quad +\alpha e^{-\frac{t}{RC}} + \sum_{k=-\infty}^{\infty} c_k^* e^{i\omega_k t},\\ &= RC\sum_{k=-\infty}^{\infty} i\omega_k c_k^* e^{i\omega_k t} + \sum_{k=-\infty}^{\infty} c_k^* e^{i\omega_k t}.\end{aligned}$$

Puisque les fonctions $e^{i\omega_k t}$ sont linéairement indépendantes, alors on en déduit que : $c_k = RCi\omega_k c_k^* + c_k^*$, avec $c_k^* = \frac{c_k}{1+i\omega_k RC}$, où l'expression de c_k a été obtenue dans la question c). La fonction $F(i\omega) = \frac{1}{1+i\omega RC}$, s'appelle réponse de fréquence du circuit. Son module $|F(i\omega)| = \frac{1}{\sqrt{1+\omega^2 R^2 C^2}}$, s'appelle réponse d'amplitude du circuit, tandis que son argument $\arg F(i\omega) = -\arg\tan(\omega RC)$, est appelé réponse de phase du circuit.

Exercice 5.1.9 *On considère le système d'équations différentielles*

$$\begin{aligned}\frac{dx_0(t)}{dt} + ax_0(t) &= 0,\\ \frac{dx_k(t)}{dt} + ax_k(t) &= ax_{k-1}(t), \quad k = 1, 2, ..., n\end{aligned}$$

avec les conditions initiales suivantes : $x_0(t) = 1,\ x_k(0) = 0, k = 1, 2, ..., n$

a) Calculer explicitement la transformée de Laplace de la fonction : $e^{-at}t^k$.

b) Déterminer la transformée de Laplace $X_k(p) = \mathcal{L}\{x_k(t)\}$ *de* $x_k(t)$.

c) En déduire la solution du système ci-dessus.

<u>Solution</u> : a) Soit $\mathcal{L}\{f(t)\} = F(p)$, comme

$$\mathcal{L}\{f(t)e^{-at}\} = F(p+a), \quad \mathrm{Re}(p+a) > \sigma_0,$$

ici $f(t) = t^k$ et $F(p) = \mathcal{L}\{t^k\} = \frac{k!}{p^{k+1}}$, alors

$$\mathcal{L}\{e^{-at}t^k\} = \frac{k!}{(p+a)^{k+1}}.$$

b) On a

$$\begin{aligned}\mathcal{L}\left\{\frac{dx_0(t)}{dt}\right\} + a\mathcal{L}\{x_0(t)\} &= 0,\\ \mathcal{L}\left\{\frac{dx_k(t)}{dt}\right\} + a\mathcal{L}\{x_k(t)\} &= a\mathcal{L}\{x_{k-1}(t)\}, \quad k = 1, 2, ..., n\end{aligned}$$

d'où

$$\begin{aligned} pX_0(p) - x_0(0) + aX_0(p) &= 0, \\ pX_k(p) - x_k(0) + aX_k(p) &= aX_{k-1}(p), \quad k = 1, 2, ..., n \end{aligned}$$

En tenant compte des conditions initiales, on obtient

$$\begin{aligned} X_0(p) &= \frac{1}{p+a}, \\ X_k(p) &= \frac{a}{p+a} X_{k-1}(p), \quad k = 1, 2, ..., n \end{aligned}$$

ou explicitement

$$X_0(p) = \frac{1}{p+a}, \quad X_1(p) = \frac{a}{(p+a)^2}, \quad X_2(p) = \frac{a^2}{(p+a)^3}, \dots$$

On montre aisément que

$$X_k(p) = \frac{a^k}{(p+a)^{k+1}}, \quad k = 0, 1, 2, ..., n$$

c) On a

$$\begin{aligned} X_k(p) = \mathcal{L}\{x_k(t)\} &= \frac{a^k}{(p+a)^{k+1}}, \quad k = 0, 1, 2, ..., n \\ &= \frac{a^k}{k!} \cdot \frac{k!}{(p+a)^{k+1}}, \\ &= \frac{a^k}{k!} . \mathcal{L}\{e^{-at} t^k\}, \end{aligned}$$

d'après la question précédente. Par conséquent,

$$x_k(t) = \frac{(at)^k e^{-at}}{k!}.$$

Exercice 5.1.10 *Résoudre les équations différentielles suivantes :*

a) $x'' - tx' + x = 1$, *où* $x(0) = 1$ *et* $x'(0) = 2$.

b) $tx'' + 2x' + tx = 0$, *où* $x(0) = 1$ *et* $x(\pi) = 0$.

Réponse : a) $x(t) = 2t + 1$, b) $x(t) = \frac{\sin t}{t}$.

5.1.3 Résolution de quelques équations aux dérivées partielles

Exercice 5.1.11 *(Equation de la chaleur). Soit une plaque carrée dont les côtés ont la longueur π et telle que : ses faces sont isolées, trois de ses côtés sont maintenus à la température zéro, le quatrième côté est maintenu à la température T_0. La température au point $(x, y) \in [0, \pi] \times [0, \pi]$ et à l'instant $t \geq 0$ est représentée par une fonction $u(x, y)$ satisfaisant (dans $]0, \pi[\times]0, \pi[\times]0, \infty[$) à l'équation de la chaleur*

$$\frac{\partial u}{\partial t} - \kappa \left(\frac{\partial^2 u}{\partial x^2} + \frac{\partial^2 u}{\partial y^2} \right),$$

où $\kappa \neq 0$ est une constante. Notre problème consiste à déterminer la température d'état stationnaire ($\frac{\partial u}{\partial t} = 0$) en tout point de la plaque. Dans ce cas, l'équation aux dérivées partielles précédente devient

$$\frac{\partial^2 u}{\partial x^2} + \frac{\partial^2 u}{\partial y^2} = 0. \tag{5.1.1}$$

Cette équation s'appelle équation de Laplace en deux variables. Les conditions aux limites s'expriment par

$$u(0, y) = u(x, 0) = u(\pi, y) = 0, \quad u(x, \pi) = T_0.$$

Résoudre l'équation (5.1.1), par la méthode de séparation des variables et les séries de Fourier.

Solution : On cherche des solutions particulières de (5.1.1) sous la forme :

$$u(x, y) = f(x)g(y),$$

c'est-à-dire sous forme d'un produit de deux fonctions dépendant chacune d'une seule variable. En substituant cette expression dans (5.1.1), on obtient

$$\frac{f''(x)}{f(x)} = -\frac{g''(y)}{g(y)}.$$

Le membre de gauche de cette égalité est une fonction de x et celui de droite est une fonction de y. Comme ils sont égaux, ils ne dépendent ni de x ni de y et sont donc égaux à une constante que l'on désigne par $-\lambda^2$. On obtient donc deux équations : $f''(x) + \lambda^2 f(x) = 0$ et $g''(x) - \lambda^2 g(x) = 0$. En résolvant ces équations, on trouve $f(x) = a \cos \lambda x + b \sin \lambda x$ et $g(x) = c \coth \lambda y + d \sinh \lambda y$. D'où

$$u(x, y) = (a \cos \lambda x + b \sin \lambda x)(c \coth \lambda y + d \sinh \lambda y).$$

Les conditions aux limites $u(0, y) = 0$ et $u(x, 0) = 0$ entrainent respectivement $a = 0$ et $c = 0$, et la condition $u(\pi, y) = 0$ donne $bd \sin \lambda\pi \sinh \lambda y = 0$. Pour obtenir une solution non triviale, c'est-à-dire $b \neq 0$ et $d \neq 0$, il faut choisir $\lambda = k$ où $k = 1, 2, ...$ Dès lors $u_k(x, y) = A_k \sin kx. \sinh ky$. Pour satisfaire à la dernière condition : $u(x, \pi) = T_0$, on utilise d'abord le principe de superposition pour obtenir la solution générale :

$$u(x, y) = \sum_{k=1}^{\infty} u_k(x, y) = \sum_{k=1}^{\infty} A_k \sin kx. \sinh ky. \tag{5.1.2}$$

Puis en se basant sur la condition aux limites

$$u(x, \pi) = \sum_{k=1}^{\infty} A_k \sinh k\pi \sin kx = T_0, \tag{5.1.3}$$

on détermine les coefficients A_k de la manière suivante : l'équation (5.1.3) représente le développement en série de Fourier de la constante T_0 dans l'intervalle $[0, \pi[$. En posant $u(x, \pi) = -T_0$ pour $x \in [-\pi, 0[$, la fonction $u(x, \pi)$ est définie dans l'intervalle $[-\pi, \pi[$, et comme il s'agit d'une fonction impaire, on a pour son développement en série de Fourier :

$$u(x, \pi) = \sum_{k=1}^{\infty} b_k \sin kx = T_0, \tag{5.1.4}$$

où

$$b_k = \frac{2}{\pi} \int_0^{\pi} u(x, \pi) \sin kx dx = \frac{2T_0}{\pi} \int_0^{\pi} \sin kx dx = \frac{2T_0(1 - \cos k\pi)}{\pi k}.$$

En comparant (5.1.3) et (5.1.4), on obtient $A_k = \frac{2T_0(1-\cos k\pi)}{\pi k \sinh k\pi}$. Finalement, en portant ces valeurs dans (5.1.2), on obtient la solution :

$$u(x, y) = \frac{2T_0}{\pi} \sum_{k=1}^{\infty} \frac{(1 - \cos k\pi)}{\pi k \sinh k\pi} \sin kx. \sinh ky.$$

Exercice 5.1.12 *On considère l'équation aux dérivées partielles (équation des cordes vibrantes) :*

$$\frac{\partial^2 u}{\partial t^2} = c^2 \frac{\partial^2 u}{\partial x^2}, \quad t > 0$$

où $u(x, t)$ est l'amplitude des mouvements transversaux de la corde et $c > 0$ est une constante (vitesse de la propagation) connue. On suppose que la corde est *homogène et tendue entre ses extrémités fixes 0 et l. Déterminer la solution de cette équation qui satisfait aux conditions suivantes :*

$$\begin{cases} u(x,0) &= f(x) \quad (\textit{déformation initiale de la corde en } t=0), \quad 0<x<l, \\ \frac{\partial u}{\partial t}(x,0) &= 0, \quad 0<x<l, \\ u(0,t) &= u(l,t)=0, \quad t>0. \end{cases}$$

Réponse : Il suffit d'utiliser un raisonnement similaire à celui de l'exercice 5.1.11, en posant (méthode de séparation des variables) : $u(x,t) = f(x)g(t)$. On obtient $u_k(x,t) = A_k \sin \frac{k\pi}{l} x \cos \frac{k\pi c}{l} t$, et via le principe de superposition,

$$u(x,t) = \sum_{k=1}^{\infty} u_k(x,t) = \sum_{k=1}^{\infty} A_k \sin \frac{k\pi}{l} x \cos \frac{k\pi c}{l} t.$$

En se basant sur la condition aux limites $u(x,0) = f(x) = \sum_{k=1}^{\infty} A_k \sin \frac{k\pi}{l} x$, on détermine les coefficients A_k à l'aide de la méthode des séries de Fourier et on obtient finalement la solution

$$u(x,t) = \sum_{k=1}^{\infty} \left(\frac{2}{l} \int_0^{\infty} f(x) \sin \frac{k\pi}{l} x dx \right) \sin \frac{k\pi}{l} x \cos \frac{k\pi c}{l} t.$$

Exercice 5.1.13 *On considère l'équation de la chaleur :*

$$\frac{\partial u}{\partial t} = \frac{\partial^2 u}{\partial x^2}, \quad t>0$$

où $u : [0,L] \times [0,+\infty[\longrightarrow \mathbb{R}, (x,t) \longmapsto u(x,t)$ est une fonction continue sur $[0,L] \times [0,+\infty[$ et de classe $\mathcal{C}^\infty$ sur $]0,L[\times]0,+\infty[$. On suppose satisfaites les conditions aux limites : $u(x,t) = u(L,t) = 0$, $L>0$, ainsi que les conditions initiales : $u(x,0) = \varphi(x)$, où $\varphi : [0,L] \longrightarrow \mathbb{R}$ est une fonction $2L$-périodique, impaire et de classe $\mathcal{C}^4$. Déterminer $u(x,t)$, $0 \leq x \leq L$, à l'aide des séries de Fourier.

Indication : Comme dans l'exercice 5.1.11, on utilise la méthode de séparation des variables en posant : $u(x,t) = f(x)g(t)$, on détermine f, g et on applique le principe de superposition. Ensuite, on prolonge la fonction φ sur $[-L,0]$ de manière impaire et on la décompose en série de Fourier.

Exercice 5.1.14 *En utilisant la transformée de Fourier, déterminer la solution $u(x,t)$ de l'équation de la chaleur*

$$\frac{\partial u}{\partial t} = a \frac{\partial^2 u}{\partial x^2}, \quad a>0$$

avec la condition initiale : $u(x,0) = \varphi(x)$ où $\varphi(x)$ est la température à l'instant $t=0$.

Solution : Pour résoudre l'équation ci-dessus, on considère la transformée de Fourier par rapport à la variable x seulement. On a

$$\int_{-\infty}^{\infty} \frac{\partial u}{\partial t}(x,t)e^{-2\pi i\omega x}dx = a\int_{-\infty}^{\infty} \frac{\partial^2 u}{\partial x^2}(x,t)e^{-2\pi i\omega x}dx,$$

et

$$\mathcal{F}\{u(x,t)\}\widehat{u}(\omega,t) = \int_{-\infty}^{\infty} u(x,t)e^{-2\pi i\omega x}dx.$$

En tenant compte de la formule ci-dessus sur la transformée de Fourier d'une dérivée, on obtient

$$\begin{aligned}
\mathcal{F}\{\frac{\partial u}{\partial x}(x,t)\} &= \widehat{\frac{\partial u}{\partial \omega}}(\omega,t) = \int_{-\infty}^{\infty} \frac{\partial u}{\partial x}(x,t)e^{-2\pi i\omega x}dx = 2\pi i\omega\widehat{u}(\omega,t),\\
\mathcal{F}\{\frac{\partial^2 u}{\partial x^2}(x,t)\} &= \widehat{\frac{\partial^2 u}{\partial \omega^2}}(\omega,t) = \int_{-\infty}^{\infty} \frac{\partial^2 u}{\partial x^2}(x,t)e^{-2\pi i\omega x}dx = -4\pi^2\omega^2\widehat{u}(\omega,t),
\end{aligned}$$

Dès lors l'équation précédente, s'écrit sous la forme

$$\frac{\partial \widehat{u}}{\partial t}(\omega,t) = -4a\pi^2\omega^2\widehat{u}(\omega,t).$$

En intégrant cette équation en l'inconnue $\widehat{u}(\omega,t)$ de la variable t, on obtient

$$\widehat{u}(\omega,t) = Ce^{-4a\pi^2\omega^2 t}.$$

Or

$$\widehat{u}(\omega,0) = C = \int_{-\infty}^{\infty} u(x,0)e^{-2\pi i\omega x}dx = \int_{-\infty}^{\infty} \varphi(x)e^{-2\pi i\omega x}dx,$$

donc

$$\widehat{u}(\omega,t) = e^{-4a\pi^2\omega^2 t}\int_{-\infty}^{\infty} \varphi(x)e^{-2\pi i\omega x}dx = e^{-4a\pi^2\omega^2 t}\widehat{\varphi}(\omega),$$

c'est-à-dire

$$\mathcal{F}\{u(x,t)\} = e^{-4a\pi^2\omega^2 t}\mathcal{F}\{\varphi(x)\}.$$

Comme $\mathcal{F}\{f * g\} = \mathcal{F}\{f\}\mathcal{F}\{g\}$, on peut poser $u(x,t) = f * g$, avec $f = \varphi(x)$ donnée et g telle que : $\mathcal{F}\{g\} = \widehat{g}(\omega) = e^{-4a\pi^2\omega^2 t}$. On montre aisément[1], que

$$g = \frac{1}{4\pi\sqrt{a\pi t}}e^{-\frac{x^2}{16a\pi^2 t}}.$$

Finalement, on obtient la solution

$$u(x,t) = \varphi * \frac{1}{4\pi\sqrt{a\pi t}}e^{-\frac{x^2}{16a\pi^2 t}} = \frac{1}{4\pi\sqrt{a\pi t}}\int_{-\infty}^{\infty} \varphi(y)e^{-\frac{(x-y)^2}{16a\pi^2 t}}dy.$$

[1]La transformée de Fourier d'une fonction définie par $f(x) = e^{-\pi x^2}$ est $\widehat{f}(\omega) = e^{-\pi\omega^2}$.

Exercice 5.1.15 *En utilisant la transformée de Fourier, déterminer la solution $u(x,t)$ de l'équation aux dérivées partielles*

$$\frac{\partial^2 u}{\partial x^2} + \frac{\partial^2 u}{\partial y^2} = 0, \quad \forall (x,y) \in \mathbb{R} \times \mathbb{R}_+^*$$

avec la condition : $u(x,0) = \varphi(x)$ (fonction connue) et $\lim_{y\to 0} u(x,y) = 0$. (On suppose évidemment que u et f satisfont aux conditions d'utilisation des transformées de Fourier).

Réponse : En utilisant un raisonnement similaire à celui de l'exercice précédent, on obtient la solution

$$u(x,y) = \frac{1}{\pi} \int_{-\infty}^{\infty} \frac{y}{(x-t)^2 + y^2} \varphi(t) dt.$$

Exercice 5.1.16 *Même question que l'exercice précédent pour l'équation des cordes vibrantes :*

$$\frac{\partial^2 u}{\partial t^2} = \alpha^2 \frac{\partial^2 u}{\partial x^2}, \quad x \in \mathbb{R}, t \in \mathbb{R}_+$$

avec les conditions : $u(x,0) = \varphi(x)$ et $\frac{\partial u}{\partial t}(x,0) = \psi(x)$, où φ et ψ sont des fonctions connues.

Réponse :

$$u(x,t) = \frac{\varphi(x+\alpha t) + \varphi(x-\alpha t)}{2} + \frac{1}{2\alpha} \int_{x-\alpha t}^{x+\alpha t} \psi(s) ds.$$

Exercice 5.1.17 *Déterminer la solution $u(x,t)$ de l'équation aux dérivées partielles :*

$$\frac{\partial u}{\partial t} = \frac{\partial^2 u}{\partial x^2},$$

satisfaisant aux conditions : $u(x,0) = \sin x$, $u(0,t) = 0 = u(\pi,t) = 0$, avec $0 < x < 1$, $t > 0$.

Solution : Soit $U(x,p) = \mathcal{L}\{u(x,t)\}$ la transformée de Laplace de $u(x,t)$. On a

$$\mathcal{L}\left\{\frac{\partial u}{\partial t}\right\} = \mathcal{L}\left\{\frac{\partial^2 u}{\partial x^2}\right\}.$$

Or

$$\begin{aligned}
\mathcal{L}\left\{\frac{\partial u}{\partial t}\right\} &= \int_0^\infty \frac{\partial u}{\partial t}e^{-pt}dt,\\
&= \lim_{s\to\infty}\int_0^s \frac{\partial u}{\partial t}e^{-pt}dt,\\
&= \lim_{s\to\infty}\left(u(x,t)e^{-pt}\Big|_0^s + p\int_0^s u(x,t)e^{-pt}dt\right),\\
&= p\int_0^\infty u(x,t)e^{-pt}dt - u(x,0),\\
&= pU(x,p) - u(x,0),
\end{aligned}$$

et

$$\begin{aligned}
\mathcal{L}\left\{\frac{\partial^2 u}{\partial x^2}\right\} &= \mathcal{L}\left\{\frac{\partial v}{\partial x}\right\}, \quad v = \frac{\partial u}{\partial x}\\
&= \int_0^\infty \frac{\partial v}{\partial x}e^{-pt}dt,\\
&= \frac{d}{dx}\int_0^\infty v(x,t)e^{-pt}dt,\\
&= \frac{d}{dx}\int_0^\infty \frac{\partial u}{\partial x}e^{-pt}dt,\\
&= \frac{d^2}{dx^2}\int_0^\infty u(x,t)e^{-pt}dt,\\
&= \frac{d^2U(x,p)}{dx^2},
\end{aligned}$$

donc

$$pU(x,p) - u(x,0) = \frac{d^2U(x,p)}{dx^2},$$

c'est-à-dire

$$\frac{d^2U(x,p)}{dx^2} - pU(x,p) = \sin x.$$

La solution de cette équation est égale à la somme de la solution générale de l'équation homogène et d'une solution particulière de l'équation non homogène. La solution générale de l'équation homogène est évidemment égale à

$$U(x,p) = C_1e^{\sqrt{p}x} + C_2e^{-\sqrt{p}x},$$

où C_1 et C_2 sont des constantes. Pour obtenir une solution particulière de l'équation avec second membre, il suffit de la chercher sous la forme $C\sin x$, on obtient rapidement $C = -\frac{1}{p+1}$ et donc $-\frac{\sin x}{p+1}$ est une solution particulière. La solution de l'équation ci-dessus est par conséquent égale à

$$U(x,p) = C_1 e^{\sqrt{p}x} + C_2 e^{-\sqrt{p}x} - \frac{\sin x}{p+1}.$$

Pour déterminer les constantes C_1 et C_2, on procède comme suit : on a

$$U(0,p) = C_1 + C_2, \qquad U(\pi,p) = C_1 e^{\sqrt{p}\pi} + C_2 e^{-\sqrt{p}\pi}.$$

Par hypothèse, on a

$$\begin{aligned} U(0,p) &= \mathcal{L}\{u(0,t)\} = \int_0^\infty u(0,t)e^{-pt}dt = 0, \\ U(\pi,p) &= \mathcal{L}\{u(\pi,t)\} = \int_0^\infty u(\pi,t)e^{-pt}dt = 0, \end{aligned}$$

donc $C_1 + C_2 = 0$, $C_1 e^{\sqrt{p}\pi} + C_2 e^{-\sqrt{p}\pi} = 0$, ce qui implique : $C_1 = C_2 = 0$ et

$$U(x,p) = -\frac{\sin x}{p+1}.$$

Finalement, la solution de l'équation proposée est

$$u(x,t) = \mathcal{L}^{-1}\{U(x,p)\} = -e^{-t}\sin x.$$

Exercice 5.1.18 *Déterminer la solution $u(x,t)$ de l'équation de la chaleur*

$$\frac{\partial u}{\partial t} = a^2 \frac{\partial^2 u}{\partial x^2},$$

qui satisfait aux conditions suivantes : pour $x = 0$, on a

$$u(0,t) = \begin{cases} 0 & si\ t \leq 0 \\ f(t) & si\ t > 0 \end{cases}, \qquad \frac{\partial u}{\partial x}(0,t) = \begin{cases} 0 & si\ t \leq 0 \\ g(t) & si\ t > 0 \end{cases}$$

où f et g sont deux fonctions données, définies pour $t > 0$. On pourra admettre la légitimité des calculs. On représentera u par une intégrale de la forme

$$u(x,t) = \int_{-\infty}^{\infty} (A(\omega)\cos\omega x + B(\omega)\sin\omega x)e^{-a^2\omega^2 t}d\omega,$$

où $A(\omega)$ est une fonction paire et $B(\omega)$ est une fonction impaire et l'on se ramène à un problème de transformée de Laplace en posant $p = a^2\omega^2$.

Solution : On a

$$\frac{\partial u}{\partial x}(x,t) = \int_{-\infty}^{\infty} (-\omega A(\omega)\sin \omega x + \omega B(\omega)\cos \omega x) e^{-a^2\omega^2 t} d\omega,$$

et

$$\begin{aligned} u(0,t) &= \int_{-\infty}^{\infty} A(\omega) e^{-a^2\omega^2 t} d\omega = f(t), \quad t > 0 \\ \frac{\partial u}{\partial x}(0,t) &= \int_{-\infty}^{\infty} \omega B(\omega) e^{-a^2\omega^2 t} d\omega = g(t), \quad t > 0 \end{aligned}$$

Par hypothèse, $A(\omega)$ est une fonction paire et $B(\omega)$ est une fonction impaire, donc $A(\omega)e^{-a^2\omega^2 t}$ et $B(\omega)e^{-a^2\omega^2 t}$ sont des fonctions paires. Dès lors,

$$\begin{aligned} f(t) &= 2\int_0^{\infty} A(\omega) e^{-a^2\omega^2 t} d\omega, \\ g(t) &= 2\int_0^{\infty} \omega B(\omega) e^{-a^2\omega^2 t} d\omega. \end{aligned}$$

En posant $p = a^2\omega^2$, on obtient

$$\begin{aligned} f(t) &= \int_0^{\infty} \frac{A\left(\frac{\sqrt{p}}{a}\right)}{a\sqrt{p}} e^{-pt} dp = \mathcal{L}\left\{ \frac{A\left(\frac{\sqrt{p}}{a}\right)}{a\sqrt{p}} \right\}, \\ g(t) &= \int_0^{\infty} \frac{B\left(\frac{\sqrt{p}}{a}\right)}{a^2} e^{-pt} dp = \mathcal{L}\left\{ \frac{B\left(\frac{\sqrt{p}}{a}\right)}{a^2} \right\}. \end{aligned}$$

D'où

$$\begin{aligned} \frac{A\left(\frac{\sqrt{p}}{a}\right)}{a\sqrt{p}} &= \mathcal{L}^{-1}\{f(t)\} \equiv F(p), \\ \frac{B\left(\frac{\sqrt{p}}{a}\right)}{a^2} &= \mathcal{L}^{-1}\{g(t)\} \equiv G(p), \end{aligned}$$

c'est-à-dire

$$\begin{aligned} A(\omega) &= a^2\omega F(a^2\omega^2), \\ B(\omega) &= a^2\mathcal{L}^{-1}\{g(t)\} \equiv G(a^2\omega^2), \end{aligned}$$

et par conséquent

$$u(x,t) = a^2 \int_{-\infty}^{\infty} \left(F(a^2\omega^2)\omega \cos \omega x + G(a^2\omega^2)\sin \omega x\right) e^{-a^2\omega^2 t} d\omega.$$

Exercice 5.1.19 *Déterminer la solution $u(x,t)$ de l'équation aux dérivées partielles (des ondes ou des cordes vibrantes) :*

$$\frac{\partial^2 u}{\partial t^2} = \frac{\partial^2 u}{\partial x^2},$$

satisfaisant aux conditions : $u(x,0) = \frac{\partial u}{\partial t}(x,0) = 0$, $u(0,t) = \sin x$, $x, t > 0$. *On suppose qu'il existe une constante $M > 0$ tel que :* $|(u(x,t)| \leq M$.

<u>Solution</u> : Soit $U(x,p) = \mathcal{L}\{u(x,t)\}$ la transformée de Laplace de $u(x,t)$. On a

$$\mathcal{L}\left\{\frac{\partial^2 u}{\partial t^2}\right\} = \mathcal{L}\left\{\frac{\partial^2 u}{\partial x^2}\right\}.$$

On a montré dans l'exercice 5.1.17, que

$$\mathcal{L}\left\{\frac{\partial u}{\partial t}\right\} = \int_0^\infty \frac{\partial u}{\partial t} e^{-pt} dt = pU(x,p) - u(x,0).$$

De même, on a

$$\begin{aligned}
\mathcal{L}\left\{\frac{\partial^2 u}{\partial t^2}\right\} &= \mathcal{L}\left\{\frac{\partial v}{\partial t}\right\}, \quad v = \frac{\partial u}{\partial t} \\
&= p\mathcal{L}\{v(x,t)\} - v(x,0), \\
&= p\mathcal{L}\left\{\frac{\partial u}{\partial t}\right\} - \frac{\partial u}{\partial t}(x,0), \\
&= p(pU(x,p) - u(x,0)) - \frac{\partial u}{\partial t}(x,0, \\
&= p^2U(x,p) - pu(x,0)) - \frac{\partial u}{\partial t}(x,0).
\end{aligned}$$

et

$$\mathcal{L}\left\{\frac{\partial^2 u}{\partial x^2}\right\} = \frac{d^2U(x,p)}{dx^2}, \quad \text{(d'après l'exercice 5.1.17)}$$

Dès lors, l'équation précédente s'écrit sous la forme

$$p^2U(x,p) - pu(x,0)) - \frac{\partial u}{\partial t}(x,0) = \frac{d^2U(x,p)}{dx^2}.$$

Par hypothèse, $u(x,0) = \frac{\partial u}{\partial t}(x,0) = 0$, d'où

$$\frac{d^2U(x,p)}{dx^2} - p^2U(x,p) = 0,$$

donc $U(x,p) = C_1 e^{px} + C_2 e^{-px}$ où C_1 et C_2 sont des constantes. Puisque $|(u(x,t)| \leq M$, on en déduit que $C_1 = 0$ et $U(x,p) = C_2 e^{-px}$. Pour déterminer C_2, notons que : $U(0,p) = C_2$ et par hypothèse

$$U(0,p) = \mathcal{L}\{u(0,t)\} = \mathcal{L}\{\sin t\} = \frac{1}{p^2+1},$$

donc $C_2 = \frac{1}{p^2+1}$ et par conséquent $U(x,p) = \frac{e^{-px}}{p^2+1}$. Finalement, la solution de l'équation proposée est

$$u(x,t) = \begin{cases} \sin(t-x) & \text{si } t > x \\ 0 & \text{si } t < x \end{cases}$$

Exercice 5.1.20 *Soit $f(x,y)$ une fonction de deux variables x, y et supposons qu'elle satisfait aux conditions suivantes :*

(i) pour $x < 0$, on a $f(x,y) = 0$.

(ii) pour $x > 0$, f satisfait à l'équation aux dérivées partielles

$$\frac{\partial^2 f}{\partial x^2} - \frac{\partial^2 f}{\partial y^2} + f = 0.$$

(iii) pour $x = 0$, on a $f(0,y) = \frac{\partial f}{\partial x}(0,y) = 0$.

(iv) f est bornée lorsque $y \longrightarrow +\infty$.

(v) pour $y = 0$, on a $\frac{\partial f}{\partial y}(x,0) = -u(x)$ où $u(x)$ est une fonction connue ayant une transformée de Laplace $U(p) = \mathcal{L}\{u(x)\}$.

En utilisant la méthode de Laplace, déterminer $f(x,0)$.

<u>Solution</u> : On pose $F(p,y) = \mathcal{L}\{f(x,y)\}$. D'après (ii), on a

$$\mathcal{L}\left\{\frac{\partial^2 f}{\partial x^2}\right\} - \mathcal{L}\left\{\frac{\partial^2 f}{\partial y^2}\right\} + \mathcal{L}\{f\} = 0,$$

d'où

$$p^2 F(p,y) - pf(0,y) - \frac{\partial f}{\partial x}(0,y) - \frac{\partial^2 F}{\partial y^2}(p,y) + F(p,y) = 0.$$

En tenant compte de la condition (iii), on obtient

$$\frac{\partial^2 F}{\partial y^2}(p,y) - (p^2+1)F(p,y) = 0.$$

La solution générale de cette équation est

$$F(p,y) = Ae^{-\sqrt{p^2+1}y} + Be^{\sqrt{p^2+1}y}.$$

D'après (iv), f est bornée lorsque $y \longrightarrow +\infty$, donc $B = 0$. Dès lors

$$F(p,y) = Ae^{-\sqrt{p^2+1}y},$$

et $F(p,0) = A$. Pour déterminer la constante A, on procède comme suit : on a

$$\frac{\partial F}{\partial y}(p,y) = -A\sqrt{p^2+1}e^{-\sqrt{p^2+1}y},$$

et

$$\frac{\partial F}{\partial y}(p,0) = -A\sqrt{p^2+1} = -\mathcal{L}\{u(x)\} = -U(p),$$

en vertu de (v). Donc

$$F(p,0) = A = \frac{U(p)}{\sqrt{p^2+1}},$$

ou

$$\mathcal{L}\{f(x,0)\} = \frac{1}{\sqrt{p^2+1}}U(p).$$

Or[2] $\frac{1}{\sqrt{p^2+1}}$ a pour original $\mathcal{L}^{-1}\{\frac{1}{\sqrt{p^2+1}}\} = J_0(x)$ et $U(p)$ a pour original $\mathcal{L}^{-1}\{U(p)\} = u(x)$. Dès lors, grâce au produit de convolution on a

$$f(x,0) = \mathcal{L}^{-1}\left\{\frac{1}{\sqrt{p^2+1}}U(p)\right\} = J_0(x) * u(x),$$

et finalement

$$f(x,0) = \int_0^x u(x-\tau)J_0(\tau)d\tau.$$

Exercice 5.1.21 *Déterminer la solution $u(x,t)$ de l'équation aux dérivées partielles :*

$$4\frac{\partial^2 u}{\partial t^2} + \frac{\partial^4 u}{\partial x^4} = 0,$$

satisfaisant aux conditions : $u(x,0) = \frac{\partial u}{\partial t}(x,0) = \frac{\partial^2 u}{\partial x^2}(0,t) = 0$, $u(0,t) = 1$, $x,t > 0$. On suppose que : $|(u(x,t)| \leq M$ où $M > 0$ est une constante.

[2] La fonction de Bessel $J_0(x)$ vérifie l'équation différentielle (pour le détail, voir exercice 1.4.6) $xJ_0''(x) + J_0'(x) + xJ_0(x) = 0$. d'où, $\mathcal{L}\{xJ_0''(x)\} + \mathcal{L}\{J_0'(x)\} + \mathcal{L}\{xJ_0(x)\} = 0$. Soit $F(p) = \mathcal{L}\{J_0(x)\}$, la transformée de Laplace de $J_0(x)$. Dès lors,

$$-\frac{d}{dp}(p^2F(p) - pJ_0(0) - J_0'(x)) + pF(p) - J_0(0) - \frac{d}{dp}F(p) = 0.$$

Or $J_0(0) = 1$ et $J_0'(0) = 0$, donc $(p^2+1)\frac{d}{dp}F(p) + pF(p) = 0$, et par conséquent $F(p) = \frac{C}{\sqrt{p^2+1}}$, où C est une constante. D'après la propriété $\lim_{p\to\infty} pF(p) = f(0^+)$ (voir résumé précédent), on a $\lim_{p\to\infty} pF(p) = J_0(0)$, donc $C = 1$ et finalement $X(p) = \mathcal{L}\{J_0(x)\} = \frac{1}{\sqrt{p^2+1}}$.

<u>*Solution*</u> : Soit $U(x,p)=\mathcal{L}\{u(x,t)\}$ la transformée de Laplace de $u(x,t)$. On a

$$4\mathcal{L}\left\{\frac{\partial^2 u}{\partial t^2}\right\}+\mathcal{L}\left\{\frac{\partial^4 u}{\partial x^4}\right\}.$$

On a montré précédemment, que

$$\mathcal{L}\left\{\frac{\partial u}{\partial t}\right\}=\int_0^\infty \frac{\partial u}{\partial t}e^{-pt}dt=pU(x,p)-u(x,0).$$

En raisonnant comme dans l'exercice 5.1.17, on obtient

$$\mathcal{L}\left\{\frac{\partial^4 u}{\partial x^4}\right\}=\frac{d^4U(x,p)}{dx^4}.$$

En remplaçant ces expressions dans l'équation ci-dessus tout en tenant compte des conditions $u(x,0)=\frac{\partial u}{\partial t}(x,0)=0$, on obtient

$$\frac{d^4U(x,p)}{dx^4}+4p^2U(x,p)=0.$$

Cette équation admet la solution suivante :

$$\begin{aligned} U(x,p) &= c_1e^{(1+i)\sqrt{p}x}+c_2e^{(1-i)\sqrt{p}x}+c_3e^{(-1+i)\sqrt{p}x}+c_4e^{-(1+i)\sqrt{p}x},\\ &= e^{\sqrt{p}x}(a\cos\sqrt{p}x+b\sin\sqrt{p}x)+e^{-\sqrt{p}x}(c\cos\sqrt{p}x+d\sin\sqrt{p}x), \end{aligned}$$

où $a=c_1+c_2$, $b=i(c_1-c_2)$, $c=c_3+c_4$, $d=i(c_3-c_4)$ sont des constantes à déterminer. Par hypothèse $|(u(x,t)|\leq M$ où $M>0$ est une constante, donc $U(x,p)$ est bornée ce qui implique : $a=b=0$. En outre,

$$U(0,p)=c=\frac{1}{p},$$

et

$$\frac{d^2U(0,p)}{dx^2}=-2p\sqrt{p}d=0,\ \text{c'est-à-dire, } d=0.$$

Dès lors

$$U(x,p)=\frac{e^{-\sqrt{p}x}}{p}\cos\sqrt{p}x.$$

Pour déterminer $u(x,t)=\mathcal{L}^{-1}\{U(x,p)\}$, on va utiliser la formule de Bromwich-Wagner :

$$u(x,t)=\frac{1}{2\pi i}\int_{\sigma-i\gamma}^{\sigma+i\gamma}U(x,p)e^{pt}dp.$$

La fonction

$$U(x,p)e^{pt}=\frac{e^{-\sqrt{p}x+pt}}{p}\cos\sqrt{p}x,$$

possède un point de branchement en $p = 0$. Pour uniformiser $U(x,p)e^{pt}$, on utilise comme coupure la partie de l'axe réel définie par $x \leq 0$. Calculons l'intégrale

$$\frac{1}{2\pi i}\oint_{\mathcal{C}} U(x,p)e^{pt}dp.$$

Ici le contour de Bromwich $\mathcal{C}$ est définie par $\mathcal{C} = \mathcal{C}_1 \cup \mathcal{C}_2 \cup \mathcal{C}_3 \cup \mathcal{C}_4 \cup \mathcal{C}_5 \cup \mathcal{C}_6$ où $\mathcal{C}_1$ est le bord supérieur de la coupure, $\mathcal{C}_3$ est le bord inférieur de la coupure, $\mathcal{C}_2$ est l'arc de cercle de centre 0 et de rayon ε ; rejoignant les deux bords de la coupure, $\mathcal{C}_4$ et $\mathcal{C}_6$ sont deux arcs de cercles de centre 0 et de rayon R et enfin $\mathcal{C}_5$ est une partie finie du domaine d'intégration (en fait une droite $p = \sigma$).

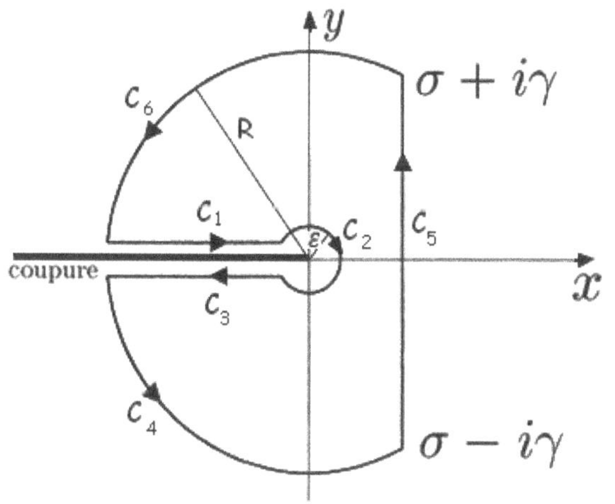

La fonction $U(x,p)e^{pt}$ est uniforme sur $\mathcal{C}$ et elle est holomorphe à l'intérieur de ce contour. D'après le théorème de Cauchy, on a

$$0 = \oint_{\mathcal{C}} U(x,p)e^{pt}dp = \sum_{k=1}^{6}\int_{\mathcal{C}_k} U(x,p)e^{pt}dp.$$

Sur $\mathcal{C}_1$, on a $p = \zeta e^{\pi i}$, $\sqrt{p} = \sqrt{\zeta}e^{\frac{\pi i}{2}}$, $\varepsilon \leq \zeta \leq R$, d'où

$$\int_{\mathcal{C}_1} U(x,p)e^{pt}dp = \int_R^{\varepsilon} \frac{e^{-i\sqrt{\zeta}x-\zeta t}}{\zeta}\cos i\sqrt{\zeta}xd\zeta = \int_R^{\varepsilon} \frac{e^{-i\sqrt{\zeta}x-\zeta t}}{\zeta}\cosh\sqrt{\zeta}xd\zeta.$$

Sur $\mathcal{C}_3$, on a $p = \zeta e^{-\pi i}$, $\sqrt{p} = \sqrt{\zeta}e^{-\frac{\pi i}{2}}$, $\varepsilon \leq \zeta \leq R$, d'où

$$\int_{\mathcal{C}_3} U(x,p)e^{pt}dp = \int_R^{\varepsilon} \frac{e^{i\sqrt{\zeta}x-\zeta t}}{\zeta}\cos i\sqrt{\zeta}xd\zeta = \int_R^{\varepsilon} \frac{e^{i\sqrt{\zeta}x-\zeta t}}{\zeta}\cosh\sqrt{\zeta}xd\zeta.$$

Sur $\mathcal{C}_2$, on a $p = \varepsilon e^{i\theta}$, θ variant de $-\pi$ à π, d'où

$$\int_{\mathcal{C}_2} U(x,p)e^{pt}dp = i\int_{\pi}^{-\pi} e^{-\sqrt{\varepsilon e^{i\theta}}x+\varepsilon e^{i\theta}t}\cos\sqrt{\varepsilon e^{i\theta}}xd\theta.$$

Sur $\mathcal{C}_4$, on a $p = Re^{i\theta}$, θ variant de π à $2\pi - \theta_0$, d'où

$$\int_{\mathcal{C}_4} U(x,p)e^{pt}dp = i\int_{\pi}^{2\pi-\theta_0} e^{-\sqrt{Re^{i\theta}}x+Re^{i\theta}t}\cos\sqrt{Re^{i\theta}}xd\theta.$$

Sur $\mathcal{C}_6$, on a $p = Re^{i\theta}$, θ variant de θ_0 à π, d'où

$$\int_{\mathcal{C}_6} U(x,p)e^{pt}dp = i\int_{\theta_0}^{\pi} e^{-\sqrt{Re^{i\theta}}x+Re^{i\theta}t}\cos\sqrt{Re^{i\theta}}xd\theta.$$

Sur $\mathcal{C}_5$, on a

$$\int_{\mathcal{C}_5} U(x,p)e^{pt}dp = \int_{\sigma-i\gamma}^{\sigma+i\gamma} \frac{e^{-\sqrt{p}x+pt}}{p}\cos\sqrt{p}xdp.$$

Calculons maintenant les limites de ces intégrales lorsque $\gamma \to \infty$ (et donc R) et $\varepsilon \to 0$. Sur $\mathcal{C}_1$ et $\mathcal{C}_3$, on a

$$\lim_{\substack{R\to\infty \\ \varepsilon\to 0}} \int_{\mathcal{C}_1} U(x,p)e^{pt}dp = -\int_0^{\infty} \frac{e^{-i\sqrt{\zeta}x-\zeta t}}{\zeta}\cosh\sqrt{\zeta}xd\zeta,$$

et

$$\lim_{\substack{R\to\infty \\ \varepsilon\to 0}} \int_{\mathcal{C}_3} U(x,p)e^{pt}dp = \int_0^{\infty} \frac{e^{i\sqrt{\zeta}x-\zeta t}}{\zeta}\cosh\sqrt{\zeta}xd\zeta.$$

Sur $\mathcal{C}_2$, on a

$$\lim_{\varepsilon\to 0} \int_{\mathcal{C}_2} U(x,p)e^{pt}dp = -2\pi i.$$

Sur $\mathcal{C}_4$ et $\mathcal{C}_6$, on a

$$\lim_{R\to\infty} \int_{\mathcal{C}_4} U(x,p)e^{pt}dp = \lim_{R\to\infty} \int_{\mathcal{C}_6} U(x,p)e^{pt}dp = 0,$$

en vertu du lemme de Jordan. Sur $\mathcal{C}_5$, on a

$$\lim_{\gamma\to\infty} \int_{\mathcal{C}_5} U(x,p)e^{pt}dp = \int_{\sigma-i\infty}^{\sigma+i\infty} \frac{e^{-\sqrt{p}x+pt}}{p}\cos\sqrt{p}xdp = 2\pi i u(x,t).$$

Par conséquent, on a

$$\begin{aligned}
0 &= \lim_{\substack{R\to\infty\\ \varepsilon\to 0}} \int_{\mathcal{C}} U(x,p)e^{pt}dp,\\
&= -\int_0^\infty \frac{e^{-i\sqrt{\zeta}x-\zeta t}}{\zeta}\cosh\sqrt{\zeta}x d\zeta + \int_0^\infty \frac{e^{i\sqrt{\zeta}x-\zeta t}}{\zeta}\cosh\sqrt{\zeta}x d\zeta\\
&\quad -2\pi i + 2\pi i u(x,t),\\
&= \int_0^\infty \frac{2ie^{-\zeta t}\sin\sqrt{\zeta}x\cosh\sqrt{\zeta}x}{\zeta}d\zeta - 2\pi i + 2\pi i u(x,t),
\end{aligned}$$

d'où

$$u(x,t) = 1 - \frac{1}{\pi}\int_0^\infty \frac{e^{-\zeta t}\sin\sqrt{\zeta}x\cosh\sqrt{\zeta}x}{\zeta}d\zeta.$$

Exercice 5.1.22 *Déterminer la solution de l'équation au dérivées partielles*

$$\frac{\partial u}{\partial t} = 3\frac{\partial^2 u}{\partial x^2},$$

telle que : $u(x,0) = 20\cos 3x - 5\cos 9x,\ u(\frac{\pi}{2},t) = \frac{\partial u}{\partial x}(0,t) = 0.$

Réponse : $u(x,t) = 20e^{-27t}\cos 3x - 5e^{-243t}\cos 9x.$

Exercice 5.1.23 *Résoudre l'équation au dérivées partielles*

$$\frac{\partial u}{\partial t} + 4u - \frac{\partial^2 u}{\partial x^2} = 0,$$

avec les conditions : $u(x,0) = 6\sin x - 4\cos 2x,\ u(0,t) = u(\pi,t) = 0.$

Réponse : $u(x,t) = 6e^{-5t}\sin x - 4e^{-8t}\sin 2x.$

Exercice 5.1.24 *Déterminer la solution de l'équation au dérivées partielles*

$$x\frac{\partial u}{\partial x} + \frac{\partial u}{\partial y} + xe^{-y} = 0, \quad u(x,0) = x, \quad 0 < x < 1, y > 0.$$

Réponse : $u(x,y) = x(1+y)e^{-y}.$

Exercice 5.1.25 *Déterminer la solution* $u(x,y,t)$ *de l'équation aux dérivées partielles :*

$$\frac{\partial u}{\partial t} = \frac{\partial^2 u}{\partial x^2} + \frac{\partial^2 u}{\partial y^2},$$

satisfaisant aux conditions :

$$u(0,y,t) = u(\pi,y,t) = u(x,y,0) = 0, \quad u(x,0,t) = \frac{1}{4}, \quad 0 < x < \pi, y, t > 0.$$

On suppose qu'il existe une constante $M > 0$ *tel que :* $|(u(x,y,t)| \leq M.$

Réponse : Soit $U(x, y, p) = \mathcal{L}\{u(x, y, t)\}$. On trouve

$$U(x, y, p) = \frac{1}{2\pi} \sum_{k=1}^{\infty} \frac{(1 - \cos k\pi) e^{-y\sqrt{k^2+p}} \sin kx}{kp}.$$

Comme

$$\mathcal{L}^{-1}\{\frac{e^{-y\sqrt{k^2+p}}}{p}\} = \frac{1}{2\sqrt{\pi}} \int_0^t \frac{y e^{-(k^2\zeta + \frac{y^2}{4\zeta})}}{\zeta\sqrt{\zeta}} d\zeta = \frac{2}{\sqrt{\pi}} \int_{\frac{y}{2\sqrt{t}}}^{\infty} e^{-(\eta^2 + \frac{k^2 y^2}{4\eta^2})} d\eta,$$

où $\eta^2 = \frac{y^2}{4\zeta}$, on obtient

$$u(x, y, t) = \frac{1}{\pi\sqrt{\pi}} \sum_{k=1}^{\infty} \frac{(1 - \cos k\pi) \sin kx}{k} \int_{\frac{y}{2\sqrt{t}}}^{\infty} e^{-(\eta^2 + \frac{k^2 y^2}{4\eta^2})} d\eta.$$

5.1.4 Stabilité

Considérons le système d'équations différentielles

$$\begin{aligned} y_1' &= f_1(t, y_1, ..., y_n), \\ &\vdots \\ y_n' &= f_n(t, y_1, ..., y_n), \end{aligned}$$

où $\frac{\partial f_1}{\partial y_1}, ..., \frac{\partial f_n}{\partial y_n}$ existent et sont continues pour $t \in [t_0, \infty[$. On peut écrire le système ci-dessus sous la forme vectorielle suivante :

$$y' = f(t, y), \quad y = (y_1, ..., y_n)$$

Soit $y = \varphi(t)$ la solution de ce système satisfaisant pour $t = t_0$ à la condition initiale $\varphi(t_0) = \varphi_0$. On dit que la solution $y = \varphi(t)$ est stable au sens de Liapounov si pour tout $\varepsilon > 0$, il existe $\delta > 0$ tel que, pour toute autre solution $y(t)$ de ce système dont la valeur initiale satisfait l'inégalité

$$|y(t_0) - \varphi(t_0)| < \delta,$$

l'on ait

$$|y(t) - \varphi(t)| < \varepsilon,$$

pour tous les $t \in [t_0, \infty[$. Autrement dit, la solution $y = \varphi(t)$ est stable si les solutions satisfaisant aux conditions initiales voisines démeurent voisines pour tout $t \in [t_0, \infty[$. Dans le cas contraire, la solution $\varphi(t)$ est dite instable. La solution $y = \varphi(t)$ est dite asymptotiquement stable si elle est stable au sens de Liapounov et que de plus,

$$\lim_{t\to\infty} |y(t) - \varphi(t)| = 0,$$

quand $|y(t_0) - \varphi(t_0)| < \delta_1$. La stabilité ne dépend pas du choix de t_0. L'étude de la stabilité de la solution $y = \varphi(t)$ du système ci-dessus peut être ramenée à celle de la stabilité de la solution nulle $x(t) = 0$ d'un autre système d'équations déduit du système initiale à l'aide du changement de fonction $x(t) = y(t) - \varphi(t)$.

Exercice 5.1.26 *Etudier la stabilité des solutions des équations différentielles suivantes :*

a) $y' + y = 0, \quad y(t_0) = y_0,$
b) $y' - y = 0, \quad y(t_0) = y_0.$

Solution : a) La solution générale de l'équation proposée est $y(t) = Ce^{-t}$ où C est une constante. En tenant compte de la condition initiale : $y(t_0) = y_0$, on obtient la solution $y(t) - e^{t_0-t}$. Soit $x(t)$ une autre solution satisfaisant à la condition initiale : $x(t_0) = x_0$. On a $x(t) = x_0e^{t_0-t}$. D'où,

$$|y(t) - x(t)| = |y_0 - x_0|e^{t_0-t} \leq |y_0 - x_0|,$$

pour $t \in [t_0, \infty[$. Dès lors, pour $|y_0 - x_0| = \delta = \varepsilon$, on a

$$|y(t) - x(t)| \leq \varepsilon.$$

Autrement dit, la solution $y(t)$ est stable au sens de Liapounov. En outre, cette solution est asymptotiquement stable car

$$|y(t) - x(t)| = |y_0 - x_0|e^{t_0-t} \longrightarrow 0, \text{ pour } t \longrightarrow +\infty$$

b) La solution générale de l'équation en question est $y(t) = Ce^{-t}$ où C est une constante. Comme $y(t_0) = y_0$, alors $y(t) = y_0e^{t-t_0}$. Si $x(t)$ est une autre solution vérifiant la condition initiale : $x(t_0) = x_0$, alors

$$|y(t) - x(t)| = |y_0 - x_0|e^{t-t_0},$$

pour $t \in [t_0, \infty[$. Evidemment,

$$\lim_{t\to\infty} |y(t) - \varphi(t)| = +\infty$$

donc la solution est est instable.

Nous allons voir que pour l'étude de la stabilité (asymptotique) d'un système, on peut sous certaines conditions développer le second membre en série de Taylor au voisinage d'un point, ensuite ne retenir que les termes linéaires et l'analyse de la stabilité peut se réduire à la détermination du signe des parties réelles des valeurs propres, c'est-à-dire des racines du polynôme caratéristique lié au système. Pour décrire une telle méthode, on considère le système d'équations différentielles non-linéaires du premier ordre suivant :

$$\begin{aligned} x'(t) &= f(x,y), \\ y'(t) &= g(x,y). \end{aligned}$$

On suppose que f et g sont des fonctions continûment différentiables. Un point (x_0, y_0) est dit point d'équilibre (ou point stationnaire) du système ci-dessus si et seulement si $f(x_0, y_0) = g(x_0, y_0) = 0$. Nous allons utiliser la méthode de Laplace pour étudier la stabilité du système ci-dessus et décrire quelques critères nécessaires et suffisants de stabilité. Posons $\Delta x = x - x_0$ et $\Delta y = y - y_0$. D'où

$$\Delta x'(t) = f(x + \Delta x, y + \Delta y),$$

$$\Delta y'(t) = g(x + \Delta x, y + \Delta y).$$

En utilisant la formule de Taylor à l'ordre 1, on obtient

$$\Delta x'(t) = f(x_0, y_0) + \frac{\partial f}{\partial x}\Delta x + \frac{\partial f}{\partial y}\Delta y,$$

$$\Delta y'(t) = g(x_0, y_0) + \frac{\partial g}{\partial x}\Delta x + \frac{\partial g}{\partial y}\Delta y.$$

Or $f(x_0, y_0) = g(x_0, y_0) = 0$, donc le système ci-dessus s'écrit sous forme matricielle

$$\begin{pmatrix} \Delta x' \\ \Delta y' \end{pmatrix} = \begin{pmatrix} \frac{\partial f}{\partial x} & \frac{\partial f}{\partial y} \\ \frac{\partial g}{\partial x} & \frac{\partial g}{\partial y} \end{pmatrix}_{(x_0,y_0)} \begin{pmatrix} \Delta x \\ \Delta y \end{pmatrix}.$$

Soient $\Delta X(p) = \mathcal{L}\{\Delta x(t)\}$ et $\Delta Y(p) = \mathcal{L}\{\Delta y(t)\}$ les transformées de Laplace de $\Delta x(t)$ et $\Delta y(t)$ respectivement. En appliquant la transformée de Laplace aux deux membres des équations ci-dessus, on obtient

$$p\begin{pmatrix} \Delta X(p) \\ \Delta Y(p) \end{pmatrix} - \begin{pmatrix} \Delta x(0) \\ \Delta y(0) \end{pmatrix} = \begin{pmatrix} \frac{\partial f}{\partial x} & \frac{\partial f}{\partial y} \\ \frac{\partial g}{\partial x} & \frac{\partial g}{\partial y} \end{pmatrix}_{(x_0,y_0)} \begin{pmatrix} \Delta X(p) \\ \Delta Y(p) \end{pmatrix},$$

d'où

$$\begin{pmatrix} \Delta X(p) \\ \Delta Y(p) \end{pmatrix} = \begin{pmatrix} p - \frac{\partial f}{\partial x} & -\frac{\partial f}{\partial y} \\ -\frac{\partial g}{\partial x} & p - \frac{\partial g}{\partial y} \end{pmatrix}_{(x_0,y_0)}^{-1} \begin{pmatrix} \Delta x_0 \\ \Delta y_0 \end{pmatrix}.$$

Si toutes les valeurs propres de la matrice

$$\begin{pmatrix} p - \frac{\partial f}{\partial x} & -\frac{\partial f}{\partial y} \\ -\frac{\partial g}{\partial x} & p - \frac{\partial g}{\partial y} \end{pmatrix}_{(x_0, y_0)},$$

se trouvent dans le demi-plan gauche : $\operatorname{Re} p < 0$, alors les trajectoires correspondant au système ci-dessus dans le plan des x, y, s'approchent du point d'équilibre (x_0, y_0) lorsque t tend vers l'infini. Dans ce cas le système (ou la solution, ou encore la position d'équilibre (x_0, y_0)) est asymtotiquement stable. Si au moins une valeur propre possède une partie réelle positive, le système en question est instable au point (x_0, y_0). En cas de nullité des parties réelles la stabilité dépend des termes de la série de Taylor de degré supérieur à 1 ; il n'existe pas dans ce cas de critère exhaustif de stabilité (on parle d'équilibre indifférent).

En général la solution du système non-linéaire ci-dessus ne s'exprime pas à l'aide de fonctions élémentaires. Pour l'étude de la stabilité (asymptotique) de ce système on développe, lorsque ceci est possible, les fonctions f et g en série de Taylor au voisinage du point (x_0, y_0). Comme précédemment, on ne retient que les termes linéaires et l'analyse de la stabilité se réduit à la détermination du signe des parties réelles des valeurs propres, c'est-à-dire des racines du polynôme caratéristique liées au système.

Il est possible de faire cette analyse sans calculer explicitement les racines du polynôme caractéristique considéré. Supposons par exemple que le polynôme caractéristique s'écrit sous la forme

$$P(\lambda) = a_0\lambda^n + a_1\lambda^{n-1} + \cdots + a_n, \quad a_0 > 0$$

où les a_i, sont des coefficients réels. Alors une condition nécessaire pour que toutes les parties réelles des racines de l'équation $P(\lambda) = 0$, soient négatives est que tous les $a_i > 0$. Cette condition n'est suffisante que pour $n \leq 2$. Pour obtenir des conditions qui sont à la fois nécessaires et suffisantes, on utilise le critère suivant que l'on appelle critère de Routh ou de Routh-Hurwitz : pour que toutes les racines de l'équation $P(\lambda) = 0$ aient des parties réelles négatives, il faut et il suffit que tous les mineurs principaux de la matrice de Hurwitz

$$\begin{pmatrix} a_1 & a_0 & 0 & 0 & 0 & 0 & \dots & 0 \\ a_3 & a_2 & a_1 & a_0 & 0 & 0 & \dots & 0 \\ a_5 & a_4 & a_3 & a_2 & a_1 & a_0 & \dots & 0 \\ \dots & \dots & \dots & \dots & \dots & \dots & \dots & \dots \\ 0 & 0 & 0 & 0 & 0 & 0 & \dots & 0 \end{pmatrix}.$$

soient strictement positifs. Les mineurs principaux de cette matrice sont

$$\Delta_1 = a_1, \Delta_2 = \begin{vmatrix} a_1 & a_0 \\ a_3 & a_2 \end{vmatrix}, ..., \Delta_n = \begin{vmatrix} a_1 & a_0 & 0 & ... & 0 \\ a_3 & a_2 & a_1 & ... & 0 \\ a_5 & a_4 & a_3 & ... & 0 \\ ... & ... & ... & ... & ... \\ 0 & 0 & 0 & 0 & a_n \end{vmatrix}.$$

La condition nécessaire et suffisante de Routh-Hurwitz signifie que :

$$\Delta_1 > 0, \quad \Delta_2 > 0, \quad ..., \quad \Delta_n > 0.$$

Or $\Delta_n = \Delta_{n-1}.a_n$, donc on peut remplacer $\Delta_n > 0$ par $a_n > 0$.

Par ailleurs Liénard et Chipart ont formulé d'autres conditions nécessaires et suffisantes de stabilité contenant moins d'inégalités sur les mineurs Δ_i que ci-dessus. Plus précisément, pour que l'équation $P(\lambda) = 0$ ait toutes ses racines à parties réelles négatives, il faut et il suffit que tous les $a_i > 0$ et que

$$\Delta_{n-1} > 0, \quad \Delta_{n-3} > 0, \quad \Delta_{n-5} > 0, ...$$

où les Δ_i sont les mêmes que ci-dessus.

D'autres conditions nécessaires et suffisantes de stabilité ont été obtenu par Mikhaïlov. Son critère s'énonce comme suit : on pose $\lambda = i\omega$, d'où

$$P(\lambda) = P(i\omega) = u(\omega) + iv(\omega),$$

où

$$\begin{aligned} u(\omega) &= a_n - a_{n-2}\omega^2 + a_{n-4}\omega^4 - \cdots \\ v(\omega) &= a_{n-1}\omega - a_{n-3}\omega^3 + a_{n-5}\omega^5 - \cdots \end{aligned}$$

Étant donné le paramètre ω, la grandeur $P(i\omega)$ peut être représentée sur le plan uov sous la forme d'un vecteur. Alors pour que le système en question soit stable, il faut et il suffit que : lorsque ω varie de 0 à $+\infty$, le vecteur $f(i\omega)$ tourne d'un angle $\frac{n\pi}{2}$ dans le sens positif et ne passe pas par l'origine des coordonnées. Une autre façon de formuler le critère de Mikhaïlov est le suivant : le système en question est stable si et seulement si $a_n a_{n-1} > 0$ et que les racines des polynômes $u(\omega) = 0$, $v(\omega) = 0$, soient toutes positives , distinctes et alternantes (c'est-à-dire qu'entre deux racines arbitraires de l'une de ces équations, on trouve une racine de l'autre équation).

Enfin et comme nous l'avons déjà signalé, en cas de nullité des parties réelles c'est-à-dire lorsque les racines de l'équation caractéristique sont situées sur l'axe imaginaire, le problème de la stabilité de la solution du système à étudier se complique alors considérablement.

Exercice 5.1.27 *Déterminer les positions d'équilibre du système ci-dessous et étudier sa stabilité :*

$$\begin{aligned} x'(t) &= \ln(y^2 - x), \\ y'(t) &= x - y - 1. \end{aligned}$$

<u>*Solution*</u> : Ici, on a $f(x,y) = \ln(y^2 - x)$ et $g(x,y) = x - y - 1$. Les points d'équilibre (x_0, y_0) sont déterminés par les équations

$$x'(t) = \ln(y^2 - x) = 0, \qquad y'(t) = x - y - 1 = 0,$$

c'est-à-dire

$$\ln(x^2 - 3x + 1) = 0, \qquad y = x - 1,$$

d'où $(x_0, y_0) = (3, 2)$ et $(x_0, y_0) = (0, -1)$. Pour $(x_0, y_0) = (3, 2)$, on a

$$\begin{pmatrix} p - \frac{\partial f}{\partial x} & -\frac{\partial f}{\partial y} \\ -\frac{\partial g}{\partial x} & p - \frac{\partial g}{\partial y} \end{pmatrix}_{(3,2)} = \begin{pmatrix} p + \frac{1}{y^2 - x} & -\frac{2y}{y^2 - x} \\ -1 & p + 1 \end{pmatrix}_{(3,2)} = \begin{pmatrix} p+1 & -3 \\ -1 & p+1 \end{pmatrix}.$$

Les racines de l'équation caractéristique : $p^2 + 2p - 2 = 0$, sont $-1 \pm \sqrt{3}$ et puisque l'une des parties réelles de ces racines est positive, on en déduit que le point d'équilibre $(3, 2)$ du système proposé est instable. De même pour $(x_0, y_0) = (0, -1)$, on a

$$\begin{pmatrix} p - \frac{\partial f}{\partial x} & -\frac{\partial f}{\partial y} \\ -\frac{\partial g}{\partial x} & p - \frac{\partial g}{\partial y} \end{pmatrix}_{(3,2)} = \begin{pmatrix} p+1 & 2 \\ -1 & p+1 \end{pmatrix}.$$

Les racines de l'équation caractéristique : $p^2 + 2p + 3 = 0$, sont $-1 \pm i\sqrt{2}$ et puisque les parties réelles de ces racines sont négatives, on en déduit que le point d'équilibre $(3, 2)$ du système proposé est asymptotiquement stable.

Exercice 5.1.28 *Le pendule simple est constitué par un point matériel suspendu à l'extrémité d'un fil (ou une tige théoriquement sans masse) astreint à se mouvoir sans frottement sur un cercle vertical. On désigne par l la longueur du fil (c-à-d., le rayon du cercle), g l'accélération de la pesanteur et x l'angle instantané du fil avec la verticale.*

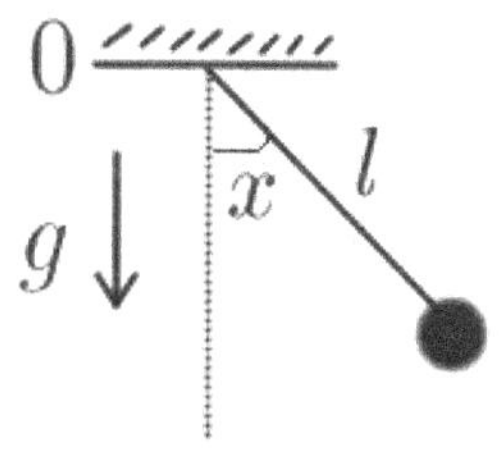

L'équation du mouvement est

$$x'' + \frac{g}{l}\sin x = 0. \tag{5.1.5}$$

Appliquer la méthode décrite précédemment à l'étude de la stabilité de la solution du pendule simple décrit par l'équation différentielle non-linéaire du seconde ordre ci-dessus.

<u>Solution</u> : En posant $\omega^2 = \frac{g}{l}$, $x = \varphi(t)$ et $y = \varphi'(t)$, l'équation différentielle ci-dessus se ramène au système suivant

$$\begin{aligned} x'(t) &= \varphi' = y = f(x,y), \\ y'(t) &= \varphi'' = -\omega^2 \sin x = g(x,y). \end{aligned}$$

Pour déterminer les points d'équilibre (x_0, y_0) du système, il suffit de résoudre les équations $f(x,y) = 0$, $g(x,y) = 0$. Les points d'équilibre sont donc donnés par $(x_0, y_0) = (k\pi, 0)$ où $k \in \mathbb{Z}$. La fonction $\sin x$ étant périodique, il suffit d'examiner la nature des points $(0,0)$ et $(\pi, 0)$. Pour $(x_0, y_0) = (0,0)$, on a

$$\begin{pmatrix} p - \frac{\partial f}{\partial x} & -\frac{\partial f}{\partial y} \\ -\frac{\partial g}{\partial x} & p - \frac{\partial g}{\partial y} \end{pmatrix}_{(0,0)} = \begin{pmatrix} p & -1 \\ \omega^2 \cos x & p \end{pmatrix}_{(0,0)} = \begin{pmatrix} p & -1 \\ \omega^2 & p \end{pmatrix}.$$

Les racines de l'équation caractéristique : $p^2 + \omega^2 = 0$, sont $p = \pm i\omega$. Comme ces racines se trouvent sur l'axe imaginaire $\operatorname{Re} p = 0$, on en déduit que l'équilibre est indifférent. Explicitement, on a

$$\begin{pmatrix} \Delta X(p) \\ \Delta Y(p) \end{pmatrix} = \begin{pmatrix} p & -1 \\ \omega^2 & p \end{pmatrix}^{-1} \begin{pmatrix} \Delta x_0 \\ \Delta y_0 \end{pmatrix} = \frac{1}{p^2 + \omega^2} \begin{pmatrix} p & 1 \\ -\omega^2 & p \end{pmatrix} \begin{pmatrix} \Delta x_0 \\ \Delta y_0 \end{pmatrix}.$$

D'où

$$\begin{aligned} \Delta X(p) &= \frac{p}{p^2+\omega^2}\Delta x_0 + \frac{1}{p^2+\omega^2}\Delta y_0, \\ \Delta Y(p) &= -\frac{\omega^2}{p^2+\omega^2}\Delta x_0 + \frac{p}{p^2+\omega^2}\Delta y_0, \end{aligned}$$

et par conséquent

$$\begin{aligned} \Delta x(t) &= \Delta x_0 \cos \omega t + \Delta y_0 \frac{\sin \omega t}{\omega}, \\ \Delta y(t) &= -\Delta x_0 \omega \sin \omega t + \Delta y_0 \cos \omega t. \end{aligned}$$

On montre aisément que la trajectoire du système en question dans le plan (x, y) est une ellipse centrée à l'origine. Cette trajectoire ne s'approche ni ne s'éloigne de l'origine lorsque $t \longrightarrow 0$. L'origine est un point d'équilibre ni stable ni instable ; on dit qu'il est un centre. Pour $(x_0, y_0) = (\pi, 0)$, on a

$$\begin{pmatrix} p - \frac{\partial f}{\partial x} & -\frac{\partial f}{\partial y} \\ -\frac{\partial g}{\partial x} & p - \frac{\partial g}{\partial y} \end{pmatrix}_{(\pi,0)} = \begin{pmatrix} p & -1 \\ \omega^2 \cos x & p \end{pmatrix}_{(\pi,0)} = \begin{pmatrix} p & -1 \\ -\omega^2 & p \end{pmatrix}.$$

Les racines de l'équation caractéristique : $p^2 - \omega^2 = 0$, sont $p = \pm\omega$. Une de ces racines se trouve dans le demi-plan droit $\operatorname{Re} p > 0$, donc le système en question est instable au point $(\pi, 0)$. Explicitement, on a

$$\begin{pmatrix} \Delta X(p) \\ \Delta Y(p) \end{pmatrix} = \begin{pmatrix} p & -1 \\ -\omega^2 & p \end{pmatrix}^{-1} \begin{pmatrix} \Delta x_0 \\ \Delta y_0 \end{pmatrix} = \frac{1}{p^2 - \omega^2} \begin{pmatrix} p & 1 \\ \omega^2 & p \end{pmatrix} \begin{pmatrix} \Delta x_0 \\ \Delta y_0 \end{pmatrix}.$$

D'où

$$\begin{aligned} \Delta X(p) &= \frac{p}{p^2 - \omega^2} \Delta x_0 + \frac{1}{p^2 - \omega^2} \Delta y_0, \\ \Delta Y(p) &= \frac{\omega^2}{p^2 - \omega^2} \Delta x_0 + \frac{p}{p^2 - \omega^2} \Delta y_0, \end{aligned}$$

et par conséquent

$$\begin{aligned} \Delta x(t) &= \Delta x_0 \cosh \omega t + \Delta y_0 \frac{\sinh \omega t}{\omega}, \\ \Delta y(t) &= \Delta x_0 \omega \sinh \omega t + \Delta y_0 \cosh \omega t. \end{aligned}$$

La trajectoire du système en question dans le plan (x, y) est une hyperbole. Ce qui explique que le point d'équilibre $(\pi, 0)$ est instable car la trajectoire s'éloigne de ce point lorsque $t \longrightarrow 0$. Dans ce problème, on peut distinguer trois types de trajectoires : celles qui correspondent aux petites oscillations, celles (les séparatrices) qui joignent deux cols et enfin celles qui correspondent à une rotation complète autour du point de suspension du pendule.

5.2 Quelques équations non linéaires

5.2.1 Le pendule simple

La résolution de l'équation différentielle du mouvement du pendule simple n'est étudiée ordinairement que dans le cas de petites oscillations car la résolution dans le cas général n'est pas aisée. Nous allons voir que dans le cas général cette équation est résoluble sous forme explicite au moyen d'intégrales elliptiques, donc sa solution s'obtient à l'aide de fonctions elliptiques. L'équation différentielle du pendule simple (voir exercice 5.1.28) est

$$\frac{d^2 x}{dt^2} + \frac{g}{l} \sin x = 0. \tag{5.2.1}$$

Posons $\theta = \frac{dx}{dt}$, l'équation (5.2.1) s'écrit

$$\theta d\theta + \frac{g}{l}\sin x dx = 0.$$

En intégrant, on obtient

$$\frac{\theta^2}{2} = \frac{g}{l}\cos x + C,$$

où C est une constante. Lorsque $t = 0$, $x = x_0$ (angle initial), alors $\theta = 0$ (la vitesse est nulle), d'où $C = -\frac{g}{l}\cos x_0$. Par conséquent

$$\frac{l}{2g}\left(\frac{dx}{dt}\right)^2 = \frac{l}{2g}\theta^2 = \cos x - \cos x_0. \tag{5.2.2}$$

Nous allons étudier plusieurs cas :

a) Considérons le cas d'un mouvement oscillatoire, c-à-d., le cas où la masse passe de $x = x_0$ (le plus grand angle atteint par le pendule ; il y correspond une vitesse $\theta = 0$) à $x = 0$ (vitesse maximale). Comme $\cos x = 1 - 2\sin^2\frac{x}{2}$, alors l'équation (5.2.2) devient

$$\frac{l}{4g}\left(\frac{dx}{dt}\right)^2 = \sin^2\frac{x_0}{2} - \sin^2\frac{x}{2}. \tag{5.2.3}$$

Posons $\sin\frac{x}{2} = \sin\frac{x_0}{2}\sin\varphi$, d'où

$$\frac{1}{2}\cos\frac{x}{2}dx = \sin\frac{x_0}{2}\cos\varphi d\varphi,$$

$$\frac{1}{2}\sqrt{1-\sin^2\frac{x}{2}}dx = \sin\frac{x_0}{2}\sqrt{1-\sin^2\varphi}d\varphi,$$

$$\frac{1}{2}\sqrt{1-\sin^2\frac{x_0}{2}\sin^2\varphi}dx = \sin\frac{x_0}{2}\sqrt{1-\sin^2\varphi}d\varphi,$$

et donc

$$dx = \frac{2\sin\frac{x_0}{2}\sqrt{1-\sin^2\varphi}}{\sqrt{1-\sin^2\frac{x_0}{2}\sin^2\varphi}}d\varphi.$$

Par substitution dans (5.2.3), on obtient

$$\left(\frac{d\varphi}{dt}\right)^2 = \frac{g}{l}\left(1-k^2\sin^2\varphi\right),$$

où $k = \sin\dfrac{x_0}{2}$ est le module et $\dfrac{x_0}{2}$ est l'angle modulaire. Notons que pour $x = 0$, on a $\varphi = 0$ et dès lors

$$t = \pm\sqrt{\frac{l}{g}}\int_0^{\varphi}\frac{d\varphi}{\sqrt{1-k^2\sin^2\varphi}}.$$

D'après la théorie des fonctions et intégrales elliptiques, on a donc

$$\varphi = \pm\mathbf{am}\sqrt{\frac{g}{l}}t, \qquad \sin\varphi = \pm\sin\mathbf{am}\sqrt{\frac{g}{l}}t = \pm\mathbf{sn}\sqrt{\frac{g}{l}}t,$$

où $\mathbf{am}\sqrt{\frac{g}{l}}t$ est l'amplitude de $\sqrt{\frac{g}{l}}t$ et $\mathbf{sn}\sqrt{\frac{g}{l}}t$ est la fonction elliptique de Jacobi (voir annexe B). Par conséquent

$$\sin\frac{x}{2} = \pm\sin\frac{x_0}{2}\mathbf{sn}\sqrt{\frac{g}{l}}t.$$

b) Considérons le cas d'un mouvement circulaire. On écrit l'équation (5.2.2) sous la forme

$$\frac{l}{2g}\left(\frac{dx}{dt}\right)^2 = 1 - 2\sin^2\frac{x}{2} - \cos x_0 = (1-\cos x_0)\left(1 - k^2\sin^2\frac{x}{2}\right),$$

où $k^2 = \frac{2}{1-\cos x_0}$, avec $0 < k < 1$. En tenant compte de la condition initiale $x(0) = 0$, on obtient

$$dt = \pm\sqrt{\frac{2l}{g(1-\cos x_0)}}\int_0^{\varphi}\frac{d\varphi}{\sqrt{1-k^2\sin^2\varphi}}, \quad \varphi = \frac{x}{2}.$$

Donc

$$\varphi = \pm\mathbf{am}\sqrt{\frac{g(1-\cos x_0)}{2l}}t,$$

et

$$x = \pm 2\mathbf{am}\sqrt{\frac{g(1-\cos x_0)}{2l}}t.$$

c) Considérons enfin le cas d'un mouvement asymptotique. C'est le cas où $x_0 = \pm\pi$ et l'équation (5.2.2) s'écrit

$$\frac{l}{2g}\left(\frac{dx}{dt}\right)^2 = \cos x + 1 = 2\cos^2\frac{x}{2}.$$

D'où

$$t = \pm\frac{1}{2}\sqrt{\frac{l}{g}}\int_0^x\frac{dx}{\cos\frac{x}{2}} = \pm\sqrt{\frac{l}{g}}\ln\tan\left(\frac{x}{\pi} + \frac{\pi}{4}\right),$$

et

$$x = 4\arctan e^{\pm\sqrt{\frac{g}{l}}t} - \pi.$$

On vérifie que $x \longrightarrow \pm\pi$ quand $t \longrightarrow \infty$.

Remarque 5.2.1 *Pour des petites oscillations, on peut approcher* $\sin x$ *par* x *et l'équation (5.2.1) se ramène à une équation linéaire,*

$$\frac{d^2x}{dt^2} + \frac{g}{l}x = 0,$$

dont la solution générale est immédiate :

$$x(t) = C_1 \cos\sqrt{\frac{g}{l}}t + C_2\sqrt{\frac{l}{g}}\sin\sqrt{\frac{g}{l}}t,$$

où $C_1 = x(0)$ *et* $C_2 = \frac{dx}{dt}(0)$. *Pour des petites oscillations la période* T *du pendule (le temps nécessité pour une oscillation complète ; un aller-retour) est* $T = 2\pi\sqrt{\frac{l}{g}}$. *Par contre, dans le cas des oscillations qui ne sont pas nécessairement petites, la période vaut* $T = 4\sqrt{\frac{l}{g}}\int_0^{\frac{\pi}{2}} \frac{dx}{\sqrt{1-k^2\sin^2 x}}$, *avec* $k = \sin\frac{x_0}{2}$.

5.2.2 Le corps solide d'Euler

Les équations du mouvement de rotation d'un corps solide autour d'un point fixe s'écrivent, dans le cas d'Euler, sous la forme

$$\begin{aligned}\frac{dm_1}{dt} &= (\lambda_3 - \lambda_2)\, m_2 m_3,\\ \frac{dm_2}{dt} &= (\lambda_1 - \lambda_3)\, m_1 m_3,\\ \frac{dm_3}{dt} &= (\lambda_2 - \lambda_1)\, m_1 m_2,\end{aligned} \tag{5.2.4}$$

où m_1, m_2, m_3 sont les composantes du moment angulaire du solide et $\lambda_i \equiv I_i^{-1}$ avec I_1, I_2, I_3 les moments d'inertie du solide. Ici le point fixe est le centre de gravité du solide.

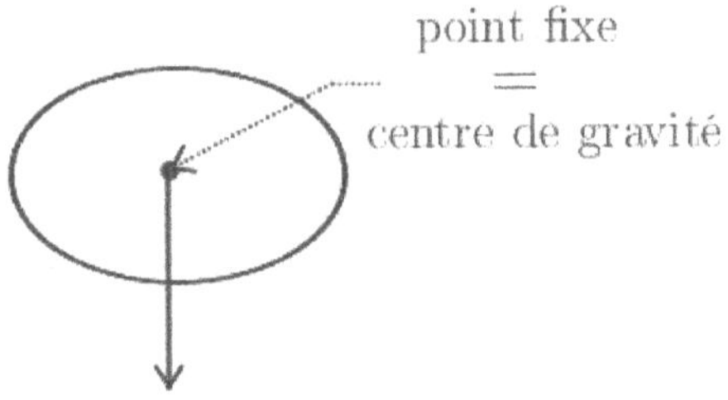

Le système (5.2.4) admet deux intégrales premières quadratiques :

$$H_1 = \frac{1}{2}\left(\lambda_1 m_1^2 + \lambda_2 m_2^2 + \lambda_3 m_3^2\right), \qquad H_2 = \frac{1}{2}\left(m_1^2 + m_2^2 + m_3^2\right).$$

Nous supposerons que $\lambda_1, \lambda_2, \lambda_3$ sont tous différents de zero (c'est-à-dire que le solide n'est pas réduit à un point et n'est pas non plus concentré sur une droite). Dans ces conditions, $H_1 = 0$ entraine $m_1 = m_2 = m_3 = 0$ et donc $H_2 = 0$; le solide est au repos. Nous écartons ce cas trivial et supposons dorénavant que $H_1 \neq 0$ et $H_2 \neq 0$. Lorsque $\lambda_1 = \lambda_2 = \lambda_3$, les équations (5.2.4) montrent évidemment que m_1, m_2 et m_3 sont des constantes. Supposons par exemple que $\lambda_1 = \lambda_2$, les équations (5.2.4) s'écrivent alors

$$\begin{aligned}
\frac{dm_1}{dt} &= (\lambda_3 - \lambda_1)\, m_2 m_3,\\
\frac{dm_2}{dt} &= (\lambda_1 - \lambda_3)\, m_1 m_3,\\
\frac{dm_3}{dt} &= 0.
\end{aligned}$$

On déduit alors que $m_3 = \text{constante} \equiv A$ et

$$\frac{dm_1}{dt} = A\,(\lambda_3 - \lambda_1)\, m_2, \qquad \frac{dm_2}{dt} = A\,(\lambda_1 - \lambda_3)\, m_1.$$

Notons que

$$\frac{d}{dt}(m_1 + im_2) = iA(\lambda_1 - \lambda_3)(m_1 + im_2),$$

on obtient

$$m_1 + im_2 = Ce^{iA(\lambda_1 - \lambda_3)t},$$

où C est une constante et donc

$$m_1 = C\cos A(\lambda_1 - \lambda_3)t, \qquad m_2 = C\sin A(\lambda_1 - \lambda_3)t,$$

L'intégration des équations d'Euler est délicate dans le cas général où λ_1, λ_2 et λ_3 sont tous différents ; les solutions s'expriment à l'aide de fonctions elliptiques. Dans la suite nous supposerons que λ_1, λ_2 et λ_3 sont tous différents et nous écartons les autres cas triviaux qui ne posent aucune difficulté pour la résolution des équations en question. Pour fixer les idées nous supposerons dans la suite que : $\lambda_1 > \lambda_2 > \lambda_3$. Géométriquement, les équations

$$\lambda_1 m_1^2 + \lambda_2 m_2^2 + \lambda_3 m_3^2 = 2H_1, \tag{5.2.5}$$

$$m_1^2 + m_2^2 + m_3^2 = 2H_2 \equiv r^2, \tag{5.2.6}$$

représentent respectivement les équations de la surface d'un ellipsoide de demi-axes : $\sqrt{\frac{2H_1}{\lambda_1}}$ (demi grand axe), $\sqrt{\frac{2H_1}{\lambda_2}}$ (demi axe moyen), $\sqrt{\frac{2H_1}{\lambda_3}}$ (demi petit axe), et d'une sphère de rayon r. Donc le mouvement du solide s'effectue sur l'intersection d'un ellipsoide avec une sphère. Cette intersection a un sens car en comparant (5.2.5) à (5.2.6), on voit que $\frac{2H_1}{\lambda_1} < r^2 < \frac{2H_1}{\lambda_3}$, ce qui signifie géométriquement que le rayon de la sphère (5.2.6) est compris entre le plus petit et le plus grand des demi-axes de l'ellipsoïde (5.2.5). Pour étudier l'allure des courbes d'intersection de l'ellipsoïde (5.2.5) avec la sphère (5.2.6), fixons $H_1 > 0$ et faisons varier le rayon r. Comme $\lambda_1 > \lambda_2 > \lambda_3$, les demi-axes de l'ellipsoïde seront $\frac{2H_1}{\lambda_1} > \frac{2H_1}{\lambda_2} > \frac{2H_1}{\lambda_3}$. Si le rayon r de la sphère est inférieur au demi petit axe $\frac{2H_1}{\lambda_3}$ ou supérieur au demi grand axe $\frac{2H_1}{\lambda_1}$, alors l'intersection en question est vide (et aucum mouvement réel ne correspond à ces valeurs de H_1 et r). Lorsque le rayon r est égal à $\frac{2H_1}{\lambda_3}$, alors l'intersection est composée de deux points. Lorsque le rayon r augmente $\left(\frac{2H_1}{\lambda_3} < r < \frac{2H_1}{\lambda_2}\right)$, on obtient deux courbes autour des extrémités du demi petit axe. De même si $r = \frac{2H_1}{\lambda_1}$, on obtient les deux extrémités du demi grand axe et si r est légérement inférieur à $\frac{2H_1}{\lambda_1}$, on obtient deux courbes fermées au voisinage de ces extrémités. Enfin, si $r = \frac{2H_1}{\lambda_2}$ alors l'intersection en question est constituée de deux cercles.

Théorème 5.2.2 *Les équations différentielles (5.2.4) d'Euler, s'intégrent au moyen de fonctions elliptiques de Jacobi.*

Démonstration : A partir des intégrales premières (5.2.5) et (5.2.6), on exprime m_1 et m_3 en fonction de m_2. On introduit ensuite ces expressions dans la seconde équation du système (5.2.4) pour obtenir une équation différentielle en m_2 et $\frac{dm_2}{dt}$ seulement. De manière plus détaillée, on tire aisément de (5.2.5) et (5.2.6) les relations suivantes

$$m_1^2 = \frac{2H_1 - r^2\lambda_3 - (\lambda_2 - \lambda_3)\, m_2^2}{\lambda_1 - \lambda_3}, \tag{5.2.7}$$

$$m_3^2 = \frac{r^2\lambda_1 - 2H_1 - (\lambda_1 - \lambda_2)\, m_2^2}{\lambda_1 - \lambda_3}. \tag{5.2.8}$$

En substituant ces expressions dans la seconde équation du système (5.2.4), on obtient

$$\frac{dm_2}{dt} = \sqrt{(2H_1 - r^2\lambda_3 - (\lambda_2 - \lambda_3)\, m_2^2)(r^2\lambda_1 - 2H_1 - (\lambda_1 - \lambda_2)\, m_2^2)}.$$

En intégrant cette équation, on obtient une fonction $t(m_2)$ sous forme d'une intégrale elliptique. Pour réduire celle-ci à la forme standard, on peut supposer que $r^2 > \frac{2H_1}{\lambda_2}$ (sinon, il suffit d'intervertir les indices 1 et 3 dans toutes les formules précédentes). On réecrit l'équation précédente, sous la forme

$$\frac{dm_2}{\sqrt{(2H_1 - r^2\lambda_3)(r^2\lambda_1 - 2H_1)}dt} = \sqrt{(1 - \frac{\lambda_2 - \lambda_3}{2H_1 - r^2\lambda_3}m_2^2)(1 - \frac{\lambda_1 - \lambda_2}{r^2\lambda_1 - 2H_1}m_2^2)}.$$

En posant $\tau = t\sqrt{(\lambda_2 - \lambda_3)(r^2\lambda_1 - 2H_1)}$, $s = m_2\sqrt{\frac{\lambda_2-\lambda_3}{2H_1-r^2\lambda_3}}$, on obtient

$$\frac{ds}{d\tau} = \sqrt{(1-s^2)(1 - \frac{(\lambda_1-\lambda_2)(2H_1 - r^2\lambda_3)}{(\lambda_2-\lambda_3)(r^2\lambda_1 - 2H_1)}s^2)},$$

ce qui suggère de choisir comme module des fonctions elliptiques

$$k^2 = \frac{(\lambda_1-\lambda_2)(2H_1 - r^2\lambda_3)}{(\lambda_2-\lambda_3)(r^2\lambda_1 - 2H_1)}.$$

Les inégalités $\lambda_1 > \lambda_2 > \lambda_3$, $\frac{2H_1}{\lambda_1} < r^2 < \frac{2H_1}{\lambda_3}$ et $r^2 > \frac{2H_1}{\lambda_2}$ montrent qu'effectivement $0 < k^2 < 1$. On obtient donc

$$\frac{ds}{d\tau} = \sqrt{(1-s^2)(1-k^2s^2)}.$$

Cette équation admet la solution (on convient de choisir l'origine des temps telle que $m_2 = 0$ pour $t = 0$)

$$\tau = \int_0^s \frac{ds}{\sqrt{(1-s^2)(1-k^2s^2)}}.$$

C'est l'intégrale d'une différentielle holomorphe sur une courbe elliptique

$$\mathcal{E} : w^2 - (1-s^2)(1-k^2s^2).$$

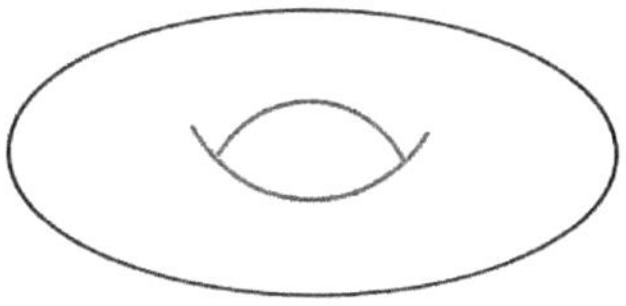

La fonction inverse $s(\tau)$ constitue l'une des fonctions elliptiques de Jacobi : $s = \mathbf{sn}\tau$, qui détermine également m_2 en fonction du temps, c-à-d.,

$$m_2 = \sqrt{\frac{2H_1 - r^2\lambda_3}{\lambda_2 - \lambda_3}} \cdot \mathbf{sn}\tau.$$

D'après les égalités (5.2.7) et (5.2.8), on sait que les fonctions m_1 et m_3 s'expriment algébriquement à l'aide de m_2, donc

$$m_1 = \sqrt{\frac{2H_1 - r^2\lambda_3}{\lambda_1 - \lambda_3}} \cdot \sqrt{1 - \mathbf{sn}^2\tau}, \qquad m_3 = \sqrt{\frac{r^2\lambda_1 - 2H_1}{\lambda_1 - \lambda_3}} \cdot \sqrt{1 - k^2\mathbf{sn}^2\tau}.$$

Compte tenu de la définition des deux autres fonctions elliptiques

$$\mathbf{cn}\tau = \sqrt{1 - \mathbf{sn}^2\tau}, \qquad \mathbf{dn}\tau = \sqrt{1 - k^2\mathbf{sn}^2\tau},$$

et du fait que $\tau = t\sqrt{(\lambda_2 - \lambda_3)(r^2\lambda_1 - 2H_1)}$, on obtient finalement les formules explicites suivantes :

$$\begin{aligned} m_1 &= \sqrt{\frac{2H_1 - r^2\lambda_3}{\lambda_1 - \lambda_3}}\mathbf{cn}(t\sqrt{(\lambda_2 - \lambda_3)(r^2\lambda_1 - 2H_1)}), \\ m_2 &= \sqrt{\frac{2H_1 - r^2\lambda_3}{\lambda_2 - \lambda_3}}\mathbf{sn}(t\sqrt{(\lambda_2 - \lambda_3)(r^2\lambda_1 - 2H_1)}), \\ m_3 &= \sqrt{\frac{r^2\lambda_1 - 2H_1}{\lambda_1 - \lambda_3}}\mathbf{dn}(t\sqrt{(\lambda_2 - \lambda_3)(r^2\lambda_1 - 2H_1)}). \end{aligned} \tag{5.2.9}$$

Autrement dit, l'intégration des équations d'Euler s'effectue au moyen de fonctions elliptiques de Jacobi.

Remarque 5.2.3 *Notons que pour $\lambda_1 = \lambda_2$, on a $k^2 = 0$. Dans ce cas, les fonctions elliptiques $\mathbf{sn}\tau, \mathbf{cn}\tau, \mathbf{dn}\tau$ se réduisent respectivement aux fonctions $\sin\tau, \cos\tau, 1$. Dès lors de (5.2.9), on tire aisément les expressions*

$$\begin{aligned} m_1 &= \sqrt{\frac{2H_1 - r^2\lambda_3}{\lambda_1 - \lambda_3}} \cos\sqrt{(\lambda_1 - \lambda_3)(r^2\lambda_1 - 2H_1)}t, \\ m_2 &= \sqrt{\frac{2H_1 - r^2\lambda_3}{\lambda_1 - \lambda_3}} \sin\sqrt{(\lambda_1 - \lambda_3)(r^2\lambda_1 - 2H_1)}t, \\ m_3 &= \sqrt{\frac{r^2\lambda_1 - 2H_1}{\lambda_1 - \lambda_3}}. \end{aligned}$$

On retrouve ainsi les solutions établies précédemment avec $A = \sqrt{\frac{r^2\lambda_1 - 2H_1}{\lambda_1 - \lambda_3}}$ et $C = \sqrt{\frac{2H_1 - r^2\lambda_3}{\lambda_1 - \lambda_3}}$.

5.2.3 Solutions méromorphes d'équations différentielles

Soit le système d'équations différentielles non-linéaires

$$\begin{aligned} x_1' &= f_1(t, x_1, ..., x_n), \\ &\vdots \\ x_n' &= f_n(t, x_1, ..., x_n), \end{aligned} \tag{5.2.10}$$

où $f_1, ..., f_n$ sont des fonctions de $m+1$ variables complexes $t, x_1, ..., x_n$ et qui appliquent un domaine de $\mathbb{C}^{n+1}$ dans $\mathbb{C}$. Le problème de Cauchy consiste en la recherche d'une solution $(x_1(t), ..., x_n(t))$ dans un voisinage d'un point t_0, passant par le point donné $\left(t_0, x_1^0, ..., x_n^0\right)$ c'est-à-dire satisfaisant aux conditions initiales $x_1(t_0) = x_1^0, ..., x_n(t_0) = x_n^0$. Le système (5.2.10) peut s'écrire sous forme vectorielle dans $\mathbb{C}^m$ $x' = f(t, x(t))$, en posant $x = (x_1, ..., x_n)$ et $f = (f_1, ..., f_n)$. Dans ce cas, le problème de Cauchy consistera à déterminer la solution $x(t)$ telle que $x(t_0) = x_0 = (x_1^0, ..., x_n^0)$.

On sait que lorsque les fonctions $f_1, ..., f_n$ sont holomorphes au voisinage du point $\left(t_0, x_1^0, ..., x_n^0\right)$ alors le problème de Cauchy admet une solution holomorphe et une seule. Le problème de Cauchy peut-il admettre quelque solution non holomorphe au voisinage du point $\left(t_0, x_1^0, ..., x_n^0\right)$? Lorsque les fonctions $f_1, ..., f_n$ sont holomorphes, la réponse est négative. D'autres circonstances peuvent se produire pour le problème de Cauchy relatif au système d'équations différentielles (5.2.10), lorsque l'hypothèse d'holomorphie relative aux fonctions $f_1, ..., f_n$ n'est plus satisfaite au voisinage d'un point. On constate dans une telle éventualité que les comportements des solutions peuvent revêtir les aspects les plus divers.

En général, les singularités des solutions sont de deux types : mobiles ou fixes, suivant qu'elles dépendent ou non des conditions initiales. Des résultats importants ont été obtenus par Painlevé [15]. Supposons par exemple que le système (5.2.10) s'écrit sous la forme

$$x_1' = \frac{P_1(t, x_1, ..., x_n)}{Q_1(t, x_1, ..., x_n)}, ..., x_n' = \frac{P_n(t, x_1, ..., x_n)}{Q_n(t, x_1, ..., x_n)},$$

avec

$$P_k(t, x_1, ..., x_n) = \sum_{0 \leq i_1, ..., i_n \leq p} A_{i_1, ..., i_n}^{(k)}(t)\, x_1^{i_1} ... x_n^{i_n},\ 1 \leq k \leq n,$$

$$Q_k(t, x_1, ..., x_n) = \sum_{0 \leq j_1, ..., j_n \leq q} B_{j_1, ..., j_n}^{(k)}(t)\, x_1^{j_1} ... x_n^{j_n},\ 1 \leq k \leq n,$$

des polynômes à plusieurs indéterminées $x_1, ..., x_n$ et à coefficients algébriques en t. On sait

(i) que les singularités fixes sont constituées par quatre ensembles de points. Le premier est l'ensemble des points singuliers des coefficients $A_{i_1, ..., i_n}^{(k)}(t)$, $B_{j_1, ..., j_n}^{(k)}(t)$ intervenant dans les polynômes $P_k(t, x_1, ..., x_n)$ et $Q_k(t, x_1, ..., x_n)$. En général cet ensemble contient le point $t = \infty$. Le second ensemble est constitué des points α_j tels que : $Q_k(t, x_1, ..., x_n) = 0$, circonstance qui se produit si les coefficients $B_{j_1, ..., j_n}^{(k)}(t)$ s'annulent tous pour $t = \alpha_j$. Le troisième est l'ensemble des points β_l tels que pour certaines valeurs $(x_{1'}, ..., x_{n'})$ de $(x_1, ..., x_n)$, on ait $P_k(\beta_l, x_{1'}, ..., x_{n'}) = Q_k(\beta_l, x_{1'}, ..., x_{n'}) = 0$. Dès lors les seconds membres du système ci dessus se présentent sous la forme indéterminée $\frac{0}{0}$ aux points $(\beta_l, x_{1'}, ..., x_{n'})$. Enfin, l'ensemble des points γ_n tels qu'il existe des valeurs $u_1, ..., u_n$, pour lesquelles $R_k(\gamma_n, u_1, ..., u_n) = S_k(\gamma_n, u_1, ..., u_n) = 0$, où R_k et S_k sont des polynômes en $u_1, ..., u_n$ obtenus à partir de P_k et Q_k en posant $x_1 = \frac{1}{u_1}, \ldots, x_n = \frac{1}{u_n}$. Chacun de ces ensembles ne comporte qu'un nombre fini d'éléments. Les singularités fixes du système en question sont en nombre fini.

(ii) que les singularités mobiles de solutions de ce système sont des singularités mobiles algébriques : pôles et (ou) points critiques algébriques. Il n'y a pas de points singuliers essentiels pour la solution $(x_1, ..., x_n)$.

Considérant le système d'équations différentielles (5.2.10), peut-on trouver des conditions suffisantes d'existence et d'unicité de solutions méromorphes ? Nous établirons un théorème d'existence et d'unicité pour la solution du problème de Cauchy relatif au système d'équations différentielles (5.2.10), en faisant appel à la méthode des coefficients indéterminés. La solution sera explicitée sous la forme d'une série de Laurent. Il se posera dès lors le problème de la convergence. Celui-ci sera résolu par la méthode des fonctions majorantes. Nombreux sont les problèmes, aussi bien théorique que pratique, ou apparaissent des équations différentielles dont le second membre n'est pas holomorphe.

Dans ce qui suivra, nous envisagerons le problème de Cauchy relatif au système normal (5.2.10) dans l'hypothèse où $f_1, ..., f_m$ ne dépendent pas explicitement de t, c'est-à-dire

$$\begin{aligned} x_1' &= f_1(x_1, ..., x_n), \\ &\vdots \\ x_n' &= f_n(x_1, ..., x_n). \end{aligned} \tag{5.2.11}$$

On suppose que $f_1, ..., f_n$ sont des fonctions rationnelles en $x_1, ..., x_n$ et que le système (5.2.11) est quasi-homogène, c'est-à-dire ils existent des entiers positifs $s_1, ..., s_n$ telles que

$$f_i(\alpha^{s_1} x_1, ..., \alpha^{s_n} x_n) = \alpha^{s_i+1} f_i(x_1, ..., x_n), \quad 1 \leq i \leq n,$$

pour chaque constante non nulle α. Autrement dit, le système (5.2.11) est invariant par la transformation

$$t \longrightarrow \alpha^{-1} t, \quad x_1 \longrightarrow \alpha^{s_1} x_1, \ldots, \quad x_n \longrightarrow \alpha^{s_n} x_n.$$

Notons que si le déterminant

$$\Delta \equiv \det\left(x_j \frac{\partial f_i}{\partial x_j} - \delta_{ij} f_i\right)_{1\leq i,j\leq n},$$

est non identiquement nul, alors le choix des nombres $s_1, ..., s_n$ est unique.

Dans tout ce qui va suivre, nous supposerons que $t_0 = x_0 = 0$, ce qui n'affecte pas la généralité des résultats.

Théorème 5.2.4 *Supposons que*

$$x_i = \frac{1}{t^{s_i}} \sum_{k=0}^{\infty} c_i^{(k)} t^k, \quad 1 \leq i \leq n, \tag{5.2.12}$$

où $c^{(0)} \neq 0$, soit la solution formelle en séries de Laurent, obtenue par la méthode des coefficients indéterminés, du système quasi-homogène (5.2.11). Alors, les coefficients $c_i^{(0)}$ satisfont aux équations non-linéaires

$$s_i c_i^{(0)} + f_i\left(c_1^{(0)}, ..., c_n^{(0)}\right) = 0, \tag{5.2.13}$$

où $1 \leq i \leq n$, tandis que $c_i^{(1)}, c_i^{(2)}, ...$ satisfont chacun à un système d'équations linéaires de la forme

$$(\mathcal{M} - k\mathcal{I})\, c^{(k)} = \text{polynôme en} \quad c_i^{(0)}, ..., c_i^{(k-1)}, \quad 1 \leq i \leq n, \quad k \geq 1, \tag{5.2.14}$$

où $c^{(k)} = \left(c_1^{(k)}, ..., c_n^{(k)}\right)^\top$ et

$$\mathcal{M} \equiv \left(\frac{\partial f_i}{\partial x_j}\left(c_1^{(0)}, ..., c_n^{(0)}\right) + \delta_{ij} s_i\right)_{1\leq i,j\leq n},$$

est la matrice jacobienne de (5.2.13). En outre, la série (5.2.12) est convergente.

Démonstration : En substituant (5.2.12) dans (5.2.11), tout en tenant compte de la quasi-homogénéité du système, on obtient

$$\begin{aligned}
&\sum_{k=0}^{\infty} (k - s_i)\, c_i^{(k)} t^{k-s_i-1} \\
&\qquad = f_i\left(\sum_{k=0}^{\infty} c_1^{(k)} t^{k-s_1}, ..., \sum_{k=0}^{\infty} c_n^{(k)} t^{k-s_n}\right), \\
&\qquad = f_i\left(t^{-s_1}\left(c_1^{(0)} + \sum_{k=1}^{\infty} c_1^{(k)} t^k\right), ..., t^{-s_n}\left(c_n^{(0)} + \sum_{k=1}^{\infty} c_n^{(k)} t^k\right)\right), \\
&\qquad = t^{-s_i-1} f_i\left(c_1^{(0)} + \sum_{k=1}^{\infty} c_1^{(k)} t^k, ..., c_n^{(0)} + \sum_{k=1}^{\infty} c_n^{(k)} t^k\right).
\end{aligned}$$

Ensuite, on développe le second membre comme suit

$$\sum_{k=0}^{\infty}(k-s_i)c_i^{(k)}t^k = f_i\left(c_1^{(0)},...,c_n^{(0)}\right)+\sum_{j=1}^{n}\frac{\partial f_i}{\partial x_j}\left(c_1^{(0)},...,c_n^{(0)}\right)\sum_{k=1}^{\infty}c_j^{(k)}t^k$$
$$+\sum_{k=2}^{\infty}t^k\sum_{(\alpha,\tau)\in\Delta_k}\frac{1}{\alpha!}\frac{\partial^{\alpha}f_i}{\partial x^{\alpha}}\left(c_1^{(0)},...,c_n^{(0)}\right)\prod_{j=1}^{n}\left(c_j^{(\tau_j)}\right)^{\alpha_j},$$

où $\alpha=(\alpha_1,...,\alpha_n)$, $\tau=(\tau_1,...,\tau_n)$, $|\alpha|=\sum_{j=1}^{n}\alpha_j$, $\alpha!=\prod_{j=1}^{n}\alpha_j!$,

$$\Delta_k=\left\{(\alpha,\tau):\tau_j>0,\forall j,|\alpha|>2,\sum_{j=1}^{n}\alpha_j\tau_j=k\right\}.$$

En identifiant les termes ayant même puissance au premier et au second membre, on obtient successivement pour $k=0$ l'expression (5.2.13), pour $k=1$,

$$(\mathcal{M}-\mathcal{I})\,c^{(1)}=0,$$

et pour $k\geq 2$,

$$\left((\mathcal{M}-k\mathcal{I})\,c^{(k)}\right)_i=-\sum_{(\alpha,\tau)\in D_k}\frac{1}{\alpha!}\frac{\partial^{\alpha}f_i}{\partial x^{\alpha}}\left(c_1^{(0)},...,c_n^{(0)}\right)\prod_{j=1}^{n}\left(c_j^{(\tau_j)}\right)^{\alpha_j}, \quad (5.2.15)$$

où $\tau_j>0$, $\sum_{j=1}^{n}\alpha_j\tau_j=k$, ce qui conduit aux expressions explicites (5.2.14). La solution obtenue par la méthode des coefficients indéterminés est formelle du fait que nous l'obtenons en effectuant sur des séries, que nous supposons a priori convergentes, diverses opérations dont la validité reste à justifier. Le théorème se trouvera donc établi dès que nous aurons vérifié que ces séries sont convergentes. On utilise à cette fin la méthode des fonctions majorantes. Notons tout d'abord que des paramètres libres apparaissent soit dans le système (5.2.13) de n équations à m inconnues, lorsque celui-ci admet un ensemble continue de solutions, soit par le fait que $\lambda_i\equiv k\in\mathbb{N}^*, 1\leq i\leq n$, est une valeur propre de la matrice $\mathcal{M}$. Dès lors, les coefficients peuvent être vus comme étant des fonctions rationnelles sur une variété affine V, de fibre le lieu

$$\bigcap_{i=1}^{n}\left\{s_ic_i^{(0)}+f_i\left(c_1^{(0)},...,c_n^{(0)}\right)=0\right\}.$$

Soit $n_0\in V$ et soit K un sous-ensemble compact de V, contenant un voisinage ouvert de n_0. Notons que K peut-être muni de la topologie du plan complexe. Posons

$$A=1+\max\left\{\left|c_i^{(\tau_i)}(n_0)\right|\right\},\quad 1\leq\tau_i\leq\lambda_n,\quad 1\leq i\leq n,$$

où λ_n désigne la plus grande valeur propre de la matrice $\mathcal{M}$. Soient B et C deux constantes avec $C > A$ telles que dans le compact K on ait

$$\left|\frac{\partial^\alpha f_i}{\partial x^\alpha}(n_0)\right| \leq \alpha! B^{|\alpha|}, \quad \left|(\mathcal{M}(n_0) - k\mathcal{I}_n)^{-1}\right| \leq C, \quad k \geq \lambda_n + 1.$$

De (5.2.15) on déduit que

$$\left|c_i^{(k)}(n_0)\right| \leq C \sum_{(\alpha,\tau)\in D} B^{|\alpha|} \prod_{j=1}^{n} \left|c_j^{(\tau_j)}\right|^{\alpha_j}, \quad k \geq \lambda_n + 1.$$

Considérons maintenant la série

$$\Phi(t) = At + \sum_{k=2}^{\infty} \beta_k t^k,$$

où β_k sont des nombres réels définis inductivement par $\beta_1 \equiv A$ et

$$\beta_k \equiv C \sum_{(\alpha,\tau)\in D} B^{|\alpha|} \prod_{j=1}^{n} \beta_{\tau_j}^{\alpha_j}, \quad k \geq 2.$$

On vérifie aisément par récurrence que la série $\Phi(t)$ est une majorante pour

$$\sum_{k=1}^{\infty} c_i^{(k)} t^k, \quad 1 \leq i \leq n.$$

En effet, on a $\left|c_i^{(1)}\right| \leq A$. Supposons que $\left|c_i^{(j)}\right| \leq \beta_j$, $j < k$, $\forall i$. Alors

$$\begin{aligned}
\left|c_i^{(k)}(n_0)\right| &\leq C \sum_{(\alpha,\tau)\in D} B^{|\alpha|} \prod_{j=1}^{n} \left|c_j^{(\tau_j)}\right|^{\alpha_j}, \quad k \geq \lambda_n + 1,\\
&\leq C \sum_{(\alpha,\tau)\in D} B^{|\alpha|} \prod_{j=1}^{n} \left|\beta_{\tau_j}^{\alpha_j}\right|,\\
&= \beta_k.
\end{aligned}$$

D'autre part, il résulte de la définition des nombres β_k que

$$\Phi(t) = At + CB^2 \frac{(n\Phi(t))^2}{1 - Bn\Phi(z)}.$$

La racine

$$\Phi(t) = \frac{1 + nABt - \sqrt{(1 - 2nAB(1 + 2nBC)t + n^2A^2B^2t^2)}}{2nB(1 + nBC)},$$

fournit la majorante cherchée. D'où la possibilité d'un développement en série entière au voisinage de $t = 0$. □

Remarque 5.2.5 *La série (5.2.12) est l'unique solution méromorphe dans le sens où cette solution résulte de ce que les coefficients* $c_i^{(k)}$ *se trouvent déterminés de façon univoque avec la méthode de calcul adopté.*

Exercice 5.2.1 *Montrer que le résultat du théorème précédent s'applique à l'équation différentielle quasi-homogène d'ordre* n *suivante :*

$$x^{(n)} = f\left(x, x', ..., x^{(n-1)}\right), \tag{5.2.16}$$

où f *est une fonction rationnelle en* $x, x', ..., x^{(n-1)}$ *et*

$$x(t_0) = x_1^0, \quad x'(t_0) = x_2^0, ..., \quad x^{(n-1)}(t_0) = x_n^0.$$

<u>*Solution*</u> : En effet, l'équation (5.2.16) se ramène à un système de n équations du premier ordre en posant

$$x(t) = x_1(t), \quad x'(t) = x_2(t), ..., \quad x^{(n-1)}(t) = x_n(t).$$

On obtient ainsi

$$x_1' = x_2, \quad x_2' = x_3, ..., \quad x_{n-1}' = x_n, \quad x_n' = f\left(x_1, x_2, ..., x_n\right).$$

Un tel système constitue un cas particulier du système normal (5.2.11).

Exercice 5.2.2 *Appliquer le théorème précédent à l'étude des équations différentielles d'Euler (voir section 5.2.2).*

<u>*Solution*</u> : Le système (5.2.4) est invariant par les transformations

$$t \to \alpha^{-1}t, \ m_1 \to \alpha m_1, \ m_2 \to \alpha m_2, \ m_3 \to \alpha m_3.$$

Celles-ci sont uniques puisque

$$\begin{aligned}
\Delta &= \begin{vmatrix} -(\lambda_3-\lambda_2)\, m_2m_3 & (\lambda_3-\lambda_2)\, m_2m_3 & (\lambda_3-\lambda_2)\, m_2m_3 \\ (\lambda_1-\lambda_3)\, m_1m_3 & -(\lambda_1-\lambda_3)\, m_1m_3 & (\lambda_1-\lambda_3)\, m_1m_3 \\ (\lambda_2-\lambda_1)\, m_1m_2 & (\lambda_2-\lambda_1)\, m_1m_2 & -(\lambda_2-\lambda_1)\, m_1m_2 \end{vmatrix}, \\
&= 4(\lambda_3-\lambda_2)(\lambda_1-\lambda_3)(\lambda_2-\lambda_1)\, m_1^2m_2^2m_3^2, \\
&\neq 0.
\end{aligned}$$

On peut donc chercher des solutions du système (5.2.4) sous la forme de séries de Laurent

$$\begin{aligned}
m_1 &= \frac{1}{t}\left(a_0 + a_1t + a_2t^2 + \cdots\right), \\
m_2 &= \frac{1}{t}\left(b_0 + b_1t + b_2t^2 + \cdots\right), \\
m_3 &= \frac{1}{t}\left(c_0 + c_1t + c_2t^2 + \cdots\right),
\end{aligned}$$

dépendant de dim(espace de phase) $-1=2$ paramètres libres. En substituant ces équations dans le système (5.2.4), on voit que :

1) les coefficients a_0, b_0, c_0, satisfont aux équations

$$\begin{aligned} a_0+(\lambda_3-\lambda_2)\,b_0c_0 &= 0,\\ b_0+(\lambda_1-\lambda_3)\,a_0c_0 &= 0,\\ c_0+(\lambda_2-\lambda_1)\,a_0b_0 &= 0,\end{aligned}$$

dont les solutions sont

1

<u>1er cas</u> : $a_0=\frac{-1}{\sqrt{(\lambda_2-\lambda_1)(\lambda_1-\lambda_3)}}$, $\quad b_0=\frac{1}{\sqrt{(\lambda_2-\lambda_1)(\lambda_3-\lambda_2)}}$, $\quad c_0=\frac{1}{\sqrt{(\lambda_1-\lambda_3)(\lambda_3-\lambda_2)}}$.

<u>$2^{\text{ème}}$ cas</u> : $a_0=\frac{1}{\sqrt{(\lambda_2-\lambda_1)(\lambda_1-\lambda_3)}}$, $\quad b_0=\frac{1}{\sqrt{(\lambda_2-\lambda_1)(\lambda_3-\lambda_2)}}$, $\quad c_0=\frac{-1}{\sqrt{(\lambda_1-\lambda_3)(\lambda_3-\lambda_2)}}$.

<u>$3^{\text{ème}}$ cas</u> : $a_0=\frac{1}{\sqrt{(\lambda_2-\lambda_1)(\lambda_1-\lambda_3)}}$, $\quad b_0=\frac{-1}{\sqrt{(\lambda_2-\lambda_1)(\lambda_3-\lambda_2)}}$, $\quad c_0=\frac{1}{\sqrt{(\lambda_1-\lambda_3)(\lambda_3-\lambda_2)}}$.

<u>$4^{\text{ème}}$ cas</u> : $a_0=\frac{-1}{\sqrt{(\lambda_2-\lambda_1)(\lambda_1-\lambda_3)}}$, $\quad b_0=\frac{-1}{\sqrt{(\lambda_2-\lambda_1)(\lambda_3-\lambda_2)}}$, $\quad c_0=\frac{-1}{\sqrt{(\lambda_1-\lambda_3)(\lambda_3-\lambda_2)}}$.

2) les coefficients a_1, b_1, c_1, satisfont aux équations

$$\begin{aligned} (\lambda_3-\lambda_2)\,b_0c_1+(\lambda_3-\lambda_2)\,b_1c_0 &= 0,\\ (\lambda_1-\lambda_3)\,a_0c_1+(\lambda_1-\lambda_3)\,a_1c_0 &= 0,\\ (\lambda_2-\lambda_1)\,a_0b_1+(\lambda_2-\lambda_1)\,a_1b_0 &= 0,\end{aligned}$$

dont les solutions sont dant tous les cas : $a_1=b_1=c_1=0$.

3) les coefficients a_2, b_2, c_2, satisfont aux équations

$$\begin{aligned} a_2-\lambda_3b_0c_2-\lambda_3b_1c_1-\lambda_3b_2c_0+\lambda_2b_0c_2+\lambda_2b_1c_1+\lambda_2b_2c_0=0,\\ b_2-\lambda_1a_0c_2-\lambda_1a_1c_1-\lambda_1a_2c_0+\lambda_3a_0c_2+\lambda_3a_1c_1+\lambda_3a_2c_0=0,\\ c_2-\lambda_2a_0b_2-\lambda_2a_1b_1-\lambda_2a_2b_0+\lambda_1a_0b_2+\lambda_1a_1b_1+\lambda_1a_2b_0=0,\end{aligned}$$

dont les solutions qui correspondent aux différents cas sont respectivement :

<u>1er cas</u> : $a_2=\frac{\sqrt{(\lambda_3-\lambda_2)}}{\sqrt{(\lambda_1-\lambda_3)}}b_2+\frac{\sqrt{(\lambda_3-\lambda_2)}}{\sqrt{(\lambda_2-\lambda_1)}}c_2$.

<u>$2^{\text{ème}}$ cas</u> : $a_2=-\frac{\sqrt{\lambda_3-\lambda_2}}{\sqrt{\lambda_1-\lambda_3}}b_2+\frac{\sqrt{\lambda_3-\lambda_2}}{\sqrt{\lambda_2-\lambda_1}}c_2$.

<u>$3^{\text{ème}}$ cas</u> : $a_2=\frac{\sqrt{\lambda_3-\lambda_2}}{\sqrt{\lambda_1-\lambda_3}}b_2-\frac{\sqrt{\lambda_3-\lambda_2}}{\sqrt{\lambda_2-\lambda_1}}c_2$.

<u>$4^{\text{ème}}$ cas</u> : $a_2=-\frac{\sqrt{\lambda_3-\lambda_2}}{\sqrt{\lambda_1-\lambda_3}}b_2-\frac{\sqrt{\lambda_3-\lambda_2}}{\sqrt{\lambda_2-\lambda_1}}c_2$.

où b_2 et c_2 sont deux paramètres libres.

Par conséquent, pour le premier cas on a

$$\begin{aligned} m_1 &= \frac{-1}{t\sqrt{(\lambda_2-\lambda_1)(\lambda_1-\lambda_3)}} + \left(\frac{\sqrt{(\lambda_3-\lambda_2)}}{\sqrt{(\lambda_1-\lambda_3)}}b_2 + \frac{\sqrt{(\lambda_3-\lambda_2)}}{\sqrt{(\lambda_2-\lambda_1)}}c_2\right)t + \cdots \\ m_2 &= \frac{1}{t\sqrt{(\lambda_2-\lambda_1)(\lambda_3-\lambda_2)}} + b_2 t + \cdots \\ m_3 &= \frac{1}{t\sqrt{(\lambda_1-\lambda_3)(\lambda_3-\lambda_2)}} + c_2 t + \cdots \end{aligned}$$

En substituant ces développements dans les intégrales premières H_1 (5.2.5) et H_2(5.2.6), on obtient

$$\begin{aligned} H_1 &= 2\frac{\sqrt{\lambda_3-\lambda_2}}{\sqrt{\lambda_2-\lambda_1}}\left(\frac{1}{\lambda_3-\lambda_2} - \frac{1}{\lambda_1-\lambda_3}\right)b_2 \\ &\qquad +2\frac{\sqrt{\lambda_3-\lambda_2}}{\sqrt{\lambda_1-\lambda_3}}\left(\frac{1}{\lambda_3-\lambda_2} - \frac{1}{\lambda_2-\lambda_1}\right)c_2, \\ H_2 &= 2\frac{\sqrt{\lambda_3-\lambda_2}}{\sqrt{\lambda_2-\lambda_1}}\left(\frac{\lambda_2}{\lambda_3-\lambda_2} - \frac{\lambda_1}{\lambda_1-\lambda_3}\right)b_2 \\ &\qquad +2\frac{\sqrt{\lambda_3-\lambda_2}}{\sqrt{\lambda_1-\lambda_3}}\left(\frac{\lambda_3}{\lambda_3-\lambda_2} - \frac{\lambda_1}{\lambda_2-\lambda_1}\right)c_2, \end{aligned}$$

et on en déduit les relations

$$\begin{aligned} c_2 &= \frac{((\lambda_3-\lambda_2)(\lambda_1H_1-H_2) - (\lambda_1-\lambda_3)(\lambda_2H_1-H_2))}{6\sqrt{(\lambda_1-\lambda_3)(\lambda_3-\lambda_2)}}, \\ b_2 &= \frac{((\lambda_2-\lambda_1)(\lambda_3H_1-H_2) - (\lambda_3-\lambda_2)(\lambda_1H_1-H_2))}{6\sqrt{(\lambda_2-\lambda_1)(\lambda_3-\lambda_2)}}. \end{aligned}$$

On obtient évidemment des expressions similaires pour les autres cas.

> *L'idée que les mathématiques devraient se faire «sans calcul», si elle est vraie dans certains domaines, est en fait souvent mise en défaut. Ce qu'il faut supprimer, ce sont les calculs inutiles mais pas les autres !*
> Roger GODEMENT

Chapitre 6

Méthode de la diffusion inverse

6.1 Introduction

Korteweg et de Vries ont établi une équation aux dérivées partielles non linéaire décrivant l'onde de gravité qui se propage dans un canal peu profond[1] et possèdant des propriétés mathématiques remarquables :

$$\frac{\partial u}{\partial t} - 6u\frac{\partial u}{\partial x} + \frac{\partial^3 u}{\partial x^3} = 0, \tag{6.1.1}$$

où $u(x,t)$ est l'amplitude de l'onde au point x et au temps t. L'équation portant ainsi leur nom (abrégé dans la suite comme KdV) admet une solution : le soliton ou onde solitaire. En fait, ce modèle a été obtenu à partir des équations d'Euler (en supposant l'écoulement irrotationnel) par Boussinesq vers 1877 et redécouvert par Korteweg et de Vries en 1890.

La solution de cette équation n'a été obtenue et interprétée de manière rigoureuse qu'au début des années 1970 alors qu'une onde solitaire a été déjà observé en 1834 par l'ingénieur Scott-Russell se promenant à cheval le long du canal Edinburgh-Glasgow en Ecosse ; il décrivait son observation d'un phénomène d'hydrodynamique comme suit : «J'observais le mouvement rapide d'un bateau qui était tiré le long d'un canal étroit par deux chevaux quand, soudain, le bateau stoppa net. Mais il n'en fut pas de même pour la masse d'eau qu'il avait mise en mouvement dans le canal. Cette masse d'eau s'accumula autour de la proue du bateau dans un état de forte agitation puis soudainement, l'abandonna et continua à se mouvoir avec une célérité en prenant la forme d'une grande élévation solitaire au profil arrondi, bien définie et apparemment sans changement de forme ou diminution de vitesse. Je la suivis à

[1] Korteweg, D.J. and de Vries, G., «On the change of form of long waves advancing in a rectangular canal and on a new type of long stationary waves», Phil. Mag., 39, 422-443, 1895.

cheval et la dépassais alors qu'elle roulait encore à la vitesse de 8 ou 9 miles à l'heure, conservant sa forme originale avec trente pieds de long et un pied et demi en hauteur. Sa hauteur diminua peu à peu, et après une poursuite d'un ou deux miles, je la perdais finalement parmi les vagues du canal. Ce fut en ce mois d'août 1834 ma première rencontre avec ce phénomène singulier et magnifique».

Fasciné par ce phénomène, Scott-Russell a construit un bassin à vagues dans son jardin et s'est employé à générer et à étudier ces vagues plus attentivement. Cela a mené à un document[2] baptisé «The Report on waves» publié en 1844 par la British association for the advancement of science. Un peu plus tard, Boussinesq, puis Korteweg et de Vries proposèrent l'équation (6.1.1) pour expliquer ce phénomène.

L'équation de KdV conserve la masse, la quantité de mouvement, l'énergie ainsi que de nombreuses autres quantités. De nombreuses expériences ont mis à jour les étonnantes propriétés des solutions de cette équation satisfaisant à des conditions aux limites nulles : lorsque $|t| \longrightarrow \infty$, ces solutions se décomposent en solitons, c-à-d., en ondes de formes définies progressant à des vitesses différentes. Ces ondes se propagent sur de longues distances sans déformation et l'une des caractéristiques remarquables des solitons est qu'ils sont exceptionnellement stables vis-à-vis des perturbations ; le terme $u\frac{\partial u}{\partial x}$ conduit à des ondes de chocs tandis que le terme $\frac{\partial^3 u}{\partial x^3}$ produit un effet de dispersion. Chacun peut contempler des solitons à l'endroit où la marée vient mourir sur les plages. Dans le domaine de l'hydrodynamique par exemple, les tsunamis (raz de marée) sont des manifestations des solitons. Généralement, on regroupe sous le vocable soliton des solutions d'équations d'ondes non-linéaires présentant les propriétés caractéristiques suivantes : elles sont localisées dans l'espace, durent indéfiniment et conservent leur amplitude et leur vitesse même à l'issue de plusieurs collisions avec d'autres solitons.

Les solitons sont devenus indispensables pour l'étude de plusieurs phénomènes. Notamment, l'étude de la propagation d'ondes en hydrodynamique, d'ondes localisées dans les plasmas astrophysiques, Ils interviennent dans l'étude des signaux dans les fibres optiques, les phénomènes de transport de charge dans les polymères conducteurs, les modes localisés dans des cristaux magnétiques, etc. Des sociétés industrialisées ont mis au point, à la suite d'études sur les solitons, ce qu'on peut appeler des lasers solitaires. Ces derniers jouent un rôle important dans le domaine des télécommunications. Des signaux lumineux ultra-courts envoyés dans certaines fibres optiques faites d'un matériau bien précis, peuvent voyager sur de longues distances sans s'allonger ni s'atténuer. La construction de mémoires à temps de communication ultra-rapide

[2]Scott-Russell, J., «Report on waves», Rep.14th Meet. Bri. Ass. Adv. Sci., 311-390, 1844.

et à faible consommation d'énergie, est basée sur le mouvement de tourbillons magnétiques dans la jonction diélectique qui sépare deux supraconducteurs. Au niveau moléculaire, la théorie des solitons permet d'élucider le mécanisme de contraction des muscles striés, la dynamique de macromolécules biologiques comme l'ADN et les protéines. Dans la chaîne de peptides et d'hydrogène des protéines, les solitons naissent du mariage de la dispersion due aux vibrations intrapeptides et de la non-linéarité due à l'interaction de ces vibrations avec les déplacements de groupes peptides autour de leur position d'équilibre.

Par ailleurs, la théorie des solitons a eu un impact sur les mathématiques pures ; par exemple, il fournit la réponse au fameux problème de Schottky, posé il y a un siècle, sur les relations entre les périodes provenant d'une surface de Riemann. Grosso modo, il s'agit de trouver des critères pour qu'une matrice des périodes appartenant au demi-espace de Siegel soit la matrice des périodes d'une surface de Riemann. Géométriquement, le problème de Schottky consiste à caractériser les jacobiennes parmi toutes les variétés abéliennes principalement polarisées.

A part l'équation de KdV, on peut citer à titre d'exemples parmi les équations non-linéaires ayant des solutions de type soliton : l'équation non-linéaire de Kadomtsev-Petviashvili :

$$\frac{\partial^2 u}{\partial y^2}-\frac{\partial}{\partial x}\left(4\frac{\partial u}{\partial t}-12u\frac{\partial u}{\partial x}-\frac{\partial^3 u}{\partial x^3}\right)=0,$$

l'équation de Schrödinger non-linéaire :

$$i\frac{\partial \psi}{\partial t}+\frac{\partial^2 \psi}{\partial x^2}+|\psi|^2\psi=0,$$

l'équation de Sine Gordon :

$$\frac{\partial^2 u}{\partial t^2}-\frac{\partial^2 u}{\partial x^2}+\sin u=0,$$

l'équation de Boussinesq :

$$\frac{\partial^2 u}{\partial t^2}-\frac{\partial^2 u}{\partial x^2}+\frac{\partial^4 u}{\partial x^4}+\frac{\partial^2 u^2}{\partial x^2}=0,$$

l'équation de Camassa-Holm :

$$\frac{\partial u}{\partial t}-\frac{\partial^3 u}{\partial t\partial x^2}+3u\frac{\partial u}{\partial x}=2\frac{\partial u}{\partial x}\frac{\partial^2 u}{\partial x^2}+u\frac{\partial^3 u}{\partial x^3},$$

le réseau de Toda décrit par un système :

$$\dot{x}_j=y_j,\qquad \dot{y}_j=-e^{x_j-x_{j+1}}+e^{x_{j-1}-x_j},$$

de masses vibrantes disposées sur un cercle et reliées entre elles par des ressorts dont la force de rappel est exponentielle. Les solitons sont apparus dans bien d'autres domaines ; en particulier l'équation de Klein Gordon non-linéaire, l'équation de Zabusky-Kruskal pour le modèle de Fermi-Pasta-Ulam des phonons dans un réseau anharmonique, etc.

6.2 Équation stationnaire de Schrödinger

Etant donné que la méthode (exposée plus loin) de résolution de l'équation de K-dV se base sur l'idée de l'étude de celle-ci sous forme d'une équation d'un certain opérateur et qu'il y utilisé l'analogie avec la mécanique quantique, on exposera certaines notions mathématiques de cette mécanique. On se servira de la terminologie des physiciens pour décrire les propriétés des solutions de l'équation stationnaire de Schrödinger

$$\psi'' + \frac{2m}{\hbar^2}(\lambda - u(x))\psi = 0, \qquad ' \equiv \frac{d}{dx},$$

sans s'arrêter sur les motivations physiques des notions introduites. Nous verrons que la méthode de la diffusion inverse se réduit à la solution d'une équation intégrale linéaire de Gelfand-Levitan. Dans la suite, nous simplifierons les notations en utilisant un système d'unités dans lequel la constante de Planck est $\hbar = 1$ et la masse de la particule est $m = \frac{1}{2}$. Considérons donc l'équation

$$\psi'' + (\lambda - u(x))\psi = 0, \qquad -\infty < x < \infty \tag{6.2.1}$$

où ψ (inconnue) est la fonction d'onde d'une particule, le paramètre spectral λ est l'énergie de la particule, la fonction $u(x)$ est le potentiel ou énergie potentielle de la particule. Lorsque la particule est libre (c-à-d., $u = 0$) et a une énergie positive (c-à-d., $\lambda = k^2$), alors l'équation (6.2.1) se réduit à

$$\psi''(x) + k^2\psi = 0, \tag{6.2.2}$$

et admet deux solutions linéairements indépendantes e^{ikx} et e^{-ikx}.

Désignons par $E^{sr}_{(1)}$ (resp. $E^{sc}_{(1)}$) l'espace des solutions réelles (resp. complexes) de l'équation (6.2.1) et par $E^{sr}_{(2)}$ (resp. $E^{sc}_{(2)}$) l'espace des solutions réelles (resp. complexes) de l'équation (6.2.2). L'espace $E^{sr}_{(2)}$ (resp. $E^{sc}_{(2)}$) est muni de la base $(\cos kx, \sin kx)$(resp. (e^{ikx}, e^{-ikx})). Soit $[\alpha, \beta]$ le support borné de u. On définit l'opérateur de monodromie réel de l'équation (6.2.1), par

$$\mathcal{M} : E^{sr}_{(1)} \longrightarrow E^{sr}_{(1)}, \quad a\cos kx + b\sin kx \longmapsto \begin{cases} a\cos kx + b\sin kx & \text{si } x < \alpha \\ c\cos kx + d\sin kx & \text{si } x > \beta, \end{cases}$$

où a, b sont des constantes et $(c,d) = \mathcal{M}_u(a,b)$. Cela signifie qu'à chaque solution de l'équation (6.2.2) est associée :

(i) la solution de (6.2.1) qui se trouve à gauche de α ; dans cette région la solution de (6.2.2) est confondue avec celle de (6.2.1).

(ii) La solution de (6.2.1) qui se trouve à droite de β.

De même, on définit l'opérateur de monodromie complexe de l'équation (6.2.1) par

$$\mathcal{M} : E^{sc}_{(1)} \longrightarrow E^{sc}_{(1)}, \quad ae^{ikx} + be^{-ikx} \longmapsto \begin{cases} ae^{ikx} + be^{-ikx} & \text{si } x < \alpha \\ ce^{ikx} + de^{-ikx} & \text{si } x > \beta. \end{cases}$$

Proposition 6.2.1 *Soit W le plan de phase formé par les points représentatifs, c-à-d., des couples de nombres réels (ψ, ψ'). Soit*

$$\mathcal{B}^{x_1}_{(1)} : E^{sr}_{(1)} \longrightarrow W, \quad \psi \longmapsto \mathcal{B}^{x_1}_{(1)}\psi = (\psi(x_1), \psi'(x_1)),$$

un opérateur avec ψ une solution de l'équation (6.2.2) dont les conditions initiales pour $x = x_1 \in \mathbb{R}$ sont $(\psi(x_1), \psi'(x_1))$. Alors

a) L'espace $E^{sr}_{(1)}$ est isomorphe à W.

b) L'application (de phase) de x_1 à x_2 définie par

$$g^{x_2}_{x_1} \equiv \mathcal{B}^{x_2}_{(1)} \left(\mathcal{B}^{x_1}_{(1)}\right)^{-1} : W \longrightarrow W, \quad (\psi(x_1), \psi'(x_1)) \longmapsto (\psi(x_2), \psi'(x_2)),$$

est un isomorphisme linéaire.

Démonstration. a) Il est clair que $\mathcal{B}^{x_1}_{(1)}$ est linéaire. En outre, pour tout point représentatif $(\psi, \psi') \in W$, il existe une solution ψ vérifiant sa condition initiale $(\psi(x_1), \psi'(x_1))$. Donc Im $\mathcal{B}^{x_1}_{(1)} \equiv \{\mathcal{B}^{x_1}_{(1)}\psi : \psi \in E^{sr}_{(1)}\} = W$. Enfin

$$\text{Ker } \mathcal{B}^{x_1}_{(1)} \equiv \{\psi : \psi \in E^{sr}_{(1)}, \mathcal{B}^{x_1}_{(1)}\psi = 0\} = 0,$$

découle du théorème d'unicité car la solution vérifiant la condition initiale au point x_1 est égale à zéro.

b) Le résultat découle du fait que l'inverse d'un isomorphisme en est un. Plus précisément, si ψ_1 et ψ_2 sont deux solutions de l'équation (6.2.1), alors

$$(\psi(x_1), \psi'(x_1)) = \mathcal{B}^{x_1}_{(1)}\psi = \mathcal{B}^{x_1}_{(1)}\psi_1 + \mathcal{B}^{x_1}_{(1)}\psi_2 = (\psi_1(x_1), \psi_1'(x_1)) + (\psi_2(x_1), \psi_2'(x_1)),$$

c-à-d.,

$$\psi_1 + \psi_2 = \left(\mathcal{B}^{x_1}_{(1)}\right)^{-1} (\psi_1(x_1), \psi_1'(x_1)) + \left(\mathcal{B}^{x_1}_{(1)}\right)^{-1} (\psi_2(x_1), \psi_2'(x_1)).$$

Ceci achève la preuve de la proposition. □

De la même manière, on peut définir un opérateur $\mathcal{B}_{(2)}^{x_1}$ de $E_{(2)}^{sr}$ dans W qui associe à chaque solution de l'équation (6.2.2), sa condition initiale au point x_1. Dans ce cas, on aura au lieu de «application de phase», «point de phase».

Rappelons qu'une particule se propageant à partir de $x = -\infty$, traverse une barrière potentielle avec un coefficient de transmission T et un coefficient de réflexion R si l'équation (6.2.1) où $\lambda = k^2$ admet une solution ψ telle que :

$$\psi = \begin{cases} Te^{ikx}, & \text{à droite de la barrière.} \\ e^{ikx} + Re^{-ikx}, & \text{à gauche de la barrière.} \end{cases}$$

Proposition 6.2.2 *Si l'équation (6.2.1) où $\lambda = k^2$, possède une solution confondue avec ae^{ikx} pour $x < 0$ et avec be^{-ikx} pour $x > 0$, alors cette solution est nulle. En outre, pour tout $k > 0$ les ψ, T et R définis ci-dessus existent et sont uniques.*

Démonstration. Soient dans l'espace $E_{(1)}^{sc}$ les formes hermitiennes $\langle ae^{ikx}, ae^{ikx}\rangle$, $\langle be^{-ikx}, be^{-ikx}\rangle$ et $\langle ae^{ikx}, ae^{-ikx}\rangle$. En désignant par $[.,.]$ le produit scalaire gauche, alors

$$\langle ae^{ikx}, ae^{ikx}\rangle = \frac{i}{2}[ae^{ikx}, \overline{a}e^{-ikx}] = \frac{i}{2}\begin{vmatrix} a & ia \\ \overline{a} & -i\overline{a} \end{vmatrix} = |a|^2.$$

De même, on a

$$\langle be^{-ikx}, be^{-ikx}\rangle = -|b|^2, \qquad \langle ae^{ikx}, ae^{-ikx}\rangle = 0.$$

Dès lors, en posant

$$z = z_1e^{ikx} + z_2e^{-ikx},$$

où z_1 et z_2 sont les coordonnées du vecteur z dans la base (e^{ikx}, e^{-ikx}), on obtient

$$\langle z, z\rangle = |z_1|^2 - |z_2|^2,$$

c-à-d, $\langle .,. \rangle$ est du type $(1,1)$. Puisque l'opérateur de monodromie conserve cette forme hermitienne, on en déduit que $|a|^2 = -|b|^2$ et donc $a = b = 0$. Considérons maintenant une particule allant vers $+\infty$ et soit e^{ikx} une solution à droite de la barrière. A gauche de la barrière cette solution devient

$$e^{ikx} \curvearrowright ae^{ikx} + be^{-ikx} \text{ à gauche de la barrière.} \tag{6.2.3}$$

D'après ce qui précéde, le coefficient a est non nul. Donc pour avoir la solution cherchée, il suffit de diviser les deux membres de (6.2.3) par a. En prenant $T = \frac{1}{a}$ et $R = \frac{b}{a}$, cela montre que T et R sont définis de façon univoque, ce qui achève la démonstration. □

Nous allons maintenant démontrer un théorème qui va nous être utile par la suite.

Théorème 6.2.3 *(Liouville). Soient f un champ de vecteurs rapporté à des coordonnées orthonormées $x = (x_1, ..., x_n)$ et $\frac{dx}{dt} = f(x)$ un système d'équations différentielles ordinaires dont les solutions sont prolongeables sur l'axe des temps tout entier. On pose*

$$g^t x = x + f(x)t + o(t^2),$$

t petit, et on désigne par D un domaine de l'espace de phase, $D(t) \equiv g^t D(0)$ et par $v(t)$ le volume de $D(t)$. Si div $f = \sum_{j=1}^{n} \frac{\partial f_j}{\partial x_j} = 0$, alors $v(t) = v(0)$, c-à-d., g^t conserve le volume de tout domaine.

Démonstration. On a

$$v(t) = \int_{D(t)} dx = \int_{D(0)} \frac{\partial g^t x}{\partial x} dx,$$

où $\frac{\partial g^t x}{\partial x}$ est la matrice jacobienne,

$$\frac{\partial g^t x}{\partial x} = I + \frac{\partial f}{\partial x} t + o(t^2).$$

Le déterminant de l'opérateur $I + \frac{\partial f}{\partial x} t$ est égal au produit des valeurs propres. Celles-ci (en tenant compte de leurs multiplicités) sont égales à $1 + t\frac{\partial f_j}{\partial x_j}$ où $\frac{\partial f_j}{\partial x_j}$ sont les valeurs propres de $\frac{\partial f}{\partial x}$. Donc

$$\det \frac{\partial g^t x}{\partial x} = 1 + t \sum_{j=1}^{n} \frac{\partial f_j}{\partial x_j} + o(t^2) = 1 + t \text{ div } f + o(t^2).$$

Dès lors,

$$v(t) = \int_{D(0)} (1 + t \text{ div } f + o(t^2)) dx,$$

et

$$\left.\frac{dv(t)}{dt}\right|_{t=0} = \int_{D(0)} \text{div } f dx.$$

Comme $t = t_0$ n'est pas plus mauvais que $t = 0$, on a aussi

$$\left.\frac{dv(t)}{dt}\right|_{t=t_0} = \int_{D(t_0)} \text{div } f dx,$$

et la preuve du théorème en découle. □

Remarque 6.2.4 *Le théorème de Liouville se généralise facilement au cas de systèmes non autonomes* ($f = f(x,t)$)*. En effet, les termes de premier degré dans l'expression de* $\frac{\partial g^t x}{\partial x}$ *démeurent les mêmes. Or les termes de degré supérieur à un n'interviennent pas dans la démonstration. Autrement dit, le théorème de Liouville est un théorème de premier ordre.*

Soit $SL(2,\mathbb{R})$ le groupe unimodulaire ou groupe linéaire spécial. C'est le groupe des matrices de déterminant 1. Ce groupe peut être vu comme le groupe des transformations linéaires A du plan réel préservant la structure symplectique sur $\mathbb{R}^2$, c-à-d.,

$$\forall(\xi,\eta) \in \mathbb{R}^2, \quad [A\xi, A\eta] = [\xi,\eta].$$

Soit $SU(1,1)$ le groupe spécial unitaire. C'est le groupe des matrices $\begin{pmatrix} \alpha & \beta \\ \gamma & \varsigma \end{pmatrix}$ où α,β,γ,η sont des nombres complexes tels que :

$$|\alpha|^2 - |\beta|^2 = |\gamma|^2 - |\eta|^2 = 1, \qquad \alpha\overline{\gamma} - \beta\overline{\eta} = 0, \qquad \alpha\eta - \beta\gamma = 1.$$

Autrement dit, c'est le groupe des matrices d'ordre 2 , $(1,1)$-unitaires unimodulaires, de déterminant 1 et préservant la forme hermitienne $\langle z,z\rangle = |z_1|^2 - |z_2|^2$.

Proposition 6.2.5 *La matrice de l'opérateur de monodromie dans la base* $(\cos kx, \sin kx)$ *(resp.* (e^{ikx}, e^{-ikx})*) appartient au groupe unimodulaire* $SL(2,\mathbb{R})$ *(resp. au groupe spécial unitaire* $SU(1,1)$*).*

Démonstration. Montrons que le déterminant de l'opérateur de monodromie de l'équation de Schrödinger est égal à un. L'espace $E^{sr}_{(2)}$ est muni de la base $(\cos kx, \sin kx)$. Or nous avons

$$\mathcal{B}^x_{(2)} \cos kx = (\cos kx, -k\sin kx), \qquad \mathcal{B}^x_{(2)} \sin kx = (\sin kx, k\cos kx),$$

donc W est muni d'une base dans laquelle la matrice de l'opérateur (on utilise ici la même notation pour l'opérateur et la matrice) s'écrit

$$\mathcal{B}^x_{(2)} = \begin{pmatrix} \cos kx & \sin kx \\ -k\sin kx & k\cos kx \end{pmatrix},$$

d'où $\det \mathcal{B}^x_{(2)} = k$, indépendant de x. Désignons par x^+ le point x à gauche du support du potentiel et par x^- celui à droite. On a la situation suivante :

$$\mathcal{M} : E^{sr}_{(2)} \to E^{sr}_{(2)}, \quad a\cos kx + b\sin kx \mapsto c\cos kx + d\sin kx, \quad (c,d) = \mathcal{M}_u(a,b),$$

$$
\begin{array}{rcl}
\mathcal{B}^{x^-}_{(2)} : E^{sr}_{(2)} & \longrightarrow & W, \\
a\cos kx + b\sin kx & \longmapsto & (a\cos kx^- + b\sin kx^-, -ak\sin kx^- + bk\cos kx^-),
\end{array}
$$

$$
\begin{array}{rcl}
\mathcal{B}^{x^+}_{(2)} : E^{sr}_{(2)} & \longrightarrow & W, \\
c\cos kx + d\sin kx & \longmapsto & (a\cos kx^+ + b\sin kx^+, -ak\sin kx^+ + bk\cos kx^+),
\end{array}
$$

$$
\begin{array}{rl}
g^{x^+}_{x^-} : & W \longrightarrow W, \\
& (a\cos kx^- + b\sin kx^-, -ak\sin kx^- + bk\cos kx^-) \\
& \quad \longmapsto (a\cos kx^+ + b\sin kx^+, -ak\sin kx^+ + bk\cos kx^+).
\end{array}
$$

On vérifie directement que : $g^{x^+}_{x^-} o \mathcal{B}^{x^-}_{(2)} = \mathcal{B}^{x^+}_{(2)} o \mathcal{M}$ et puisque $\det \mathcal{B}^{x^+}_{(2)} = \mathcal{B}^{x^-}_{(2)}$, on a donc $\det \mathcal{M} = \det g^{x^+}_{x^-}$. Or g^x conserve les aires d'après le théorème de Liouville. En effet, en posant $\psi_1 = \psi$, $\psi_2 = \psi'$, on réecrit l'équation (6.2.1) sous la forme : $\psi_1' = \psi_2 \equiv f_1$ et $\psi_2' = (u(x) - \lambda)\psi_1 \equiv f_2$. Ici, on a $f = (f_1, f_2)$, $t = x$ et

$$\operatorname{div} f = \frac{\partial \psi_2}{\partial \psi_1} + \frac{\partial (u(x) - \lambda)\psi_1}{\partial \psi_2} = 0.$$

Dès lors, $\det g^{x^+}_{x^-} = 1$ et par conséquent $\det \mathcal{M} = 1$. Pour le cas de $SU(1,1)$, nous allons montrer que la matrice (notée également $\mathcal{M}$) d'un opérateur est réelle et unimodulaire dans la base $(\cos kx, \sin kx)$ si et seulement si elle est spéciale $(1,1)$-unitaire dans la base conjuguée complexe (e^{ikx}, e^{-ikx}). En posant comme dans la preuve de la proposition 6.2.2, $z = z_1 e^{ikx} + z_2 e^{-ikx}$ où z_1 et z_2 sont les coordonnées du vecteur z dans la base (e^{ikx}, e^{-ikx}), on obtient $\langle z, z\rangle = |z_1|^2 - |z_2|^2$, c-à-d., $\langle .,. \rangle$ est du type $(1,1)$. L'opérateur de monodromie conserve cette forme hermitienne. Dire que $\mathcal{M}$ est réelle et unimodulaire dans la base $(\cos kx, \sin kx)$ équivaut à $\mathcal{M} \in GL(2,\mathbb{R}) \cap SL(2,\mathbb{C})$ ou ce qui revient au même $\mathcal{M} \in SU(1,1)$ ou encore $\mathcal{M}$ est $(1,1)$-unitaire et unimodulaire dans la base (e^{ikx}, e^{-ikx}). Ceci achève la preuve de la proposition. □

Exercice 6.2.1 *Il est bien connu que la somme des coefficients de transmission et de réflexion est égale à un. Montrer que cette propriété (importante) de l'équation de Schrödinger peut être obtenue comme corollaire de la proposition précédente et donc sans l'utilisation de la théorie des probabilités.*

Solution : En effet, on utilise la définition de l'opérateur de monodromie,

$$e^{ikx} + Re^{-ikx} \longmapsto Te^{ikx}, \quad e^{-ikx} + \overline{R}e^{ikx} \longmapsto \overline{T}e^{-ikx}.$$

Divisons la première expression par $T \neq 0$ et la seconde par $\overline{T} \neq 0$, on obtient

$$\begin{pmatrix} e^{ikx} \\ e^{-ikx} \end{pmatrix} \begin{pmatrix} \frac{1}{T} & \frac{\overline{R}}{\overline{T}} \\ \frac{R}{T} & \frac{1}{\overline{T}} \end{pmatrix} \longmapsto \begin{pmatrix} e^{ikx} \\ e^{-ikx} \end{pmatrix}.$$

Donc dans la base (e^{ikx}, e^{-ikx}), la matrice de l'inverse de l'opérateur de monodromie est

$$\mathcal{M}^{-1} = \begin{pmatrix} \frac{1}{T} & \frac{\overline{R}}{\overline{T}} \\ \frac{R}{T} & \frac{1}{\overline{T}} \end{pmatrix},$$

et par conséquent, la matrice de l'opérateur de monodromie dans la base (e^{ikx}, e^{-ikx}) est

$$\mathcal{M} = \begin{pmatrix} \frac{1}{\overline{T}} & -\frac{\overline{R}}{\overline{T}} \\ -\frac{R}{T} & \frac{1}{T} \end{pmatrix}.$$

Or d'après la proposition 6.2.5, on a $\mathcal{M} \in SU(1,1)$ ($\det \mathcal{M} = 1$) et par conséquent

$$|T|^2 + |R|^2 = 1.$$

Définissons les solutions $\psi_1(x, \lambda)$ et $\psi_2(x, \lambda)$ de l'équation (6.2.1) par les conditions initiales :

$$\psi_1(0, \lambda) = 1, \qquad \psi_1'(0, \lambda) = 0, \qquad \psi_2(0, \lambda) = 0, \qquad \psi_2'(0, \lambda) = 1.$$

Pour le cas simple $u(x) = 0$, on a évidemment

$$\begin{cases} \psi_1(x, \lambda) &= \cos\sqrt{\lambda}x = 1 + \left(-\frac{1}{2}\lambda\right)x^2 + \left(\frac{1}{24}\lambda^2\right)x^4 + O\left(x^6\right), \\ \psi_2(x, \lambda) &= \frac{1}{\sqrt{\lambda}}\sin\sqrt{\lambda}x = x + \left(-\frac{1}{6}\lambda\right)x^3 + \left(\frac{1}{120}\lambda^2\right)x^5 + O\left(x^7\right). \end{cases} \tag{6.2.4}$$

Pour $\sqrt{\lambda}$, on peut choisir par exemple la détermination $\sqrt{\lambda} = \sqrt{r}e^{i\frac{\theta}{2}}$ avec $\lambda = re^{i\theta}$ où $r > 0$ et $-\pi < \theta < \pi$. Soit α un nombre réel arbitraire. La fonction $\psi(x, \lambda) = \psi_1(x, \lambda) + \alpha\psi_2(x, \lambda)$ est aussi solution de l'équation (6.2.1) et satisfait à la condition aux limites $\psi'(0, \lambda) - \alpha\psi(0, \lambda) = 0$. Pour $\alpha = 0$, on a $\psi(x, \lambda) = \psi_1(x, \lambda)$ et pour $\alpha = \infty$, on posera $\psi(x, \lambda) = \psi_2(x, \lambda)$. On suppose que pour $\lambda \in \mathbb{C}$ et $x \geq 0$, on a

$$\psi(x, \lambda) = \cos\sqrt{\lambda}x + \int_0^x K(x, t)\cos\sqrt{\lambda}t dt, \tag{6.2.5}$$

où K est une fonction à déterminer, soumise à la condition d'avoir des dérivées partielles d'ordre un et d'ordre deux continues dans l'ensemble des couples de réels (x, t) tels que : $0 \leq t \leq x$. Autrement dit, on cherche $\psi(x, .)$ comme une perturbation de la fonction $x \longmapsto \psi(x, \lambda) = \cos\sqrt{\lambda}x$, et de façon précise, comme une transformée $(I+K)\psi_1(x,.)$ où K est un opérateur de Volterra dans $[0,+\infty[$. Nous allons chercher les conditions auxquelles $K(x,t)$ doit satisfaire pour que la fonction (6.2.5) soit solution de l'équation différentielle (6.2.1). De l'équation (6.2.5), on obtient

$$\begin{aligned}\frac{\partial^2\psi}{\partial x^2}(x,\lambda) &= -\lambda\cos\sqrt{\lambda}x+\frac{dK(x,x)}{dx}\cos\sqrt{\lambda}x-\sqrt{\lambda}K(x,x)\sin\sqrt{\lambda}x\\ &\quad+\left.\frac{\partial K(x,t)}{\partial x}\right|_{t=x}\cos\sqrt{\lambda}x+\int_0^x\frac{\partial^2K(x,t)}{\partial x^2}\cos\sqrt{\lambda}tdt. \quad (6.2.6)\end{aligned}$$

Calculons l'expression $\lambda\int_0^x K(x,t)\cos\sqrt{\lambda}tdt$, en faisant deux intégrations par parties, on obtient

$$\begin{aligned}\lambda\int_0^x K(x,t)\cos\sqrt{\lambda}tdt &= \sqrt{\lambda}K(x,x)\sin\sqrt{\lambda}x+\left.\frac{\partial K(x,t)}{\partial t}\right|_{t=x}\cos\sqrt{\lambda}x\\ &\quad-\left.\frac{\partial K(x,t)}{\partial t}\right|_{t=0}-\int_0^x\frac{\partial^2K(x,t)}{\partial t^2}\cos\sqrt{\lambda}tdt. \quad (6.2.7)\end{aligned}$$

Pour calculer l'expression (6.2.1), on y substitue (6.2.6) et (6.2.7),

$$\begin{aligned}0 &= \psi''+(\lambda-u(x))\psi\\ &= \frac{dK(x,x)}{dx}\cos\sqrt{\lambda}x+\left(\frac{\partial K(x,t)}{\partial t}+\frac{\partial K(x,t)}{\partial x}\right)_{x=t}\cos\sqrt{\lambda}x\\ &\quad-\left.\frac{\partial K(x,t)}{\partial t}\right|_{t=0}-u(x)\cos\sqrt{\lambda}x\\ &\quad+\int_0^x\left(\frac{\partial^2K(x,t)}{\partial x^2}-\frac{\partial^2K(x,t)}{\partial t^2}-u(x)K(x,t)\right)\cos\sqrt{\lambda}tdt.\end{aligned}$$

On a

$$\frac{\partial^2K(x,t)}{\partial x^2}-u(x)K(x,t)=\frac{\partial^2K(x,t)}{\partial t^2}, \quad (6.2.8)$$

avec les conditions aux limites

$$\left.\frac{\partial K(x,t)}{\partial t}\right|_{t=0} = 0, \quad (6.2.9)$$

$$\frac{dK(x,x)}{dx} = \frac{1}{2}u(x). \quad (6.2.10)$$

Pour les conditions initiales, on a $\psi(0\lambda)=1$ et $\psi'(0,\lambda)=K(0,0)$. Comme $\psi'(0,\lambda)-\alpha\psi(0,\lambda)=0$, alors $K(0,0)=\alpha$. Par conséquent,

$$K(x,x)=\alpha+\frac{1}{2}\int_0^x u(t)dt. \quad (6.2.11)$$

Si $u(x)$ possède une dérivée continue, alors il existe une solution unique de (6.2.8), satisfaisant aux conditions (6.2.9) et (6.2.11). D'où, il existe une fonction $K(x,t)$ satisfaisant (6.2.5). Résolvons l'équation (6.2.5) en tant qu'équation de Volterra, nous obtenons

$$\cos\sqrt{\lambda}x = \psi(x,\lambda) - \int_0^x K_1(x,t)\psi(t,\lambda)dt, \qquad (6.2.12)$$

et de la même manière que précédemment, on montre que $K_1(x,t)$ est solution de l'équation :

$$\frac{\partial^2 K_1(x,t)}{\partial x^2} = \frac{\partial^2 K_1(x,t)}{\partial t^2} - u(t)K_1(x,t),$$

avec les conditions :

$$\left(\frac{\partial K_1}{\partial t} - \alpha K_1\right)_{t=0} = 0, \qquad K(x,x) = \alpha + \frac{1}{2}\int_0^x u(t)dt.$$

Pour le cas $\alpha = \infty$, on cherche $\psi(x,\lambda)$ comme une perturbation de la fonction $x \longmapsto \psi(x,\lambda) = \frac{1}{\sqrt{\lambda}}\sin\sqrt{\lambda}x$, de (6.2.4) ou ce qui revient au même comme une transformée $(I+K)\psi_1(x,.)$ où K est un opérateur de Volterra dans $[0,+\infty[$. Autrement dit, on pose pour $\lambda \in \mathbb{C}$ et $x \geq 0$,

$$\psi(x,\lambda) = \frac{\sin\sqrt{\lambda}x}{\sqrt{\lambda}} + \int_0^x L(x,t)\frac{\sin\sqrt{\lambda}x}{\sqrt{\lambda}t}dt, \qquad (6.2.13)$$

où L est une fonction à déterminer, soumise à la condition d'avoir des dérivées partielles d'ordre un et d'ordre deux continues dans l'ensemble des couples de réels (x,t) tels que : $0 \leq t \leq x$. En raisonnant comme précédemment, on obtient la relation :

$$\frac{\partial^2 L(x,t)}{\partial x^2} - u(x)L(x,t) = \frac{\partial^2 L(x,t)}{\partial t^2},$$

avec les conditions :

$$L(x,x) = 0, \qquad L(x,x) = \frac{1}{2}\int_0^x u(t)dt.$$

En résolvant l'équation (6.2.13), on obtient

$$\frac{\sin\sqrt{\lambda}x}{\sqrt{\lambda}} = \psi(x,\lambda) + \int_0^x L_1(x,t)\psi(t,\lambda)dt. \qquad (6.2.14)$$

Les fonctions $L(x,t)$ et $L_1(x,t)$ possèdent les mêmes propriétés que les fonctions $K(x,t)$ et $K_1(x,t)$ obtenues précédemment.

Rappelons que pour toute fonction $f \in L^2(\mathbb{R})$, on a l'identité de Parseval :

$$\int_0^\infty f^2(x)dx = \int_{-\infty}^\infty F^2(\lambda).d\rho(\lambda),$$

où $F(\lambda) = \int_0^\infty f(x)\psi(x,\lambda)dx$, est la transformée de Fourier de $f(x)$ et $\rho(\lambda)$ une fonction monotone, bornée sur tout intervalle fini. La suite de fonctions $F_n(\lambda) = \int_0^n f(x)\psi(x,\lambda)dx$, converge en moyenne quadratique (pour la mesure spectrale $\rho(\lambda)$) vers $F(\lambda)$, c-à-d.,

$$\lim_{n\to\infty}\int_{-\infty}^\infty (F(\lambda) - F_n(\lambda))^2 d\rho(\lambda) = 0.$$

On choisit $\rho(\lambda)$ sous la forme : $\rho(\lambda) = \frac{2}{\pi}\sqrt{\lambda} + \sigma(\lambda)$ si $\lambda > 0$ et $\rho(\lambda) = \sigma(\lambda)$ si $\lambda < 0$, où $\sigma(\lambda)$ (une mesure à support compact) est telle que :

$$\int_{-\infty}^\infty |\lambda|.|d\sigma(\lambda)| < +\infty.$$

Exercice 6.2.2 *Montrer que pour $0 < b < y < a < x$, les fonctions $\int_a^x \psi(t,\lambda)dt$ et $\int_b^y \cos\sqrt{\lambda}tdt$ sont orthogonales par rapport à $\rho(\lambda)$. Autrement dit, on a la relation d'orthogonalité :*

$$I \equiv \int_{-\infty}^\infty \left(\int_a^x \psi(t,\lambda)dt\right)\left(\int_b^y \cos\sqrt{\lambda}tdt\right) d\rho(\lambda) = 0.$$

<u>Solution</u> : En effet, en intégrant l'équation (6.2.12) de b à y, on obtient

$$\begin{aligned}\int_b^y \cos\sqrt{\lambda}tdt &= \int_b^y \psi(t,\lambda)dt - \int_b^y dt\int_0^t K_1(t,s)\psi(s,\lambda)ds,\\ &= \int_b^y \psi(t,\lambda)dt - \int_0^b \psi(s,\lambda)ds\int_b^y K_1(t,s)dt\\ &\quad -\int_b^y \psi(s,\lambda)dt\int_s^y K_1(t,s)dt.\end{aligned}$$

Par définition, cette fonction s'exprime à l'aide de la transformée (en $\psi(t,\lambda)$) d'une fonction nulle en dehors de l'intervalle $]b,y[$. Comme $]b,y[\cap]a,x[=\emptyset$, on déduit donc de l'égalité de Parseval que l'on a $I = 0$.

6.3 Équation intégrale de Gelfand-Levitan

Pour obtenir l'équation intégrale de Gelfand-Levitan, on procède comme suit : d'après l'équation (6.2.5), on a

$$\int_a^x \psi(t,\lambda)dt = \int_a^x \cos\sqrt{\lambda}tdt + \int_a^x dt \int_0^t K(t,s)\cos\sqrt{\lambda}sds =$$
$$\int_a^x \cos\sqrt{\lambda}tdt + \int_0^a \cos\sqrt{\lambda}sds \int_a^x K(t,s)dt + \int_a^x \cos\sqrt{\lambda}sds \int_s^x K(t,s)dt,$$

en vertu du théorème de Lebesgue-Fubini. Dès lors,

$$\begin{aligned} I &= \int_{-\infty}^{\infty}\left(\int_a^x \cos\sqrt{\lambda}tdt\right)\left(\int_b^y \cos\sqrt{\lambda}tdt\right)d\rho(\lambda) \\ &\quad + \int_{-\infty}^{\infty}\left(\int_0^a \cos\sqrt{\lambda}sds\int_a^x K(t,s)dt + \int_a^x \cos\sqrt{\lambda}sds\int_s^x K(t,s)dt\right) \\ &\quad \times \left(\int_b^y \cos\sqrt{\lambda}tdt\right)d\rho(\lambda) = 0. \end{aligned}$$

Cette expression peut s'écrire, en utilisant la définition de $\rho(\lambda)$, sous la forme

$$\begin{aligned} I &= \int_{-\infty}^{\infty}\left(\int_a^x \cos\sqrt{\lambda}tdt\right)\left(\int_b^y \cos\sqrt{\lambda}tdt\right)d\sigma(\lambda) \\ &\quad + \int_{-\infty}^{\infty}\left(\int_0^a \cos\sqrt{\lambda}sds\int_a^x K(t,s)dt + \int_a^x \cos\sqrt{\lambda}sds\int_s^x K(t,s)dt\right) \\ &\quad \times \left(\int_b^y \cos\sqrt{\lambda}tdt\right)d\sigma(\lambda) \\ &\quad + \frac{2}{\pi}\int_{-\infty}^{\infty}\left(\int_a^x \cos\sqrt{\lambda}tdt\right)\left(\int_b^y \cos\sqrt{\lambda}tdt\right)d\sigma(\lambda) \\ &\quad + \frac{2}{\pi}\int_{-\infty}^{\infty}\left(\int_0^a \cos\sqrt{\lambda}sds\int_a^x K(t,s)dt + \int_a^x \cos\sqrt{\lambda}sds\int_s^x K(t,s)dt\right) \\ &\quad \times \left(\int_b^y \cos\sqrt{\lambda}tdt\right)d\sigma(\lambda) = 0. \end{aligned}$$

Puisque $b < y < a < x$, alors compte tenu de l'identité de Parseval, le troisième terme vaut zéro tandis que le quatrième est égal à

$$\int_b^y \left(\int_0^a \cos\sqrt{\lambda}sds\int_a^x K(t,s)dt + \int_a^x \cos\sqrt{\lambda}sds\int_s^x K(t,s)dt\right)ds$$
$$= \int_b^y ds \int_a^x K(t,s)dt.$$

Par conséquent,

$$\begin{aligned} I &= \int_{-\infty}^{\infty} \frac{(\sin\sqrt{\lambda}x - \sin\sqrt{\lambda}a)(\sin\sqrt{\lambda}y - \sin\sqrt{\lambda}b)}{\lambda} d\sigma(s) \\ &+ \int_{-\infty}^{\infty} \left(\int_0^a \cos\sqrt{\lambda}s ds \int_a^x K(t,s)dt + \int_a^x \cos\sqrt{\lambda}s ds \int_s^x K(t,s)dt \right) \\ &\times \left(\int_b^y \cos\sqrt{\lambda}s ds \right) d\sigma(\lambda) \\ &+ \int_b^y ds \int_a^x K(t,s)dt = 0. \end{aligned}$$

En posant

$$F(x,y) \equiv \int_{-\infty}^{\infty} \frac{\sin\sqrt{\lambda}x \sin\sqrt{\lambda}y}{\lambda} d\sigma(\lambda),$$

et

$$G(x,s) \equiv \begin{cases} \int_a^x K(t,s)dt, & 0 \le s \le a \\ \int_s^x K(t,s)dt, & a \le s \le x \\ 0, & s > x \end{cases}$$

l'équation ci-dessus devient

$$\begin{aligned} &F(x,y) - F(x,b) - F(a,y) + F(a,b) \\ &\quad + \int_{-\infty}^{\infty} \left(\int_0^x G(x,s) \cos\sqrt{\lambda}s ds \right) \left(\int_b^y \cos\sqrt{\lambda}s ds \right) d\sigma(\lambda) \\ &\quad + \int_b^y ds \int_a^x K(t,s)dt = 0. \end{aligned}$$

Cette dernière équation peut encore s'écrire, en faisant une intégration par parties et en remarquant que $G(x,x) = 0$,

$$\begin{aligned} &F(x,y) - F(x,b) - F(a,y) + F(a,b) \\ &\quad + \int_{-\infty}^{\infty} \left(\int_0^x \frac{\partial G(x,s)}{\partial s} \frac{\sin\sqrt{\lambda}s}{\sqrt{\lambda}} ds \right) \left(\frac{\sin\sqrt{\lambda}y - \sin\sqrt{\lambda}b}{\sqrt{\lambda}} \right) d\sigma(\lambda) \\ &\quad + \int_b^y ds \int_a^x K(t,s)dt = 0. \qquad (6.3.1) \end{aligned}$$

Or

$$\begin{aligned}
&\int_{-\infty}^{\infty}\left(\int_0^x \frac{\partial G(x,s)}{\partial s}\frac{\sin\sqrt{\lambda}s}{\sqrt{\lambda}}ds\right)\left(\frac{\sin\sqrt{\lambda}y-\sin\sqrt{\lambda}b}{\sqrt{\lambda}}\right)d\sigma(\lambda),\\
&=\int_0^x \frac{\partial G(x,s)}{\partial s}\left(\int_{-\infty}^{\infty}\left(\frac{\sin\sqrt{\lambda}s\sin\sqrt{\lambda}y-\sin\sqrt{\lambda}s\sin\sqrt{\lambda}b}{\lambda}\right)d\sigma(\lambda)\right)ds,\\
&=\int_0^x \frac{\partial G(x,s)}{\partial s}\left(F(s,y)-F(s,b)\right)ds,\\
&=-\int_0^x G(x,s)\left(\frac{\partial F(s,y)}{\partial s}-\frac{\partial F(s,b)}{\partial s}\right)ds,\\
&=-\int_0^a \left(\frac{\partial F(s,y)}{\partial s}-\frac{\partial F(s,b)}{\partial s}\right)ds\left(\int_a^x K(t,s)dt\right)\\
&\qquad -\int_a^x \left(\frac{\partial F(s,y)}{\partial s}-\frac{\partial F(s,b)}{\partial s}\right)ds\left(\int_s^x K(t,s)dt\right),\\
&=\int_a^x dt\int_0^t \left(\frac{\partial F(s,y)}{\partial s}-\frac{\partial F(s,b)}{\partial s}\right)ds,
\end{aligned}$$

donc l'équation (6.2.1) devient

$$\begin{aligned}
&F(x,y)-F(x,b)-F(a,y)+F(a,b)\\
&\quad+\int_a^x dt\int_0^t \left(\frac{\partial F(s,y)}{\partial s}-\frac{\partial F(s,b)}{\partial s}\right)ds\\
&\qquad+\int_b^y ds\int_a^x K(t,s)dt=0.
\end{aligned}$$

En dérivant cette expression par rapport à y puis par rapport à x (la mesure σ est à support compact), on obtient

$$\frac{\partial^2 F}{\partial x\partial y}+\int_0^x K(x,s)\frac{\partial^2 F(s,y)}{\partial s\partial y}+K(x,y)=0.$$

En posant $f(x,y)\equiv\frac{\partial^2 F}{\partial x\partial y}$, on obtient finalement l'équation intégrale de Gelfand-Levitan pour la fonction $x\longmapsto K(x,y)$ valable pour $0<y<x$,

$$f(x,y)+K(x,y)+\int_0^x K(x,s)f(s,y)ds=0,\qquad y\leq x. \tag{6.3.2}$$

Pour le cas $\alpha=\infty$, c-à-d., $\psi(x,\lambda)=\psi_2(x,\lambda)$, il suffit d'intégrer les deux membres de l'équation (6.2.14) de 0 à x et d'utiliser un raisonnement similaire. D'après l'hypothèse de continuité de K, l'équation (6.3.2) doit être vérifié pour $x=0$ et $x=y$. Notons que si on fixe x dans l'équation précédente, alors on aura l'équation intégrale linéaire de Fredholm. On peut prouver que réciproquement, l'équation (6.3.2) admet une solution unique continue dans l'ensemble des couples de nombres réels tels que : $0 \leq t \leq x$. Nous ne chercherons pas la solution à ce niveau-ci, elle sera faite plus loin quand on traitera l'équation aux dérivées partielles de Korteweg-de-Vries.

6.4 Équation de Korteweg-de Vries (KdV)

Examinons d'abord quelques solutions particulières de l'équation de KdV, de l'espèce des ondes progressives :

$$u(x,t) = s(x - ct),$$

où c est la vitesse de phase. En remplaçant cette expression dans l'équation (6.1.1), on obtient l'expression :

$$-c\frac{\partial s}{\partial x} - 6s\frac{\partial s}{\partial x} + \frac{\partial^3 s}{\partial x^3} = 0.$$

On intégre cette équation par rapport à x et on impose la condition au limite que s et ses dérivées décroissent pour $|x| \longrightarrow \infty$, on obtient $-cs - 3s^2 + \frac{\partial^2 s}{\partial x^2} = 0$, d'où $-cs - 2s^3 + \left(\frac{\partial s}{\partial x}\right)^2 = 0$, et l'expression exacte de la solution s nécessite l'utilisation des fonctions elliptiques. Supposons que $\frac{\partial s}{\partial x}(0) = 0$, dans ce cas la solution de cette dernière équation est

$$s(x - ct) = -\frac{c}{2}\ \mathrm{sech}^2\frac{\sqrt{c}}{2}(x - ct),$$

où sech désigne la sécante hyperbolique, c-à-d., $\frac{1}{\cosh}$. Par conséquent

$$u(x,0) = u_0\ \mathrm{sech}^2\frac{x}{l},$$

où $u_0 \equiv -\frac{c}{2}$ et $l^2 \equiv \frac{4}{c}$. Cette expression montre que u démeure infiniment longtemps dans la position $u \simeq 0$, ensuite il atteint la valeur u_0, se réfléchit sur ce point et revient de nouveau dans la position de $u \simeq 0$. Cette solution porte le nom de solution d'onde solitaire ou soliton. Pour obtenir cette solution, on pourra utiliser des transformations dites de Bäcklund pour l'équation de KdV.

Lorsque les solitons se heurtent, les dimensions et vitesses des solutions ne changent pas après collision. Ce phénomène remarquable a suggéré l'idée de lois de conservation. Et effectivement, Kruskal, Zabusky, Lax, Gardner,

Green et Miura[3] ont réussi à trouver toute une série d'intégrales premières pour l'équation de KdV. Ces intégrales sont de la forme $\int P_n \left(u, ..., u^{(n)}\right) dx$, où P_n est un polynôme. En effet, les équations de conservation que l'on peut déduire de l'équation de KdV prennent la forme générale suivante :

$$\frac{\partial P_n}{\partial t} + \frac{\partial Q_n}{\partial x} = 0,$$

où les fonctions P_n et Q_n forment une série de fonctions dont voici les trois premières :

(i) L'équation de KdV peut s'écrire sous la forme :

$$\frac{\partial u}{\partial t} + \frac{\partial}{\partial x}\left(-3u^2 + \frac{\partial^2 u}{\partial x^2}\right) = 0.$$

D'où

$$P_1 = u, \qquad Q_1 = -3u^2 + \frac{\partial^2 u}{\partial x^2}.$$

(ii) Multiplions l'équation de KdV par u, cela donne

$$u\frac{\partial u}{\partial t} - 6u^2\frac{\partial u}{\partial x} + u\frac{\partial^3 u}{\partial x^3} = 0,$$

et

$$\frac{\partial}{\partial t}\left(\frac{u^2}{2}\right) + \frac{\partial}{\partial x}\left(-2u^3 + u\frac{\partial^2 u}{\partial x^2} - \frac{1}{2}\left(\frac{\partial u}{\partial x}\right)^2\right) = 0.$$

D'où

$$P_2 = \frac{u^2}{2}, \qquad Q_2 = -2u^3 + u\frac{\partial^2 u}{\partial x^2} - \frac{1}{2}\left(\frac{\partial u}{\partial x}\right)^2.$$

[3]Gardner, C.S., Greene, J.M., Kruskal, M.D., Miura, R.M., «Method for solving the Korteweg-de Vries equation», Phys. Rev. Lett. 19, 1095-1097, 1967. Gardner, C.S., «Korteweg-de Vries equation and generalizations IV. The Korteweg-de Vries equationas a hamiltonian system», J. Math. Phys. 12, 1548-1551, 1971. Gardner, C.S., Greene, J.M., Kruskal, M.D., Miura, R.M., «Korteweg-de Vries equation and generalizations VI. Methods for exact solutions», Commun. Pure Appl. Math. 27, 97-133, 1974. Kruskal, M.D., Miura, R.M., Gardner, C.S., Zabusky, N.J., «Korteweg-de Vries equation and generalizations V. Uniqueness and nonexistence of polynomial consevation laws», J. Math. Phys. 11, 952-960, 1970. Lax, P., «Integrals of nonlinear equations of evolution and solitary waves», Commun. Pure Appl. Math. 21, 467-490, 1968. Miura, R.M., Gardner, C.S., Kruskal, M.D., «Korteweg-de Vries equation and generalizations II. Existence of conservation laws and constants of motion», J. Math. Phys. 9, 1204-1209, 1968.

(iii) On a

$$\left(3u^2 - \frac{\partial^2 u}{\partial x^2}\right)\left(\frac{\partial u}{\partial t} - 6u\frac{\partial u}{\partial x} + \frac{\partial^3 u}{\partial x^3}\right) = 0,$$

$$\left(3u^2\frac{\partial u}{\partial t} + \frac{\partial u}{\partial x}\frac{\partial^2 u}{\partial x \partial t}\right) +$$

$$\left(-18u^3\frac{\partial u}{\partial x} + 3u^2\frac{\partial^3 u}{\partial t^3} + 6u\frac{\partial u}{\partial x}\frac{\partial^2 u}{\partial x^2} - \frac{\partial^2 u}{\partial x^2}\frac{\partial^3 u}{\partial x^3} - \frac{\partial^2 u}{\partial x^2}\frac{\partial u}{\partial t} - \frac{\partial u}{\partial x}\frac{\partial^2 u}{\partial x \partial t}\right) = 0.$$

Dès lors,

$$\frac{\partial}{\partial t}\left(u^3 + \frac{1}{2}\left(\frac{\partial u}{\partial x}\right)^2\right) + \frac{\partial}{\partial t}\left(-\frac{9}{2}u^4 + 3u^2\frac{\partial^2 u}{\partial x^2} - \frac{1}{2}\left(\frac{\partial^2 u}{\partial x^2}\right)^2 - \frac{\partial u}{\partial x}\frac{\partial u}{\partial t}\right) = 0,$$

d'où

$$P_3 = u^3 + \frac{1}{2}\left(\frac{\partial u}{\partial x}\right)^2, \qquad Q_3 = -\frac{9}{2}u^4 + 3u^2\frac{\partial^2 u}{\partial x^2} - \frac{1}{2}\left(\frac{\partial^2 u}{\partial x^2}\right)^2 - \frac{\partial u}{\partial x}\frac{\partial u}{\partial t}.$$

Si u s'annule pour $x \to \infty$, on obtient $\frac{\partial}{\partial t}\int P_n dx = 0$, donc $\int P_n dx$ sont des intégrales premières de l'équation de KdV. Posons maintenant

$$u(x,t) = \frac{\partial y}{\partial x}(x,t),$$

et supposons que $\frac{\partial y}{\partial t}$, $\frac{\partial y}{\partial x}$, $\frac{\partial^3 y}{\partial t^3}$ décroient quand $|x| \to \infty$. L'équation de KdV, s'écrit :

$$\frac{\partial y}{\partial t} - 3\left(\frac{\partial y}{\partial x}\right)^2 + \frac{\partial^3 y}{\partial t^3} = 0.$$

D'où

$$\frac{\partial}{\partial t}\int_{-\infty}^{\infty} y(x,t)dx = 3\int_{-\infty}^{\infty}\left(\frac{\partial y}{\partial x}\right)^2(x,t)dx = 3\int_{-\infty}^{\infty} u^2(x,t)dx = \text{constante.}$$

Comme $u = \frac{\partial y}{\partial x}$, nous avons aussi

$$\begin{aligned}
\frac{\partial}{\partial t}\int_{-\infty}^{\infty} y(x,t)dx &= \frac{\partial}{\partial t}\int_{-\infty}^{\infty}\int_{-\infty}^{x} u(z,t)dzdx,\\
&= x\frac{\partial}{\partial t}\int_{-\infty}^{x} u(z,t)dz\Big|_{-\infty}^{\infty} - \frac{\partial}{\partial t}\int_{-\infty}^{\infty} u(z,t)dx,\\
&= -\frac{\partial}{\partial t}\int_{-\infty}^{\infty} xu(x,t)dx,
\end{aligned}$$

car par hypothèse u^2 et $\frac{\partial^2 u}{\partial x^2}$ tendent vers 0 quand $|x| \to \infty$. En comparant les deux expressions obtenues, on obtient une nouvelle intégrale première :

$$\frac{\partial}{\partial t}\int_{-\infty}^{\infty} xu(x,t)dx = \text{constante}.$$

Lax[4] a montré que l'équation de KdV est équivalente à l'équation :

$$\frac{dA}{dt} = [A, B],$$

où

$$A = -\frac{\partial^2}{\partial x^2} + u(x,t), \qquad B = 4\frac{\partial^3}{\partial x^3} - 3\left(2u\frac{\partial}{\partial x} + \frac{\partial u}{\partial x}\right).$$

On en déduit que le spectre de A est conservé : si A est un opérateur symétrique ($A^\top = A$) et T une transformation orthogonale ($T^\top = T^{-1}$), alors le spectre de $T^{-1}AT$ coincide avec celui de A. L'apparition d'une série infinie d'intégrales premières s'explique aisément par l'équation de Lax.

L'équation de Strum-Liouville : $A\psi = \lambda\psi$, où λ est un paramètre réel, peut s'écrire sous la forme

$$\frac{\partial^2 \psi}{\partial x^2} + (\lambda - u(x,t))\psi = 0. \tag{6.4.1}$$

Cette équation nous rappelle l'équation unidimensionnelle et stationnaire de Schrödinger. Dans la suite nous verrons que la solution complète de l'équation de KdV est étroitement liée à la solution de cette équation. Nous allons nous intéresser aux solutions pour lesquelles u décroît suffisamment vite pour $x \longrightarrow \pm\infty$. Soulignons au passage qu'il existe d'autres conditions intéressantes à savoir : le cas où $u(x,t)$ tend vers des constantes différentes pour $|x| \longrightarrow \infty$ et celui où $u(x,t)$ est périodique en x. Considérons donc l'équation (6.4.1) où $u(x,t)$ est solution de l'équation de KdV (6.1.1). On suppose qu'au bout d'un certain temps, l'équation (6.4.1) a N états liés avec pour énergie $\lambda_n = -k_n^2$, $n = 1, 2, ..., N$ et des états continus avec pour énergie $\lambda = k^2$. On tire u de l'équation (6.4.1) et on la remplace dans l'équation (6.1.1). Après un long calcul, on obtient après avoir multiplié par ψ^2, l'expression

$$\frac{\partial \lambda}{\partial t}.\psi^2 + \frac{\partial}{\partial x}\left(\psi\frac{\partial \Upsilon}{\partial x} - \frac{\partial \psi}{\partial x}\Upsilon\right) = 0, \tag{6.4.2}$$

où

$$\Upsilon \equiv \frac{\partial \psi}{\partial t} + \frac{\partial^3 \psi}{\partial x^3} - 3(u+\lambda)\frac{\partial \psi}{\partial x}.$$

[4]Lax, P., «Integrals of nonlinear equations of evolution and solitary waves», Commun. Pure Appl. Math. 21, 467-490, 1968. Lax, P., «Periodic solutions of the KdV equation», Commun. Pure Appl. Math. 28, 141-188, 1975. Lax, P., Phillips, R., «Scattering theory for automorphic functions», Ann. Math. Stud. Princeton, 1976.

Pour l'étude de la partie discrète du spectre $\lambda_n(t) = -k_n^2(t)$, on a

Proposition 6.4.1 *Si ψ_n (fonction mesurable et de carré intégrable) et $\frac{\partial \psi_n}{\partial x}$ tendent vers zéros quand $|x|$ tend vers l'infini, alors $\lambda_n(t) =$ constante et la solution de l'équation (6.4.1) est donnée par $\psi_n(t) = c_n(0)e^{k_n(x-4k_n^2 t)}$, où $c_n(0)$ est déterminée par la condition initiale $u(x,0) = u_0(x)$ de l'équation de KdV.*

Démonstration. Il suffit d'intégrer l'équation (6.4.2), cela donne

$$\frac{\partial \lambda_n}{\partial t}. \int_{-\infty}^{\infty} \psi_n^2 dx + \psi_n \frac{\partial \Upsilon}{\partial x} - \frac{\partial \psi_n}{\partial x}\Upsilon = 0.$$

Par hypothèse, $\psi_n \in L^2$ et ψ_n, $\frac{\partial \psi_n}{\partial x}$ tendent vers zéros quand $|x|$ tend vers l'infini, donc $\psi_n \frac{\partial \Upsilon}{\partial x} - \frac{\partial \psi_n}{\partial x}\Upsilon$ tend vers 0 pour $|x| \to \infty$ et on en déduit que $\lambda_n(t) =$ constante. Comme $\frac{\partial \lambda}{\partial t} = 0$, alors l'équation (6.4.2) devient

$$\frac{\partial}{\partial x}\left(\psi \frac{\partial \Upsilon}{\partial x} - \frac{\partial \psi}{\partial x}\Upsilon\right) = 0.$$

Intégrons cette expression deux fois,

$$\frac{\left(\psi \frac{\partial \Upsilon}{\partial x} - \frac{\partial \psi}{\partial x}\Upsilon\right)}{\psi^2} = \frac{A}{\psi^2},$$

c-à-d., $\left(\frac{\Upsilon}{\psi}\right)' = \frac{A}{\psi^2}$, d'où

$$\Upsilon = \psi \int \frac{A(t)}{\psi^2} dx + B(t)\psi,$$

où $A(t)$ et $B(t)$ sont des constantes d'intégration. Nous avons donc

$$\frac{\partial \psi_n}{\partial t} + \frac{\partial^3 \psi_n}{\partial x^3} - 3(u + \lambda_n)\frac{\partial \psi_n}{\partial x} = \psi_n \int \frac{A_n}{\psi_n^2} dx + B_n \psi_n. \tag{6.4.3}$$

Notons que $A_n(t) = 0$ car ψ_n satisfait à la relation (6.4.3) et décroit vers zéros pour $t \to -\infty$. Considérons $u \cong 0$ pour $x \to -\infty$ car sinon ψ_n n'aurait pas l'hypothèse de décroissance. Multiplions (6.4.3) par ψ_n et intégrons

$$\int_{-\infty}^{\infty} \psi_n \frac{\partial \psi_n}{\partial t} dx + \int_{-\infty}^{\infty} \left(\psi_n \frac{\partial^3 \psi_n}{\partial x^3} - 3\lambda_n \psi_n \frac{\partial \psi_n}{\partial x}\right) dx = B_n \int_{-\infty}^{\infty} \psi_n^2 dx.$$

Cette expression peut encore s'écrire (en ajoutant et retranchant $\frac{\partial\psi_n}{\partial x}\frac{\partial^2\psi_n}{\partial x^2}$), sous la forme

$$\int_{-\infty}^{\infty}\frac{1}{2}\frac{\partial\psi_n^2}{\partial t}dx+\int_{-\infty}^{\infty}\frac{\partial}{\partial x}\left(\psi_n\frac{\partial^2\psi_n}{\partial x^2}-\frac{3}{2}\lambda_n\psi_n^2-\frac{1}{2}\left(\frac{\partial\psi_n}{\partial x}\right)^2\right)dx$$
$$=B_n\int_{-\infty}^{\infty}\psi_n dx.$$

On a $B_n(t)=0$ car $\psi_n\in L^2$ et décroit vers zéros quand $x\to-\infty$. Comme $u\cong 0$ pour $x\to-\infty$, on déduit de l'équation (6.4.1) que : $\psi_n(x,t)=c_n(t)e^{k_nx}$ pour $x\to-\infty$. En remplaçant cette dernière dans l'équation (6.4.3), on obtient

$$\left(\frac{\partial c_n}{\partial t}+4c_nk_n^3\right)e^{k_nx}=0,$$

d'où $c_n(t)=c_n(0)e^{-4k_n^3t}$ et par conséquent

$$\psi_n(x,t)=c_n(0)e^{k_n(x-4k_n^2t)},$$

ce qui achève la démonstration. □

Pour l'étude de la partie continue du spectre $\lambda(t)=k^2(t)$, on procède comme suit : on suppose qu'une onde plane stationnaire se propage à partir de $x=-\infty$ et rencontre un potentiel $u(x,t)$ avec un coefficient de transmission T et un coefficient de réflexion R. Dans ce cas l'équation (6.4.1) admet une solution ψ telle que :

$$\psi=\begin{cases} T(k,t)e^{ikx}, & x\to+\infty \text{ (à droite de la barrière potentielle)}\\ e^{ikx}+R(k,t)e^{-ikx}, & x\to+-\infty \text{ (à gauche de la barrière potentielle)}\end{cases}$$

où $|R|^2+|T|^2=1$.

Proposition 6.4.2 *Si $u\simeq 0$ pour $|x|\to\infty$, alors on a*

$$T(k,t)=T(k,0),\qquad R(k,t)=R(k,0)e^{-8ik^3t},$$

où $R(k,0)$ et $T(k,0)$ sont déterminés par la condition initiale $u(x,0)=u_0(x)$ de l'équation de KdV.

Démonstration. Choisissons $\lambda=$ constante puisque le spectre pour $\lambda>0$ est continue. Donc l'équation (6.4.3) reste valable,

$$\frac{\partial\psi}{\partial t}+\frac{\partial^3\psi}{\partial x^3}-3(u+\lambda)\frac{\partial\psi}{\partial x}=\psi\int\frac{A}{\psi^2}dx+B\psi. \tag{6.4.4}$$

Pour $u \cong 0$, quand $x \to +\infty$, on remplace $\psi = T(k,t)e^{ikx}$, $\lambda = k^2$, dans l'équation (6.4.4) et on obtient

$$\frac{\partial T}{\partial t} - 4ik^3 T = \frac{A}{T}\int e^{-2ikx}dx + BT.$$

Pour que cette équation préserve un sens quand $x \to +\infty$, on doit avoir $A = 0$, d'où

$$\frac{\partial T}{\partial t} - (4ik^3 + B)T = 0. \tag{6.4.5}$$

De même, pour $u \cong 0$, quand $x \to -\infty$, on remplace $\psi = e^{ikx} + R(k,t)e^{-ikx}$, $\lambda = k^2$, dans l'équation (6.4.4) et on obtient

$$\left(\frac{\partial R}{\partial t} + 4ik^3 R - BR\right)e^{-ikx} - (4ik^3 + B)e^{ikx}$$
$$= A(e^{ikx} + Re^{-ikx})\int \frac{dx}{e^{2ikx} + R^2 e^{-2ikx} + 2R}.$$

Pour $x \to +\infty$, l'équation ci-dessus préserve un sens si $A = 0$ et s'écrit

$$\left(\frac{\partial R}{\partial t} + 4ik^3 R - BR\right)e^{-ikx} - (4ik^3 + B)e^{ikx} = 0.$$

Pour $4ik^3 + B = 0$, c'est-à-dire, $B = -4ik^3$, l'équation (6.4.5) implique que $T(k,t) = T(k,0)$, tandis que la condition $\frac{\partial R}{\partial t} + 4ik^3 R - BR = 0$, nous donne $R(k,t) = R(k,0)e^{-8ik^3 t}$. Ceci achève la preuve de la proposition. □

La connaissance de $c_n(t)$, $k_n(t)$, $n = 1, 2, ..., N$ et $R(k,t)$ permet d'exprimer $u(x,t)$ pour un temps quelconque ; c'est le problème de la diffusion inverse. Ce dernier se réduit à la solution $K(x,y;t)$, $(y \leq x)$, de l'équation intégrale linéaire de Gelfand-Levitan :

$$K(x,y;t) + I(x+y,t) + \int_{-\infty}^{x} I(z+y)K(x,z;t)dz = 0, \tag{6.4.6}$$

où

$$I(\mu,t) = \frac{1}{2\pi}\int_{-\infty}^{\infty} R(k,t)e^{-ik\mu}dk + \sum_{n=1}^{N} c_n^2(t)e^{k_n(t)\mu}.$$

La solution $u(x,t)$ de l'équation de KdV est alors donnée (voir (6.2.10)) par

$$u(x,t) = 2\frac{d}{dx}K(x,x;t). \tag{6.4.7}$$

L'équation de KdV qui est non-linéaire est transformée en l'équation de Gelfand-Levitan qui est linéaire. Le problème initial est ainsi complètement résolu.

Cette méthode présente deux simplifications majeures. Tout d'abord dans l'approche analytique de la solution de l'équation de KdV, il suffit à chaque étape de ne résoudre que des équations linéaires. Ensuite t n'apparait que paramétriquement et de plus bien que pour tout t l'équation de Gelfand-Levitan semble superficiellement être une équation intégrale de deux variables, réellement x intervient comme un paramètre et nous avons donc à faire à une famille d'équations intégrales pour les fonctions $K(x,y)$ d'une seule variable y.

Avant de traiter le cas de N solitons, revenons tout d'abord au cas d'un soliton et considérons donc la solution

$$u(x,t) = -\frac{c}{2}\,\text{sech}^2\frac{\sqrt{c}}{2}(x-ct),$$

de l'équation de KdV obtenue précédemment avec la condition initiale suivante : $u(x,0) = -2\,\text{sech}^2 x$, où par convention on a posé $c=4$. L'équation de Schrödinger (6.4.1) s'écrit

$$\frac{\partial^2\psi}{\partial x^2} + (2\,\text{sech}^2 x + \lambda)\psi = 0. \qquad (6.4.8)$$

Pour étudier l'équation (6.4.8), on pose

$$\psi = A\,\text{sech}^\alpha x . w(x), \qquad (6.4.9)$$

où A est une amplitude arbitraire, $\alpha^2 = -\lambda$ et w satisfait à l'équation suivante :

$$\frac{\partial^2 w}{\partial x^2} - 2\alpha\tanh x\frac{\partial w}{\partial x} + (2+\alpha-\alpha^2)\,\text{sech}^2 x . w = 0.$$

En faisant la substitution $u = \frac{1}{2}(1-\tanh x)$, cette équation se ramène à une équation différentielle hypergéométrique de Gauss :

$$u(1-u)\frac{\partial^2 w}{\partial u^2} + (c-(a+b+1)u)\frac{\partial w}{\partial u} - abw = 0,$$

dans laquelle $a = 2+\alpha$, $b = -1+\alpha$, $c = 1+\alpha$. Cette équation présente trois points singuliers réguliers : $u=0$, $u=1$, $u=\infty$. La solution de cette équation pour $u=0$ est

$$\begin{aligned} w &= F(a,b,c,u) = 1 + \frac{ab}{c}.\frac{u}{1!} + \frac{a(a+1)b(b+1)}{c(c+1)}.\frac{u^2}{2!} \qquad (6.4.10)\\ &+\frac{a(a+1)...(a+n-1)b(b+1)...(b+n-1)}{c(c+1)...(c+n-1)}.\frac{u^n}{n!} + \cdots \end{aligned}$$

Pour $x\to\infty$ (c-à-d., quand $u\to 0$), on a $w\to 1$. D'après l'expression (6.4.9), on a $\psi = A2^\alpha(e^x+e^{-x})^{-\alpha}.w(x)$, et celle-ci tend vers $Ae^{2\alpha}e^{-\alpha x}$ quand $x\to\infty$.

Pour représenter une onde plane Ae^{ikx} allant à $+\infty$, nous poserons $\alpha = -ik$. La forme asymptotique de la fonction d'onde pour $x \to -\infty$ ($u \to 1$) s'obtient en transformant la fonction hypergéométrique à l'aide de la relation fonctionnelle

$$F(a,b,c,u) = \frac{\Gamma(c)\Gamma(c-a-b)}{\Gamma(c-a)\Gamma(c-b)} F(a,b,a+b-c+1,1-u)$$
$$+(1-u)^{c-a-b}\frac{\Gamma(c)\Gamma(a+b-c)}{\Gamma(a)\Gamma(b)} F(c-a,c-b,c-a-b+1,1-u),$$

où

$$\Gamma(z) = \int_0^{\infty} e^{-t} e^{z-1} dt, \quad \mathrm{Re}\, z > 0,$$

est la fonction gamma d'Euler. En tenant compte de (6.4.10) et de l'expression ci-dessus, la relation (6.4.9) devient

$$\begin{aligned}\psi &= A\,\mathrm{sech}^{\alpha} x \left[\frac{\Gamma(c)\Gamma(c-a-b)}{\Gamma(c-a)\Gamma(c-b)}\left(1 + \frac{ab}{a+b-c+1}(1-u) + \cdots\right)\right.\\ &\left. + (1-u)^{c-a-b}\frac{\Gamma(c)\Gamma(a+b-c)}{\Gamma(a)\Gamma(b)}\left(1 + \frac{(c-a)(c-b)}{c-a-b+1}(1-u) + \cdots\right)\right].\end{aligned}$$

Lorsque $u \to 1$ ($x \to -\infty$), on a $(1-u)^{c-a-b} \to e^{-2\alpha x}$ et puisque $\alpha = -ik$, alors

$$\psi \longrightarrow Ae^{\alpha}\frac{\Gamma(c)\Gamma(a+b-c)}{\Gamma(a)\Gamma(b)}\left(e^{ikx} + \frac{\Gamma(c-a-b)\Gamma(a)\Gamma(b)}{\Gamma(c-a)\Gamma(c-b)\Gamma(a+b-c)}\right).$$

Cette expression combinée avec le fait que ψ tend vers $Ae^{2\alpha}e^{-\alpha}$ lorsque $x \to \infty$, nous donnent le coefficient de transmission

$$T = \frac{\Gamma(a)\Gamma(b)}{\Gamma(c)\Gamma(a+b-c)},$$

et le coefficient de réflexion

$$R = \frac{\Gamma(c-a-b)\Gamma(a)\Gamma(b)}{\Gamma(c-a)\Gamma(c-b)\Gamma(a+b-c)}.$$

Pour plus de détail et pour des interprétations physiques, voir par exemple Landau, L. et Lifchitz, E., Mécanique quantique, Edition Mir, 1967. Ici, nous avons $k_1 = 1$, $c(0) = \sqrt{2}$, $R(k,0) = 0$. Pour un soliton individuel, l'équation (6.4.1) a une solution précise. Il s'avère que le soliton d'amplitude u_0 n'a qu'un seul niveau discret à valeur propre $\lambda = \frac{u_0}{2}$, tandis que le niveau suivant correspond au point $\lambda = 0$ (avec la fonction propre $\psi = \tanh x$) et appartient déjà au spectre continu. L'équation de Gelfand-Levitan (6.4.6) où

$$I(\mu,t) = c_1^2(t)e^{k_1\mu} = c_1^2(0)e^{-8k_1 t}e^{k_1 t} = 2e^{-8t+\mu},$$

s'écrit

$$K(x,y;t)+2e^{-8t+x+y}+2e^{-8t+y}\int_{-\infty}^{x}e^{z}K(x,z;t)dz=0.$$

En posant $K(x,y,t)=f(x)e^{y}$, on obtient

$$f(x)+2e^{-8t+x}+e^{-8t+2x}f(x)=0,$$

d'où

$$f(x)=-2\frac{e^{-8t+x}}{1+e^{-8t+2x}}.$$

Par conséquent, la solution (6.4.7) de l'équation de KdV dans le cas d'une onde solitaire est

$$u(x,t)=2\frac{d}{dx}K(x,x,t)=-\frac{2}{\cosh^2(x-4t)}=-2\,\mathrm{sech}^2(x-4t).$$

Cela illustre la méthode de solution et la correspondance entre valeur propre et solution.

Nous allons maintenant nous intéresser au cas de N-solitons. Afin de résoudre l'équation de Gelfand-Levitan (6.4.6), où $R(k,t)=0$, on pose

$$K(x,y)=\sum_{n=1}^{N}w_n(x,t)e^{k_n y}, \tag{6.4.11}$$

où w_n sont des fonctions à déterminer. En remplaçant cette expression dans l'équation de Gelfand-Levitan, on obtient le système d'équations algébriques linéaires pour w_n, $n=1,...,N$ suivant :

$$\left\{\begin{array}{l} w_1(x,t)+c_1^2(t)e^{k_1x}+\sum_{m=1}^{N}c_1^2(t)\frac{e^{(k_1+k_m)x}}{k_1+k_m}w_m(x,t)=0,\\ \vdots\\ w_N(x,t)+c_N^2(t)e^{k_Nx}+\sum_{m=1}^{N}c_N^2(t)\frac{e^{(k_N+k_m)x}}{k_N+k_m}w_m(x,t)=0. \end{array}\right.$$

Définissons les notations suivantes :

$$A=\left(c_n^2(t)e^{(k_n+k_m)x}\right),\quad W=\begin{pmatrix} w_1\\ \vdots\\ w_N\end{pmatrix},\quad G=\begin{pmatrix} c_1^2(t)e^{k_1x}\\ \vdots\\ c_N^2(t)e^{k_Nx}\end{pmatrix},$$

$$P\equiv(P_{nm})=\left(\delta_{nm}+c_n^2(t)\frac{e^{(k_n+k_m)x}}{k_n+k_m}\right)=I+A, \tag{6.4.12}$$

où I est la matrice unité. Avec ces notations, le système ci-dessus s'écrit sous la forme $PW = -G$, et on montre aisément qu'il a une solution unique. De l'équation (6.4.11), on tire

$$K(x,x) = h^\top w = -h^\top P^{-1}G, \qquad h \equiv \begin{pmatrix} e^{k_1 x} \\ \vdots \\ e^{k_N x} \end{pmatrix}.$$

Or

$$\frac{d}{dx}P_{nm} = c_m^2 e^{k_n x}.e^{k_m x},$$

$$\det P = \sum_{n=1}^{N} \left(\delta_{nm} + c_n^2(t) \frac{e^{(k_n+k_m)x}}{k_n + k_m} \right) \alpha_{nm}, \quad P^{-1} = \frac{\alpha_{nm}}{\det P},$$

où α_{nm} est le cofacteur de P, donc

$$K(x,x) = -\sum_{n,m} \frac{\alpha_{nm}}{\det P} \frac{d}{dx} P_{nm} = -\frac{1}{\det P}\frac{d}{dx}(\det P) = -\frac{d}{dx}\ln\det P,$$

et d'après (6.4.7), on a $u = 2\frac{d}{dx}K(x,x) = -2\frac{d^2}{dx^2}\ln\det P$. Par conséquent, on a le résultat suivant :

Théorème 6.4.3 *La solution de l'équation de KdV est donnée par la fonction*

$$u = -2\frac{d^2}{dx^2}\ln\det P,$$

où P est défini par (6.4.12) et dont lequel $c_n(t) = c_n(0)e^{-4k_n^3 t}$, avec $k_n > 0$ distincts.

La fonction obtenue dans le théorème ci-dessus est négative pour tout x, continue et se comporte comme l'exponentielle quand $|x| \to \infty$. Pour avoir une idée sur le comportement des solitons et en particulier sur leur comportement asymptotique, supposons que $k_1 < k_2 < ... < k_{N-1} < k_N$.

Lemme 6.4.4

$$\Delta \equiv \begin{vmatrix} \frac{1}{a_1-b_1} & \frac{1}{a_1-b_2} & \cdots & \frac{1}{a_1-b_n} \\ \frac{1}{a_2-b_1} & \frac{1}{a_2-b_2} & \cdots & \frac{1}{a_2-b_n} \\ \vdots & & \ddots & \\ \frac{1}{a_n-b_1} & \frac{1}{a_n-b_2} & \cdots & \frac{1}{a_n-b_n} \end{vmatrix} = (-1)^{\frac{n(n-1)}{2}} \frac{\prod_{j<k}(a_j - a_k)\prod_{j<k}(b_j - b_k)}{\prod_{j,k}(a_j - b_k)}.$$

Démonstration. Soit

$$f(a_j) \equiv (a_j - b_1)(a_j - b_2)...(a_j - b_n).$$

On a

$$(f(a_1)f(a_2)...f(a_n)).\Delta = \left(\prod_{j,k}(a_j - b_k)\right).\Delta = \left|\frac{f(a_j)}{a_j - b_k}\right|.$$

Faisons $a_1 = b_1$, $a_2 = b_2$,...,$a_n = b_n$, tous les éléments de $\left|\frac{f(a_j)}{a_j - b_k}\right|_{\substack{a_j = b_j \\ 1 \leq j \leq n}}$ sont égales à zéros sauf ceux de la diagonale. Dès lors,

$$\begin{aligned}\left|\frac{f(a_j)}{a_j - b_k}\right|_{\substack{a_j = b_j \\ 1 \leq j \leq n}} &= (b_j - b_1)(b_j - b_2)...(b_j - b_{j-1})(b_j - b_{j+1})...(b_j - b_n), \\ &= (-1)^{\frac{n(n-1)}{2}}(b_1 - b_j)...(b_{j-1} - b_j)(b_j - b_{j+1})...(b_j - b_n).\end{aligned}$$

Donc nous avons

$$\begin{aligned}\frac{f(a_1)}{a_1 - b_1} &= (-1)^0(b_1 - b_2)...(b_1 - b_n), \\ \frac{f(a_2)}{a_2 - b_2} &= (-1)^1(b_1 - b_2)(b_2 - b_3)...(b_2 - b_n), \\ &\vdots \\ \frac{f(a_n)}{a_n - b_n} &= (-1)^{n-1}(b_1 - b_n)...(b_n - b_{n-1}),\end{aligned}$$

et par conséquent

$$\prod_{j=1}^{n}\frac{f(a_j)}{a_j - b_j} = (-1)^{\frac{n(n-1)}{2}}\left(\prod_{j<k}(b_j - b_k)\right)^2.$$

On utilise un raisonnement similaire pour les a_j et on obtient finalement l'expression

$$\left(\prod_{j,k}(a_j - b_k)\right).\Delta = (-1)^{\frac{n(n-1)}{2}}\prod_{j<k}(a_j - a_k)\prod_{j,k}(b_j - b_k).$$

Ceci achève la démonstration. □

Théorème 6.4.5 *La solution explicite de N-solitons de l'équation de KdV est donnée par*

$$u(x,t) = \begin{cases} -2\sum_{n=1}^{N} k_n^2 \ sech^2(k_n\xi_n + \delta_n^+), & t \to +\infty \\ -2\sum_{n=1}^{N} k_n^2 \ sech^2(k_n\xi_n + \delta_n^-), & t \to -\infty \end{cases}$$

où

$$\begin{aligned} \delta_n^+ &\equiv \frac{1}{2}\ln\frac{c_n^2}{2k_n}\left(\prod_{j=1}^{n-1}\frac{k_j - k_n}{k_j + k_n}\right)^2, \\ \delta_n^- &\equiv \frac{1}{2}\ln\frac{c_n^2}{2k_n}\left(\prod_{j=n+1}^{N}\frac{k_j - k_n}{k_j + k_n}\right)^2, \end{aligned}$$

sont les changements de phase.

Démonstration. Le déterminant de la matrice P s'écrit explicitement sous la forme

$$\det P = |\Delta_1 \quad ... \quad \Delta_2|$$

où

$$\Delta_1 = \begin{vmatrix} 1 + \frac{c_1^2(t)}{2k_1}e^{2k_1x} & \frac{c_1^2(t)}{k_1+k_2}e^{(k_1+k_2)x} \\ \frac{c_2^2(t)}{k_2+k_1}e^{(k_2+k_1)x} & 1 + \frac{c_2^2(t)}{2k_2}e^{2k_2x} \\ \vdots & \\ \frac{c_N^2(t)}{k_N+k_1}e^{(k_N+k_1)x} & \frac{c_N^2(t)}{k_N+k_2}e^{(k_N+k_2)x} \end{vmatrix},$$

$$\Delta_2 = \begin{vmatrix} \frac{c_1^2(t)}{k_1+k_j}e^{(k_1+k_j)x} & \cdots & \frac{c_1^2(t)}{k_1+k_N}e^{(k_1+k_N)x} \\ \frac{c_2^2(t)}{k_2+k_j}e^{(k_2+k_j)x} & \cdots & \frac{c_2^2(t)}{k_2+k_N}e^{(k_2+k_N)x} \\ \ddots & & \\ \frac{c_N^2(t)}{k_N+k_j}e^{(k_N+k_j)x} & & 1 + \frac{c_N^2(t)}{2k_N}e^{2k_Nx} \end{vmatrix}.$$

D'où,

$$\det P = \begin{vmatrix} 1 + \frac{c_1^2(t)}{2k_1}e^{2k_1x} & \frac{c_1(t)c_2(t)}{k_1+k_2}e^{(k_1+k_2)x} & \cdots & \frac{c_1(t)c_N(t)}{k_1+k_N}e^{(k_1+k_N)x} \\ \frac{c_2(t)c_1(t)}{k_2+k_1}e^{(k_2+k_1)x} & 1 + \frac{c_2^2(t)}{2k_2}e^{2k_2x} & \cdots & \frac{c_2(t)c_N(t)}{k_2+k_N}e^{(k_2+k_N)x} \\ \vdots & & \ddots & \\ \frac{c_N(t)c_1(t)}{k_N+k_1}e^{(k_N+k_1)x} & \frac{c_N(t)c_2(t)}{k_N+k_2}e^{(k_N+k_2)x} & \cdots & 1 + \frac{c_N^2(t)}{2k_N}e^{2k_Nx} \end{vmatrix}$$

Comme $c_j(t) = c_j(0)e^{-4k_j^3 t}$, alors

$$\det P =$$

$$\begin{vmatrix} 1+\frac{c_1^2(0)}{2k_1}e^{2k_1\xi_1} & \frac{c_1(0)c_2(0)}{k_1+k_2}e^{k_1\xi_1+k_2\xi_2} & \dots & \frac{c_1(0)c_N(0)}{k_1+k_N}e^{k_1\xi_1+k_N\xi_n} \\ \frac{c_2(0)c_1(0)}{k_2+k_1}e^{k_2\xi_2+k_1\xi_1} & 1+\frac{c_2^2(0)}{2k_2}e^{2k_2\xi_2} & \dots & \frac{c_2(0)c_N(0)}{k_2+k_N}e^{k_2\xi_2+k_N\xi_N} \\ \vdots & & \ddots & \\ \frac{c_N(0)c_1(0)}{k_N+k_1}e^{k_N\xi_N+k_1\xi_1} & \frac{c_N(0)c_2(0)}{k_N+k_2}e^{k_N\xi_N+k_2\xi_2} & \dots & 1+\frac{c_N^2(0)}{2k_N}e^{2k_N\xi_N} \end{vmatrix},$$

où $\xi_n \equiv x - 4k_j^2 t$, $1 \le j \le N$. Pour avoir une idée sur le comportement des solitons et en particulier sur leur comportement asymptotique, supposons que $k_1 < k_2 < \dots < k_{N-1} < k_N$. Pour $t \gg 0$ récrivons ξ_j sous la forme $\xi_j \equiv \xi_n - \varepsilon_{jn}t$, $1 \le j \le N$ avec $\varepsilon_{jn} \equiv 4k_j^2 - 4k_n^2$ et posons $c_j(0) \equiv c_j$. Pour $1 \le j < n$, on a $\varepsilon_{jn} < 0$, pour $n < j \le N$, on a $\varepsilon_{jn} > 0$, pour $j = n$, on a $\varepsilon_{jn} = 0$ et $\varepsilon_{jn} = -\varepsilon_{nj}$. Remplaçons ces expressions dans le déterminant ci-dessus et approximons les éléments de la diagonale (pour $j < n$) :

$$1+\frac{c_j^2}{2k_j}e^{2k_j(\xi_n-\varepsilon_{jn}t)} \cong \frac{c_j^2}{2k_j}e^{2k_j(\xi_n-\varepsilon_{jn}t)}, \quad j<n, \quad t\to\infty$$

(on peut le faire car pour $j < n$, on a $\varepsilon_{jn} < 0$ et $1 + e^x \cong e^x$ pour $x \to \infty$). Ensuite, on met en facteur les expressions communes suivantes : $e^{2k_1(\xi_n-\varepsilon_{1n}t)}$, $e^{2k_2(\xi_n-\varepsilon_{2n}t)}$,...,$e^{2k_{n-1}(\xi_n-\varepsilon_{(n-1)n}t)}$. En faisant tendre t vers l'infini, nous avons (puisque $\varepsilon_{jn} > 0$ pour $n \le j \le N$) la situation suivante :

$$\det P =$$

$$C\begin{vmatrix} \frac{c_1^2}{2k_1} & \frac{c_1c_2}{k_1+k_2} & \dots & \frac{c_1c_{n-1}}{k_1+k_{n-1}} & \frac{c_1c_n}{k_1+k_n}e^{k_n\xi_n} & 0 & \dots & 0 \\ \frac{c_2c_1}{k_2+k_1} & \frac{c_2^2}{2k_2} & \dots & \frac{c_2c_{n-1}}{k_2+k_{n-1}} & \frac{c_2c_n}{k_2+k_n}e^{k_n\xi_n} & 0 & \dots & 0 \\ \vdots & & \ddots & & \vdots & \vdots & \dots & \vdots \\ \frac{c_{n-1}c_1}{k_{n-1}+k_1} & \frac{c_{n-1}c_2}{k_{n-1}+k_2} & \dots & \frac{c_{n-1}^2}{2k_{n-1}} & \frac{c_{n-1}c_n}{k_{n-1}+k_n}e^{k_n\xi_n} & 0 & \dots & 0 \\ \frac{c_nc_1}{k_n+k_1}e^{k_n\xi_n} & \frac{c_nc_2}{k_n+k_2}e^{k_n\xi_n} & \dots & \frac{c_nc_{n-1}}{k_n+k_{n-1}}e^{k_n\xi_n} & 1+\frac{c_n^2}{2k_n}e^{2k_n\xi_n} & 0 & \dots & 0 \\ 0 & 0 & \dots & 0 & 0 & 1 & \dots & 0 \\ \vdots & \vdots & \vdots & \vdots & \vdots & \vdots & \ddots & \vdots \\ 0 & 0 & \dots & 0 & 0 & 0 & \dots & 1 \end{vmatrix},$$

où $C \equiv \prod_{j=1}^{n-1} e^{2k_j(\xi_n - \varepsilon_{jn})}$. Evidemment, on a

$$\det P = C \begin{vmatrix} \frac{c_1^2}{2k_1} & \frac{c_1c_2}{k_1+k_2} & \cdots & \frac{c_1c_{n-1}}{k_1+k_{n-1}} & \frac{c_1c_n}{k_1+k_n}e^{k_n\xi_n} \\ \frac{c_2c_1}{k_2+k_1} & \frac{c_2^2}{2k_2} & \cdots & \frac{c_2c_{n-1}}{k_2+k_{n-1}} & \frac{c_2c_n}{k_2+k_n}e^{k_n\xi_n} \\ \vdots & & \ddots & & \vdots \\ \frac{c_{n-1}c_1}{k_{n-1}+k_1} & \frac{c_{n-1}c_2}{k_{n-1}+k_2} & \cdots & \frac{c_{n-1}^2}{2k_{n-1}} & \frac{c_{n-1}c_n}{k_{n-1}+k_n}e^{k_n\xi_n} \\ \frac{c_nc_1}{k_n+k_1}e^{k_n\xi_n} & \frac{c_nc_2}{k_n+k_2}e^{k_n\xi_n} & \cdots & \frac{c_nc_{n-1}}{k_n+k_{n-1}}e^{k_n\xi_n} & 1+\frac{c_n^2}{2k_n}e^{2k_n\xi_n} \end{vmatrix}.$$

Ce déterminant s'écrit encore sous la forme

$$\begin{aligned} \det P &= C\prod_{l=1}^{n-1} c_l^2 \begin{vmatrix} \frac{1}{2k_1} & \frac{1}{k_1+k_2} & \cdots & \frac{1}{k_1+k_{n-1}} \\ \frac{1}{k_2+k_1} & \frac{1}{2k_2} & \cdots & \frac{1}{k_2+k_{n-1}} \\ \vdots & & \ddots & \vdots \\ \frac{1}{k_{n-1}+k_1} & \frac{1}{k_{n-1}+k_2} & \cdots & \frac{1}{2k_{n-1}} \end{vmatrix} \\ &+C\prod_{l=1}^{n} c_l^2 \begin{vmatrix} \frac{1}{2k_1} & \frac{1}{k_1+k_2} & \cdots & \frac{1}{k_1+k_{n-1}} & \frac{1}{k_1+k_n} \\ \frac{1}{k_2+k_1} & \frac{1}{2k_2} & \cdots & \frac{1}{k_2+k_{n-1}} & \frac{1}{k_2+k_n} \\ \vdots & & \ddots & & \vdots \\ \frac{1}{k_{n-1}+k_1} & \frac{1}{k_{n-1}+k_2} & \cdots & \frac{1}{2k_{n-1}} & \frac{1}{k_{n-1}+k_n} \\ \frac{1}{k_n+k_1} & \frac{1}{k_n+k_2} & \cdots & \frac{1}{k_n+k_{n-1}} & \frac{1}{2k_n} \end{vmatrix}, \end{aligned}$$

pour $n \geq 2$, tandis que pour $n = 1$, il est égal à $1 + \frac{c_1^2}{2k_1}e^{2k_1\xi_1}$. En utilisant le lemme précédent, on obtient pour $t \gg 0$,

$$\det P =$$

$$\prod_{i=1}^{n-1} e^{2k_i(\xi_n - \varepsilon_{in}t)} \left(\prod_{j=1}^{n-1} c_j^2 \frac{(\prod_{i<j}(k_i - k_j))^2}{\prod_{i,j}(k_i + k_j)} + \prod_{j=1}^{n-1} c_j^2 \frac{(\prod_{i<j}(k_i - k_j))^2}{\prod_{i,j}(k_i + k_j)} e^{2k_n\xi_n} \right).$$

En remplaçant cette expression dans la solution obtenue dans le théorème 6.4.3, on obtient la solution explicite de N-solitons :

$$u(x,t) = -2\sum_{n=1}^{N} k_n^2 \operatorname{sech}^2 \left(k_n\xi_n + \frac{1}{2}\ln\frac{c_n^2}{2k_n}\left(\prod_{j=1}^{n-1}\frac{k_j - k_n}{k_j + k_n}\right)^2 \right), \quad t \to +\infty.$$

De même, on montre que pour $t \ll 0$

$$u(x,t) = -2\sum_{n=1}^{N} k_n^2 \operatorname{sech}^2 \left(k_n\xi_n + \frac{1}{2}\ln\frac{c_n^2}{2k_n}\left(\prod_{j=n+1}^{N}\frac{k_j - k_n}{k_j + k_n}\right)^2 \right), \quad t \to -\infty.$$

Ceci achève la démonstration. □

Remarque 6.4.6 *On peut interpréter ce résultat de la manière suivante : par exemple pour $t \to \infty$, on a*

$$\lim_{t\to\infty} u(x,t) = \lim_{t\to\infty} u(x-ct) = \begin{cases} -2k_n^2 \, sech^2\left(k_n(x-4k_n^2 t)+\delta_n^+\right) & si \ c = 4k_n^2 \\ 0 & si \ c \neq 4k_n^2 \end{cases}$$

C'est la forme d'une onde solitaire d'amplitude $2k_n^2$, se propageant à droite avec une vitesse constante égale à $4k_n^2$. La solution de l'équation de KdV se divise réellement en N-solitons à la limite pour $|t| \to \infty$. Cela indique que chaque soliton préserve sa forme après les collisions. Ces derniers sont analysées par les changements de phase δ_n^+ et δ_n^-. Le changement de phase relative est déterminé par

$$\begin{aligned} \delta_n^+ - \delta_n^- &= \frac{1}{2}\ln\frac{c_n^2}{2k_n}\left(\prod_{j=1}^{n-1}\frac{k_j-k_n}{k_j+k_n}\right)^2 - \frac{1}{2}\ln\frac{c_n^2}{2k_n}\left(\prod_{j=n+1}^{N}\frac{k_j-k_n}{k_j+k_n}\right)^2, \\ &= \sum_{j=1}^{n-1}\ln\frac{k_j-k_n}{k_j+k_n} - \sum_{j=n+1}^{N}\ln\frac{k_j-k_n}{k_j+k_n}, \end{aligned}$$

et il s'exprime en fonction des k_j $(1 \leq j \leq N)$. Comme les k_j sont invariantes par rapport au temps, alors les $\delta_n^+ - \delta_n^-$ le sont aussi. Rappelons que nous avons supposé $k_1 < k_2 < \dots < k_N$, donc

$$\begin{aligned} \delta_1^+ - \delta_1^- &= -\sum_{j=2}^{N}\ln\frac{k_j-k_1}{k_j+k_1} > 0, \\ \delta_N^+ - \delta_N^- &= \sum_{j=1}^{N-1}\ln\frac{k_N-k_1}{k_N+k_1} < 0. \end{aligned}$$

En outre, on montre aisément que :

$$\sum_{n=1}^{N}\delta_n^+ = \sum_{n=1}^{N}\delta_n^-.$$

Dans un certain sens, l'analyse mathématique est une symphonie de l'infini. David HILBERT

Annexe A

Formulation variationnelle des EDP

Dans cette partie, on donne un aperçu sommaire (la littérature sur le sujet étant abondante, on pourra consulter par exemple [9]) sur la formulation variationnelle des équations aux dérivées partielles. On note $x = (x_1, ..., x_n) \in \mathbb{R}^n$, le symbole nabla ∇ représente le gradient de u, $\nabla u(x) = (\frac{\partial u}{\partial x_1}, ..., \frac{\partial u}{\partial x_n})$ et div désigne l'opérateur divergence, il s'applique à une fonction vectorielle, $div(v_1(x), ..., v_n(x)) = \frac{\partial v_1}{\partial x_1} + \cdots + \frac{\partial v_n}{\partial x_n}$, le symbole Δ désigne le laplacien de u, $\Delta u(x) = div \nabla u(x) = \frac{\partial^2 u}{\partial x_1^2} + \cdots + \frac{\partial^2 u}{\partial x_n^2}$.

A.1 Espaces de Sobolev

Soit $\Omega \subset \mathbb{R}^n$, un ouvert. L'espace de Sobolev $H^1(\Omega)$ est l'espace des fonctions de $L^2(\Omega)$ dont les dérivées partielles, au sens des distributions sont identifiables à des fonctions localement intégrables qui sont aussi dans $L^2(\Omega)$;

$$H^1(\Omega) = \left\{ u \in L^2(\Omega) \text{ tel que : } \frac{\partial u}{\partial x_i} \in L^2(\Omega), 1 \leq i \leq n \right\}.$$

Une fonction $u \in L^2(\Omega)$ est dans $H^1(\Omega)$ s'il existe $v_1, ..., v_n \in L^2(\Omega)$ tels que :

$$\int_\Omega u \frac{\partial \varphi}{\partial x_i} dx = - \int_\Omega v_i \varphi dx, \quad \forall \varphi \in \mathcal{D}(\Omega), 1 \leq i \leq n$$

où $\mathcal{D}(\Omega)$ (que l'on note également $C_c^\infty(\Omega)$) désigne l'espace des fonctions indéfiniment dérivables à support compact dans Ω. Et d'après la théorie des distributions, les v_i sont notées $\frac{\partial u}{\partial x_i}$. L'espace $H^1(\Omega)$ muni du produit scalaire

$$(u, v)_{H^1(\Omega)} = \int_\Omega (uv + \nabla u . \nabla v) d\Omega,$$

est complet ; c'est un espace de Hilbert (espace vectoriel muni d'un produit scalaire et qui est complet pour la norme $(u,u)^{\frac{1}{2}}$). On note

$$\|u\|_{H^1(\Omega)} = \left(\int_\Omega (u^2 + \|\nabla u\|^2) d\Omega\right)^{\frac{1}{2}} = \left(\|u\|^2_{L^2(\Omega)} + \|\nabla u\|^2_{L^2(\Omega)}\right)^{\frac{1}{2}}.$$

Pour $n \geq 2$ un entier, l'espace de Sobolev $H^n(\Omega)$ est défini par

$$H^n(\Omega) = \left\{u \in L^2(\Omega) \text{ tel que : } \partial^\alpha u \in L^2(\Omega), \forall \alpha \in \mathbb{N}^n, |\alpha| \leq n\right\},$$

où

$$\alpha = (\alpha_1, ..., \alpha_n) \in \mathbb{N}^n, \quad |\alpha| = \sum_{i=1}^n \alpha_i, \quad \partial^\alpha u = \frac{\partial^{|\alpha|} u}{\partial x_1^{\alpha_1} ... \partial x_n^{\alpha_n}}.$$

Muni du produit scalaire

$$(u,v)_{H^n(\Omega)} = \int_\Omega \sum_{|\alpha| \leq n} \partial^\alpha u(x) \partial^\alpha v(x) dx,$$

$H^n(\Omega)$ est un espace de Hilbert et on note la norme associée

$$\|u\|_{H^n(\Omega)} = \sqrt{(u,u)}.$$

L'espace $H_0^1(\Omega)$ désigne l'adhérence (fermeture) de $\mathcal{D}(\Omega)$ dans $H^1(\Omega)$ pour la norme de $H^1(\Omega)$:

$$H_0^1(\Omega) = \overline{\mathcal{D}(\Omega)}^{H^1(\Omega)},$$

c'est-à-dire les fonctions de $H_0^1(\Omega)$ sont les limites dans $H^1(\Omega)$ des suites de fonctions de $\mathcal{D}(\Omega)$. Muni du produit scalaire de $H^1(\Omega)$, $H_0^1(\Omega)$ est un espace de Hilbert (en tant que sous-espace fermé d'un espace de Hilbert $H^1(\Omega)$). Si Ω est un ouvert borné, alors on a $H_0^1(\Omega) \subsetneqq H^1(\Omega)$ et si $\Omega = \mathbb{R}^n$, alors $H_0^1(\mathbb{R}^n) = H^1(\mathbb{R}^n)$.

Les fonctions de l'espace de Sobolev $H^1(\Omega)$, $\Omega \subset \mathbb{R}^n$, peuvent avoir des singularités. Les propriétés essentielles de $H^1(\Omega)$ qui seront utiles dans l'étude des problèmes aux limites, dépendent de la régularité de la frontière de l'ouvert Ω. Dans le cas où Ω est régulier, par exemple de classe C^1 (c'est-à-dire que sa frontière est localement le graphe d'une fonction C^1), les fonctions de cet espace ont une trace sur le bord $\partial\Omega$ de Ω, elle se prolonge en un opérateur linéaire continu de $H^1(\Omega)$ dans $L^2(\Omega)$ et va jouer un rôle cruciale dans ce qui va suivre. Pour décrire cette notion de trace, considérons un ouvert borné $\Omega \subset \mathbb{R}^n$, de classe C^1. Comme l'adhérence $\overline{\Omega}$ de Ω est un fermé, donc lorsque Ω est borné on a $\mathcal{D}(\overline{\Omega}) = C^\infty(\overline{\Omega})$.

L'espace $\mathcal{D}(\overline{\Omega})$ est dense dans $H^1(\Omega)$ et dès lors (théorème de trace) l'application trace

$$\gamma_0 : \left(\mathcal{D}(\overline{\Omega})_{H^1(\Omega)}, \|.\|\right) \longrightarrow \left(C^0(\partial\Omega), \|.\|_{L^2(\partial\Omega)}\right), \quad u \longmapsto u|_{\partial\Omega},$$

est une application linéaire continue qui se prolonge de manière unique en une application linéaire continue de $H^1(\Omega)$ dans $L^2(\partial\Omega)$; c'est la trace de u sur $\partial\Omega$ notée également γ_0,

$$\gamma_0 : H^1(\Omega) \longrightarrow L^2(\partial\Omega), \quad u \longmapsto \gamma_0(u) = u|_{\partial\Omega}.$$

En particulier (continuité), on a

$$\exists C > 0, \forall u \in H^1(\Omega), \|\gamma_0(u)\|_{L^2(\partial\Omega)} \leq C\|u\|_{H^1(\Omega)},$$

la norme de γ_0 étant

$$\|\gamma_0\| = \sup_{0 \neq u \in H^1(\Omega)} \frac{\|u|_{\partial\Omega}\|_{L^2(\partial\Omega)}}{\|u\|_{H^1(\Omega)}}.$$

Il faut bien noter que les fonctions de $L^2(\Omega)$ n'ont pas nécessairement une trace sur le bord. Par contre grâce au théorème de trace, les fonctions de $H^1(\Omega)$ ont bien une trace sur le bord. On a les inégalités suivantes où $\Omega \subset \mathbb{R}^n$ est un ouvert borné et $C \equiv C_\Omega > 0$ ne dépend que de Ω :

$$\forall u \in H_0^1(\Omega), \|u\|_{L^2(\Omega)} \leq C\|\nabla u\|_{L^2(\Omega)}, \text{ (inégalité de Poincaré)}$$

$$\forall u \in H^1(\Omega), \|u - \langle u\rangle_\Omega\|_{L^2(\Omega)} \leq C\|\nabla u\|_{L^2(\Omega)}, \text{ (inégalité de Poincaré-Wirtinger)}$$

où $\langle u\rangle_\Omega = \frac{1}{|\Omega|}\int_\Omega u(x)dx$ est la moyenne de u sur $\mathbb{R}$ et $|\Omega| = \int_\Omega dx$.

Pour le comportement sur le bord $\partial\Omega$, on montre que si Ω est un ouvert borné de classe C^1 et si $u \in H^1(\Omega) \cap C(\overline{\Omega})$, alors

$$u = 0 \text{ sur } \partial\Omega \Longleftrightarrow u \in H_0^1(\Omega).$$

En terme de l'application trace γ_0, l'espace $H_0^1(\Omega)$ est le noyau de γ_0,

$$H_0^1(\Omega) = \ker \gamma_0 = \left\{u \in H^1(\Omega); \gamma_0(u) = 0 \text{ dans } L^2(\partial\Omega)\right\}.$$

La notion de trace permet d'introduire la formule de Green (intégration par parties en dimension > 1) pour les fonctions de $H^1(\Omega)$. Plus précisément, soient Ω un ouvert borné de classe C^1 et $u, v \in H^1(\Omega)$, alors

$$\int_\Omega \frac{\partial u}{\partial x_i}(x)v(x)dx = -\int_\Omega u(x)\frac{\partial v}{\partial x_i}(x)dx + \int_{\partial\Omega} u(x)v(x)n_i(x)d\sigma,$$

où $(n_i)_{1\leq i\leq n}$ est la normale unitaire extérieure à $\partial\Omega$ et $d\sigma$ est la mesure superficielle du $\partial\Omega$.

L'image Im γ_0 de l'application trace γ_0 n'est pas $L^2(\partial\Omega)$, mais un sous-espace plus petit que $L^2(\Omega)$, dense dans $L^2(\partial\Omega)$ et constitué de fonctions «plus» régulières. Cet espace de Sobolev fractionnaire est noté $H^{1/2}(\partial\Omega)$ et il est défini par

$$H^{1/2}(\partial\Omega) = \left\{u \in L^2(\partial\Omega) : (x,y) \longmapsto \frac{|u(x)-u(y)|}{|x-y|^{(n+1)/2}} \in L^2(\partial\Omega \times \partial\Omega)\right\},$$

ou encore

$$H^{1/2}(\partial\Omega) = \left\{u \in L^2(\partial\Omega) : \exists v \in H^1(\Omega), \gamma_0(v) = u \in L^2(\partial\Omega\partial)\right\}.$$

C'est un espace de Hilbert pour la norme

$$\|u\|_{H^{1/2}(\partial\Omega)} = \inf_{v\in H^1(\Omega), \gamma_0 v = u} \|v\|_{H^1(\Omega)}.$$

Dès lors, il existe une application linéaire continue (on dit aussi opérateur de relèvement),

$$R : H^{1/2}(\partial\Omega) \longrightarrow H^1(\Omega),$$

vérifiant,

$$\forall u \in H^{1/2}(\partial\Omega), \quad \gamma_0 o R(u) = u.$$

De même, on peut introduire dans $H^n(\Omega)$ la notion de trace et obtenir des formules de Green. Par exemple pour $n = 2$ (cas qui va intervenir par la suite), on sait que $\mathcal{D}(\overline{\Omega})$ est dense dans $H^2(\Omega)$, $\Omega \subset \mathbb{R}^n$ étant un ouvert borné de classe C^1, alors (théorème de trace) l'application trace définie par

$$\gamma_1 : \left(\mathcal{D}(\overline{\Omega})_{H^2(\Omega)}, \|.\|\right) \longrightarrow \left(C^0(\partial\Omega), \|.\|_{L^2(\partial\Omega)}\right), \quad u \longmapsto \left.\frac{\partial u}{\partial n}\right|_{\partial\Omega},$$

est une application linéaire continue qui se prolonge de manière unique en une application linéaire continue de $H^2(\Omega)$ dans $L^2(\partial\Omega)$; c'est la trace de u sur $\partial\Omega$ notée aussi γ_1,

$$\gamma_1 : H^2(\Omega) \longrightarrow L^2(\partial\Omega), \quad u \longmapsto \gamma_1(u) = \left.\frac{\partial u}{\partial n}\right|_{\partial\Omega}.$$

En particulier (continuité),

$$\exists C > 0, \forall u \in H^2(\Omega), \|\gamma_1(u)\|_{L^2(\partial\Omega)} \leq C\|u\|_{H^2(\Omega)},$$

la norme de γ_1 étant

$$\|\gamma_1\| = \sup_{0 \neq u \in H^2(\Omega)} \frac{\| \frac{\partial u}{\partial n}|_{\partial\Omega} \|_{L^2(\partial\Omega)}}{\|u\|_{H^2(\Omega)}}.$$

Pour les fonctions de $H^2(\Omega)$, on a une formule de Green : si Ω est un ouvert borné de classe C^1, $u \in H^2(\Omega)$ et $v \in H^1(\Omega)$, alors

$$\int_\Omega \Delta u(x) v(x) dx = -\int_\Omega \nabla u(x).\nabla v(x) dx + \int_{\partial\Omega} \frac{\partial u}{\partial n}(x) v(x) d\sigma,$$

où $\frac{\partial u}{\partial n} = n.\text{grad } u$ est la dérivée normale de u sur $\partial\Omega$, c-à-d.,

$$\frac{\partial u}{\partial n}(x) = n(x).\nabla u(x), \quad x \in \partial\Omega.$$

Pour montrer l'existence et l'unicité de solutions aux problèmes que nous allons étudier, on utilise le théorème de Lax-Milgram suivant :

Soient E un espace de Hilbert et $a : E \times E \longrightarrow \mathbb{R}$ une forme bilinéaire

- continue, c-à-d.,

$$\exists M_a > 0, \quad \forall u, v \in E, \quad |a(u,v)| \leq M_a \|u\| \|v\|,$$

- coercive, c-à-d.,

$$\exists \alpha > 0, \quad \forall u \in E, \quad a(u,u) \geq \alpha \|u\|^2,$$

alors si $l : E \longrightarrow \mathbb{R}$ est une forme linéaire continue (c-à-d., $v \longmapsto l(v)$ est linéaire et $\exists C > 0 : \forall v \in E$, $|l(v)| \leq C\|v\|$), la formulation variationnelle :

$$\textit{Trouver } u \in E \textit{ tel que} : \forall v \in E,\ a(u,v) = l(v),$$

admet une solution unique dans E.

Par ailleurs, lorsque les hypothèses du théorème de Lax-Milgram sont satisfaites et si en outre la forme bilinéaire a est symétrique, c-à-d., $a(u,v) = a(v,u)$, alors u est l'unique solution du problème de minimisation suivant :

$$\textit{Trouver } u \in E \textit{ tel que} : J(u) \leq J(v),$$

où J est définie pour $v \in E$ par

$$J(v) = \frac{1}{2} a(v,v) - l(v).$$

La solution u est caractérisée par $J(u) = \min_{v \in E} J(v)$. Réciproquement, si $u \in E$ est un point de minimum de $J(v)$, alors u est l'unique solution de la formulation variationnelle ci-dessus.

A.2 Problèmes de Dirichlet et de Neumann

Considérons le problème aux limites

$$\begin{cases} -\Delta u = f & \text{dans } \Omega \\ u = 0 & \text{sur } \partial\Omega \end{cases} \tag{A.2.1}$$

où $\Omega \subset \mathbb{R}^n$ est un ouvert borné, $\partial\Omega$ son bord et f une fonction donnée.

La formulation classique de (A.2.1) consiste à chercher $u \in C^2(\Omega) \cap C^1(\overline{\Omega})$, solution de ce problème. Autrement dit, une fonction $u : \Omega \longrightarrow \mathbb{R}$ est dite solution classique de ce problème si $u \in C^2(\Omega) \cap C^1(\overline{\Omega})$ et u vérifie (A.2.1). Soit $v \in C^2(\Omega) \cap C^1(\overline{\Omega})$, $v = 0$ sur $\partial\Omega$. En multipliant l'équation $-\Delta u = f$ par v et en intégrant par parties, on obtient (en vertu de la formule de Green et de la condition homogène au bord) l'expression

$$\int_\Omega \nabla u . \nabla v dx = \int_\Omega f v dx,$$

pour toute fonction $v \in C^2(\Omega) \cap C^1(\overline{\Omega})$ avec $v = 0$ sur$\partial\Omega$. Si E désigne l'espace de ces fonctions, alors la transformation du problème classique (A.2.1) en

$$\textit{Trouver } u \in E, \forall v \in E, \int_\Omega \nabla u . \nabla v dx = \int_\Omega f v dx, \tag{A.2.2}$$

consiste à écrire la formulation variationnelle du problème. Notons la dualité qui existe entre la formulation classique (A.2.1) qui peut s'écrire

$$\textit{Trouver } u \in E, \forall x \in \Omega, -\Delta u(x) = f(x), \tag{A.2.3}$$

et la formulation variationnelle (A.2.2), entre l'espace des points Ω et l'espace des fonctions E. L'existence et l'unicité de solution à (A.2.2) s'obtient à l'aide du théorème de Lax-Milgram qui fournit des conditions suffisantes pour qu'un problème de la forme

$$\textit{Trouver} \;\; u \in E, \; \forall v \in E, \; a(u,v) = l(v),$$

(où a est une forme bilinéaire et l une forme linéaire), admet une solution unique. Pour que les termes de (A.2.2) aient un sens, il suffit (régularité) que $u, v \in C^1(\Omega) \cap C^0(\overline{\Omega})$. On sait que dans le théorème de Lax-Milgram, E est un espace de Hilbert. Or ici l'espace $E = \{u \in C^1(\Omega) \cap C^0(\overline{\Omega}), u = 0 \text{ sur } \partial\Omega\}$, n'est pas un espace de Hilbert car il n'est pas complet. Pour remédier à ce problème, on fait appel aux espaces de Sobolev qui joueront le rôle de complétés d'espaces de ce type et constituent le bon cadre fonctionnel pour l'étude de ce genre de problèmes aux limites.

Dans ce qui va suivre, on va utiliser les espaces de Sobolev, les dérivées seront au sens des distributions et les conditions aux limites au sens de la théorie des traces. L'étude de ce type de problèmes via l'approche variationnelle consiste tout d'abord à établir une formulation variationnelle, ensuite montrer que cette formulation possède une solution unique et enfin prouver l'équivalence avec le problème initial. Nous allons appliquer cette démarche avec plus de détail à l'étude de quelques problèmes ci-dessous. Signalons enfin qu'un problème est dit bien posé (au sens de Hadamard) s'il admet pour toute donnée (second membre, ouvert, données au bord, etc.), une solution unique et si celle-ci dépend continûment de la donnée.

Problème de Dirichlet (homogène) : Etant donné un ouvert Ω borné de classe C^1, de frontière $\partial\Omega$, on cherche une solution au problème de Dirichlet avec conditions aux limites homogènes,

$$\begin{cases} -\Delta u = f & \text{dans } \Omega \\ u = 0 & \text{sur } \partial\Omega \end{cases} \tag{A.2.4}$$

où $f \in L^2(\Omega)$ une fonction donnée. On multiplie l'équation $-\Delta u = f$ par une fonction v et on intégre sur Ω,

$$\int_\Omega -(\Delta u)v dx = \int_\Omega f v dx.$$

Puis on effectue une intégration par parties (formule de Green), ce calcul est formel pour le moment et sera justifié ci-dessous,

$$\int_\Omega \nabla u.\nabla v dx - \int_{\partial\Omega} \frac{\partial u}{\partial n}.v d\sigma = \int_\Omega f v dx,$$

où $d\sigma$ est la mesure superficielle du bord $\partial\Omega$. (On utilisera ici et plus loin indifféremment la notation dx ou $d\Omega$). On souhaite que u et v soient dans un même espace de Hilbert E et que $v = 0$ sur le bord $\partial\Omega$, d'où

$$\int_\Omega \nabla u.\nabla v dx = \int_\Omega f v dx.$$

Une condition suffisante pour que $\int_\Omega \nabla u.\nabla v dx$ ait un sens est $\nabla u, \nabla v \in L^2(\Omega)$; il suffit de considérer composante par composante. Par hypothèse, $f \in L^2(\Omega)$, donc pour que $\int_\Omega f v dx$ ait un sens, il suffit que $v \in L^2(\Omega)$. L'idée est de choisir l'espace $E = H_0^1(\Omega)$ et celui-ci va en outre nous permettre de faire disparaitre l'intégrale sur le bord ci-dessus. Dès lors, la formulation variationnelle (ou formulation faible) de ce problème est

$$\textit{Trouver } u \in H_0^1(\Omega), \forall v \in H_0^1(\Omega), \int_\Omega \nabla u.\nabla v dx = \int_\Omega f v dx. \tag{A.2.5}$$

Pour montrer que cette formulation variationnelle admet une solution unique, on applique le théorème de Lax-Milgram avec

$$a(u,v) = \int_\Omega \nabla u.\nabla v dx, \qquad l(v) = \int_\Omega f v dx,$$

sur l'espace $H_0^1(\Omega)$ muni de la norme

$$\|u\|_{H_0^1(\Omega)} = \|\nabla u\|_{L^2(\Omega)}.$$

Notons que a est une forme bilinéaire sur $H_0^1(\Omega) \times H_0^1(\Omega)$. La continuité de a résulte de l'inégalité de Cauchy-Schwarz

$$|a(u,v)| = \left| \int_\Omega \nabla u.\nabla v dx \right| \leq \|\nabla u\|_{L^2(\Omega)}.\|\nabla v\|_{L^2(\Omega)} \leq \|u\|_{H^1(\Omega)}\|v\|_{H^1(\Omega)},$$

pour tout $u, v \in H_0^1(\Omega)$ et rappelons que :

$$\|u\|_{H^1(\Omega)} = \left(\|u\|^2_{L^2(\Omega)} + \|\nabla u\|^2_{L^2(\Omega)}\right)^{\frac{1}{2}}.$$

D'après l'inégalité de Poincaré, il existe une constante $C \equiv C_\Omega > 0$ tel que :

$$\forall u \in H_0^1(\Omega), \quad \|u\|_{L^2(\Omega)} \leq C\|\nabla u\|_{L^2(\Omega)},$$

c-à-d., $\int_\Omega u^2 d\Omega \leq C \int_\Omega |\nabla u|^2 d\Omega$. Comme

$$\|u\|^2_{H^1(\Omega)} = \int_\Omega (|\nabla u|^2 + u^2) d\Omega \leq (1 + C) \int_\Omega |\nabla u|^2 d\Omega,$$

alors il existe une constante $\alpha \equiv \frac{1}{1+C} > 0$ tel que :

$$\forall u \in H_0^1(\Omega), \quad a(u,u) = \int_\Omega |\nabla u|^2 dx \geq \alpha \|u\|^2_{H^1(\Omega)},$$

donc a est coercive. Enfin, l est linéaire sur $H_0^1(\Omega)$ et sa continuité résulte aussi de l'inégalité de Cauchy-Schwarz,

$$\forall v \in H_0^1(\Omega), \quad |l(v)| = \left| \int_\Omega f v d\Omega \right| \leq \|f\|_{L^2(\Omega)}\|v\|_{L^2(\Omega)} \leq \|f\|_{L^2(\Omega)}\|v\|_{H^1(\Omega)},$$

(ce qui est équivalent à dire que $l \in H^{-1}(\Omega)$, dual topologique de $H_0^1(\Omega)$). Les hypothèses du théorème de Lax-Milgram étant satisfaites, on en conclut qu'il existe une unique fonction $u \in H_0^1(\Omega)$ solution de la formulation variationnelle (A.2.5). (Notons que l'on peut appliquer le théorème de Lax-Milgram sur l'espace $H_0^1(\Omega)$ muni de la norme $\|u\|_{H^1(\Omega)}$ de $H^1(\Omega)$. Dans ce cas, a et l

sont évidemment continues et la coercivité de a résulte de l'inégalité de Poincaré. Signalons que lorsque l'ouvert Ω n'est pas borné, on n'est plus assuré de l'existence de la solution). On vient de prouver que la formulation variationnelle (A.2.5) possède une solution unique et pour montrer l'équivalence avec le problème initial, on procède comme suit : on suppose que l'on dispose d'une solution régulière au problème (A.2.5), en général dans l'espace $H^2(\Omega)$ (on parle de solution forte). Par hypothèse Ω est un ouvert borné de classe C^1. Pour $v \in H_0^1(\Omega)$; on a $v = 0$ sur le bord $\partial\Omega$ et donc

$$\int_\Omega \nabla u.\nabla v dx = -\int_\Omega (\Delta u) v dx,$$

en vertu de la formule de Green. En tenant compte de (A.2.5), on obtient pour tout $v \in \mathcal{D}(\Omega)$,

$$\int_\Omega (\Delta u + f) f dx = 0,$$

et comme $f \in L^2(\Omega)$, alors

$$\Delta u + f = 0,$$

presque partout dans Ω. On déduit du théorème de trace que la trace sur le bord $\partial\Omega$ de toute fonction de $H_0^1(\Omega)$ est nulle dans $L^2(\Omega)$. Dès lors, $u = 0$ presque partout sur $\partial\Omega$. Finalement, on a obtenu le problème (A.2.4). Par ailleurs, la forme bilinéaire a étant symétrique $(a(u,v) = a(v,u))$, on montre que si $u \in H_0^1(\Omega)$ est l'unique solution de la formulation variationnelle (A.2.5), alors u est l'unique point de minimum de

$$J(v) = \frac{1}{2}\int_\Omega |\nabla v|^2 dx - \int_\Omega f v dx, \quad v \in H_0^1(\Omega),$$

c-à-d.,

$$J(u) = \min_{v \in H_0^1(\Omega)} J(v).$$

Réciproquement, si $u \in H_0^1(\Omega)$ est un point de minimum de $J(v)$, alors u est l'unique solution de la formulation variationnelle (A.2.5).

(Note : Si la solution u de la formulation variationnelle (A.2.5) n'est plus supposée régulière et s'il en est de même de l'ouvert Ω, alors dans ce cas il faut utiliser un autre raisonnement car on ne peut plus utiliser la formule de Green ni même le théorème de trace si Ω n'est pas régulier. Notons que chaque composante de ∇u appartient à $L^2(\Omega)$. D'après (A.2.5) et l'inégalité de Cauchy-Schwarz, il existe une constante $C > 0$ telle que :

$$\forall v \in H_0^1(\Omega), \quad \left|\int_\Omega \nabla u.\nabla v dx\right| = \left|\int_\Omega f v dx\right| \leq C\|v\|_{L^2(\Omega)}.$$

Or $\mathcal{D}(\Omega) \subset H_0^1(\Omega)$, donc l'inégalité ci-dessus montre que ∇u possède une divergence (au sens faible)[1] dans $L^2(\Omega)$. Autrement dit,

$$\forall v \in \mathcal{D}(\Omega), \quad \int_\Omega \nabla u.\nabla v dx = -\int_\Omega (div\nabla u) v dx.$$

Dès lors,

$$\forall v \in \mathcal{D}(\Omega), \quad \int_\Omega (div\nabla u + f) v dx = 0,$$

et on en déduit que[2] $div\nabla u + f = 0$, presque partout dans Ω. Comme $f \in L^2(\Omega)$ et $div\nabla u = \Delta u$, alors

$$div\nabla u = -f = \Delta u \in L^2(\Omega).$$

Par conséquent, on a retrouvé l'équation : $-\Delta u = f$, presque partout dans Ω. Ainsi que $u = 0$, presque partout sur $\partial\Omega$ si l'ouvert Ω est régulier. Or si l'ouvert n'est pas régulier, on ne peut pas déduire du théorème de trace que $u = 0$, presque partout sur $\partial\Omega$. Cependant l'utilisation de l'espace de Sobolev $H_0^1(\Omega)$ nous incite de façon formelle à dire que $u = 0$ sur le bord $\partial\Omega$).

Problème de Dirichlet (non homogène) : Sous les mêmes hypothèses sur Ω, on cherche une solution au problème de Dirichlet avec conditions aux limites non homogènes,

$$\begin{cases} -\Delta u = f & \text{dans } \Omega \\ u = g & \text{sur } \partial\Omega \end{cases}$$

où $f \in L^2(\Omega)$ et $g \in H^{1/2}(\partial\Omega) \subset L^2(\partial\Omega)$ sont des fonctions données. On montre que ce problème admet une unique solution (faible) $u \in H^1(\Omega)$. On raisonne comme dans le cas homogène, on multiplie l'équation $-\Delta u = f$ par une fonction $v \in H_0^1(\Omega)$ (pour annuler le terme sur le bord), on obtient

$$\int_\Omega \nabla u.\nabla v dx = \int_\Omega f v dx,$$

via la formule de Green. La formulation variationnelle est

[1] Soit $\zeta : \Omega \longrightarrow \mathbb{R}^m$, $\zeta \in L^2(\Omega)^m$. On dit que ζ possède une divergence (au sens faible) dans $L^2(\Omega)$ s'il existe $w \in L^2(\Omega)$ tel que : $\forall \varphi \in \mathcal{D}(\Omega)$, $\int_\Omega \zeta(x).\nabla\varphi(x)dx = -\int_\Omega w(x)\varphi(x)dx$. On note : $w = div\zeta$ (divergence faible). Par ailleurs, on montre que si $\zeta \in L^2(\Omega)^m$ et s'il existe $C > 0$ tel que : $\forall \varphi \in \mathcal{D}(\Omega)$, $\left|\int_\Omega \zeta(x).\nabla\varphi(x)dx\right| \leq C\|\varphi\|_{L^2(\Omega)}$, alors ζ possède une divergence (au sens faible)).

[2] Soit $f \in L^2(\Omega)$. Si pour tout $\varphi \in \mathcal{D}(\Omega)$, $\int_\Omega f(x)\varphi(x)dx = 0$, alors $f(x) = 0$ presque partout dans Ω.

$$\textit{Trouver} \quad u \in E,\ \forall v \in H_0^1(\Omega),\ \int_\Omega \nabla u.\nabla v dx = \int_\Omega f v dx,$$

où

$$E = \{u \in H^1(\Omega) : \gamma_0(u) = g \in L^2(\partial\Omega)\},$$

et γ_0 est l'application trace. Comme l'espace des solutions n'est pas le même que celui des fonctions v, alors pour pouvoir utiliser le théorème de Lax-Milgram, on va «symétriser» le problème. Comme Ω est un ouvert borné de classe C^1 et $g \in H^{1/2}(\partial\Omega)$, alors l'application trace γ_0 sur $\partial\Omega$ de $H^1(\Omega)$ dans $L^2(\partial\Omega)$ est telle que : $\gamma_0(\zeta) = g$, $\zeta \in H^1(\Omega)$. En posant $v = u - \zeta$ (ici ζ joue le rôle d'un relèvement que nous avons noté précédemment R), le problème ci-dessus se ramène à celui-ci

$$\begin{cases} -\Delta v = & f + \Delta\zeta \text{ dans } \Omega \\ v = & 0 \text{ sur } \partial\Omega \end{cases}$$

Pour établir la formulation variationnelle de ce problème et appliquer les résultats obtenus précédemment, on va raisonner un peu différamment (il faut noter que pour $\zeta \in H^1(\Omega)$, $\Delta\zeta \notin L^2(\Omega)$ mais $\Delta\zeta \in \mathcal{D}'(\Omega)$ où $\mathcal{D}'(\Omega)$ est l'espace des distributions, voir par exemple [12] pour de plus amples informations sur cet espace). Pour toute fonction $\varphi \in \mathcal{D}(\Omega)$, on a

$$\langle -\Delta v, \varphi\rangle = \langle f, \varphi\rangle + \langle \Delta\zeta, \varphi\rangle,$$

c'est-à-dire (en tenant compte de la dérivation au sens des distributions),

$$\forall \varphi \in \mathcal{D}(\Omega), \quad \sum_{i=1}^n \left\langle \frac{\partial v}{\partial x_i}, \frac{\partial \varphi}{\partial x_i} \right\rangle = \langle f, \varphi\rangle - \sum_{i=1}^n \left\langle \frac{\partial \zeta}{\partial x_i}, \frac{\partial \varphi}{\partial x_i} \right\rangle,$$

ou encore (les termes dans les crochets appartiennent à $L^2(\Omega)$),

$$\int_\Omega \nabla v.\nabla\varphi dx = \int_\Omega f\varphi dx - \int_\Omega \nabla\zeta.\nabla\varphi dx.$$

La formulation variationnelle du problème ci-dessus est donc

$$\textit{Trouver } v \in H_0^1(\Omega),\ \forall w \in H_0^1(\Omega),\ \int_\Omega \nabla v.\nabla w dx = \int_\Omega f w dx - \int_\Omega \nabla\zeta.\nabla w dx.$$

Dès lors, on applique le théorème de Lax-Milgram avec

$$a(v, w) = \int_\Omega \nabla v.\nabla w dx, \qquad l(w) = \int_\Omega f w dx - \int_\Omega \nabla\zeta.\nabla w dx.$$

On a montré précédemment que la forme a est bilinéaire, continue et coercive sur l'espace $H_0^1(\Omega) \times H_0^1(\Omega)$. Notons que l est linéaire et elle est continue car

$$\begin{aligned}|l(w)| &= \left|\int_\Omega fwdx - \int_\Omega \nabla\zeta.\nabla wdx\right|,\\ &\leq \|f\|_{L^2(\Omega)}\|w\|_{L^2(\Omega)} + \|\nabla\zeta\|_{L^2(\Omega)}\|\nabla w\|_{L^2(\Omega)},\\ &\leq \|f\|_{L^2(\Omega)}\|w\|_{H^1(\Omega)} + \|\nabla\zeta\|_{L^2(\Omega)}\|w\|_{H^1(\Omega)},\\ &\leq C\|w\|_{H^1(\Omega)},\end{aligned}$$

où $C \equiv max\left\{\|f\|_{L^2(\Omega)}, \|\nabla\zeta\|_{L^2(\Omega)}\right\}$. Toutes les hypothèses du théorème de Lax-Milgram étant satisfaites, on en déduit que ce problème, c-à-d.,

$$\textit{Trouver } v \in H_0^1(\Omega),\ \forall w \in H_0^1(\Omega),\ a(v,w) = l(w),$$

admet une solution unique. Comme $u = v + \zeta$, alors u est une solution (faible) du problème proposé. En outre, cette solution est unique (en effet, si $u_1, u_2 \in H^1(\Omega)$ avec $\gamma_0(u_1) = \gamma_0(u_2) = g \in L^2(\partial\Omega)$ et

$$\forall w \in H_0^1(\Omega), \quad \int_\Omega \nabla u_1.\nabla wdx = \int_\Omega \nabla u_2.\nabla wdx = \int_\Omega fwdx,$$

alors, $u_1 - u_2 \in H_0^1(\Omega)$ et on a

$$\forall w \in H_0^1(\Omega), \quad \int_\Omega \nabla(u_1 - u_2).\nabla wdx = \int_\Omega fwdx.$$

Le théorème de Lax-Milgram affirme que ce problème possède une solution unique et comme 0 est solution, alors $u_1 - u_2 = 0$). On montre également à l'aide du théorème de Lax-Milgram que la solution v vérifie

$$\begin{aligned}\|v\|_{H^1(\Omega)} &\leq C\left(\|f\|_{L^2(\Omega)} + \|\nabla\zeta\|_{L^2(\Omega)}\right),\\ &\leq C\left(\|f\|_{L^2(\Omega)} + \|\zeta\|_{H^1(\Omega)}\right),\\ &\leq C\Big(\|f\|_{L^2(\Omega)} + \|\zeta\|_{H^{1/2}(\Omega)}\Big),\end{aligned}$$

où C ne dépend que de Ω et on a une estimation similaire pour la solution $u = v + \zeta \in H^1(\Omega)$.

Problème de Neumann (homogène) : Sous les mêmes hypothèses sur Ω, on cherche une fonction u telle que :

$$\begin{cases} -\Delta u + u = f & \text{dans } \Omega \\ \frac{\partial u}{\partial n} = 0 & \text{sur } \partial\Omega \end{cases}$$

où $f \in L^2(\Omega)$ et n est la normale unitaire à $\partial\Omega$ extérieure à Ω. On suppose qu'il existe une solution (forte) $u \in H^2(\Omega)$ à ce problème. On multiplie l'équation $-\Delta u + u = f$ par $v \in H^1(\Omega)$ et on intégre sur Ω. D'où

$$\int_\Omega (-(\Delta u)v + uv)d\Omega = \int_\Omega fvd\Omega,$$

et d'après la formule de Green, on obtient

$$\int_\Omega (\nabla u.\nabla v + uv)d\Omega - \int_{\partial\Omega} \frac{\partial u}{\partial n} vd\sigma = \int_\Omega fvd\Omega.$$

Or $\frac{\partial u}{\partial n} = 0$ sur $\partial\Omega$ (mais u n'est pas connu sur le bord), donc la formulation variationnelle de ce problème est

$$\textit{Trouver } u \in H^1(\Omega),\ \forall v \in H^1(\Omega),\ \int_\Omega (\nabla u.\nabla v + uv)d\Omega = \int_\Omega fvd\Omega.$$

Pour montrer que cette formulation admet une solution unique, on va utiliser le théorème de Lax-Milgram avec

$$a(u,v) = \int_\Omega (\nabla u.\nabla v + uv)d\Omega, \qquad l(v) = \int_\Omega fvd\Omega,$$

La forme a est bilinéaire sur $H^1(\Omega) \times H^1(\Omega)$. Elle est continue car d'après l'inégalité de Cauchy-Schwarz, on a

$$\forall u, v \in H^1(\Omega), \quad |a(u,v)| = \left| \int_\Omega (\nabla u.\nabla v + uv)d\Omega \right| \leq \|u\|_{H^1(\Omega)} \|v\|_{H^1(\Omega)}.$$

En outre a est coercive car $a(v,v) = \|v\|^2_{H^1(\Omega)}$ pour tout $v \in H^1(\Omega)$. Enfin, l est linéaire sur $H^1(\Omega)$ et sa continuité découle de l'inégalité de Cauchy-Schwarz,

$$\forall v \in H^1(\Omega), \quad |l(v)| = \left| \int_\Omega fvd\Omega \right| \leq \|f\|_{L^2(\Omega)} \|v\|_{L^2(\Omega)} \leq \|f\|_{L^2(\Omega)} \|v\|_{H^1(\Omega)}.$$

Les hypothèses du théorème de Lax-Milgram sont satisfaites et on en déduit qu'il existe une unique fonction $u \in H^1(\Omega)$ solution de la formulation variationnelle ci-dessus. Le problème proposé et la formulation variationnelle étant équivalents, la solution obtenue est aussi l'unique solution du problème en question. Vérifions avec plus de détail que si u est solution du problème proposé avec $u \in H^2(\Omega)$, alors u est aussi solution du problème variationnelle ci-dessus. La réciproque est également vraie. Soit $u \in H^1(\Omega)$ solution du problème proposé et supposons en outre que $u \in H^2(\Omega)$. En multipliant l'équation $-\Delta u + u = f$ par $v \in H^1(\Omega)$ et en intégrant par parties, on obtient la formulation variationnelle ci-dessus. Réciproquemet, soit u solution de cette formulation variationnelle. Celle-ci peut s'écrire dans l'espace des distributions $D'(\Omega)$ sous la forme :

$$\langle \Delta u, \Delta v \rangle + \langle u, v \rangle = \langle f, v \rangle, \quad v \in \mathcal{D}(\Omega) \subset H^1(\Omega).$$

On retrouve ainsi l'équation $-\Delta u + u = f$. Supposons en outre que la solution u de la formulation variationnelle appartienne à l'espace $H^2(\Omega)$ (en fait l'hypothèse $u \in H^2(\Omega)$ ne pose pas de problème car comme $f \in L^2(\Omega)$, alors la solution du problème variationnelle ci-dessus est régulière au sens $H^2(\Omega)$). Comme précédemment, une intégration par parties fournit l'expression

$$\forall v \in H^1(\Omega), \quad \int_\Omega (-\nabla u + u) v d\Omega + \int_{\partial\Omega} \frac{\partial u}{\partial n} v d\sigma = \int_\Omega f v d\Omega,$$

dont les termes ont bien un sens car $\nabla u \in L^2(\Omega)$, $\frac{\partial u}{\partial n} \in L^2(\Omega)$, $u \in H^2(\Omega)$. Cette expression peut encore s'écrire sous la forme

$$\forall v \in H^1(\Omega), \quad (-\nabla u + u, v)_{L^2(\Omega)} - (f, v)_{L^2(\Omega)} = -\left(\frac{\partial u}{\partial n}, v\right)_{L^2(\Omega)}.$$

L'espace $\mathcal{D}(\Omega)$ est dense dans $L^2(\Omega)$ et il en est de même de $\gamma_0(H^1(\Omega))$ dans $L^2(\partial\Omega)$, γ_0 étant l'application trace. Comme $-\Delta u + u = f$, alors on en déduit que : $\frac{\partial u}{\partial n} = 0$ sur $\partial\Omega$.

(Note : Lors de l'étude du problème proposé, on peut être tenté de faire entrer la condition aux limites dans l'espace de recherche de la solution, c'est-à-dire dans l'espace $\{v \in H^1(\Omega) : \frac{\partial v}{\partial n} = 0 \text{ sur } \partial\Omega\}$. Or pour $v \in H^1(\Omega)$, $\frac{\partial v}{\partial n}$ n'a pas de sens sur $\partial\Omega$ car les fonctions de $L^2(\Omega)$ n'ont pas nécessairement une trace sur le bord $\partial\Omega$. Il est inutile non plus d'essayer de choisir l'espace $\{v \in H^2(\Omega) : \frac{\partial v}{\partial n} = 0 \text{ sur } \partial\Omega\}$. On ne peut pas utiliser le théorème de Lax-Milgram puisque la forme bilinéaire a n'est pas coercive. Si on munit cet espace de la norme $\|.\|_{H^1(\Omega)}$, on aura certes la coercivité de a mais cet espace muni de cette norme n'est pas un espace de Hilbert car il n'est pas complet et on ne peut donc pas appliquer le théorème de Lax-Milgram).

Problème de Neumann (non homogène) : Sous les mêmes hypothèses sur Ω, on cherche une fonction u telle que :

$$\begin{cases} -\Delta u + u = f & \text{dans } \Omega \\ \frac{\partial u}{\partial n} = g & \text{sur } \partial\Omega \end{cases}$$

où $f \in L^2(\Omega)$, $g \in L^2(\partial\Omega)$ et n est la normale unitaire à $\partial\Omega$ extérieure à Ω. Il suffit de raisonner comme précédemment. La formulation variationnelle de ce problème est

Trouver $u \in H^1(\Omega), \forall v \in H^1(\Omega), \int_\Omega (\nabla u.\nabla v + uv)dx = \int_\Omega fvdx + \int_{\partial\Omega} gvd\sigma.$

Ensuite en utilisant le théorème de Lax-Milgram avec

$$a(u,v) = \int_\Omega (\nabla u.\nabla v + uv)dx, \qquad l(v) = \int_\Omega fvdx + \int_{\partial\Omega} gvd\sigma,$$

on montre que cette formulation admet une solution unique. Enfin, on prouve l'équivalence avec le problème proposé ; que cette solution est aussi solution du problème aux limites en question. (Comme a est symétrique, alors si $u \in H^1(\Omega)$ est l'unique solution de la formulation variationnelle ci-dessus, u est l'unique point de minimum (c-à-d., $J(u) = \min_{v\in H^1(\Omega)} J(v)$) de $J(v) = \frac{1}{2}a(v,v) - l(v)$, $v \in H^1(\Omega)$. Réciproquement, si $u \in H^1(\Omega)$ est un point de minimum de $J(v)$, alors u est l'unique solution de la formulation variationnelle ci-dessus).

(Note : Le fait d'avoir ajouté un terme d'ordre zéro au Laplacien dans les deux problèmes précédents nous a aidé lors de l'étude de la coercivité de la forme bilinéaire a. Nous allons voir ci-dessous une variante de ces problèmes mais sans ajout du terme d'ordre zéro).

Problème de Neumann (non homogène) : On cherche une fonction u telle que :

$$\begin{cases} -\Delta u = f & \text{dans } \Omega \\ \frac{\partial u}{\partial n} = g & \text{sur } \partial\Omega \end{cases}$$

où Ω est un ouvert connexe de classe C^1, $f \in L^2(\Omega)$, $g \in L^2(\partial\Omega)$ et n est la normale unitaire à $\partial\Omega$ extérieure à Ω. Supposons que l'on dispose d'une solution forte $u \in H^2(\Omega)$. En multipliant l'équation $-\Delta u = f$ par $v \in H^1(\Omega)$ et en utilisant la formule de Green, on obtient

$$\int_\Omega \nabla u.\nabla v dx = \int_\Omega fvdx + \int_{\partial\Omega} \frac{\partial u}{\partial n} vd\sigma.$$

En tenant compte de la condition sur $\partial\Omega$ (au sens des traces) pour u, il vient

$$\int_\Omega \nabla u.\nabla v dx = \int_\Omega fvdx + \int_{\partial\Omega} gvd\sigma. \tag{A.2.6}$$

Considérons l'espace

$$\widetilde{H}^1(\Omega) = H^1(\Omega) \cap \left\{ u \in L^2(\Omega) : \int_\Omega udx = 0 \right\},$$

dont la norme est celle de $H^1(\Omega)$. La formulation variationnelle de ce problème est

Trouver $u \in \widetilde{H}^1(\Omega), \forall v \in \widetilde{H}^1(\Omega), \int_\Omega (\nabla u.\nabla v + uv)dx = \int_\Omega fvdx + \int_{\partial\Omega} gvd\sigma.$

Posons

$$a(u,v) = \int_\Omega \nabla u.\nabla v dx, \qquad l(v) = \int_\Omega fvdx + \int_{\partial\Omega} gvd\sigma.$$

La continuité de la forme bilinéaire a sur $\widetilde{H}^1(\Omega)$ est évidente. Pour la coercivité, il suffit d'utiliser l'inégalité de Poincaré-Wirtinger mentionnée précédemment. La forme l est linéaire et on a

$$|l(v)| \leq \|f\|_{L^2(\Omega)}\|v\|_{L^2(\Omega)} + \|g\|_{L^2(\partial\Omega)}\|v\|_{L^2(\partial\Omega)}.$$

L'application trace $H^1(\Omega) \longrightarrow L^2(\partial\Omega)$ étant continue, on en déduit qu'il existe une constante $C > 0$ telle que :

$$\|v\|_{L^2(\partial\Omega)} \leq C\|v\|_{H^1(\Omega)}.$$

Dès lors, il existe une constante $C > 0$ telle que :

$$\forall v \in \widetilde{H}^1(\Omega), \quad |l(v)| \leq C\|v\|_{H^1(\Omega)}.$$

L'existence et l'unicité d'une solution u faible résulte dès lors du théorème de Lax-Milgram et on a

$$\|u\|_{H^1(\Omega)} \leq C\left(\|f\|_{L^2(\Omega)} + \|g\|_{L^2(\partial\Omega)}\right),$$

où C est une constante ne dépendant que de Ω. En outre, on montre que réciproquement toute solution forte $u \in H^2(\Omega)$ du problème non homogène ci-dessus vérifie dans $\widetilde{H}^1(\Omega)$ (A.2.6), c-à-d., une solution faible. On montre aussi que toute solution faible est une solution de l'équation aux dérivées partielles au sens des distributions. Notons enfin que pour $u \in H^1(\Omega)$, $\frac{\partial u}{\partial n}$ n'a pas de sens sur le bord $\partial\Omega$ mais on montre que $\frac{\partial u}{\partial n}$ s'identifie à un élément de $H^{-1/2}(\partial\Omega)$ dual de l'espace $H^{1/2}(\partial\Omega)$.

Annexe B

Opérateurs pseudo-différentiels

Dans cette partie, on étudie quelques généralités sur l'algèbre des opérateurs différentiels d'ordre infini. Les algèbres de Virasoro, de Heisenberg, les équations d'évolution non-linéaires telles que les équations de Korteweg-de Vries (KdV), de Boussinesq ainsi que celle de Kadomtsev-Petviashvili (KP) jouent un rôle crucial dans cette étude. L'étude des hiérarchies Korteweg-de Vries et Kadomtsev-Petviashvili, l'utilisation des fonctions tau liées aux variétés grassmanniennes de dimension infinie, des opérateurs de vertex ainsi que le formalisme bilinéaire de Hirota ont conduit à l'obtention de propriétés remarquables concernant ces algèbres, comme par exemple l'existence d'une famille infinie d'intégrales premières fonctionnellement indépendantes et en involution. Récemment, l'élaboration de méthodes puissantes et la découverte de leurs structures algébriques communes ont conduit à des développements importants concernant l'étude des problèmes non-linéaires.

Les fonctions $\tau(t)$ sont des fonctions spécifiques du temps, construites à partir de sections d'un fibré déterminant sur une variété grassmannienne de dimension infinie. Ces fonctions «généralisent» les fonctions thêta de Riemann et ce sont des solutions de la hiérarchie Kadomtsev-Petviashvili (KP), c-à-d., solutions d'une suite infinie d'équations aux dérivées partielles non-linéaires reliant une infinité de fonctions en une infinité de variables. Les fonctions $\tau(t)$ peuvent être des polynômes de Schur, relevant de la théorie des représentations des groupes ou des déterminants de Fredholm. La première fonction tau à été introduite par Sato, Miwa et Jimbo en relation avec la théorie de déformations isomonodromiques. Elle a été définie comme une fonction de corrélation de certains champs quantiques, associés aux pôles d'un système fuchsien sur la sphère de Riemann. Ces fonctions donnent des informations sur la topologie des espaces de modules des surfaces de Riemann et sont étroitement liées à la théorie des représentations des algèbres de Virasoro et des W-algèbres. Les fonctions $\tau(t)$ jouent un rôle important dans un grand nombre de branches des mathématiques et de la physique théorique, comme les systèmes intégrables, les théories de cordes, les théories de jauge quantique, les déformations isomonodromiques, les modèles matriciels (gravité quantique), les intégrales matricielles associées ont des développements en séries perturbatrices dont les termes comptent les triangulations sur des surfaces (graphes de Feynman), les problèmes de modules et dans bien d'autres domaines. En fait au cours de ces dernières années, de nombreux problèmes se rattachant à la géométrie algébrique, la combinatoire, les probabilités et la théorie de jauge quantique ont été résolus explicitement par des méthodes inspirées des techniques issues de l'étude des systèmes intégrables. En particulier l'étude des matrices aléatoires, domaine qui établit des liens avec plusieurs problèmes, par exemple avec la combinatoire, les probabilités, la théorie des nombres, les modèles de croissances et de pavages aléatoires et les questions de technologie de la communication. Les fonctions $\tau(t)$ sont la source d'inspiration pour bon nombre de mathématiciens et physiciens en quête de nouvelles structures algébriques apparaissant en mathématique et en physique.

B.1 Préliminaires

Afin de ne pas alourdir l'exposé, nous renvoyons à l'article[1] pour les différentes notions liées aux représentations adjointes et coadjointes d'un groupe de Lie. Ainsi que les orbites adjointes et orbites coadjointes (ou orbites de Kostant-Kirillov). On y trouvera aussi plusieurs informations liées aux systèmes hamiltoniens intégrables et des résultats précis obtenus pour une classe intéressante d'orbites que ce soit dans le cas d'algèbres de Lie de dimension finie ou infinie.

Définition B.1.1 *Une équation de Lax est une équation différentielle de la forme*

$$\dot{A}(h) = [A(h), B(h)], \qquad \dot{} = \frac{d}{dt}, \tag{B.1.1}$$

avec

$$A(h) = \sum_{k=1}^{N} A_k(t)\, h^k, \qquad B(h) = \sum_{k=1}^{N} B_k(t)\, h^k,$$

des fonctions dépendant d'un paramètre complexe h (paramètre spectral) et où les A_k et B_k sont des matrices. Le couple (A, B) s'appelle paire de Lax.

Posons $P(h, z) = \det(A - zI)$, où z est une autre variable et I la matrice unité d'ordre n.

[1]Lesfari, A., «Théorie spectrale et problèmes non-linéaires», Surv. Math. Appl. 5, 151-190 (2010).

Définition B.1.2 *La courbe algébrique complexe projective $\mathcal{C}$, d'équation affine*

$$P(h,z)=0, \tag{B.1.2}$$

est appelée courbe spectrale. Un point (h,z) de la courbe $\mathcal{C}$ décrit une valeur propre z de la matrice A.

Proposition B.1.3 *Le polynôme caractéristique $P(h,z)$ ne dépend pas de t. En outre, pour tout $n \geq 0$, la fonction $tr(A^n)$ est une intégrale première.*

Démonstration : Posons $L \equiv A - zI$. D'où

$$\dot{P} = (\det L)^{\cdot} = \det L.tr\left(L^{-1}\dot{L}\right) = \det L.tr\left(L^{-1}BL - B\right) = 0,$$

car $trL^{-1}BL = trB$. On a

$$\begin{aligned}
(A^n)^{\cdot} &= \dot{A}A^{n-1} + A\dot{A}A^{n-2} + \cdots + A^{n-1}\dot{A}, \\
&= [A,B]A^{n-1} + A[A,B]A^{n-2} + \cdots + A^{n-1}[A,B], \\
&= (AB-BA)A^{n-1} + \cdots + A^{n-1}(AB-BA), \\
&= ABA^{n-1} - BA^n + \cdots + A^nB - A^{n-1}BA, \\
&= A\left(BA^{n-1}\right) - \left(BA^{n-1}\right)A + \cdots + A\left(A^{n-1}B\right) - \left(A^{n-1}B\right)A.
\end{aligned}$$

Pour $X, Y \in \mathcal{M}_n(\mathbb{C})$ on a

$$tr(X+Y) = trX + trY, \qquad trXY = trYX.$$

On en déduit que :

$$(trA^n)^{\cdot} = tr(A^n)^{\cdot} = 0,$$

et donc $tr(A^n)$ sont des intégrales premières. □

Nous avons montré que le spectre de A est un invariant (ne dépend pas de t) de la trajectoire de A sous le flot (B.1.1). Autrement dit, les coefficients du polynôme caractéristique $P(h,z)$ ne dépendent pas du temps t : ces coefficients sont déterminés uniquement par $tr(A^n)$ et ce sont des intégrales premières. En d'autres termes, on dit que l'équation différentielle (B.1.1) décrit une déformation isospectrale. D'après la proposition précédente, la courbe $\mathcal{C}$ ne dépend pas du temps, son équation s'écrit explicitement sous la forme

$$P(h,z) = h^N + p_1(z)h^{N-1} + \cdots + p_N(z),$$

et l'on peut utiliser les méthodes de la géométrie algébrique pour l'étudier. Le résultat principal ici est que lorsque un flot possède cette structure, alors celui-ci se linéarise d'après une méthode de van Moerbeke-Mumford[2] sur la variété jacobienne $Jac(\mathcal{C})$ (ou sur une sous-variété de cellec-ci) c'est-à-dire sur un tore complexe algébrique engendré par le réseau défini par la matrice des périodes de la courbe $\mathcal{C}$.

Signalons que dans un certain nombre de travaux, un lien avec la théorie des groupes et algèbres de Lie a été fait. Cette approche est basée sur le théorème d'Adler-Kostant-Symes ci-dessous, qui donne une construction de grandes familles de fonctions en involution basée sur des décompositions d'algèbres de Lie. Ce théorème fournit des systèmes intégrables comme déformations isospectrales sur des orbites coadjointes dans des algèbres de Kac-Moody (extensions formelles de dimensions infinies d'algèbres de Lie semi-simples). Ces systèmes ont suffisament d'intégrales premières en involution. Appliqué à des algèbres de dimension finie, ce théorème fournit des systèmes hamiltoniens à surfaces invariantes non-compactes tandis que la dimension infinie fournit des systèmes compacts. Des résultats précis ont été obtenus pour une classe intéressante d'orbites que ce soit dans le cas d'algèbres de Lie de dimension finie ou infinie.

Théorème B.1.4 *(Adler-Kostant-Symes). Soit $\mathcal{L} = \mathcal{K} \oplus \mathcal{N}$ une algèbre de Lie, somme directe de deux sous algèbres $\mathcal{K}$ et $\mathcal{N}$, munie d'une forme bilinéaire non-dégénérée Ad-invariante $\langle\ ,\ \rangle$. Soient $\mathcal{K}^\perp$ et $\mathcal{N}^\perp$ l'orthogonal de $\mathcal{K}$ et $\mathcal{N}$ respectivement. Alors, la projection $\mathcal{L} \to \mathcal{K}^\perp$ munit $\mathcal{K}^\perp$ de la structure coadjointe pour $\mathcal{N}$. En outre, on a $\mathcal{L} = \mathcal{L}^* = \mathcal{K}^\perp \oplus \mathcal{N}^\perp$, et $\mathcal{K}^\perp = \mathcal{N}^*$ (dual de $\mathcal{N}$) est munie avec $\mathcal{N}$ d'une forme induite héritant de la structure de Kostant-Kirillov. Soit $V \subset \mathcal{N}^*$ une variété invariante sous l'action coadjointe de $\mathcal{N}$ sur $\mathcal{N}^*$ et notons $\mathcal{A}(V)$ l'algèbre des fonctions définies sur un voisinage de V, invariante sous l'action coadjointe de $\mathcal{L}$ (ce qui est distinct de l'action de $\mathcal{N} - \mathcal{N}^*$). Alors les fonctions H dans $\mathcal{A}(V)$ mènent à des champs de vecteurs commutants et ayant la forme de Lax suivante :*

$$\dot{a} = [a, pr_{\mathcal{K}}(\nabla H)],$$

où $pr_{\mathcal{K}}$ désigne la projection sur $\mathcal{K}$.

Démonstration : Rappelons que le gradient ∇H d'une fonction H sur un espace vectoriel E est défini par $dH = (\nabla H, dv)_V$, où $v \in E$, $\nabla H \in E^*$ (dual de E) et $(.,.)_V$ la forme entre E, E^*. Pour $H \in \mathcal{L}^* \approx \mathcal{L}$, on a

$$\nabla_{\mathcal{K}^\perp} H = pr_{\mathcal{N}}(\nabla H), \qquad \nabla_{\mathcal{N}^\perp} H = pr_{\mathcal{K}}(\nabla H).$$

[2]Van Moerbeke, P. and Mumford, D., «The spectrum of difference operators and algebraic curves», Acta Math., 143, 93-154 (1979).

Soit $V \subset \mathcal{K}^{\perp}$ une variété invariante sous l'action coadjointe de $\mathcal{N}$ sur $\mathcal{K}^{\perp} \approx \mathcal{N}^*$. De l'identité

$$\frac{d}{dt} H\left(Ad_{g(t)}(a)\right)\Big|_{t=0} = 0,$$

avec $g(t) = 1 + bt + o(t)$, $b \in \mathcal{L}$, $a \in V$, on déduit la relation :

$$[\nabla H(a), a] = 0, \quad a \in V,$$

ou ce qui revient au même

$$[a, \nabla_{\mathcal{K}^{\perp}} H] = -\left[a, pr_{\mathcal{K}}(\nabla H)\right] \tag{B.1.3}$$

Le crochet de Poisson entre deux fonctions H_1 et H_2 sur $\mathcal{N}^*$ s'écrit sous la forme suivante :

$$\{H_1, H_2\}(a) = \langle\langle a, [\nabla_{\mathcal{N}^*} H_1, \nabla_{\mathcal{N}^*} H_2]\rangle\rangle, \quad a \in \mathcal{N}^*,$$

où $\langle\langle ., .\rangle\rangle$ désigne la forme induite héritant de la structure de Kostant-Kirillov et $\nabla_{\mathcal{N}^*} H_1 \in \mathcal{N}$ est le gradient défini par l'expression $dH_1(X) = \langle\langle dX, \nabla_{\mathcal{N}^*} H_1, \rangle\rangle$. Comme $\mathcal{K}^{\perp} \approx \mathcal{N}^*$ et $\langle\langle ., .\rangle\rangle = \langle ., .\rangle|_{\mathcal{K}^{\perp} \times \mathcal{N}}$, alors

$$\{H_1, H_2\}(a) = \langle a, [\nabla_{\mathcal{K}^{\perp}} H_1, \nabla_{\mathcal{K}^{\perp}} H_2]\rangle. \tag{B.1.4}$$

Supposons maintenant que $H_1, H_2 \in \mathcal{A}(V)$ et satisfaisant à la relation (B.1.3). Alors, en vertu des relations (B.1.3) et (B.1.4) et le fait que $\langle ., .\rangle$ est ad-invariante, on obtient

$$\begin{aligned} \{H_1, H_2\} &= \langle [a, \nabla_{\mathcal{K}^{\perp}} H_1], \nabla_{\mathcal{K}^{\perp}} H_2\rangle, \\ &= -\langle [a, pr_{\mathcal{K}} H_1], \nabla_{\mathcal{K}^{\perp}} H_2\rangle, \\ &= -\langle a, [pr_{\mathcal{K}} H_1, \nabla_{\mathcal{K}^{\perp}} H_2]\rangle. \end{aligned}$$

En utilisant un raisonnement similaire pour H_2, on obtient

$$\{H_1, H_2\} = \langle a, [pr_{\mathcal{K}} H_1, \nabla_{\mathcal{K}^{\perp}} H_2]\rangle.$$

Puisque $\mathcal{K}$ est une algèbre de Lie et $a \in \mathcal{K}^{\perp}$, on obtient $\{H_1, H_2\} = 0$. Le champ de vecteurs hamiltonien s'écrit

$$X_{H_1}(H_2) = \{H_1, H_2\} = \langle [\nabla_{\mathcal{K}^{\perp}} H_1, a], \nabla_{\mathcal{K}^{\perp}} H_2\rangle,$$

et on a

$$X_{H_1}(a) = pr_{\mathcal{K}^{\perp}} [\nabla_{\mathcal{K}^{\perp}} H_1, a].$$

Dès lors, le flot hamiltonien correspondant s'écrit sous la forme :

$$\dot{a} = pr_{\mathcal{K}^{\perp}} [\nabla_{\mathcal{K}^{\perp}} H_1, a], \quad H_1 \in \mathcal{A}(V),$$

et d'après (B.1.3),

$$\dot{a} = pr_{\mathcal{K}^{\perp}}[a, \nabla_{\mathcal{K}^{\perp}} H_1].$$

Or $[\mathcal{K}^{\perp}, K] \subset \mathcal{K}^{\perp}$, donc

$$\dot{a} = [a, \nabla_{\mathcal{K}^{\perp}} H_1],$$

d'où le résultat. □

On montre que pour toute algèbre de Lie $\mathcal{L}$ de dimension finie munie du crochet $[,]$ et de la forme de Killing $\langle , \rangle$, il existe une extension formelle (dimension infinie) sous forme de série de Laurent

$$\mathcal{L} = \left\{ \sum_{-\infty}^{N} A_i h^i : A_i \in \mathcal{L}, N \in \mathbb{Z} \text{ arbitraire} \right\},$$

munie du crochet suivant :

$$\left[\sum A_i h^i, \sum B_j h^j\right] = \sum_{i,j} [A_i, B_j]\, h^{i+j},$$

et des formes symétriques ad-invariantes

$$\left\langle \sum A_i h^i, \sum B_j h^j \right\rangle_k = \sum_{i+j=-k} \langle A_i, B_j \rangle, \quad k \in \mathbb{Z}.$$

Si $\langle , \rangle$ est non-dégénérée, alors il en est de même des formes $\langle , \rangle_k$. Soit $\mathcal{L}_{p,q}$ $(p \leq q)$ l'espace vectoriel des puissances de h compris entre p et q. Une classe intéressante de problèmes s'obtient en prenant $\mathcal{L} = \mathcal{G}l(n, \mathbb{R})$ et en choisissant la forme $\langle , \rangle_1$ sur l'extension de Kac-Moody. On a la décomposition en sous algèbres de Lie

$$\mathcal{L} = \mathcal{L}_{0,\infty} \oplus \mathcal{L}_{-\infty,-1} = \mathcal{K} \oplus \mathcal{N},$$

avec $\mathcal{K} = \mathcal{K}^{\perp}$, $\mathcal{N} = \mathcal{N}^{\perp}$ et $\mathcal{K} = \mathcal{N}^*$. Considérons la variété invariante dans $\mathcal{K} = \mathcal{N}^*$, définie par

$$V_m = \left\{ A = \sum_{i=1}^{m-1} A_i h^i + \alpha h^m, \alpha = diag(\alpha_1, \cdots, \alpha_n) \text{ fixé} \right\},$$

avec $diag\,(A_{m-1}) = 0$. On montre[3] que

[3]Adler, M. and Van Moerbeke, P., «Completely integrable systems, Euclidean Lie algebras and curves», Adv. in Math., 38, 267-317 (1980). «Linearization of Hamiltonian systems, Jacobi varieties and representation theory», Adv. in Math., 38, 318-379 (1980).

Théorème B.1.5 *La variété V_m possède une structure symplectique naturelle, les fonctions $H = \langle f(Ah^{-j}), h^k \rangle_1$ sur V_m(f étant régulière) mènent à des systèmes complètement intégrables ayant la forme*

$$\dot{A} = \left[A, pr_{\mathcal{K}}(f'(Ah^{-j})h^{k-j})\right], \quad A = \sum_{i=0}^{m-1} A_i h^i + \alpha h.$$

Ces systèmes se linéarisent sur la variété jacobienne d'une courbe algébrique $\mathcal{C}$ d'équation $P(z,h) = \det(A - zI) = 0$, et de genre $(n-1)(nm-2)/2$. Les coefficients de ce polynôme fournissent les invariants d'orbite de V_m et un ensemble d'intégrales premières indépendantes. En particulier, pour $j = m$, $k = m+1$, les flots s'écrivent sous la forme

$$\dot{A} = \left[A \ , \ ad_\beta \, ad_\alpha^{-1} A_{m-1} + \beta h\right], \quad \beta_i = f'(\alpha_i). \tag{B.1.5}$$

Une autre classe intéressante s'obtient en choisissant une algèbre de Lie L semi-simple quelconque. Notons que pour l'extension de Kac-Moody $\mathcal{L}$ munie de la forme $\langle , \rangle = \langle , \rangle_0$, on a

$$\mathcal{L} = \sum_{i \in \mathbb{Z}} L_i, [L_i, L_j] \subset L_{i+j}, \quad [L_0, L_0] = 0, \quad L_i^* = L_{-i}.$$

Soit $B^+ = \sum_{i \geq 0} L_i$, $B^- = \sum_{i \langle 0} L_i$. Le produit $\mathcal{L} \times \mathcal{L}$ avec

$$\left[(l_1, l_2), (l_1', l_2')\right] = \left([l_1, l_1'], -[l_2, l_2']\right), \quad \left\langle (l_1, l_2), (l_1', l_2') \right\rangle = \langle l_1, l_1' \rangle - \langle l_2, l_2' \rangle,$$

admet la décomposition en $\mathcal{K} + \mathcal{N}$ avec

$$\begin{aligned} \mathcal{K} &= \{(l, -l) : l \in \mathcal{L}\}, \qquad \mathcal{K}^\perp = \{(l, l) : l \in \mathcal{L}\}, \\ \mathcal{N} &= \left\{(l_-, l_+) : l_- \in B^-, l_+ \in B^+, pr_0(l_-) = pr_0(l_+)\right\}, \\ \mathcal{N}^\perp &= \left\{(l_-, l_+) : l_- \in B^-, l_+ \in B^+, pr_0(l_+ + l_-) = 0\right\}, \end{aligned}$$

où pr_0 désigne la projection sur L_0. Dès lors, en vertu du théorème précédent, les orbites dans $\mathcal{N}^* = K^\perp$ possèdent un ensemble de champs de vecteurs hamiltoniens commutatifs. Plus précisément, on a le résultat suivant dû à van Moerbeke-Mumford (op.cit., p.244) :

Théorème B.1.6 *La variété N-invariante $V_{-j,k} = \sum_{-j \leq i \leq k} L_i \subseteq \mathcal{L} \simeq \mathcal{K}^\perp$, possède une structure symplectique naturelle et les fonctions $H(l_1, l_2) = f(l_1)$ sur $V_{-j,k}$ mènent à des champs de vecteurs commutants et ayant la forme de Lax suivante :*

$$\dot{l} = \left[l, (pr^+ - \frac{1}{2} pr_0) \nabla H\right], \ pr^+ \ \textit{projection sur} B^+.$$

La linéarisation s'effectue sur la variété jacobienne d'une courbe définie par le polynôme caractéristique d'éléments dans $V_{-j,k}$.

Cette approche (courbe spectrale) a permis de découvrir une intéressante classe de systèmes intégrables. Comme nous l'avons déjà signalé, cela consiste à voir si l'on peut ramener les équations différentielles du problème à étudier à l'équation de Lax. Si c'est le cas, le spectre de la matrice A est indépendant du temps et fournit les intégrales premières en involution et le problème en question se linéarise sur la variété jacobienne (ou une sous-variété de celle-ci) de la courbe $\mathcal{C}$ (B.1.2). Autrement dit, les équations qui linéarisent le problème s'écrivent sous la forme

$$\begin{aligned}
\int_{s_1(0)}^{s_1(t)} \omega_1 + \int_{s_2(0)}^{s_2(t)} \omega_1 + \cdots + \int_{s_g(0)}^{s_g(t)} \omega_1 &= c_1 t,\\
&\vdots\\
\int_{s_1(0)}^{s_1(t)} \omega_g + \int_{s_2(0)}^{s_2(t)} \omega_g + \cdots + \int_{s_g(0)}^{s_g(t)} \omega_g &= c_g t,
\end{aligned}$$

où $\omega_1, \ldots, \omega_g$ engendrent l'espace (de dimension g) des formes différentielles holomorphes sur la courbe $\mathcal{C}$ de genre g. Donc dès que le flot possède cette structure de Lax, le reste suit de la théorie générale.

Exemple B.1.7 *(Flot géodésique sur le groupe $SO(n)$). Pour $m = 1$, c-à-d., pour V_1, on choisit $A = X + \alpha h$ où $X \in so(n)$. Dans ce cas, le flot hamiltonien décrit par l'équation (B.1.5) se ramène à l'étude des équations d'Euler-Arnold pour le flot géodésique sur $SO(n)$.*

Exemple B.1.8 *(Flot géodésique sur un ellipsoide et problème de C. Neumann). Prenons $m = 2$, c-à-d., V_2. Si on choisit $A = \alpha h^2 - hx \wedge y - y \otimes y$, où $x, y \in \mathbb{R}^n$, alors l'équation (B.1.5) se ramène à*

$$\dot{A} = [A, V + \beta h],$$

où $V = ad_\beta ad_\alpha^{-1}(y \wedge x)$, $\beta_i = f'(\alpha_i)$. On peut ramener cette équation au système hamiltonien suivant :

$$\dot{x} = -Vx - \beta y = -\frac{\partial H_\beta}{\partial y}, \qquad \dot{y} = -Vy = \frac{\partial H_\beta}{\partial x},$$

où

$$H_\beta = \frac{1}{2}\sum_i \beta_i F_i(x, y), \qquad F_i(x, y) = y_i^2 + \sum_{j \neq i} \frac{(x_i y_j - x_j x_i)^2}{\alpha_i - \alpha_j}.$$

Pour $f(z) = \ln z$, c-à-d., $\beta_i = \frac{1}{\alpha_i}$, on obtient le problème du flot géodésique sur un ellipsoide $\frac{x_1^2}{\alpha_1^2} + \cdots + \frac{x_n^2}{\alpha_n^2} = 1$, qui décrit le mouvement de la droite

$x+sy, s\in\mathbb{R}$, tangente à l'ellipsoide en x dans la direction y de la géodésique. Pour $f(z)=\frac{1}{2}z^2$, c-à-d., $\beta_i=\alpha_i$, on obtient le problème de C. Neumann régissant le mouvement d'un point sur la sphère $S^{n-1}: |X|=1$, sous l'influence de la force $-\alpha x$. D'après ce qui précède, le flot géodésique sur un ellipsoide et le problème de C. Neumann sont des mouvements rectilignes sur la variété jacobienne $Jac(\mathcal{H})$ où $\mathcal{H}$ est une courbe hyperelliptique de genre $n-1$.

B.2 Structures symplectiques

Soit L un opérateur pseudo-différentiel à coefficients holomorphes. L'ensemble de ces opérateurs forme une algèbre de Lie que l'on note $\mathcal{A}$. L'algèbre $\mathcal{A}$ se décompose en deux sous-algèbres $\mathcal{A}_+$ et $\mathcal{A}_-$: $\mathcal{A}=\mathcal{A}_+\oplus\mathcal{A}_-$, où $\mathcal{A}_+$ est l'algèbre des opérateurs différentiels de la forme

$$\zeta=\sum_{k\geq 0}u_k(x)\partial^k,\quad \text{somme finie},\quad \partial=\frac{\partial}{\partial x},$$

et $\mathcal{A}_-$ est l'algèbre des opérateurs strictement pseudo-différentiels de la forme

$$\eta=\sum_{k>0}u_{-k}(x)\partial^{-k}=\partial^{-1}v_0+\partial^{-2}v_1+\cdots,\quad \partial=\frac{\partial}{\partial x}$$

L'algèbre $\mathcal{A}$ peut-être vue comme étant une algèbre associative pour le produit de deux opérateurs pseudo-différentiels L et L',

$$L.L'=\sum_{k=0}^{\infty}\frac{1}{k!}:\partial_\partial^k(L).\partial_x^k(L'):$$

où ∂_∂ est la différentiation formelle par rapport au symbole ∂ et $::$ désigne l'ordre normal, c-à-d., il signifie que les dérivées figurent toujours à droite indépendamment des relations de commutation.

Exemple B.2.1 *Pour $m,n\in\mathbb{N}^*$, on a pour toutes fonctions u, v,*

$$u\partial^m.v\partial^n=\sum_{k=0}^{m}\frac{m!}{k!(m-k)!}uv^{(k)}\partial^{m+n-k}=\sum_{k=0}^{m}\frac{1}{k!}:\partial_\partial^k(u\partial^m).\partial_x^k(v\partial^n): \tag{B.2.1}$$

et

$$\partial^{-1}u=u\partial^{-1}-u'\partial^{-2}+\cdots+(-1)^ku^{(k)}\partial^{-k-1}+\cdots=\sum_{k=0}^{\infty}:\partial_\partial^k(\partial^{-1}).\partial_x^k(u): \tag{B.2.2}$$

où ∂^{-1} est un inverse formel de ∂, c-à-d., $\partial^{-1}.\partial=\partial.\partial^{-1}=1$.

On peut définir un couplage entre $\mathcal{A}_+$ et $\mathcal{A}_-$ comme suit : soit Rés$(\zeta\eta)$ le coefficient de ∂^{-1} dans $\zeta\eta$. On a

$$\langle\zeta,\eta\rangle = \langle\sum_{k\geq 0} u_k\partial^k, \sum_{k>0} u_{-k}\partial^{-k}\rangle = \langle u_0\partial^0 + u_1\partial^1 + \cdots, \partial^{-1}v_0 + \partial^{-2}v_1 + \cdots\rangle,$$

d'où

$$\langle\zeta,\eta\rangle = \int_{-\infty}^{\infty} \text{Rés}(\zeta\eta)dx = \int_{-\infty}^{\infty} \sum_{k\geq 0} u_k v_k dx.$$

Dès lors, le groupe de Volterra $(I + \mathcal{A}_-)$ agit sur $\mathcal{A}_-$ par l'action adjointe et sur $\mathcal{A}_+$ par l'action coadjointe. Soit $\zeta \in \mathcal{A}_+$ et $\eta_k \in \mathcal{A}_-$, d'où

$$\begin{aligned}
\langle ad^*_{\eta_1}(\zeta), \eta_2\rangle = \langle\zeta, ad_{\eta_1}(\eta_2)\rangle &= \langle\zeta, [\eta_1,\eta_2]\rangle, \\
&= \int \left(\partial^{-1} - \text{terme de } (\zeta\eta_1\eta_2 - \zeta\eta_2\eta_1)\right) dx, \\
&= \int \left(\partial^{-1} - \text{terme de } (\zeta\eta_1 - \eta_1\zeta)_+ \eta_2\right) dx, \\
&= \langle[\zeta,\eta_1]_+, \eta_2\rangle.
\end{aligned}$$

Donc, l'ensemble $\mathcal{O}^*_{\mathcal{A}_+}(L)$ des opérateurs différentiels de la forme

$$L = \partial^N + \sum_{k=0}^{N-2} u_k(x)\partial^k, \quad N \text{ fixé}, \tag{B.2.3}$$

est une orbite coadjointe dans $\mathcal{A}_+$.

Soit f une fonction de classe $\mathcal{C}^\infty$ en x et dépendant d'un nombre fini de dérivées $u_k^{(l)}$ des coefficients u_k de L. Soit

$$\nabla H(L) = \sum_{k=0}^{N-1} \partial^{-k-1} \sum_l (-1)^l \left(\frac{d}{dx}\right)^l \frac{\partial f}{\partial p_k^{(l)}} = \sum_{k=0}^{N-1} \partial^{-k-1} \frac{\delta H}{\delta u_k},$$

le gradient de la fonctionnelle (définie sur $\mathcal{A}_+$), $H(L) = \int_{-\infty}^{\infty} f(x, ..., u_k^{(l)}, ...)dx$, et tel que :

$$dH = \int_{-\infty}^{\infty} \sum_{k=1}^{N-1} \frac{\delta H}{\delta u_k} du_k = \left\langle \sum_{k=0}^{N} du_k.\partial^k, \nabla H \right\rangle = \langle dL, \nabla H\rangle,$$

où $dL = \sum_{k=0}^{N} du_k.\partial^k$. On rappelle que le produit scalaire entre deux opérateurs pseudo-différentiels L et L' est défini par

$$\langle L, L'\rangle = -\int_{-\infty}^{\infty} (LL')_- dx = \int_{-\infty}^{\infty} (L'L)_- dx).$$

D'après le théorème d'Adler-Kostant-Symes, les champs de vecteurs hamiltoniens sur l'orbite coadjointe $\mathcal{O}^*_{\mathcal{A}_+}$, définissent des flots commutatifs et sont donnés par

$$\frac{dL}{dt} = ad^*_{\nabla H(L)}(L) = [L, \nabla H(L)]_+ , \tag{B.2.4}$$

où $H(L)$ est l'hamiltonien sur $\mathcal{A}_+$. Notons que l'opérateur L ne contient pas le coefficient u_{N-1}. Comme le champ de vecteurs (B.2.4) appliqué à l'opérateur L (B.2.3) impose la condition Rés $[L, \nabla H(L)] = 0$, on peut donc remplacer le gradient $\frac{\delta H}{\delta p_{N-1}}$ par n'importe quelle expression satisfaisant à cette condition. Dès lors un premier crochet (de Poisson) est donné par

$$\begin{aligned} \{H, F\}_1 = \langle L, [\nabla F, \nabla H]\rangle &= \int \text{Rés}\,(\nabla H[L, \nabla F]_+)\, dx, \qquad \text{(B.2.5)} \\ &= \int \text{Rés}\,(\nabla H[L, \nabla F])\, dx, \\ &= \int \text{Rés}\,([\nabla H, L]\nabla F)\, dx. \end{aligned}$$

Considérons les hamiltoniens

$$H_{k+N} = \frac{N}{k+N} \int \left(\text{Rés}\ L^{\frac{k+N}{N}}\right) dx, \quad k \in \mathbb{N}^*.$$

On a $\nabla H^{(L)}_{k+N} = \left(L^{\frac{k}{N}}\right)_-$ et les champs de vecteurs (B.2.4) appliqués à ces hamiltoniens, fournissent les équations intégrables ; N-réduction de Gel'fand Dickey de la hiérarchie KP (voir plus loin pour la définition) suivantes :

$$\frac{dL}{dt} = [L, \nabla H_{k+N}(L)]_+ = -\left[(L^{\frac{k}{N}})_-, L\right]_+ = \left[(L^{\frac{k}{N}})_+, L\right]. \tag{B.2.6}$$

Notons que puisque

$$\left[(L^{\frac{k}{N}})_+, L\right]_+ = \left[L^{\frac{k}{N}} - (L^{\frac{k}{N}})_-, L\right]_+ = -\left[(L^{\frac{k}{N}})_-, L\right] \in \mathcal{A}^-,$$

alors les équations (B.2.6) déterminent un nombre infini de champs de vecteurs commutants (voir plus loin) sur $\mathcal{A}^+ + \mathcal{A}^-$.

Nous allons étudier l'existence d'une seconde structure symplectique. Soit $\widetilde{L} = L + z$ où L est un opérateur différentiel d'ordre n. On a

$$\frac{dL}{dt} = \left(\widetilde{L}\nabla H\right)_+ \widetilde{L} - \widetilde{L}\left(\nabla H \widetilde{L}\right)_+ . \tag{B.2.7}$$

Notons que (B.2.7) est un champ de vecteurs hamiltonien (généralisant ainsi (B.2.4)). En effet, soit $J : \mathcal{A}_-/\mathcal{A}_{-\infty,N-1} \longrightarrow \mathcal{D}_{0,N-1}$, la fonction définie par

$$J(\zeta) = \left(\widetilde{L}\zeta\right)_+ \widetilde{L} - \widetilde{L}\left(\zeta\widetilde{L}\right)_+ = -\left(\widetilde{L}\zeta\right)_- \widetilde{L} + \widetilde{L}\left(\zeta\widetilde{L}\right)_-, \quad \zeta \in \mathcal{A}_-/\mathcal{A}_{-\infty,N-1}.$$

D'où

$$\frac{dL}{dt} = \partial_{J(\zeta)}(L) \equiv \left(\widetilde{L}\zeta\right)_+ \widetilde{L} - \widetilde{L}\left(\zeta\widetilde{L}\right)_+,$$

ce qui montre qu'il s'agit bien d'un champ de vecteurs sur les opérateurs différentiels L d'ordre n. De même, on a

$$\frac{dL}{dt} = -\left(\widetilde{L}\nabla H\right)_- \widetilde{L} + \widetilde{L}\left(\nabla H\widetilde{L}\right)_-,$$

et la même conclusion reste valable. En outre, on a aussi la relation

$$\frac{dL}{dt} = (L\nabla H)_+ L - L(\nabla HL)_+ + z[\nabla H, L]_+,$$

qui montre que ce champ de vecteurs est une interpolation entre (B.2.4) pour $z = \infty$ et un nouveau champ de vecteurs pour $z = 0$. Considérons la 2-forme différentielle

$$\omega\left(\partial_{J(\zeta)}, \partial_{J(\eta)}\right) = \langle J(\zeta), \eta\rangle = \int \text{Rés}\ (J(\zeta)\eta)dx.$$

Cette forme est fermée, elle est anti-symétrique ($\langle J(\zeta), \eta\rangle = -\langle \zeta, J(\eta)\rangle$) et en outre $\left[\partial_{J(\zeta)}, \partial_{J(\eta)}\right] = \partial_{J(\xi)}$, où

$$\xi = \left(-\zeta\left(\widetilde{L}\eta\right)_+ + \left(\zeta\widetilde{L}\right)_- \eta\right)_- \left(-\eta\left(\widetilde{L}\zeta\right)_+ + \left(\eta\widetilde{L}\right)_- \zeta\right)_- + \partial_{J(\zeta)}\eta - \partial_{J(\eta)}\zeta.$$

Définition B.2.2 *L'algèbre des fonctionnelles sur l'espace des opérateurs de la forme (B.2.3) pour cette forme symplectique s'appelle algèbre $\mathcal{W}$.*

Proposition B.2.3 *Les hamiltoniens $H_k, H_{k+N}, H_{k+2N}, \ldots$, définis en (B.2.6) sont tous en involution pour le crochet (B.2.5).*

Démonstration. En effet, soit $J = J_1$ si $z = \infty$ et $= J_2$ si $z = 0$, où les crochets de Poisson $\{.,.\}_1$, $\{.,.\}_2$ sont donnés par

$$\{H_j, H_k\}_1 = \int \text{Rés}\ (\nabla H_j J_1(\nabla H_k)),$$

et

$$\begin{aligned}\{H_j, H_k\}_2 &= \langle \nabla H, J_2(\nabla F)\rangle,\\ &= \int \text{Rés } (\nabla H((L\nabla F)_+ L - L(\nabla F L)_+))dx,\\ &= \int \text{Rés } (L\nabla H(L\nabla F)_+ - \nabla H L(\nabla F L)_+)dx.\end{aligned}$$

On déduit de la relation

$$\left(L\left(L^{\frac{r}{n}-1}\right)_-\right)_+ L - L\left(\left(L^{\frac{r}{n}-1}\right)_- L\right)_+ + \left[\left(L^{\frac{r}{n}}\right)_-, L\right]_+ = 0,$$

l'expression

$$\{H_j, H_k\}_1 = \int \text{Rés } \left(\nabla H_j J_2 \nabla H_{k-N}\right).$$

La forme ω étant anti-symétrique, on a donc

$$\begin{aligned}\{H_j, H_k\}_1 &= -\int \text{Rés } \left(\nabla H_{k-N} J_2(\nabla H_j)\right),\\ &= -\int \text{Rés } \left(\nabla H_{k-N} J_1(\nabla H_{j+N})\right),\\ &= -\int \text{Rés } \left(\nabla H_{j+N} J_1(\nabla H_{k-N})\right),\\ &= \{H_{j+N}, H_{k-N}\}_1.\end{aligned}$$

D'où,

$$\{H_j, H_k\} = \{H_{j+\alpha N}, H_{k-\alpha N}\}.$$

Pour α suffisamment grand avec $J_1(\nabla H_{k-\alpha N}) = 0$, c-à-d., $H_{k-\alpha N}$ est triviale et on obtient $\{H_j, H_k\} = 0$, donc H_j, H_k sont en involution. □

B.3 KdV, Heisenberg et Virasoro

Proposition B.3.1 *L'opérateur $L = \partial^2 + q$, correspondant au cas $N = 2$ avec $q \equiv u_0$, est lié à l'équation de Korteweg-de Vries (KdV) et le crochet de Poisson est fourni dans ce cas par*

$$\{q(x), q(y)\}_1 = \frac{d}{dx}\delta(x-y).$$

Démonstration. En effet, comme

$$\nabla H(L) = \partial^{-1}\frac{\delta H}{\delta q} + \partial^{-2}\frac{1}{2}\left(\frac{\delta H}{\delta q}\right)',$$

alors les champs de vecteurs appliqués à l'hamiltonien $H = \int \left(q^3 - \frac{1}{2}q'^2\right) dx$, fournissent l'équation de Korteweg-de Vries

$$\frac{dq}{dt} = \frac{dL}{dt} = \frac{1}{2}[L, \nabla H]_+ = \frac{d}{dx}\frac{\delta H}{\delta q}, \tag{B.3.1}$$

d'où, $\frac{dq}{dt} = \frac{\partial^3 q}{\partial x^3} + 6q\frac{\partial q}{\partial x}$. Le crochet (de Poisson) est dans ce cas

$$\{H, F\}_1 = \int \frac{\delta H}{\delta q}\frac{d}{dx}\frac{\delta F}{\delta q},$$

d'où

$$\{q(x), q(y)\}_1 = \frac{d}{dx}\delta(x-y),$$

ce qui achève la démonstration. □

Remarque B.3.2 *De même, en prenant $N = 3$, $u \equiv u_2$, $v \equiv u_3$,*

$$L = \partial^3 + u\partial + v, \qquad L^{\frac{2}{3}} = \partial^3 + \frac{2}{3}u,$$

alors le flot (B.3.1) prend la forme

$$\frac{\partial u}{\partial t_2} = -\frac{\partial^2 u}{\partial x^2} + 2\frac{\partial v}{\partial x}, \qquad \frac{\partial v}{\partial t_2} = \frac{\partial^2 v}{\partial x^2} - \frac{2}{3}\frac{\partial^3 u}{\partial x^3} - \frac{2}{3}u\frac{\partial u}{\partial x}.$$

En éliminant v de ce système, on obtient l'équation de Boussinesq

$$3\left(\frac{\partial u}{\partial t_2}\right)^2 + \frac{\partial^2}{\partial x^2}\left(\frac{\partial^2 u}{\partial x^2} + 2u^2\right) = 0.$$

Proposition B.3.3 *En remplaçant dans la proposition précédente $q(x)$ par la série de Fourier*

$$q(x) = \alpha \sum_{n=-\infty}^{\infty} e^{-inx}\varphi_n + \beta, \quad -i\alpha^{-2} = 1, \tag{B.3.2}$$

où $(\varphi_k)_{k\in\mathbb{Z}}$ sont de nouvelles coordonnées (coefficients de Fourier), on obtient l'algèbre de Heisenberg et le crochet de Poisson est fourni par

$$\{\varphi_n, \varphi_m\}_1 = n\delta_{m+n,0}.$$

Démonstration. Soit $\mathcal{M}$ l'ensemble des matrices (a_{kl}), $(k, l \in \mathbb{Z})$, à coefficients complexes et $\mathcal{N}$ la $\mathbb{C}$-algèbre définie par

$$\mathcal{N} = \{(a_{kl}) \in \mathcal{M} : \exists r \text{ tel que } a_{kl} = 0 \text{ pour } |k-l| > r\},$$

c-à-d., l'ensemble des matrices infinies à support dans une bande autour de la diagonale. Le produit de deux matrices appartenant respectivement à $\mathcal{N}$ et $\mathcal{M}$ se définit de la manière usuelle. Notons que $\mathcal{N}$ est une algèbre de Lie et $\mathcal{M}$ est un $\mathcal{N}$-module. Leurs extensions $\widetilde{\mathcal{N}}$ et $\widetilde{\mathcal{M}}$ sont définies par

$$0 \longrightarrow \mathbb{C}c \longrightarrow \widetilde{\mathcal{N}} \longrightarrow \mathcal{N} \longrightarrow 0, \qquad 0 \longrightarrow \mathbb{C}c \longrightarrow \widetilde{\mathcal{M}} \longrightarrow \mathcal{M} \longrightarrow 0,$$

avec $\widetilde{\mathcal{N}} = \mathcal{N} \oplus \mathbb{C}c$ et $\widetilde{\mathcal{M}} = \mathcal{M} \oplus \mathbb{C}c$, où c est un élément centrale, autrement dit on a, $[c, A] = [c, B] = 0$, $\forall A \in \widetilde{\mathcal{N}}$, $\forall B \in \widetilde{\mathcal{M}}$. On note $e_{i,j} = (\delta_{ki}.\delta_{lj})_{kl}$ les matrices élémentaires. Ce sont des matrices dont tous les coefficients sont nuls sauf celui de la ligne i et de la colonne j qui vaut 1. Une matrice de Jacobi n'ayant pas de trace, on considère la matrice $A[J, B]$ où $A \in \mathcal{N}$, $B \in \mathcal{M}$ et J est la matrice définie par $J = \sum_{i\in\mathbb{Z}} \varepsilon(i) e_{i,i}$, où $\varepsilon(i) = +1$ si $i < 0$ et -1 si $i \geq 0$. Les éléments de la matrice $A[J, B]$ sont nuls à l'exception d'un nombre fini, donc il s'agit bien d'une matrice finie et on peut définir le cocycle de $A \in \mathcal{N}$ et $B \in \mathcal{M}$ à l'aide de la formule

$$\rho(A, B) = \frac{1}{2} Tr(A[J, B]) = \frac{1}{2} \sum_{i,j} (\varepsilon(i) - \varepsilon(j)) a_{ij} b_{ji}.$$

Dès lors, le crochet $\widetilde{[,]}$ de $A \in \mathcal{N}$ et $B \in \mathcal{M}$ est définit par

$$\widetilde{[A, B]} = [A + \alpha c, B + \beta c] = [A, B] + \rho(A, B)c.$$

On note que l'algèbre $\widetilde{\mathcal{N}}$ est une extension centrale non triviale de N tandis que la sous-algèbre $\widetilde{\mathcal{M}}_f = \mathcal{M}_f \oplus \mathbb{C}c$, est une extension centrale triviale de

$$\mathcal{M}_f = \{(a_{ij}) \in \mathcal{M} : (i, j) \longmapsto (a_{ij}) \text{ à support fini } \}.$$

Posons $E_i = \sum_{n\in\mathbb{Z}} e_{n,n+i}$, où $e_{i,i} = (\delta_{ki}.\delta_{ij})_{kl}$ sont les matrices élémentaires définies ci-dessus. Le sous-espace $E = \bigoplus_{i\in\mathbb{Z}} \mathbb{C}E_i$, est une sous-algèbre commutative de $\mathcal{N}$. La sous-algèbre de $\mathcal{N}$ définie en posant $\widetilde{E} = E \oplus \mathbb{C}c$ s'appelle sous-algèbre de Heisenberg. On a

$$\widetilde{[E_i, E_j]} = i\delta_{i,-j}c. \tag{B.3.3}$$

On reprend maintenant l'exemple précédent et on remplace $q(x)$ par la série de Fourier (B.3.2). Soit H une fonctionnelle de q. Sa dérivée de Fréchet en termes des coordonnées φ_k s'écrit

$$\frac{\delta H}{\delta q} = \sum_{k=-\infty}^{\infty} \frac{\delta H}{\delta \varphi_k} . \frac{\partial \varphi_k}{\partial q} = \alpha^{-1} \sum_{k=-\infty}^{\infty} \frac{\partial H}{\partial \varphi_k} e^{ikx}. \tag{B.3.4}$$

On substitue (B.3.3) et (B.3.4) dans l'équation (B.3.1) et on spécifie les coefficients de Fourier ; on obtient la relation :

$$\alpha\frac{\partial\varphi_n}{\partial t} = -i\alpha^{-1}n\frac{\partial H}{\partial\varphi_n}.$$

Par ailleurs, la structure symplectique étant donnée par la matrice des crochets (de Poisson), on a aussi

$$\frac{\partial\varphi_n}{\partial t} = \sum_{m=-\infty}^{\infty}\{\varphi_n,\varphi_m\}_1\frac{\partial H}{\partial\varphi_m}.$$

Dès lors $\{\varphi_n,\varphi_m\}_1 = -i\alpha^{-2}n\delta_{m+n,0}$. En posant $-i\alpha^{-2} = 1$, on obtient l'algèbre de Heisenberg (où $\{,\}$ joue le rôle ici du crochet $\widetilde{[,]}$ (B.3.3)). □

Proposition B.3.4 *Dans le cas $N = 2$ (proposition B.3.1) on obtient l'algèbre de Virasoro et sa structure est donnée par*

$$\{\varphi_m,\varphi_n\}_2 = (m-n)\varphi_{m+n} + \frac{c}{12}(m^3-m)\delta_{m+n,0}.$$

Démonstration. On désigne par $\text{Diff}(S^1)$ le groupe des difféomorphismes du cercle unité : $S^1 = \{z\in\mathbb{C} : |z| = 1\}$. Soit

$$F = \left\{f(z)\frac{d}{dz} : f(z)\in\mathbb{C}[z,\frac{1}{z}]\right\},$$

l'ensemble des champs de vecteurs (polynômes de Laurent). Notons que F peut-être vu comme étant l'espace tangent $\text{Diff}(S^1)$ en son point unité, donc F est une algèbre de Lie par rapport au crochet $[,]$. En posant $\varphi_m = -z^{m+1}\frac{d}{dz}$, on obtient

$$\begin{aligned}[\varphi_m,\varphi_n] &= \left((n+1)z^{m+n+1} - (m+1)^{m+n+1}\right)\frac{d}{dz},\\ &= -(m+n)z^{m+n+1}\frac{d}{dz} = (m-n)\varphi_{m+n}.\end{aligned}$$

On montre que $H^2(F,\mathbb{C}) \cong \mathbb{C}$ et $\rho(\varphi_m,\varphi_n) = \frac{1}{12}(m^3-m)\delta_{m,-n}$. L'espace vectoriel $F\oplus\mathbb{C}c$ s'appelle algèbre de Virasoro, c'est une extension centrale de l'algèbre des champs de vecteurs complexes du cercle. Le crochet est donné par la formule

$$[\varphi_m,\varphi_n] = (m-n)\varphi_{m+n} + \frac{c}{12}(m^3-m)\delta_{m,-n}. \qquad \text{(B.3.5)}$$

Reprenons maintenant l'exemple de l'équation de K-dV. On a $N = 2$ et

$$\frac{dq}{dt} = \frac{dL}{dt} = (L\nabla H)_+ - L(\nabla HL)_+ = \left(\partial^3 + 2(\partial q + q\partial)\right)\frac{\delta H}{\delta q}.$$

Le crochet (de Poisson) s'écrit dans ce cas

$$\{H, F\}_2 = \int \frac{\delta H}{\delta q} \left(\partial^3 + 2(\partial q + q\partial)\right) \frac{\delta F}{\delta q},$$

et on a

$$\{q(x), q(y)\}_2 = \left(\partial^3 + 2(\partial q + q\partial)\right) \delta(x-y).$$

En utilisant un raisonnement similaire à celui fait dans la proposition précédente, on obtient

$$\alpha \frac{\partial \varphi_m}{\partial t} = i \sum_n (n-m)\varphi_{m+n} \frac{\delta H}{\delta \varphi_n} + \frac{i}{2\alpha}(m^3 - 4\beta m)\frac{\delta H}{\delta \varphi_{-m}},$$

où $(\varphi_k)_{k\in\mathbb{Z}}$ sont les coefficients de Fourier de q. En posant $4\beta = 1$, $\alpha = \frac{6i}{c}$ et en tenant compte de la série de Fourier (B.3.2), on obtient

$$\frac{\partial}{\partial t}\begin{pmatrix} \vdots \\ \varphi_m \\ \vdots \end{pmatrix}$$

$$= \begin{pmatrix} & -m^{\text{ème}}\text{colonne} & & n^{\text{ème}}\text{colonne} \\ & \downarrow & & \downarrow \\ m^{\text{ème}}\text{ligne} \longrightarrow & \frac{c}{12}(m^3 - m) & \ldots & (m-n)\varphi_{m+n} \end{pmatrix} \begin{pmatrix} \vdots \\ \frac{\delta H}{\delta \varphi_m} \\ \vdots \end{pmatrix},$$

et par conséquent

$$\{\varphi_m, \varphi_n\}_2 = (m-n)\varphi_{m+n} + \frac{c}{12}(m^3 - m)\delta_{m+n,0},$$

c'est-à-dire, la structure de Virasoro (où $\{,\}_2$ joue le rôle ici du crochet $[,]$ (B.3.5) ci-dessus). □

B.4 Hiérarchie KP et fonctions $\tau(t)$

Considérons l'opérateur pseudo-différentiel d'ordre infini

$$L = \partial + u_1\partial^{-1} + u_2\partial^{-2} + \cdots, \quad \partial \equiv \frac{\partial}{\partial x} \tag{B.4.1}$$

où $u_1, u_2, \ldots$ sont des fonctions de classe $\mathcal{C}^\infty$ dépendant d'une infinité de variables indépendantes $x \equiv t_1, t_2, \ldots$. L'opérateur composé L^n se calcule selon les règles (B.2.1) et (B.2.2). On obtient

$$\begin{aligned} L^n &= \partial^n + p_{n,2}\partial^{n-2} + \cdots + p_{n,n} + p_{n,n+1}\partial^{-1} + \cdots, \\ &= \partial^n + \sum_{j=2}^{n} p_{n,j}\partial^{n-j} + \sum_{j=1}^{\infty} p_{n,n+j}\partial^{-j}, \end{aligned}$$

où les $p_{n,j}$ sont des polynômes en les u_j et leurs dérivées par rapport à x. La partie différentielle L^n_+ de L^n étant égale à $L^n_+ = \partial^n + \sum_{j=2}^n p_{n,j}\partial^{n-j}$, on en déduit que

$$L^1_+ = \partial, \quad L^2_+ = \partial^2 + 2u_2, \quad L^3_+ = \partial^3 + 3u_2\partial + 3(u_3 + \partial u_2), ... \tag{B.4.2}$$

La dépendance entre les fonctions $u_1, u_2, ...$ et les variables $x = t_1, t_2, ...$ est fournie par le système d'équations aux dérivées partielles suivant :

$$\frac{\partial L}{\partial t_n} = [L^n_+, L], \quad n \in \mathbb{N}^* \tag{B.4.3}$$

L'ensemble de ces équations s'appelle hiérarchie de Kadomtsev-Petviashvili (en abrégé : hiérarchie KP). C'est une hiérarchie de déformations isospectrales de l'opérateur pseudo-différentiel (B.4.1). On a le résultat suivant :

Proposition B.4.1 *Il y'a une équivalence entre (B.4.3) et les équations*

$$\frac{\partial}{\partial t_n}L^m_+ - \frac{\partial}{\partial t_m}L^n_+ = [L^n_+, L^m_+], \tag{B.4.4}$$

ainsi qu'à leurs formes duales

$$\frac{\partial}{\partial t_n}L^m_- - \frac{\partial}{\partial t_m}L^n_- = -[L^n_-, L^m_-], \tag{B.4.5}$$

où $L^n_- = L^n - L^n_+$. Les équations (B.4.3) déterminent un nombre infini de champs de vecteurs commutants sur l'algèbre $\mathcal{A} = \mathcal{A}_+ \oplus \mathcal{A}_-$.

Démonstration. Notons que puisque $L^n = L^n_+ + L^n_-$, alors

$$\frac{\partial L}{\partial t_n} = [L^n_+, L] = -[L^n_-, L] \in \mathcal{A}_-,$$

l'équation (B.4.3) défini un nombre infini de champs de vecteurs sur $\mathcal{A}$. Comme $\dfrac{\partial}{\partial t_n}$ et $[L^n_+, .]$ sont des dérivations, alors

$$\begin{aligned}
\frac{\partial L^m}{\partial t_n} &= [L^n_+, L^m_+] + [L^n_+, L^m_-], \\
&= -[L^n_-, L^m_+] - [L^n_-, L^m_-], \\
&= \frac{1}{2}\left([L^n_+, L^m_+] - [L^n_-, L^m_+]\right) + \frac{1}{2}\left(-[L^n_-, L^m_-] + [L^n_+, L^m_-]\right), \\
&= \frac{1}{2}\left([L^n_+, L^m_+] - [L^n_-, L^m_-]\right) + \frac{1}{2}\left([L^m_+, L^n_-] - [L^m_-, L^n_+]\right).
\end{aligned}$$

De même, on a (il suffit d'échanger n et m)

$$\frac{\partial L^n}{\partial t_m} = \frac{1}{2}\left([L_+^m, L_+^n] - [L_-^m, L_-^n]\right) + \frac{1}{2}\left([L_+^n, L_-^m] - [L_-^n, L_+^m]\right).$$

D'où

$$\frac{\partial L^m}{\partial t_n} - \frac{\partial L^n}{\partial t_m} = [L_+^n, L_+^m] - [L_-^n, L_-^m].$$

Or

$$\begin{aligned} \frac{\partial L^m}{\partial t_n} - \frac{\partial L^n}{\partial t_m} &= \frac{\partial}{\partial t_n}L_+^m + \frac{\partial}{\partial t_n}L_-^m - \frac{\partial}{\partial t_m}L_+^n - \frac{\partial}{\partial t_m}L_-^n, \\ &= \frac{\partial}{\partial t_n}L_+^m - \frac{\partial}{\partial t_m}L_+^n + \frac{\partial}{\partial t_n}L_-^m - \frac{\partial}{\partial t_m}L_-^n \end{aligned}$$

donc

$$\frac{\partial}{\partial t_n}L_+^m - \frac{\partial}{\partial t_m}L_+^n - [L_+^n, L_+^m] = -\frac{\partial}{\partial t_n}L_-^m + \frac{\partial}{\partial t_m}L_-^n - [L_-^n, L_-^m].$$

Puisque l'expression à gauche appartient à $\mathcal{A}_+$ et celle à droite appartient à $\mathcal{A}_-$, alors le résultat découle de la décomposition $\mathcal{A} = \mathcal{A}_+ \oplus \mathcal{A}_-$ puisque évidemment $\mathcal{A}_+ \cap \mathcal{A}_- = \emptyset$. Pour montrer que les champs de vecteurs définis par ces équations commutent, on pose $X(L) = [L_+^m, L]$ et $Y(L) = [L_+^n, L]$. D'où

$$\begin{aligned} [X, Y](L) &= (XY - YX)(L), \\ &= X\left([L_+^n, L]\right) - Y\left([L_+^m, L]\right), \\ &= \left[X(L_+^n) - Y(L_+^m), L\right] + \left[L_+^n, X(L)\right] - \left[L_+^m, Y(L)\right], \\ &= \left[X(L_+^n) - Y(L_+^m), L\right] + \left[L_+^n, [L_+^m, L]\right] - \left[L_+^m, [L_+^n, L]\right], \\ &= \left[X(L_+^n) - Y(L_+^m) - [L_+^m, L_+^n], L\right], \end{aligned}$$

en vertu de l'identité de Jacobi et d'après (B.4.4), on en déduit que les champs de vecteurs en question commutent. □

En spécifiant les quantificateurs de ∂^k dans (B.4.4), on obtient une infinité d'équations aux dérivées partielles non-linéaires formant l'hiérarchie de Kadomtsev-Petviashvili. Ces équations relient une infinité de fonctions u_j en une infinité de variables t_j. Par exemple, pour $m = 2$, $n = 3$, les relations (B.4.4) et (B.4.2) déterminent deux expressions en fonction de u_2 et u_3. Après avoir éliminé u_3, on obtient immédiatement l'équation non-linéaire de Kadomtsev-Petviashvili (équation KP) :

$$3\frac{\partial^2 u_2}{\partial t_2^2} - \frac{\partial}{\partial t_1}\left(4\frac{\partial u_2}{\partial t_3} - 12u_2\frac{\partial u_2}{\partial t_1} - \frac{\partial^3 u_2}{\partial t_1^3}\right) = 0. \qquad \text{(B.4.6)}$$

On peut obtenir évidemment des solutions particulières de cette équation en résolvant le système

$$\frac{\partial u_2}{\partial t_2} = 0, \qquad 4\frac{\partial u_2}{\partial t_3} - 12u_2\frac{\partial u_2}{\partial t_1} - \frac{\partial^3 u_2}{\partial t_1^3} = 0.$$

Cette dernière équation n'est autre que l'équation de Korteweg-de Vries (K-dV). L'équation KP est donc une généralisation de l'équation K-dV, à laquelle elle se réduit lorsque $\frac{\partial u_2}{\partial t_2} = 0$.

Les équations (B.4.3) et (B.4.4) impliquent l'existence de l'opérateur pseudo-différentiel de degré 0 (opérateur des ondes) $W \in \mathcal{I} + \mathcal{A}_-$ suivant :

$$W = 1 + w_1(t)\partial^{-1} + w_2(t)\partial^{-2} + \cdots, \tag{B.4.7}$$

avec $t = (t_1, t_2, ...) \in \mathbb{C}^\infty$. L'inverse W^{-1} de W est aussi un opérateur pseudo-différentiel de la forme

$$W^{-1} = 1 + v_1(t)\partial^{-1} + v_2(t)\partial^{-2} + \cdots,$$

et peut se calculer terme à terme. En effet, par définition, on a $WW^{-1} = 1$. Dès lors, en utilisant le fait que $\partial^m\partial^n = \partial^{m+n}$ ainsi que les formules décrites dans l'exemple B.2.1, on spécifie les quantificateurs de ∂^{-1}, ∂^{-2},... dans l'équation $WW^{-1} = 1$ et on détermine des relations entre w_m et v_m. On obtient finalement pour W^{-1} l'expression suivante :

$$W^{-1} = 1 - w_1\partial^{-1} + (-w_2 + w_1^2)\partial^{-2} + (w_3 + 2w_1w_2 - w_1\partial w_1 - w_1^3)\partial^{-3} + \cdots$$

En terme de W, l'opérateur L (B.4.1) peut s'écrire sous la forme

$$L = W.\partial.W^{-1}. \tag{B.4.8}$$

D'après (B.4.1) et (B.4.7), on tire les relations

$$u_2 = \partial w_2, \qquad u_3 = -\partial w_2 - w_1\partial w_1,$$
$$u_4 = -\partial w_3 + w_1\partial w_2 + (\partial w_1)w_2 - w_1^2\partial w_1 - (\partial w_1)^2.$$

On a le résultat suivant :

Proposition B.4.2 *Les équations (B.4.3) ou ce qui revient au même (d'après la proposition B.3.1) les équations (B.4.4)) sont équivalentes à l'existence de l'opérateur des ondes W (B.4.7) tel que le système d'équations différentiels*

$$LW = W\partial, \tag{B.4.9}$$
$$\frac{\partial W}{\partial t_n} = -L_-^n W, \tag{B.4.10}$$

possède une solution (que l'on peut obtenir de manière inductive).

Soit $\xi(t,z) = \sum_{j=1}^{\infty} t_j z^j$, $z \in \mathbb{C}$ la fonction de phase. On pose

$$\partial^m \xi(t,z) = z^m, \qquad \partial^m e^{\xi(t,z)} = z^m e^{\xi(t,z)}.$$

Proposition B.4.3 *Il y'a une équivalence entre (B.4.6), (B.4.10) et le problème suivant : il existe une fonction d'onde ψ (fonction de Baker-Akhiezer)*

$$\Psi(t,z) = \left(1 + w_1(t)z^{-1} + w_2(t)z^{-2} + \cdots\right) e^{\xi(t,z)} = We^{\xi(t,z)}, z \in \mathbb{C} \quad \text{(B.4.11)}$$

où W est identifiée en tant que (B.4.7) et telle que :

$$L\Psi = z\Psi, \qquad \frac{\partial \Psi}{\partial t_n} = L_+^n \Psi. \quad \text{(B.4.12)}$$

Démonstration. En effet, on a d'après (B.4.11),

$$\begin{aligned}
\frac{\partial \Psi}{\partial t_n} &= \frac{\partial W}{\partial t_n} e^{\xi(t,z)} + W z^n e^{\xi(t,z)}, \\
&= -L_-^n W e^{\xi(t,z)} + z^n W e^{\xi(t,z)}, \quad \text{d'après } (B.4.8) \\
&= -L_-^n \Psi + z^n \Psi, \quad \text{d'après } (B.4.9) \\
&= -L_-^n \Psi + L^n \Psi, \quad \text{d'après } (B.4.10) \\
&= L_+^n \Psi.
\end{aligned}$$

Autrement dit, dire que Ψ satisfait à (B.4.11) et (B.4.12) est équivalent de dire que W satisfait à (B.4.7) et (B.4.10). □

Introduisons la conjugaison $\partial^* = -\partial$ et soient

$$L^* = 1 + (-\partial)^{-1} u_1 + (-\partial)^{-2} u_2 + \cdots, \qquad W^* = 1 + (-\partial)^{-1} w_1 + (-\partial)^{-2} w_2 + \cdots,$$

les adjoints de L et W tels que : $L^* = -(W^*)^{-1}.\partial.W^*$.

Proposition B.4.4 *La fonction d'onde adjointe*

$$\Psi^*(t,z) = \left(W^*(t,\partial)\right)^{-1} e^{-\xi(t,z)},$$

satisfait aux relations :

$$L^* \Psi^* = z\Psi^*, \qquad \frac{\partial \Psi^*}{\partial t_n} = -(L_+^n)^* \Psi^*.$$

Démonstration. Raisonnement analogue à celui de la proposition B.4.3. □

Dès lors, la connaissance de Ψ implique celle de W et donc celle de W^* et de L. Définissons les résidus suivants : $\operatorname{Rés}_z \sum a_k z^k = a_{-1}$, $\operatorname{Rés}_\partial \sum a_k \partial^k = a_{-1}$ et considérons le lemme suivant, simple mais très utile.

Lemme B.4.5 *Soient P et Q deux opérateurs pseudo-différentiels. Alors*

$$\underset{z}{\text{Rés}}((Pe^{xz}).(Qe^{-xz})) = \underset{\partial}{\text{Rés}}\, PQ^*,$$

où Q^* est l'adjoint de Q.

Démonstration. En effet, on a

$$\underset{z}{\text{Rés}}((Pe^{xz}).(Qe^{-xz})) = \underset{z}{\text{Rés}}\left(\sum p_k z^k \sum q_l(-z)^l\right) = \sum_{k+l=-1} (-1)^l p_k q_l,$$

et

$$\underset{\partial}{\text{Rés}}\, PQ^* = \underset{\partial}{\text{Rés}} \sum_{kl} p_k \partial^k (-\partial)^l q_l = \sum_{k+l=-1} (-1)^l p_k q_l,$$

d'où le résultat. □

Par ailleurs, on a

$$\begin{aligned}\underset{z}{\text{Rés}}\ (\partial^k \Psi).\Psi^* &= \underset{z}{\text{Rés}} \left(\partial^k W e^{\xi(t,z)}\right)(W^*)^{-1} e^{-\xi(t,z)},\\ &= \underset{z}{\text{Rés}} \left(\partial^k W e^{xz}\right)(W^*)^{-1} e^{-xz},\end{aligned}$$

avec $x \equiv t-1$, d'où

$$\underset{z}{\text{Rés}}\ (\partial^k \Psi).\Psi^* = \underset{\partial}{\text{Rés}}\ \partial^k W.W^{-1} = \underset{\partial}{\text{Rés}}\ \partial^k = 0.$$

Cette identité bilinéaire peut s'écrire sous la forme symbolique :

$$\underset{z=\infty}{\text{Rés}} \left(\Psi(t,z).\Psi^*(t',z)\right) = 0,$$

pour tout t, t'. Par conséquent, on a

Proposition B.4.6 *$\Psi(t,z)$ est une fonction d'onde pour la hiérarchie KP si et seulement si l'identité des résidus est satisfaite :*

$$\underset{z=\infty}{\text{Rés}} \left(\Psi(t,z).\Psi^*(t',z)\right) = 0 \quad \forall t, t' \tag{B.4.13}$$

ou ce qui revient au même si et seulement si

$$\frac{1}{2\pi\sqrt{-1}} \int_\gamma \Psi(t,z).\Psi^*(t',z)dz = 0, \tag{B.4.14}$$

avec γ un chemin fermé autour de $z=\infty$ (tel que $\int_\gamma \frac{dz}{2\pi\sqrt{-1}} = 1$).

Définition B.4.7 *Une fonction $\tau(t)$ est définie par l'identité différentielle de Fay (voir proposition suivante) :*

$$\begin{aligned}&\{\tau(t-[y_1]),\tau(t-[y_2])\}\\&\quad+(y_1^{-1}-y_2^{-1})(\tau(t-[y_1])\tau(t-[y_2])-\tau(t)\tau(t-[y_1]-[y_2]))=0,\end{aligned}$$

où $y_1, y_2 \in \mathbb{C}^*$ et $\{u,v\}$ désigne ici le wronskien $u'v-uv'$.

Proposition B.4.8 *Posons $[s]=\left(s,\frac{s^2}{2},\frac{s^3}{3},\ldots\right)$. La fonction τ satisfait aux identités suivantes :*

(i) Identité de Fay :

$$\begin{aligned}\mathcal{F}(t,y_0,y_1,y_2,y_3) &\equiv (y_0-y_1)(y_2-y_3)\tau(t+[y_0]+[y_1])\tau(t+[y_2]+[y_3])\\&\quad+(y_0-y_2)(y_3-y_1)\tau(t+[y_0]+[y_2])\tau(t+[y_2]+[y_1])\\&\quad+(y_0-y_3)(y_1-y_2)\tau(t+[y_0]+[y_3])\tau(t+[y_1]+[y_2])\\&= 0.\end{aligned}$$

(ii) Identité différentielle de Fay :

$$\begin{aligned}&\{\tau(t-[y_1]),\tau(t-[y_2])\}\\&\quad+(y_1^{-1}-y_2^{-1})(\tau(t-[y_1])\tau(t-[y_2])-\tau(t)\tau(t-[y_1]-[y_2]))=0,\end{aligned}$$

où $y_1, y_2 \in \mathbb{C}^*$ et $\{u,v\}$ désigne ici le wronskien $u'v-uv'$. Cette identité peut encore s'écrire sous la forme

$$\partial^{-1}\psi(t,\lambda)\psi^*(t,\mu)=\frac{1}{\mu-\lambda}\frac{\tau\left(t-[\lambda^{-1}]+[\mu^{-1}]\right)}{\tau(t)}e^{\sum_{j=1}^{\infty}t_j(\mu^j-\lambda^j)}.$$

L'équation $\dot{\tau}=X(t,\lambda,\mu)\tau$, détermine un champ de vecteurs sur la variété de dimension infinie des fonctions τ où $X(t,\lambda,\mu)$ est l'opérateur vertex (de Date-Jimbo-Kashiwara-Miwa) pour l'équation KP.

Démonstration. Selon la théorie de Sato[4], les fonctions Ψ et Ψ^* peuvent s'exprimer en termes d'une fonction tau τ comme suit :

$$\Psi(t,z)=We^{\xi(t,z)}=\frac{\tau(t-[z^{-1}])}{\tau(t)}e^{\xi(t,z)},$$

[4]Sato, M., «The KP hierarchy and infinite-dimensional Grassmann manifolds», Proceeding of symposia in pure mathematics, 49, 51-66 (1989). Sato, M. and Sato, Y., «Soliton equations as dynemical systems on infinite dimensional Grassmann manifolds», Lect. notes in Num. Appl. Anal., 5, 259-271 (1982).

$$\Psi^*(t,z) = (W^*)^{-1}e^{-\xi(t,z)} = \frac{\tau(t+[z^{-1}])}{\tau(t)}e^{-\xi(t,z)}.$$

En remplaçant ces expressions dans la formule des résidus (B.4.13) ou (B.4.14), on obtient une relation bilinéaire pour les fonctions τ. En effet, l'équation (B.4.14) s'écrit sous la forme

$$\int_\gamma e^{\xi(t-t',z)}\tau(t-[z^{-1}])\tau(t'-[z^{-1}])dz = 0.$$

En utilisant le changement suivant : $t \leftarrow t+s$ et $t' \leftarrow t+s$, on obtient

$$\int_\gamma e^{\xi(-2s,z)}\tau(t-s-[z^{-1}])\tau(t+s+[z^{-1}])dz = 0.$$

En utilisant la transformation :

$$s \leftarrow t + \frac{1}{2}([y_0]+[y_1]+[y_2]+[y_3]), \quad t \leftarrow \frac{1}{2}([y_0]-[y_1]-[y_2]-[y_3]),$$

et en tenant compte du fait que : $e^{\sum_1^\infty (ab^{-1})^j . j^{-1}} = 1 - ab^{-1}$, on obtient via le théorème des résidus

$$\begin{aligned} 0 &= \int_\gamma \frac{1-zy_0}{\prod_{j=1}^3(1-zy_j)}\tau(t-s-[z^{-1}])\tau(t+s+[z^{-1}])dz, \\ &= 2\pi\sqrt{-1}\sum \underset{y_1^{-1},y_2^{-1},y_3^{-1}}{\text{Rés}}\left(\frac{1-zy_0}{\prod_{j=1}^3(1-zy_j)}\tau(t-s-[z^{-1}])\tau(t+s+[z^{-1}])\right) \\ &= \frac{2\pi\sqrt{-1}}{(y_1-y_2)(y_2-y_3)(y_3-y_1)}\mathcal{F}(t,y_0,y_1,y_2,y_3), \end{aligned}$$

où

$$\begin{aligned} \mathcal{F}(t,y_0,y_1,y_2,y_3) \equiv\ & (y_0-y_1)(y_2-y_3)\tau(t+[y_0]+[y_1])\tau(t+[y_2]+[y_3]) \\ & +(y_0-y_2)(y_3-y_1)\tau(t+[y_0]+[y_2])\tau(t+[y_2]+[y_1]) \\ & +(y_0-y_3)(y_1-y_2)\tau(t+[y_0]+[y_3])\tau(t+[y_1]+[y_2]). \end{aligned}$$

La relation $\mathcal{F}(t,y_0,y_1,y_2,y_3)=0$ est l'identité de Fay. En outre, en faisant la transformation dans l'expression $(y_1y_2)^{-1}\frac{\partial\mathcal{F}}{\partial y_0}|_{y_0=y_3=0}$ et en remplaçant t par $t-[y_1]-[y_2]$, on obtient l'identité différentielle de Fay qui permet de définir les fonctions τ :

$$\begin{aligned} &\{\tau(t-[y_1]),\tau(t-[y_2])\} \\ &\quad +(y_1^{-1}-y_2^{-1})\left(\tau(t-[y_1])\tau(t-[y_2])-\tau(t)\tau(t-[y_1]-[y_2])\right)=0, \end{aligned}$$

où $y_1, y_2 \in \mathbb{C}^*$ et $\{u, v\}$ désigne ici le wronskien $u'v - uv'$. Reprenons l'identité différentielle de Fay ci-dessus et remplaçons t par $t + [y_1]$. On obtient

$$\{\tau(t), \tau(t + [y_1] - [y_2])\} \\ +(y_1^{-1} - y_2^{-1}) (\tau(t)\tau(t + [y_1] - [y_2]) - \tau(t)\tau(t - [y_2])) = 0.$$

En posant $\lambda = y_1^{-1}$, $\mu = y_2^{-1}$, on obtient après avoir multiplié l'expression obtenue par $\frac{1}{\tau(t)} e^{\sum_1^\infty t_j(\mu^j - \lambda^j)}$, la formule suivante :

$$\frac{\tau(t + [\lambda^{-1}])}{\tau(t)} e^{-\sum t_j \lambda^j} \frac{\tau(t - [\mu^{-1}])}{\tau(t)} e^{\sum t_j \mu^j} \\ = \frac{1}{\mu - \lambda} \frac{\partial}{\partial x} \left(e^{\sum t_j(\mu^j - \lambda^j)} \frac{\tau(t + [\lambda^{-1}] - [\mu^{-1}])}{\tau(t)} \right).$$

Soit

$$X(t, \lambda, \mu) = \frac{1}{\mu - \lambda} e^{\sum_1^\infty t_j(\mu^j - \lambda^j)} e^{\sum_1^\infty j^{-1}(\lambda^{-j} - \mu^{-j}) \frac{\partial}{\partial t_j}}, \quad \lambda \neq \mu,$$

l'opérateur vertex (de Date-Jimbo-Kashiwara-Miwa) pour l'équation KP, alors $X(t, \lambda, \mu)\tau$ et $\tau + X(t, \lambda, \mu)\tau$ sont aussi des fonctions τ. Donc $\dot{\tau} = X(t, \lambda, \mu)\tau$ détermine un champ de vecteurs sur la variété de dimension infinie des fonctions τ. On obtient finalement l'expression

$$\partial^{-1} (\Psi^*(t, \lambda)\Psi(t, \mu)) = \frac{1}{\tau(t)} X(t, \lambda, \mu)\tau(t),$$

et la démonstration est complète. □

Remarque B.4.9 *Soit* $\Delta(s_1, ..., s_n) = \prod_{1 \leq j < i \leq n} (s_i^{-1} - s_j^{-1})$, *le déterminant de Vandermonde. Les identités de Fay (proposition B.4.8) se généralisent comme suit. La fonction* τ *satisfait aux identités :*

$$\tau \left(t - \sum_{j=1}^n [y_j] \right) \Delta(y_1, ..., y_n) \left(\left(t - \sum_{j=1}^n [y_j] \right) \Delta(x_1, ..., x_n) \right)^{n-1} \\ = \det \left(\left(t - \sum_{j=1}^n [x_k] + [x_j] - [y_l] \right) \Delta(x_1, ..., x_{j+1}, y_j, x_{j+1}, ..., x_n) \right)_{1 \leq j,l \leq n},$$

et

$$\{\psi(t, y_1^{-1}, ..., \psi(t, y_n^{-1}\} \\ = e^{\sum_{j=1}^\infty t_j (y_1^{-j} + ... + y_n^{-j})} \frac{\tau(t - [y_l] - ... - [y_n]}{\tau(t)} \Delta(y_1, ..., y_n),$$

où $\{u_1, ..., u_n\}$ *désigne le wronskien* $\det \left(\left(\frac{\partial}{\partial x} \right)^{j-1} u_j \right)_{1 \leq i,j \leq n}$.

Nous allons voir que les fonctions τ caractérisent la hiérarchie KP. Désignons par $s_j(t)$ les polynômes de Schur élémentaires, c-à-d., des polynômes tels que :

$$\begin{aligned} e^{\xi(t,z)} &= e^{\sum_{j=1}^{\infty} t_j z_j}, \\ &= \sum_{j=1}^{\infty} s_j(t) z_j = 1 + t_1 z + \left(\frac{1}{2}t_1^2 + t_2\right) z^2 + \left(\frac{1}{6}t_1^3 + t_1 t_2 + t_3\right) z^3 + \cdots \end{aligned}$$

avec $s_j(t) = \frac{t_1^j}{j!} + \cdots + t_n$. En posant $\widetilde{\partial} = \left(\frac{\partial}{\partial t_1}, \frac{1}{2}\frac{\partial}{\partial t_2}, \frac{1}{3}\frac{\partial}{\partial t_3}, \ldots\right)$, on obtient

$$\begin{aligned} \Psi(t,z) &= \frac{\tau\left(t_1 - z^{-1}, t_2 - \frac{z^{-2}}{2}, t_3 - \frac{z^{-3}}{3}, \ldots\right)}{\tau(t)} e^{\xi(t,z)}, \\ &= \sum_{j=0}^{\infty} \frac{s_j(-\widetilde{\partial})\tau(t)}{\tau(t)} \partial^{-j} e^{\xi(t,z)} = W(t) e^{\xi(t,z)}, \end{aligned}$$

où

$$W(t) = \sum_{j=0}^{\infty} \frac{s_j(-\widetilde{\partial})\tau(t)}{\tau(t)} \partial^{-j}, \tag{B.4.15}$$

est l'opérateur des ondes (B.4.7). De même, on a

$$W^{-1} = \sum_{j=0}^{\infty} \partial^{-j} \frac{s_j(\widetilde{\partial})\tau(t)}{\tau(t)}.$$

On déduit de (B.4.8) que

$$L^n = W.\partial^n.W^{-1},$$

et par conséquent L^n s'exprime en termes de la fonction τ,

$$L^n = \sum_{i,j=0}^{\infty} \frac{s_i(-\widetilde{\partial})\tau}{\tau} \partial^{n-i-j} \frac{s_j(\widetilde{\partial})}{\tau} \tau.$$

En développant cette expression, on obtient

$$L^n = \partial^n + n(\log \tau)'' \partial^{n-2} + \cdots + \sum_{i+j=n+1} \frac{s_i(\widetilde{\partial})\tau s_j(-\widetilde{\partial})\tau}{\tau^2} + \cdots$$

La formule (B.4.10) s'écrit en tenant compte de cette dernière expression de L^n et de la relation (B.4.15) comme suit :

$$\begin{aligned} &\frac{\partial}{\partial t_n}\left(1 - \frac{\tau'}{\tau}\partial^{-1} + \cdots\right) \\ &\qquad = \left(-\sum_{i+j=n+1} \frac{s_i(-\widetilde{\partial})\tau s_j(-\widetilde{\partial})\tau}{\tau^2} \partial^{-1} + \cdots\right)\left(1 - \frac{\tau'}{\tau}\partial^{-1} + \cdots\right). \end{aligned}$$

En utilisant le symbole d'Hirota, c-à-d.,

$$p(\partial_t)f(t).g(t) \equiv p\left(\frac{\partial}{\partial s_1}, \frac{\partial}{\partial s_2}, \dots\right) f(t+s)g(t-s)\Big|_{s=0},$$

où p est un polynôme quelconque, $f(t)$ et $g(t)$ sont deux fonctions différentiables, on obtient

$$\sum_{\substack{i+j=n+1\\ i,j\geq 0}} \left(s_i(\widetilde{\partial})\tau\right)\left(s_j(-\widetilde{\partial})\tau\right) = s_{n+1}(\widetilde{\partial})\tau.\tau,$$

$$\tau^2 \frac{\partial^2}{\partial t_n \partial t_1} \log \tau - \sum_{\substack{i+j=n+1\\ i,j\geq 0}} s_i(\widetilde{\partial})\tau s_j(-\widetilde{\partial})\tau = 0,$$

où $n \in \mathbb{N}^*$. Ces relations s'appellent équations bilinéaires d'Hirota. Elles montrent que toutes les fonctions $u_j(t)$, $j \geq 2$, peuvent s'exprimer en termes de la fonction τ. Par exemple,

$$u_2 = \frac{\partial^2}{\partial t_1^2} \log \tau, \qquad u_3 = \frac{1}{2}\left(\frac{\partial^3}{\partial t_1^3} + \frac{\partial}{\partial t_1}\frac{\partial}{\partial t_3}\right) \log \tau,$$

$$u_4 = \frac{1}{6}\left(\frac{\partial^4}{\partial t_1^4} - 3\frac{\partial^2}{\partial t_1^2}\frac{\partial}{\partial t_2} + 2\frac{\partial}{\partial t_1}\frac{\partial}{\partial t_2}\right) \log \tau - \left(\frac{\partial^2}{\partial t_1^2} \log \tau\right), \dots$$

En particulier, ces équations fournissent l'équation KP sous la forme bilinéaire :

$$\frac{1}{12}\tau\left(\frac{\partial^4 \tau}{\partial t_1^4} - 4\frac{\partial^2 \tau}{\partial t_1 \partial t_3} + 3\frac{\partial^2 \tau}{\partial t_2^2}\right) - \frac{1}{3}\frac{\partial \tau}{\partial t_1}\left(\frac{\partial^3 \tau}{\partial t_1^3} - \frac{\partial \tau}{\partial t_3}\right)$$

$$+\frac{1}{4}\left(\frac{\partial^2 \tau}{\partial t_1^2} + \frac{\partial \tau}{\partial t_2}\right)\left(\frac{\partial^2 \tau}{\partial t_1^2} - \frac{\partial \tau}{\partial t_2}\right) = 0.$$

Par conséquent, on a

Proposition B.4.10 *Les fonctions τ caractérisent la hiérarchie KP.*

La recherche en mathématiques n'est pas une activité pour amateur. Il s'agit de s'y consacrer à fond et cela est très absorbant.
Pierre van MOERBEKE

Annexe C

Surfaces de Riemann, fonctions et intégrales elliptiques

C.1 Surfaces de Riemann

Dans cette partie, nous allons donner brièvement (pour le détail, voir par exemple [14]) quelques notions sur les courbes algébriques complexes ou surfaces de Riemann compactes, les fonctions elliptiques et en particulier la fonction $\wp$ de Weierstrass et enfin les intégrales elliptiques et fonctions de Jacobi.

Les courbes algébriques complexes $\mathcal{C}$ ou surfaces de Riemann compactes sont des variétés différentiables de dimension 1 complexe (2 réelle) munies d'atlas dont les changements de cartes sont holomorphes. On les définit par une équation de la forme

$$P(w,z) \equiv p_0(z)\,w^n + p_1(z)\,w^{n-1} + \cdots + p_n(z) = 0,$$

où $P(w,z)$ est un polynôme à deux variables complexes w et z, de degré n en w et irréductible. Ici $p_0(z) \neq 0$, $p_1(z), \ldots, p_n(z)$ sont des polynômes en z. La courbe $\mathcal{C}$ est homéomorphe à un tore à g trous. Le nombre g s'appelle genre de la courbe $\mathcal{C}$. Il est équivalent de dire que c'est la dimension complexe de l'espace vectoriel complexe $H^1(\mathcal{C}, \mathcal{O}_{\mathcal{C}})$ (1er groupe de cohomologie à coefficients dans le faisceau $\mathcal{O}_{\mathcal{C}}$ des fonctions holomorphes sur $\mathcal{C}$). On montre aussi que c'est le nombre des intégrales abéliennes de $1^{\text{ère}}$ espèce (voir plus loin), attachées à la courbe $\mathcal{C}$, linéairement indépendants.

Un cas particulier important est représenté par les courbes hyperelliptiques de genre g d'équations

$$P(w,z) = w^2 - p_n(z) = 0,$$

où $p_n(z)$ est un polynôme sans racines multiples, de degré $n = 2g+1$ ou $2g+2$. Lorsque $g = 1$, on dit courbes elliptiques.

Tout au long de cette annexe, $\mathcal{C}$ désigne une courbe algébrique complexe de genre g non-singulière c'est-à-dire telle que $gradP \equiv \left(\frac{\partial P}{\partial w}, \frac{\partial P}{\partial z}\right) \neq 0$. Une forme différentielle sur $\mathcal{C}$ s'écrit sous la forme $\omega = f(\tau)\, d\tau$, où τ est le paramètre local et f une fonction complexe de τ. On dit que ω est une différentielle :

(i) abélienne si $f(\tau)$ est une fonction méromorphe sur $\mathcal{C}$.

(ii) holomorphe si $f(\tau)$ est une fonction holomorphe sur $\mathcal{C}$.

(iii) ayant un pôle d'ordre k ou un zéro d'ordre k en un point p si $f(\tau)$ a un pôle d'ordre k ou un zéro d'ordre k en ce point.

On dit qu'une différentielle abélienne est de $1^{\text{ère}}$ espèce si elle est holomorphe sur $\mathcal{C}$, de $2^{\text{ème}}$ espèce si son résidu est nul en chaque point de $\mathcal{C}$ et enfin de $3^{\text{ème}}$ espèce si son résidu est non nul en au moins un point de $\mathcal{C}$.

Soit $(a_1, \ldots, a_g, b_1, \ldots, b_g)$ une base de cycles dans le groupe d'homologie $H_1(\mathcal{C}, \mathbb{Z})$ de telle façon que les indices d'intersection de cycles deux à deux s'écrivent sous la forme :

$$(a_i, a_i) = (b_i, b_i) = 0, \quad (a_i, b_j) = \delta_{ij}, \quad 1 \leq i, j \leq g.$$

On appelle périodes de ω suivant les cycles a_i, b_j, les nombres $\int_{a_i} \omega$ et $\int_{b_i} \omega$. L'ensemble des différentielles holomorphes sur $\mathcal{C}$ est de dimension g. La formule du résidu de Poincaré affirme que toutes les différentielles holomorphes sur $\mathcal{C}$ sont du type $\frac{z^i w^j}{\partial P/\partial w} dz$, pour certains i et j. Par exemple,

$$\omega = \frac{dz}{\sqrt{z(z-1)(z-\lambda)}},$$

est l'unique différentielle holomorphe sur la courbe elliptique d'équation :

$$P(w, z) = w^2 - z(z-1)(z-\lambda) = 0, \ \lambda \neq 0, 1.$$

De même,

$$\omega_k = \frac{z^{k-1} dz}{\sqrt{\prod_{j=1}^{2g+1} (z - z_j)}}, \ k = 1, 2, \ldots, g,$$

forment une base de différentielles holomorphes sur la courbe hyperelliptique de genre g associée à l'équation

$$P(w, z) = w^2 - \prod_{j=1}^{2g+1} (z - z_j) = 0.$$

Soient ω et ω' deux différentielles holomorphes sur $\mathcal{C}$. Alors,

$$\sum_{k=1}^{g} \left(\int_{a_k} \omega \int_{b_k} \omega' - \int_{b_k} \omega \int_{a_k} \omega' \right) = 0.$$

Si en outre ω est non nulle, alors

$$-\frac{1}{2\sqrt{-1}}\sum_{k=1}^{g}\left(\int_{a_k}\omega\int_{b_k}\overline{\omega}-\int_{b_k}\omega\int_{a_k}\overline{\omega}\right)>0.$$

(Ces deux expressions s'appellent relations bilinéaires de Riemann).

Soit $(\omega_1,\ldots,\omega_g)$ une base de différentielles holomorphes sur la courbe $\mathcal{C}$. La matrice des périodes de $\mathcal{C}$ est définie par $\Omega=(E,F)$, où

$$E=\begin{pmatrix}\int_{a_1}\omega_1 & \cdots & \int_{a_g}\omega_1\\ \vdots & \ddots & \vdots\\ \int_{a_1}\omega_g & \cdots & \int_{a_g}\omega_g\end{pmatrix},\qquad F=\begin{pmatrix}\int_{b_1}\omega_1 & \cdots & \int_{b_g}\omega_1\\ \vdots & \ddots & \vdots\\ \int_{b_1}\omega_g & \cdots & \int_{b_g}\omega_g\end{pmatrix}.$$

Les relations bilinéaires de Riemann sont équivalentes respectivement aux relations suivantes :

$$\Omega J\Omega^\top=0,\qquad \frac{1}{2\sqrt{-1}}\Omega J\overline{\Omega}^\top>0,$$

où $J=\begin{pmatrix}0 & I\\ -I & 0\end{pmatrix}$, est une matrice d'ordre $2g$ et I la matrice unité d'ordre g. Notons aussi que l'on peut trouver une nouvelle base $(\eta_1,\ldots,\eta_g)$ où

$$\eta_k=\sum_{j=1}^{g}c_{kj}\omega_j,\quad 1\leq k\leq g,$$

telle que : $\int_{a_l}\eta_l=\delta_{lk}$, $1\leq k,l\leq g$, c'est-à-dire de telle sorte que la matrice des périodes associée à cette base soit de la forme $(I,\ Z)$ où I est la matrice unité et $Z=E^{-1}F$. La matrice Z est symétrique et à partie imaginaire définie positive.

Un diviseur $\mathcal{D}$ sur $\mathcal{C}$ est un élément de la forme

$$\mathcal{D}=\sum_{j=1}^{k}n_jp_j,\quad n_j\in\mathbb{Z},$$

$p_j\in\mathcal{C}$. L'ensemble des diviseurs est un groupe abélien noté $Div(\mathcal{D})$. A une fonction méromorphe f sur $\mathcal{C}$, on peut faire correspondre un diviseur, dit diviseur principal et noté (f), le diviseur des zéros et des pôles de f. Plus pécisément, on a

$$(f)=\sum_{j=1}^{k}m_ja_j-\sum_{j=1}^{l}n_jb_j,$$

où $a_1, \ldots, a_k$ sont les zéros de f de multiplicité $m_1, \ldots, m_k$ respectivement et $b_1, \ldots, b_l$ sont des pôles de f de multiplicité $n_1, \ldots, n_l$ respectivement. Tout diviseur d'une fonction méromorphe est dit diviseur effectif. Le degré du diviseur $\mathcal{D}$ est un entier noté $\deg \mathcal{D}$ et est défini par

$$\deg \mathcal{D} = \sum_{j=1}^{k} n_j.$$

L'application $\deg : Div(\mathcal{C}) \longrightarrow \mathbb{Z}$ est un homomorphisme de groupe. Tout diviseur principal est de degré 0. On dit que le diviseur $\mathcal{D}$ est positif (ou effectif) et on note $\mathcal{D} \geq 0$, si les entiers n_j sont positifs. Deux diviseurs $\mathcal{D}_1$ et $\mathcal{D}_2$ sont dits linéairement équivalents (et on note $\mathcal{D}_1 \sim \mathcal{D}_2$) si $\mathcal{D}_1 - \mathcal{D}_2$ est principal c'est-à-dire si $\mathcal{D}_1 - \mathcal{D}_2 = (f)$, où f est une fonction méromorphe.

Soient $p_1, ..., p_k, q_1, ...q_k$ des points de $\mathcal{C}$. Alors les deux conditions suivantes sont équivalentes :

(i) Il existe une fonction méromorphe telle que :

$$(f) = \sum_{j=1}^{k} q_j - \sum_{j=1}^{k} p_j.$$

(ii) Il existe un chemin fermé γ tel que :

$$\forall \omega \in \Omega(\mathcal{C}), \quad \sum_{j=1}^{k} \int_{p_j}^{q_j} \omega = \int_{\gamma} \omega.$$

Soient $\mathcal{D}$ un diviseur sur $\mathcal{C}$,

$$\mathcal{L}(\mathcal{D}) = \{f \text{ fonction méromorphe sur } \mathcal{C} : (f) + \mathcal{D} \geq 0\},$$

et

$$\Omega(\mathcal{D}) = \{\omega \text{ forme différentielle méromorphe sur } \mathcal{C} : (\omega) + \mathcal{D} \geq 0\}.$$

Le théorème de Riemann-Roch, affirme que :

$$\dim \mathcal{L}(\mathcal{D}) - \dim \Omega(-\mathcal{D}) = \deg \mathcal{D} - g + 1.$$

Soient $\mathcal{C}_1$ et $\mathcal{C}_2$ deux courbes algébriques de genre $g(\mathcal{C}_1)$ et $g(\mathcal{C}_2)$ respectivement et h une application holomorphe non constante. Alors

$$2g(\mathcal{C}_1) - 2 = \deg(h)(2g(\mathcal{C}_2) - 2) + V(h), \quad \text{(formule de Riemann-Hurwitz)}$$

où $V(h)$ désigne l'indice de ramification de h.

Soient $\mathcal{D}_1$ et $\mathcal{D}_2$ deux diviseurs positifs de degré n, $\mathcal{E}_1$ un diviseur positif de degré g et $\omega \in \Omega(\mathcal{C})$. Alors, il existe un diviseur $\mathcal{E}_2$ positif de degré g tel que :

$$\int_{\mathcal{D}_1}^{\mathcal{D}_2} \omega = \int_{\mathcal{E}_1}^{\mathcal{E}_2} \omega.$$

On note $S^g(\mathcal{C})$ l'ensemble des diviseurs positifs sur la courbe $\mathcal{C}$ et on définit sur cet ensemble une relation d'équivalence : $\mathcal{D}_1 \equiv \mathcal{D}_2$ si et seulement s'il existe une fonction méromorphe f telle que : $(f) = \mathcal{D}_1 - \mathcal{D}_2$ ou ce qui revient au même si et seulement si

$$\int_{\mathcal{D}_1}^{\mathcal{D}_2} \omega = \int_{\gamma} \omega, \ \forall \omega \in \Omega(\mathcal{C}),$$

avec γ un chemin fermé sur $\mathcal{C}$. La variété jacobienne de $\mathcal{C}$, est définie par

$$Jac(\mathcal{C}) = S^g / \equiv .$$

On montre que : $S^g / \equiv$ est homéomorphe au tore $\mathbb{C}^g/\Lambda$ où Λ est le réseau défini par la matrice des périodes. Soit $\mathcal{D}_1$ un diviseur positif de degré g et $(\omega_1, \ldots, \omega_g)$ une base normalisée de $\Omega(\mathcal{C})$. Alors, le problème d'inversion de Jacobi affirme que pour tout $(s_1, \ldots, s_g) \in \mathbb{C}^g$, il existe un diviseur $\mathcal{D}_2$ positif de degré g tel que :

$$\int_{\mathcal{D}_1}^{\mathcal{D}_2} \omega = s_k.$$

C.2 Fonctions et intégrales elliptiques

Les solutions de certaines équations différentielles que nous étudierons font appel aux fonctions et intégrales elliptiques que nous allons rappeler brièvement dans cet appendice (pour le détail, voir par exemple [14]).

Soient ω_1 et ω_2 deux nombres complexes, supposés $\mathbb{R}$-linéairement indépendants (c'est-à-dire tels que ω_2 n'est pas nulle et que le quotient $\frac{\omega_1}{\omega_2}$ ne soit pas réel ou ce qui revient au même que la partie imaginaire $\mathrm{Im}\frac{\omega_1}{\omega_2}$ du rapport $\frac{\omega_1}{\omega_2}$ n'est pas nulle). On considère le réseau

$$\Lambda = \mathbb{Z}\omega_1 \oplus \mathbb{Z}\omega_2 = \{\omega \equiv m\omega_1 + n\omega_2 : m, n \in \mathbb{Z}\},$$

c'est un sous-groupe discret de $\mathbb{C}$ et il forme un ensemble de parallélogrammes. On appelle parallélogramme fondamental engendré par ω_1 et ω_2 tout parallélogramme Π de sommets d'affixes z_0, $z_0 + \alpha\omega_1$, $z_0 + \alpha\omega_2$, $z_0 + \alpha\omega_1 + \beta\omega_2$ avec $z_0 \in \mathbb{C}$, $0 \leq \alpha, \beta \leq 1$. Autrement dit, il est défini par le compact $\Pi = \{z_0 + \alpha\omega_1 + \beta\omega_2 : z_0 \in \mathbb{C}, \alpha, \beta \in [0, 1]\}$. Le quotient de $\mathbb{C}$ par la relation d'équivalence déterminée par Λ :

$$z_1, z_2 \in \mathbb{C}, z_1 \sim z_2 \ \mathrm{mod}.\Lambda \Longleftrightarrow z_1 - z_2 \in \Lambda,$$

est un tore noté $\mathbb{C}/\Lambda$. Celui-ci est homéomorphe à $S^1 \times S^1$, visualisable par le recollement deux à deux des côtés d'un carré ou parallélogramme.

On dit qu'une fonction f de $\mathbb{C}$ dans $\mathbb{C}$ est doublement périodique de périodes ω_1 et ω_2, si et seulemnt si,

$$f(z+\omega_1) = f(z), \quad f(z+\omega_2) = f(z).$$

Autrement dit, si et seulement si, $f(z+\omega) = f(z)$, $\forall \omega \in \Lambda$. On dit aussi que f est Λ-périodique. Les éléments ω_1 et ω_2 ne sont pas uniques. Plus précisément, si ω_1 et ω_2 sont deux périodes de f, alors $-\omega_1$ et $-\omega_2$ sont également deux périodes de f et toute période de f s'écrit sous la forme : $\omega = m\omega_1 + n\omega_2$ où $m, n \in \mathbb{Z}$. En effet, pour les entiers positifs c'est évident. Pour les entiers négatifs, on a pour $k = 1, 2$: $f(z - \omega_k) = f((z - \omega_k) + \omega_k) = f(z)$. On dit qu'une fonction f de $\mathbb{C}$ dans $\mathbb{C}$ est elliptique si et seulement si elle est méromorphe et doublement périodique.

Notons qu'une fonction méromorphe non constante peut avoir au plus deux périodes linéairement indépendantes. D'après ce qui précède, l'ensemble des périodes d'une fonction elliptique est un sous-groupe fermé du groupe additif des nombres complexes. Plus précisément, dans le cas d'une fonction elliptique non constante, cet ensemble est un réseau. Il n'existe pas de fonction elliptique f non constante qui soit holomorphe sur $\mathbb{C}$. Autrement dit, toute fonction elliptique f n'ayant pas de pôles est une constante. On en déduit qu'une fonction elliptique non constante possède au moins un pôle dans le parallélogramme fondamental. Toute fonction elliptique non constante a un nombre fini de pôles et un nombre fini de zéros dans un parallélogramme fondamental. Le nombre de zéros et de pôles d'une fonction elliptique non constante est dénombrable.

Soit f une fonction elliptique et désignons par $b_1, ..., b_m$ les pôles de f (chaque pôle étant compté avec multiplicité), alors

$$\sum_{k=1}^{m} \text{Rés}(f, b_k) = 0.$$

Signalons qu'il n'existe pas de fonction elliptique de premier ordre, c-à-d., une fonction elliptique ne peut pas avoir un pôle simple dans un parallélogramme fondamental. Elle doit avoir au moins deux pôles simples ou au moins un pôle non simple dans un parallélogramme fondamental. L'ensemble des fonctions elliptiques par rapport à Λ est un sous corps du corps des fonctions méromorphes (la somme, le produit et le quotient de deux fonctions elliptiques de mêmes périodes est une fonction elliptique). En dérivant l'expression $f(z+\omega) = f(z)$, $\forall \omega \in \Lambda$, on obtient $f^{(n)}(z+\omega) = f^{(n)}(z)$, $\forall \omega \in \Lambda$, ce qui montre que la dérivée $n^{\text{ème}}$ d'une fonction elliptique est aussi une fonction elliptique.

Soit f une fonction elliptique non constante et désignons par $a_1, ..., a_l$ les zéros de f de multiplicité $n_1, ..., n_l$ respectivement et par $b_1, ..., b_m$ les pôles de f de multiplicité $p_1, ..., p_m$ respectivement, alors

$$\sum_{k=1}^{l} n_k = \sum_{k=1}^{m} p_k.$$

Autrement dit, le nombre de zéros d'une fonction elliptique non constante est égal au nombre de ses pôles dans le parallélogramme fondamental. De même, on a

$$\sum_{k=1}^{l} n_k a_k - \sum_{k=1}^{m} p_k b_k = \text{période}.$$

Soient f et g deux fonctions elliptiques ayant mêmes périodes. Alors, il existe une relation algébrique de la forme $P(f(z), g(z)) = 0$, où P est un polynôme à deux indéterminées et à coefficients constants. Toute fonction elliptique $f(z)$ satisfait à une équation différentielle de la forme $P(f(z), f'(z)) = 0$, où P est un polynôme à deux indéterminées et à coefficients constants.

La fonction $\wp$ de Weierstrass est définie par

$$\wp(z) = \frac{1}{z^2} + \sum_{\omega \in \Lambda \setminus \{0\}} \left(\frac{1}{(z-\omega)^2} - \frac{1}{\omega^2} \right),$$

où $\Lambda = \mathbb{Z}\omega_1 \oplus \mathbb{Z}\omega_2$, est le réseau engendré par deux nombres complexes ω_1 et ω_2 différents de 0 tels que : $\operatorname{Im}\left(\frac{\omega_2}{\omega_1}\right) > 0$. La série ci-dessus converge normalement sur tout compact ne rencontrant pas le réseau Λ, c-à-d., sur tout compact de $\mathbb{C} \setminus \Lambda$. On montre que $\wp(z)$ est une fonction elliptique de périodes ω_1 et ω_2, elle est paire et admet des pôles doubles aux points $\omega \in \Lambda$, dont le résidu est nul. En outre, $\wp'(z)$ est une fonction doublement périodique et elle est impaire. Le développement de $\wp(z)$ en série de Laurent au voisinage du point 0 est donné par

$$\wp(z) = \frac{1}{z^2} + \sum_{k=1}^{\infty} (2k+1) G_{2k+2} z^{2k},$$

où $G_k \equiv G_k(\Lambda) = \sum_{\omega \in \Lambda \setminus \{0\}} \frac{1}{\omega^k}$, $k \geq 4$ et $G_k = 0$ pour k impaire. Les deux nombres complexes g_2 et g_3 définis par les séries (dites d'Eisenstein) :

$$g_2 = 60 \sum_{\omega \in \Lambda \setminus \{0\}} \frac{1}{\omega^4}, \qquad g_3 = 140 \sum_{\omega \in \Lambda \setminus \{0\}} \frac{1}{\omega^6},$$

s'appellent invariants (de Weierstrass) de la fonction $\wp(z)$. La fonction $\wp(z)$ est solution dans Λ de l'équation différentielle :

$$(\wp'(z))^2 = 4 (\wp(z))^3 - g_2 \wp(z) - g_3.$$

Soit $y^2 = 4x^3 - ax - b$, une cubique sans singularités (c-à-d., le discriminant du polynôme $4x^3 - ax - b$ est non nul), alors il existe un réseau Λ tel que : $a = g_2$ et $b = g_3$ où g_2, g_3 sont les invariants de Weierstrass. La fonction $\wp'(z)$ s'annule au point $a \in \mathbb{C}$ tel que : $-a \equiv a$ mod. Λ, c-à-d., $2a \in \Lambda$, $a \notin \Lambda$. Autrement dit, modulo Λ, $\wp'(z)$ a trois zéros simples : $\frac{\omega_1}{2}$, $\frac{\omega_2}{2}$, $\frac{\omega_1+\omega_2}{2}$. En outre, en posant

$$e_1 = \wp\left(\frac{\omega_1}{2}\right), \quad e_2 = \wp\left(\frac{\omega_2}{2}\right), \quad e_3 = \wp\left(\frac{\omega_1 + \omega_2}{2}\right),$$

on obtient $e_1 \neq e_2 \neq e_3$, $e_1 + e_2 + e_3 = 0$, $e_1e_2 + e_2e_3 + e_3e_1 = -\frac{g_2}{4}$ et $e_1e_2e_3 = \frac{g_3}{4}$. En posant $w = \wp(z)$, l'équation différentielle ci-dessus s'écrit

$$\left(\frac{dw}{dz}\right)^2 = 4w^3 - g_2w - g_3.$$

Or $z \to 0$ lorsque $w \to \infty$, donc $z = \int_\infty^w \frac{dw}{\sqrt{4w^3-g_2w-g_3}}$. La fonction $w = \wp(z)$ s'obtient par inversion de cette l'intégrale (dite intégrale elliptique sous forme de Weierstrass). Réciproquement, si le polynôme $4w^3 - g_2w - g_3$ n'a pas de zéros multiples (c-à-d., son discriminant est non nul : $g_2^3 - 27g_3^2 \neq 0$), alors l'inversion de l'intégrale ci-dessus conduit à la fonction $\wp(z)$ de Weierstrass.

L'application

$$\mathbb{C}/\Lambda \longrightarrow \mathbb{P}^2(\mathbb{C}), \quad z \longmapsto [1, \wp(z), \wp'(z)], z \neq 0, \quad 0 \longmapsto [0,0,1],$$

est un isomorphisme entre le tore complexe $\mathbb{C}/\Lambda$ et la courbe elliptique $\mathcal{E}$ d'équation affine :

$$y^2 = 4x^3 - g_2x - g_3.$$

Soit Λ un réseau de $\mathbb{C}$. On montre que sur $\mathbb{C}\backslash\Lambda$, on a $\overline{\wp(z)} = \wp(\overline{z})$. En outre, on a $\wp(z_1) = \wp(z_2)$ si et seulement si $z_1 - z_2 \in \Lambda$ ou $z_1 + z_2 \in \Lambda$ et si $z \notin \Lambda$ et $2z \in \Lambda$, alors $\wp'(z) = 0$. Soient $u, v \notin \Lambda$ et $u \pm v \notin \Lambda$, alors la fonction $\wp(z)$ vérifie la loi d'addition

$$\wp(u) + \wp(v) + \wp(u+v) = \frac{1}{4}\left(\frac{\wp'(u) - \wp'(v)}{\wp(u) - \wp(v)}\right)^2,$$

ainsi que la formule de duplication

$$\wp(2z) = \frac{1}{4}\left(\frac{\wp''(z)}{\wp'(z)}\right)^2 - 2\wp(z).$$

Géométriquement, si P_1 et P_2 sont deux points distincts de la courbe elliptique $\mathcal{E}$ d'équation affine ci-dessus, alors $\mathcal{E}$ a trois points d'intersection avec la droite sécante $L = P_1P_2$ qui passe par P_1 et P_2. Dans le cas où $P_1 = P_2$, alors L est la tangente à la courbe au point $P_1 = P_2$. Les coordonnées du 3ème point d'intersection s'expriment comme fonctions rationnelles des deux autres. On choisit a et b de telle façon que :

$$0 = f(u) = \wp'(u) - a\wp(u) - b, \qquad 0 = f(v) = \wp'(v) - a\wp(v) - b.$$

Il faut donc que

$$\det \begin{pmatrix} \wp(u) & 1 \\ \wp(v) & 1 \end{pmatrix} = \wp(u) - \wp(v) \neq 0.$$

Evidemment si $\wp(u) - \wp(v) = 0$, alors il suffit de déplacer u et v légérement de façon à avoir $\wp(u) - \wp(v) \neq 0$. Les équations ci-dessus peuvent s'écrire sous la forme

$$\begin{pmatrix} \wp'(u) & \wp(u) & 1 \\ \wp'(v) & \wp(v) & 1 \\ -\wp'(u+v) & \wp(u+v) & 1 \end{pmatrix} \begin{pmatrix} 1 \\ a \\ b \end{pmatrix} = 0,$$

et comme le déterminant ci-dessus est $\neq 0$, alors on obtient la condition

$$\det \begin{pmatrix} \wp'(u) & \wp(u) & 1 \\ \wp'(v) & \wp(v) & 1 \\ -\wp'(u+v) & \wp(u+v) & 1 \end{pmatrix} = 0,$$

c-à-d., la loi d'addition mentionnée précédemment. Soit $\mathcal{E}_\Lambda$ l'ensemble des fonctions elliptiques. Cet ensemble est un espace vectoriel (et même un corps). On note $\mathbb{C}(X)$ l'ensemble des fonctions rationnelles d'une variable. On montre que : $\mathcal{E}_\Lambda = \mathbb{C}(\wp, \wp')$, c-à-d., toute fonction elliptique pour Λ est une fonction rationnelle de $\wp(z)$ et $\wp'(z)$. Plus précisément, l'application

$$\mathbb{C}(X) \times \mathbb{C}(X) \longrightarrow \mathcal{E}_\Lambda, \quad (g, h) \longmapsto f(z) = g(\wp(z)) + \wp'(z)h(\wp(z)),$$

est un isomorphisme entre espaces vectoriels. Posons $\mathcal{E}_\Lambda^+ = \{f \in \mathcal{E}_\Lambda : f \text{paire}\}$. D'après le résultat ci-dessus, on a $\mathcal{E}_\Lambda^+ = \mathbb{C}(\wp)$, c-à-d., le sous-corps des fonctions elliptiques paires par rapport à Λ est engendré par $\wp(z)$. Pour caractériser le corps des fonctions elliptiques on forme l'anneau quotient $\mathbb{C}[X, Y]$ par l'idéal principal correspondant à l'équation :

$$Y^2 = 4X^3 - g_2X - g_3.$$

Plus précisément, on a

$$\mathcal{E}_\Lambda = \mathbb{C}(\wp, \wp') \simeq \mathbb{C}[X, Y]/\left(Y^2 - 4X^3 + g_2X + g_3\right),$$

où $\wp = X$ et $\wp'$ est identifiée à l'image de Y dans le quotient.

On appelle intégrale elliptique une intégrale de la forme $\int R\left(s, \sqrt{P(s)}\right) ds$ où R est une fonction rationnelle à deux variables et $P(s)$ un polynôme de degré 3 ou 4 avec des racines simples. En général, cette intégrale ne s'exprime pas au moyen de fonctions élémentaires c'est-à-dire celles que l'on obtient en appliquant à la variable s les opérations algébriques (addition, soustration, multiplication, division) en nombre fini, ainsi que les fonctions logarithmiques, trigonométriques et leurs inverses. Nous verrons que les fonctions inverses de ces intégrales elliptiques sont des fonctions elliptiques. On montre à l'aide de transformations élémentaires, qu'une intégrale elliptique se ramène à l'une des formes canoniques (de Legendre) :

$$\int \frac{ds}{\sqrt{(1-s^2)(1-k^2s^2)}}, \int \sqrt{\frac{1-k^2s^2}{1-s^2}}ds, \int \frac{ds}{(1+ls^2)\sqrt{(1-s^2)(1-k^2s^2)}},$$

où k et l sont des constantes. La première de ces intégrales est dite intégrale elliptique de première espèce, la seconde intégrale elliptique de seconde espèce et la troisième intégrale elliptique de troisième espèce. On peut écrire ces intégrales sous une forme un peu différente, en posant $s = \sin\varphi$, et les intégrales précédentes s'écrivent

$$\int \frac{d\varphi}{\sqrt{1-k^2\sin^2\varphi}}, \int \sqrt{1-k^2\sin^2\varphi}d\varphi, \int \frac{d\varphi}{(1+l\sin^2\varphi)\sqrt{1-k^2\sin^2\varphi}}.$$

En général, on adopte les notations suivantes :

$$F(k,\varphi) = \int_0^{\sin\varphi} \frac{ds}{\sqrt{(1-s^2)(1-k^2s^2)}} = \int_0^{\varphi} \frac{d\varphi}{\sqrt{1-k^2\sin^2\varphi}},$$

$$E(k,\varphi) = \int_0^{\sin\varphi} \sqrt{\frac{1-k^2s^2}{1-s^2}}ds = \int_0^{\varphi} \sqrt{1-k^2\sin^2\varphi}d\varphi,$$

$$\begin{aligned}\Pi(k,l,\varphi) &= \int_0^{\sin\varphi} \frac{ds}{(1+ls^2)\sqrt{(1-s^2)(1-k^2s^2)}},\\ &= \int_0^{\varphi} \frac{d\varphi}{(1+l\sin^2\varphi)\sqrt{1-k^2\sin^2\varphi}}.\end{aligned}$$

On rencontre souvent des intégrales où la borne supérieure est $\varphi = \frac{\Pi}{2}$. Dans ce cas, on écrit

$$\begin{aligned}F(k) &= \int_0^1 \frac{ds}{\sqrt{(1-s^2)(1-k^2s^2)}} = \int_0^{\frac{\Pi}{2}} \frac{d\varphi}{\sqrt{1-k^2\sin^2\varphi}},\\ E(k) &= \int_0^1 \sqrt{\frac{1-k^2s^2}{1-s^2}}ds = \int_0^{\frac{\Pi}{2}} \sqrt{1-k^2\sin^2\varphi}d\varphi,\end{aligned}$$

et ces intégrales sont dites intégrales elliptiques complètes respectivement de première et de seconde espèce. On montre que

$$\begin{aligned} F(k) &= \frac{\Pi}{2}\left(1+\left(\frac{1}{2}\right)^2+\left(\frac{1.3}{2.4}\right)^2 k^4+\left(\frac{1.3.5}{2.4.6}\right)^2 k^6+\cdots\right), \\ E(k) &= \frac{\Pi}{2}\left(1-\left(\frac{1}{2}\right)^2-\left(\frac{1.3}{2.4}\right)^2 \frac{k^4}{3}-\left(\frac{1.3.5}{2.4.6}\right)^2 \frac{k^6}{5}-\cdots\right). \end{aligned}$$

Considérons des intégrales elliptiques de la forme

$$t=\int_0^s \frac{ds}{\sqrt{(1-s^2)(1-k^2s^2)}}, \qquad 0\leq k\leq 1$$

et voyons avec un peu plus de détail les propriétés de cette intégrale de première espèce tout en sachant que les propriétés des autres intégrales s'obtiennent de façon similaire. Le changement de variable $s=\sin\varphi$, ramène cette intégrale à la forme

$$t-\int_0^{\varphi} \frac{d\varphi}{\sqrt{1-k^2\sin^2\varphi}}.$$

Nous envisagerons tout d'abord le cas où $k\neq 0$ et $k\neq 1$. La fonction $t(\varphi)$ définie par cette intégrale possède un inverse, qu'on appelle amplitude de t et qui se note $\varphi=\mathbf{am}t=\mathbf{am}(t;k)$. Notons que si $k=0$, alors

$$t=\int_0^s \frac{ds}{\sqrt{1-s^2}}=\arcsin s,$$

d'où $s=\sin t$. Pour $k\neq 0$, on note par analogie la fonction inverse de l'intégrale en question par $s=\mathbf{sn}t=\mathbf{sn}(t;k)$, que l'on nomme fonction elliptique de Jacobi (Lire s, n, t en détachant les lettres). Le nombre k est appelé module de la fonction. Lorsqu'il n'y a pas ambiguité sur le module k, on écrit tout simplement $\mathbf{sn}t$ au lieu de $\mathbf{sn}(t;k)$. La fonction $\varphi=\mathbf{am}t$ est une fonction impaire strictement croissante de t et on a $\mathbf{am}(0)=0$, $\frac{\partial\mathbf{am}}{\partial t}(0)=1$. Comme $s=\sin\varphi$, on peut écrire $s=\mathbf{sn}t=\sin(\mathbf{am}t)$. La 2-ème et 3-ème fonction elliptique de Jacobi sont définies respectivement par $\mathbf{cn}t=\mathbf{cn}(t;k)=\cos\mathbf{am}t$, et $\mathbf{dn}t=\mathbf{dn}(t;k)=\sqrt{1-k^2\mathbf{sn}^2t}$. Pour $\mathbf{cn}t$, lire c, n, t en détachant les lettres. De même, pour $\mathbf{dn}t$, lire d, n, t en détachant les lettres. Là aussi lorsqu'il n'y a pas ambiguité sur le module k, on écrit tout simplement $\mathbf{cn}t$ (resp. $\mathbf{dn}t$) au lieu de $\mathbf{cn}(t;k)$ (resp. $\mathbf{dn}(t;k)$). On a

$$\mathbf{sn}^2t+\mathbf{cn}^2t=1, \qquad \mathbf{dn}^2t+k^2\mathbf{sn}^2t=1.$$

Les périodes de la fonction $\mathbf{sn}t$ sont $4K$ et $2iK'$ avec

$$K=\int_0^1 \frac{ds}{\sqrt{(1-s^2)(1-k^2s^2)}}=F(k),$$

et

$$K' = \int_1^{\frac{1}{k}} \frac{ds}{\sqrt{(s^2-1)(1-k^2s^2)}} = \int_0^1 \frac{dr}{\sqrt{(1-r^2)(1-k'^2r^2)}} = F(k'),$$

où $k' = \sqrt{1-k^2}$ et $s = \dfrac{1}{\sqrt{1-k'^2r^2}}$. De même, les périodes de $\mathbf{cn}t$ sont $4K$ et $2K+2iK'$ et celles de $\mathbf{dn}t$ sont $2K$ et $4iK'$. On a $\mathbf{sn}(0)=0$, $\mathbf{cn}(0)=1$ et $\mathbf{dn}(0)=1$. La fonction $\mathbf{sn}t$ est impaire tandis que les fonctions $\mathbf{cn}t$ et $\mathbf{dn}t$ sont paires. Autrement dit, on a $\mathbf{sn}(-t)=-\mathbf{sn}t$, $\mathbf{cn}(-t)=\mathbf{cn}t$ et $\mathbf{dn}(-t)=\mathbf{dn}t$. Les dérivées des trois fonctions elliptiques de Jacobi sont données par

$$\frac{d}{dt}\mathbf{sn}t = \mathbf{cn}t.\mathbf{dn}t, \qquad \frac{d}{dt}\mathbf{cn}t = -\mathbf{sn}t.\mathbf{dn}t, \qquad \frac{d}{dt}\mathbf{dn}t = -k^2\mathbf{sn}t.\mathbf{cn}t.$$

Les fonctions elliptiques de Jacobi vérifient les équations différentielles :

$$\left(\frac{d}{dt}\mathbf{sn}t\right)^2 = \left(1-\mathbf{sn}^2t\right)\left(1-k^2\mathbf{sn}^2t\right), \left(\frac{d}{dt}\mathbf{cn}t\right)^2 = \left(1-\mathbf{cn}^2t\right)\left(k'^2+k^2\mathbf{cn}^2t\right),$$

$$\left(\frac{d}{dt}\mathbf{dn}t\right)^2 = \left(1-\mathbf{dn}^2t\right)\left(\mathbf{dn}^2t-k'^2\right),$$

où $k'=\sqrt{1-k^2}$. Les fonctions elliptiques de Jacobi : $\mathbf{sn}t$, $\mathbf{cn}t$ et $\mathbf{dn}t$ s'obtiennent par inversion respectivement des intégrales :

$$t = \int_0^w \frac{dw}{\sqrt{(1-w^2)(1-k^2w^2)}}, \qquad t = \int_0^w \frac{dw}{\sqrt{(1-w^2)(k'^2+k^2w^2)}},$$

$$t = \int_0^w \frac{dw}{\sqrt{(1-w^2)(w^2-k'^2)}}, \qquad k' = \sqrt{1-k^2}.$$

Lorsque $k=0$, on a $\mathbf{am}(t;0)=t$, $\mathbf{sn}(t;0)=\sin t$, $\mathbf{cn}(t;0)=\cos t$, $\mathbf{dn}(t;0)=1$. Lorsque $k=1$, on a $\mathbf{sn}(t;1)=\tanh t$, $\mathbf{cn}(t;1)=\frac{1}{\cosh t}$, $\mathbf{cn}(t;1)=\frac{1}{\cosh^2 t}$. Les fonctions $\mathbf{sn}t$, $\mathbf{cn}t$, $\mathbf{dn}t$ satisfont respectivement aux formules d'addition suivantes :

$$\mathbf{sn}(t+\tau) = \frac{\mathbf{sn}t\mathbf{cn}\tau\mathbf{dn}\tau + \mathbf{sn}\tau\mathbf{cn}t\mathbf{dn}t}{1-k^2\mathbf{sn}^2t\mathbf{sn}^2\tau}, \mathbf{cn}(t+\tau) = \frac{\mathbf{cn}t\mathbf{cn}\tau - \mathbf{sn}t\mathbf{sn}\tau\mathbf{dn}t\mathbf{dn}\tau}{1-k^2\mathbf{sn}^2t\mathbf{sn}^2\tau},$$

$$\mathbf{dn}(t+\tau) = \frac{\mathbf{dn}t\mathbf{dn}\tau - k^2\mathbf{sn}t\mathbf{sn}\tau\mathbf{cn}t\mathbf{cn}\tau}{1-k^2\mathbf{sn}^2t\mathbf{sn}^2\tau}.$$

En un certain sens, les fonctions elliptiques de Jacobi $\mathbf{sn}t$ et $\mathbf{cn}t$ généralisent les fonctions trigonométriques sinus et cosinus.

Bibliographie

[1] Arnold, V.I. : *Ordinary differential equations*, Springer-Textbook, 3rd ed. 1992.

[2] Arnold, V.I., *Chapitres supplémentaires de la théorie des équations différentielles ordinaires*, éditions Mir, 1980.

[3] Arnold, V.I. : *Mathematical methods in classical mechanics*, Springer-Verlag, Berlin-Heidelberg- New York, 1978.

[4] Arnold, V.I. : *Lectures on partial differential equations*, Springer-Verlag, 2004.

[5] Cartan, H. : *Cours de calcul différentiel*, Hermann, 1997.

[6] Coddington, E.A., Levinson, N. : *Theory of ordinary differential equations*, McGraw-Hill Book Company, Inc., New York-Toronto-London, 1955.

[7] Dieudonné, J. : *Calcul infinitésimal*, Hermann, Paris, 1968, 1980.

[8] Demailly, J.-P. : *Analyse numérique et équations différentielles*, Collection Grenoble Sciences, Presses Universitaires de Grenoble, 1996.

[9] Grégoire, A. : *Analyse numérique et optimisation*, éditions école polytechnique, Ellipses, Paris, 2005.

[10] Hille, E. : *Ordinary differential equations in the complex domain*, Wiley-Interscience, New-York, 1976, Dover Books on Mathematics, 1997.

[11] Hirsch, M. W. and Smale, S. : *Differential Equations, Dynamical Systems and Linear Algebra*, Academic Press, New York, 1974.

[12] Lesfari, A. : *Distributions, analyse de Fourier et transformation de Laplace (Cours et exercices)*, éditions Ellipses, Paris, 2012.

[13] Lesfari, A. : *Notions fondamentales d'analyse mathématique (Résumés de cours, exercices et problèmes corrigés)*, éditions Ellipses, Paris, 2014.

[14] Lesfari, A. : *Variables complexes (Cours et exercices corrigés)*, éditions Ellipses, Paris, 2014.

[15] Painlevé, P. : *Oeuvres*, tomes 1,2,3, édition du C.N.R.S. 1975.

[16] Reinhard, H. : *Équations différentielles, Fondements et applications*, Dunod, Paris, 1989.

[17] Reinhard, R. : *Équations aux dérivées partielles : introduction*, Dunod, Paris, 1991.

[18] Roseau, M. : *Équations différentielles*, Masson, Paris, 1976.

[19] Rouche, N. et Mawhin, J. : *Équations différentielles*, tome 1, Masson, 1973.

Index

abscisse de convergence absolue, 141
abscisse de sommabilité, 141
algèbre $\mathcal{W}$, 252
algèbre de Heisenberg, 254
algèbre de Virasoro, 256
algèbres de Kac-Moody, 244
analytique, 31
application contractante, 10
application lipschitzienne, 13
application trace, 227, 228
asymtotiquement stable, 171, 173

bout droit, 20
bout gauche, 20

caractéristique (Monge), 111
champ de vecteurs, 88
cocycle, 255
coefficients de Fourier, 137
coercive, 229
commutativité des champs de vecteurs, 92
constante d'Euler, 42
contraction, 10
corps solide d'Euler, 180, 190
couplage, 250
courbe intégrale, 8, 89
courbe non-singulière, 270
courbe spectrale, 243
critère de Liénard et Chipart, 174
critère de Mikhaïlov, 174
critère de Nagumo, 21
critère de Routh-Hurwitz, 173
cylindre de sécurité, 13

déformation isospectrale, 243
degré d'un diviseur, 272
dérivée de Fréchet, 255
déterminant Wronskien, 39
différentielle abélienne, 270
différentielle de $1^{\text{ère}}$ espèce, 270
différentielle de $2^{\text{ème}}$ espèce, 270
différentielle de $3^{\text{ème}}$ espèce, 270
différentielle holomorphe, 270
diviseur, 271
diviseur effectif, 272
diviseur positif, 272
diviseur principal, 271
diviseurs linéairement équivalents, 272
domaine de sommabilité, 141
doublement périodique, 274

élément centrale, 255
équation à variables séparables, 26
équation autonome, 87
équation aux indices, 36
équation d'Euler, 55
équation de Bernoulli, 49
équation de Bessel, 41
équation de Boussinesq, 195, 254
équation de Camassa-Holm, 195
équation de Clairaut, 54
équation de Jacobi-Liouville, 64
équation de Kadomtsev-Petviashvili, 195, 259
équation de Korteweg-de-Vries (KdV), 193, 209
équation de la chaleur, 112, 155, 157,

159, 161
équation de Lagrange, 53
équation de Laguerre, 136
équation de Laplace, 112, 127
équation de Lax, 212, 242
équation de Legendre, 33
équation de Legendre généralisée, 129
équation de Riccati, 50
équation de Schrödinger non-linéaire, 195
équation de Sine Gordon, 195
équation de Strum-Liouville, 212
équation des cordes vibrantes, 111, 113, 114, 156, 159, 163
équation des fonctions harmoniques, 112
équation des ondes, 130–132, 163
équation du potentiel, 112
équation elliptique, 112
équation exacte, 50
équation homogène, 46
équation hyperbolique, 111
équation intégrale, 9
équation intégrale de Gelfand-Levitan, 208
équation linéaire à coefficients constants, 29
équation linéaire à coefficients variables, 30
équation linéaire du 1er ordre, 27
équation parabolique, 112
équation stationnaire de Schrödinger, 134, 196
équations bilinéaires d'Hirota, 267
équilibre indifférent, 173
espace de Sobolev, 225, 226
espace de Sobolev fractionnaire, 228

facteur intégrant, 50
filtre RC, 151
flot, 87
flot géodésique sur $SO(n)$, 248
flot géodésique sur un ellipsoide, 248
fonction $\tau(t)$, 263
fonction $\wp$ de Weierstrass, 275
fonction d'onde, 134, 261
fonction d'onde adjointe, 261
fonction de Baker-Akhiezer, 261
fonction de Bessel de 1ère espèce, 44
fonction de Bessel de 2ème espèce, 46
fonction de Neumann, 46
fonction de Weber, 46
fonction elliptique, 274
fonction elliptique de Jacobi, 279
fonctions sphériques, 129
forme canonique de type elliptique, 112
forme canonique de type hyperbolique, 111
forme canonique de type parabolique, 112
forme différentielle, 270
forme normale, 8
formes canoniques de Legendre, 278
formule d'inversion de Fourier, 139
formule d'Olinde-Rodrigues, 129, 136
formule de Bromwich-Wagner, 142
formule de Green, 227, 229
formule de Leibniz, 91
formule de Liouville, 41
formule de Riemann-Hurwitz, 272
formule du résidu de Poincaré, 270

groupe à un paramètre de difféomorphismes, 89
groupe de Volterra, 250
groupe linéaire spécial, 200
groupe spécial unitaire, 200
groupe unimodulaire, 200

harmoniques sphériques, 129

hiérarchie de Kadomtsev-Petviashvili, 258

identité de Fay, 263
identité de Parseval, 205
image, 140
inégalité de Poincaré, 227
inégalité de Poincaré-Wirtinger, 227
intégrale elliptique de Weierstrass, 276
intégrale elliptique, 278
intégrale elliptique complète, 279
intégrale elliptique de première espèce, 278
intégrale elliptique de seconde espèce, 278
intégrale elliptique de troisième espèce, 278
intégrale première, 98
invariants de Weierstrass, 275

lemme de Gronwall, 22
loi de Kirchoff, 152

méthode de Frobenius, 41
matrice de Hurwitz, 173
matrice fondamentale, 63
matrice résolvante, 62
méthode de Bernoulli, 27
méthode de la variation de la constante, 27
méthode de séparation des variables, 120, 127
méthode des approximations successives, 11

opérateur de Date-Jimbo-Kashiwara-Miwa, 263
opérateur de monodromie complexe, 197
opérateur de monodromie réel, 196
opérateur de relèvement, 228
opérateur différentiel, 91
opérateur pseudo-différentiel, 249
opérateur vertex, 263
orbite, 7
ordre normal, 249
original, 140
ouvert de classe C^1, 226
ouvert régulier, 226

paire de Lax, 242
parallélogramme fondamental, 273
paramètre spectral, 134, 242
pendule simple, 175, 177
période d'une forme différentielle, 270
point d'équilibre, 172
point singulier, 36
point stationnaire, 172
polynômes de Laguerre, 136
polynômes de Laguerre généralisés, 136
polynômes de Legendre, 35
polynômes de Legendre généralisés, 129
polynômes de Schur, 266
potentiel, 134
principe de l'abaissement de l'ordre, 40
problème à valeur initiale, 8
problème bien posé, 231
problème d'inversion de Jacobi, 273
problème de C. Neumann, 248, 249
problème de Cauchy, 8, 185
problème de Dirichlet, 126, 231, 234
problème de minimisation, 229
problème de Neumann, 126, 236, 238, 239
produit de convolution, 140
prolongement d'une solution, 20

régularisée, 138
relations bilinéaires de Riemann, 271

réseau de Toda, 195
résolvante, 62

série de Fourier, 137
séries d'Eisenstein, 275
singularité fixe, 185
singularité mobile, 185
soliton, 194
solution maximale, 20
solution méromorphe, 184
stable au sens de Liapounov, 170
symbole d'Hirota, 267
système dynamique, 88
système fondamental, 63
système quasi-homogène, 186

théorème de Jordan, 139
théorème d'Adler-Kostant-Symes, 244
théorème de Banach, 10
théorème de Cauchy, 14, 60
théorème de Dirichlet, 138
théorème de Lax-Milgram, 229
théorème de Liouville, 199
théorème de Picard, 11
théorème de Riemann-Roch, 272
théorème de trace, 227, 228
trajectoire, 7, 89
transformée de Fourier, 139
transformée de Laplace, 140

variété jacobienne, 273

wronskien, 71

Imprimé en France par CPI
en mars 2015

Dépôt légal : avril 2015
N° d'impression : 127618

